동서양의 사상에 나타난

인식과 존재의 변증법

The Dialectic of
Cognition and Being
in Eastern and Western Thoughts

최 민 자 지음

한권으로 읽는 세계 철학사상사

동서고금의 철학사상을 통섭하여
지구생명공동체의 신문명을 전망한다

도서출판 모시는사람들

동서양의 사상에 나타난

인식과
존재의
변증법

동서양 사상에서 찾는 '앎의 절정'
동서고금의 철학적 사유를 망라하고,
인류의 정신·문명사를 재조명

이 책은 동서고금의 철학적 사유들을 망라하여 인류의 정신사와 문명사를 총
체적으로 재조명하면서 그 진수를 갈파하고, 그것을 새로운 차원으로 통섭하
고 고양하여 지구생명공동체의 새로운 지평, 신문명을 전망하고 있다. 이로써
현재의 세계적인 경제위기와 정치적 격변 그리고 환경재앙으로 대변되는 현재
의 지구적 위기가 우연의 소산이 아니라 지구 문명이 도달한 총체적인 위기의
한 단면일 뿐임을 전제로 하면서, 이를 본원적으로 대체하기 위한, 전일적인 세
계관에 입각한 새로운 인식론과 존재론을 제안하고 있다.

최민자 지음 | 도서출판 모시는사람들 | 960쪽 | 45,000원

모시는사람들 서울시 종로구 경운동 수운회관 1207호 02-735-7173

동서양의 사상에 나타난

인식과
존재의
변증법

The Dialectic of
Cognition and Being
in Eastern and Western Thoughts

최민자 지음

도서
출판 모시는사람들

인식과 존재의 혁명적 전환을 위하여

근년에 들어 전 세계적으로 정의正義에 대한 관심이 고조되고 있다. 미국의 정치철학자 마이클 샌델(Michael J. Sandel)은 그의 저서 『정의란 무엇인가』Justice: What's the Right Thing To Do?(2009) 결론 부분에서 공리주의와 자유주의를 모두 비판하면서 '정의란 미덕을 키우고 공동선을 고민하는 것'이라고 말한다. 그렇다면 공리주의나 자유주의는 미덕을 키우지도, 공동선을 고민하지도 않았다는 말인가? 이 세상에 정의가 뿌리를 내리지 못한 것은 근사한 이론이 없어서가 아니라 그러한 이론이 실천성을 발휘할 만한 그 어떤 추동력도 지니지 못한 데 있다. 샌델의 『정의란 무엇인가』는 무한 경쟁이라는 미신에 빠져 지구촌이 병들고 삶의 조건이 왜곡되고 파괴된 데 대한 반작용으로 사회 정의를 갈파하는 현대인의 목소리를 대변한 것이다. 그러나 그는 인문사회과학의 위기의 본질이나 인류가 직면한 위기의 본질을 꿰뚫지 못하고 있을뿐더러, 패러다임 전환과 같은 새로운 트렌드를 반영하지도 못한 채 여전히 낡은 패러다임의 연장선상에서 에고ego에 갇힌 관념으로서의 정의를 논하고 있다. 에고는 분리의식이며, 분리의식에는 정의의 가능성이 없다. 이것은 비단 샌델만의 문제는 아니며, 인문사회과학의 위기의 본질과 관계되는 것이다. 정의의 가능성이 전혀 없는 분리의식으로 세계 석학들이 질편한 말잔치를 벌이는 것을 두고 세상 사람들은 '지적 향연'(知的 饗宴 symposium)이라고 부른다.

행복, 자유, 미덕, 시민의식, 희생, 봉사 등 샌델이 열거하는 제 가치는 정의와 공동선의 실현과 불가분의 관계에 있다. 문제는 이들 제 가치가 어떻게 활성화될 수 있느냐는 것이다. 마치 문이 열리지 않으면 밖이 보이지 않듯이, 의식의 문이 열리지 않으면 있는 그대로의 존재계가 보이지 않으므로 활성화될 길이 없다. 그럼에도 일단의 지식인들은 여전히 정의를 비롯한 제 가치 개념들을 지식 차원에서 설명하며 공동선이 실현된 모습을 추론해 내고자 한다. 현대 물리학의 가장 위대한 발견이랄 수 있는 '의식' 발견 이후 100여년이 지났지만, 우주의 실체가 의식이며 이 세상은 의식의 투사영에 불과하다는 사실을 그들은 여전히 포착하지 못하고 있다. 〈… 10행 생략…〉

동굴에 갇힌 포로가 된 지식인들이 동굴 밖으로 나와 동굴 벽에 드리운 그림자의 실체를 직시하는 것, 그것이 바로 문제를 근원적으로 해결할 수 있는 가장 확실한 방법이다. 그러기 위해서는 세계관과 사고방식 및 가치체계가 근본적으로 바뀌어야 한다. 물질세계만 보는 외눈박이 세상에서는 정의가 설 수 없기 때문에 패러다임 전환이 필요한 것이다. 정의는 관념이 아니라 앎이며, 앎은 우주의 본질인 생명이 무엇인지를 아는 것이다. 인류가 도덕적 실천으로 나아가지 못하는 것은 지식의 빈곤 때문이 아니라 참 알지 못하기 때문이다. 본체계[의식계]와 현상계[물질계]를 회통하는 전일적인 생명의 역동적 본질을 아는 것, 즉 생명의 본체와 작용, 전일성과 다양성, 영성과 물성이 '한맛'(One Taste)임을 아는 것이 참 앎이다. 참 앎은 분리의식[에고의식]에서 일어날 수 없다. 정의는 참 앎이고, 참 앎은 전체의식[보편의식]에서 일어난다. 참 알지 못하면 정의에 대한 논의는 한갓 공론空論에 불과한 것이 되므로 공동선을 실현할 그 어떤 추동력도 지닐 수 없게 된다. 있는 그대로의 만유의 존재성을 수용하는 것, 그것이 최고 상위 개념의 정의다. 우주만물은 그 나름대로의 존재 이유와 가치를 지니고 있기 때문이다.

⟨… 15행 생략…⟩

고대 이오니아의 자연철학자들의 관점은 크게 일원론(monism)과 다원론(pluralism)으로 나뉜다. 이 둘은 동전의 양면과도 같아서 분리 자체가 근원적으로 불가능하다. 우주의 본질인 생명의 본체는 분리될 수 없는 '하나' 이니 본체의 측면에서 논하면 일원론이 되지만, 그 본체의 자기복제로서의 작용으로 우주만물로 화化하는 것이니 작용의 측면에서 논하면 다원론이 되는 것이다. 말하자면 생명은 본체의 측면에서는 일원론이고 불변부동不變不動의 유일신이지만, 작용의 측면에서는 다원론이고 가변가동可變可動의 다신多神이다. 따라서 일원론과 다원론은 생명의 본체와 작용, 즉 본체계와 현상계의 상호 관통이란 측면에서 이해되어야 한다. 신과 인간의 관계는 생명의 본체와 작용의 합일을 표징하는 것이다. 신을 구체적으로 알고 싶으면 신의 자기 현현인 우주 만물을 보라! 신이라고 하기에는 너무 신비감이 없는가? 미망에서 깨어나지 않고서는 단 한 걸음도 신에 접근할 수가 없다. 생명의 본체와 작용의 관계적 본질*을 이해하지 못하고서는 결코 생명의 전일성과 자기근원성, 만유의 근원적 평등성과 유기적 통합성을 자각할 수 없고, 따라서 정의와 평화의 실현 또한 기대하기 어렵다. 그리스 초기의 자연철학자들이 일원론과 다원론, 절대성과 상대성의 문제에 천착한 것도 이 때문이다. ⟨… 16행 생략…⟩

인간 의지의 자유는 '작용인'과 '목적인', 우연과 필연, 주관과 객관의 완전한 조화에 대한 인식에서 오는 것이다. 이러한 인식 능력은 미소표상(微小表象 또는 微小知覺)이라는 무의식적인 표상이 적어질수록 높아지게 된다. 의지의 자유란 의지 스스로 자유가 있는 것이 아니라 인식의 지시를 따르는 것이라는 점에서 의지는 필연적으로 인식에 예속된다. 그러나 완전한 인식에 도달하면, 의지의 완전한 자유가 달성된다. 인식의 중요성이 여기에 있다. 있는 그대로의 세계를 직시하지 못하는 왜곡된 인식 상태에서 의지의 자유란 한갓 환각에 불과한 것이다. 의지는 항상 일정한 목표를 향하여 움직이는데, 작용인과 목적인의 조화성을 인식하지 못하고 왜곡된 인식을 확대 재생산해 낸다면, 의지의 자유란 자폭 테러와도 같이 참담한 결과를 초래할 수 있다. 자기원인에 의하여 존재하는 '사물의 최종 근거'—라이프니츠가 신이라고 부르는—에 대한 인식은 작용인과 목적인의 조화성을 인식하기 위한 필수조건이다. 이 필연적인 실체가 모든 개별자의 충족이유이기 때문에 라이프니츠는 "오직 하나의 신만이 존재하고, 신은 충족적이다"라고 한 것이다. 사물의 최종 근거는 절대 유일의 하나이므로 신은 유일신인 것이다. 이 유일신은 특정 종교나 특정 집단의 유일신이 아니라 우주 만물의 근원을 지칭하는 많은 대명사 중의 하나일 뿐이다. 〈… 44행 생략…〉

동서고금의 사상과 철학, 종교와 과학의 공통된 관심사는—환생에서 빅뱅에 이르기까지— '사물의 최종 근거'인 제1원인[理]에 집중되어 있다. 흔히 신이라고도 부르는 제1원인은 앎의 절정이며, 우주의 관계적 그물망을 이해하는 관건인 까닭이다. 이 앎의 절정에서 인간은 비로소 생명의 전일성과 자기근원성을 깨닫게 되어 공동선을 실현할 추동력을 지닐 수 있게 된다. 진리의 정수를 관통하게 되므로 사실 그대로의 존재를 사유할 수 있게 되는 것이다. 현대 물리학이 물리적 세계의 구조가 마야[幻影] 또는 '유심'唯心이라는 것을 규명하기 위해 머나먼 길을 걸어온 것도 이러한 앎의 절정에 이르기 위한 것이었다. 오늘날 서양의 논리적 과학과 동양의 초논리적 직관이 극적인 해후를 하게 되는 것은, 하늘(天)과 성(性)과 신(神)이 하나로 융해된 천부사상에서 전 세계 종교와 사상 및 문화가 수많은 갈래로 나누어져 제각기 발전하여 꽃피우고 열매를 맺었다가 이제는 다시 하나의 뿌리로 돌아가야 할 우주 가을의 초입初入에 이르렀기 때문일 것이다. 〈… 44행 생략…〉

오늘날 특히 과학계를 중심으로 현대 과학–특히 현대 물리학–의 전일적 실재관에 부응하는 새로운 인식론과 존재론의 정립의 필요성을 역설하는 목소리가 높아지고 있다. 오늘의 인류가 부분의 모든 것을 알게 되고서도 전체를 파악하지 못하는 이유는, 우리가 살고 있는 세계가 수많은 구성요소들이 유기적으로 링크되어 있는 복잡계인 까닭이다. 따라서 정신·물질 이원론에 입각한 근대 과학의 기계론적 세계관으로는 사실 그대로의 세계를 파악할 수도, 산적한 현실의 문제를 해결할 수도 없다. 그러나 지난 100여 년간 현대 과학은 특히 실험물리학의 발달로 주체와 객체의 이분법이 폐기된 새로운 차원의 우주에 접근하는 혁명적인 진보를 이룩한 반면, 인문사회과학은 여전히 이분법에 근거한 지식의 박피를 드러내며 환원주의적이고 실증주의적인 과학적 방법론을 기용하고 있다. 이처럼 인문사회과학이 현대 과학의 전일적 실재관을 반영하지 못하는 것은 학문의 분과화에 따른 이질적인 영역 간의 소통 부재 때문이다. 자연과학 또한 인문사회과학과의 소통 부재로 인해 미시세계에 대한 실험 결과를 거시세계에 적용시킬 수 있는 인식의 토대를 구축하지 못함으로 해서 결과적으로 학문과 삶의 심대한 불화를 초래했다.

본서의 집필 동기는 오늘의 사회과학이 시대적 및 사회적 요구에 부응하기 위해서는 현대 과학의 전일적 실재관을 반영한 새로운 인식론과 존재론의 정립이 긴요하다고 느꼈기 때문이다. 총 3부로 구성되는 본서는 다음 몇 가지 점에서 기존 연구와 차별화된다. 첫째, 미시세계에 대한 자연과학적 실험 결과를 거시세계에 적용시킬 수 있는 인식의 토대 구축과 더불어 현대 과학의 전일적 실재관에 조응하는 새로운 인식론과 존재론의 정립을 시도한 점, 둘째, 인류의 정신문화 형성에 지대한 영향을 미친 동서고금의 사상의 진수眞髓를 한 권에 담아서 원전原典에 대한 정치精緻한 분석과 더불어 전일적 시각으로 재해석을 시도한 점, 셋째, 동서고금의 사상을 인물을 중심으로 유형별로 분류하고, 사상적 계보를 적시摘示하며, 시대적·사회적·사상적 맥락 속에서 비교론적으로 고찰함으로써 동서고금의 문명을 통섭하는 비전을 제시한 점, 넷째, 제2부와 제3부에서는 각 장마다 '예비지식'란을 두어 각 장의 핵심 주제를 파악하고 전체로서의 역사적 세계를 조망할 수 있게 하였으며, 각 절의 초입에 인물과 관련된 일화를 소개하고 있다는 점 등이 그것이다.

본 연구는 필자의 생명학 3부작-『천부경·삼일신고·참전계경』(2006), 『생태정치학: 근대의 초극을 위한 생태정치학적 대응』(2007), 『생명에 관한 81개조 테제: 생명정치의 구현을 위한 진지眞知로의 접근』(2008)-과 『통섭의 기술』(2010)에 이어, 전일적 패러다임(holistic paradigm)에 기초한 새로운 인식론과 존재론의 정립을 통하여 지구촌의 난제를 해결하고, 동서고금의 사상과 철학, 과학과 종교를 통섭하는 진정한 신문명을 개창하기 위한 것이다. 그동안 본서 집필에 관심을 가지고 격려해 주신 분들께 감사하는 마음을 전하고 싶다. 그리고 이 책이 출판되기까지 성심을 다한 '도서출판 모시는사람들'의 박길수 대표와 편집진 여러분에게도 감사드린다.

인류의 집단의식을 높이는데 기여한 동서고금의 영적 스승님들과 천지부모天地父母님께 이 책을 바친다.

2011년 11월
성신관 연구실에서
최민자

동서양의 사상에 나타난 인식과 존재의 변증법

The Dialectic of Cognition and Being in Eastern and Western Thoughts

차 례

The Dialectic of Cognition and Being
in Eastern and Western Thoughts

제1부
인식과 존재의 변증법을
어떻게 이해할 것인가

"우리가 우리 자신의 의식을 이해할 때
우주 또한 이해하게 될 것이고, 우리와 우주 사이의 분리는
사라질 것이다"

"When we understand us, our consciousness, we also
understand the universe and the separation disappears."

-Amit Goswami, *The Self-Aware Universe*(1995)

01
인식의 뿌리에 대한 이해

참자아
자각하기

| 세상이라는 가마솥이 들끓고 있다. 그 연료는 탐(貪: 탐욕) · 진(瞋: 성냄) · 치(痴: 어리석음)라는 맹독성 물질이다. 돈과 연줄과 패거리에 찌든 부패 정치, 구호 정치, 행사 정치, 건달 정치가 판을 치고, 수명을 다한 정치 시스템과 사고에 환멸을 느껴 '그놈이 그놈'이라는 말이 여기저기서 튀어나온다. 이제 정치란 용어는 불법, 탈법, 비리, 협잡, 독선, 위선, 얼렁뚱땅 등 온갖 부정적인 의미의 대명사가 되고 있고, 정치적 · 종교적 충돌에 따른 테러와 폭력의 만연으로 전 지구적 내전이 진행 중이다. 또한 현재 급속하게 진행되고 있는 지진과 화산 폭발, 지구 온난화와 해빙, 사막화와 기근, 생물종 다양성의 감소와 대기 · 해양의 오염, 유해 폐기물 교역과 공해산업의 해외 수출, 원전原電 방사능 유출 등 전 지구적 생태 재앙과 환경 문제는 수많은 '환경난민'(environmental refugees)의 발생과 더불어 국제 정치경제의 새로운 쟁점이 되고 있다. 뿐만 아니라 선진국을 중심으로 한 자원과 에너지의 과잉 소비, 지구 경제의 남북 간 분배 불균형, 인구 증가

와 환경 악화 및 자연 재해에 따른 빈곤과 실업의 악순환, 민족간·종교간·지역간·국가간 대립과 분쟁의 격화, 군사비 지출 증대 등에 따른 총체적인 인간 실존의 위기 등은 이제 세상이라는 가마솥이 폭발 지점에 이르렀음을 환기시킨다.

그러면 어떻게 그러한 폭발을 막고 공멸의 위기에서 벗어나 21세기 새로운 문명의 시대를 열 수 있을 것인가? 그에 대한 답은 의외로 간단명료하다. 그것은 가마솥을 들끓게 하는 탐·진·치라는 연료 공급을 차단하는 것이다. 탐·진·치라는 맹독성 물질은 분별지分別智의 작용으로 만들어진 것이다. 다시 말해 분별지가 작용하는 순간부터 '나'와 '너', '이것'과 '저것'이 구분되고 대립하면서 인간은 낙원[根本智]에서 멀어지고 탐·진·치라는 맹독성 물질을 양산해 낸 것이다. 따라서 분별지의 작용이 멈추면 더 이상은 탐·진·치라는 연료는 생산되지 않게 된다. 분별지는 에고(ego 個我)의 다른 이름이다. 에고는 경계선이요 분열이며 갈등이다. 에고는 착각이며 일종의 병病이다. 에고는 하나의 과정이며 흐름일 뿐, 실체가 아니다. 에고는 모든 불행의 뿌리이며, 고통은 에고의 그림자일 뿐이다. 에고ego가 '에고!' '아이고!'(I go!) 할 때[죽을 때] 세상은 천국이 된다. 천국과 지옥은 시공時空 개념이 아니라 의식 상태이며, 지옥은 에고라는 관념이 만든 것이다. 일심의 원천, 즉 근본지根本智로 되돌아가 참자아가 그 모습을 드러내면, 에고라는 분별지는 저절로 자취를 감추게 되므로 탐·진·치라는 연료 공급이 차단되어 온 세상이 평화롭게 된다. '참자아 자각하기'의 중요성이 여기에 있다.

인식과 존재의 변증법을 고찰하기 위해서는 인식의 뿌리에 대한 이해가 필수적이다. 사실상 동서고금의 사상과 철학은 모두 인식의 뿌리에 대한 이해와 직간접으로 연결되어 있다. 인식의 뿌리는 참자아와 연결된다.

스스로가 누군지, 어떻게 해서 존재하게 되었는지를 알지 못하고서는 인식과 존재에 대한 논의는 한갓 공론일 뿐이기 때문이다. 다시 말해 우주의 본질인 생명의 뿌리에 대한 이해가 없이는 그 어떤 논의도 실재성을 띨 수가 없기 때문이다. 실로 참자아에 대한 자각이야말로 모든 진리의 중추中樞를 틀어쥐는 것이다. 그런 까닭에 일찍이 그리스의 철학자 소크라테스Socrates는 "너 자신을 알라"(Know theyself)고 외쳤던 것이다. 진리가 주관의 늪에 빠져 신음하던 그 시대에 존재 자체에 대한 본질적인 규명을 통하여 참삶의 소중함을 일깨워 주고자 했던 소크라테스. 제자가 소크라테스에게 물었다. "선생님은 선생님 자신을 아십니까?" 그러자 소크라테스는 "나도 나 자신을 모른다. 그러나 나는 내가 모른다는 것을 알고 있다"고 답했다. 바로 이 무지無知에 대한 자각, 즉 '무지의 지'知야말로 참자아로 가는 출발점이다.

그러면 참자아란 무엇이며, 어떻게 그것을 자각할 수 있을 것인가?

육체는 참자아가 아니다. 단지 참자아로 들어가는 문일 뿐이다. 말하자면 내면의 하늘로 통하는 영적인 세계로의 문이다. 그 내면의 하늘은 우주 생명력 에너지(cosmic life force energy)로 충만해 있으며, '보이는 우주'가 형성되어 나오는 '보이지 않는 우주'이다. 우주의 실체는 의식(consciousness)*

〈…이하 생략〉

---

* 미국의 양자물리학자 데이비드 봄(David Bohm)과 신경생리학자 칼 프리브램(Karl Pribram)의 홀로그램hologram 우주론에 따르면 우리가 인지하는 물질세계는 실재하는 것이 아니라 단지 우리 두뇌를 통하여 비쳐지는 홀로그램적 영상에 지나지 않는다고 한다. 말하자면 이 우주는 우리의 의식이 지어낸 이미지 구조물이라는 것이다. 일체가 오직 마음이 지어낸 것이라는 元曉 대사의 '一切唯心造' 사상에서도 이러한 사실은 잘 드러나고 있다. 즉, '마음이 일어나면 갖가지 법이 일어나고 마음이 사라지면 갖가지 법이 사라지니, 三界는 오직 마음뿐이요 萬法은 오직 識뿐이라'(心生則種種法生 心滅則種種法滅 三界唯心 萬法唯識)고 한 것이 그것이다.

통섭의 기술 지식시대에서 지성시대로

통섭의 기술은 단순히 다양한 지식세계를 넘나드는 지식 차원의 언어적 기술이 아니라, '아(我self)'와 '비아(非我other)'의 두 대립되는 자의식을 융섭하는 지성 차원의 영적 기술이다. 소통의 미(美) 발현을 통해 삶을 아름답게 만드는 진정한 의미의 예술이다. 〈492쪽 | 양장 | 25,000원〉

생명에 관한 81개조 테제
생명정치의 구현을 위한 眞智로의 접근

"진리는 하나"라는 대전제 아래 동서고금의 제 사상과 이론을 관통하는 생명의 근본원리를 81개 주제로 정리했다. 전일적 패러다임으로 종교와 과학의 통합, 학문과 학문 간의 통합을 이끌어 내고, 인류를 "생명과 평화의 길"로 안내하는 대장정(大長征)을 시도한다. 〈832쪽 | 양장 | 35,000원〉

생태정치학 근대의 초극을 위한 생태정치학적 대응

인류 전체와 생명/비생명 모두를 포함한 새 삶과 새세계의 새로운 원형을 제시하고 있다. 동양의 제 사상 및 동학사상과 현대 과학의 접합을 통해 생명 현상이 우주적 시스템의 속성임을 밝힘으로써 서구중심의 생태이론을 극복하고 대안적인 생태정치학의 기본 틀을 완성하였다. 〈800쪽 | 양장 | 35,000원〉

삶의 지문 생명의 근원에 이르는 구도자의 인생산책. 그리고 길을 찾는 당신에게 드리는 지혜

동서고금의 사상과 제 학문을 종횡무진으로 넘나들며 "우리는 누구이며, 우리에게 부여된 역사적 소명은 무엇인가?"에 대한 답을 찾아왔던 저자의 자전적 에세이이다. 우주를 화판(畵板)으로 더할 수 없이 큰 그림을 그려 가는 저자의 두타행(頭陀行)과 그 실천 과정이 에세이 형식 속에 흥미롭게 녹아들었다. 〈456쪽 | 양장 | 20,000원〉

한국 정치와
지역주의

한국 정치와
지역주의

모리 야스로 지음 | 박성수 옮김

둘어 모시는사람들

1945년 한국은 일제 식민 통치로부터 해방되었으나 국민경제는 피폐하고 정치 또한 혼란스러웠다. 거기에 더해서 1950년 6·25전쟁이 일어나 한반도 전역이 전쟁터로 변하였으니 대한민국은 처음부터 분단과 전화의 무거운 짐을 지고 출발한 것이다. 그러나 한국인은 전통적으로 학문에 근면한 특성을 갖고 있었기 때문에 다른 나라와 비교할 수 없을 정도로 빨리 경제적 발전을 이룩하였다. 한국의 경제 발전에는 여러 가지 이유를 들어 설명하지만, 폐허 속에서 경이적인 고도성장을 이룩하고 '한강의 기적'을 이룩한 것은 부정할 수 없는 역사적 사실이었다. 그 후에도 한국경제는 순조롭게 발전하여 1994년 12월에는 OECD에 가맹하여 현재 GDP 세계 15위라는 경제대국으로 성장하였다.

또한 정치 체제의 측면에서도 권위주의 체제를 극복하고 민주화에 성공하여 민주적인 선거를 실시하게 되었다. 1987년의 민주화 이후 2007년에 실시된 제17대 대통령 선거에 이르기까지 다섯 차례나 국민에 의한 직접선거가 실시되어 대통령을 선출하였으며 국회의원 총선거에 있어서도 민주적인 선거가 실시되고 있다. 이처럼 과거에 독재정권 시대를 경험하였음에도 단기간에 민주주의를 정착한 것은 다른 나라에서 보기 드문 경우이며 정치학적으로도 매우 흥미 있는 연구 사례로 인식되고 있다. 그러나 민주화 이후의 각종 선거에서 가장 큰 특징으로 지목되고 있는 것은 지역주의의 문제였다.

한국 정치에 있어서 지역주의란 "특정한 지역을 배타적인 지지기반으로 하는 특정 정당이 선거에 있어서 그 정당의 해당 지역 출신자에게 표를 몰아주는 구도"라고 정의할 수 있다. 그러므로 특정한 실태를 수반하는 이데올로기와는 다른 개념이며 특정 지역과 지역 간의 대립을 나타내는 관용어로 사용되어 온 개념이다. 그런데 그 원인에 대해서는 여러 관점에서 분석되고 있으며 그 때문에 한국정치학에서 최대 쟁점중의 하나가 되었다고 해도 과언이 아니다. 지역주의를 한국 정치의 미숙성을 드러내는 현상이니 후진성의 상징이니 하는 견해도 없지 않다. 그러나 지역주의를 부정적으로만 볼 것이 아니라 긍정적으로 파악할 필요도 있지 않나 하는 것이 저자의 생각이다. 지금까지 지역주의의 원인으로서 지역 편중적 경제정책, 연고주의적 인재 등용, 합리적 선택론 등등 많은 요인이 지적되어 왔다.

그러나 이러한 선행연구 중 어느 견해도 지역주의의 모든 측면을 충분히 설명하지 못하고 있는 것이 사실이다. 저자는 그동안의 선행연구들이 정태적靜態的인 요인 분석을 하고 있는 것을 비판하고 지역주의는 어디까지나 정치적 현상이라는 것을 전제로 하여 일종의 화학반응과 같은 동역학적動力學的 모델로 파악하여 한국의 사회구조 속에 내포된 심성心性에 주목하여 설명하고자 하였다. 즉 한국인의 정신구조의 정치적 DNA 속에 정情과 한恨이라는 심성이 있고 그것이 우리 공동체 의식으로 변하고 이어 지역주의의 핵심을 이루었다고 해석하는 것이다.

이상과 같은 본서의 설명 논리는 아직 가설의 영역을 벗어나지 못하고 있다. 그러나 이 같은 설명 모델을 제시하는 데에는 저자의 장기간에 걸친 한국의 지역 연구와 답사를 통한 현실 정치의 체험이 있었다. 전술한 설명 모델에 조금이라도 더 객관성을 부여하기 위하여 2010년 저자는 전국적인 정치의식 조사를 실시하여 이를 분석하였다. 그러나 사회과학의 데이터 해석에는 다양한 주관적 요소가 혼합되기 마련이어서 얼마든지 다른 해석들이 성립될 수 있는 것이다. 이 점에 관해서는 앞으로 연구자 여러분이 많은 비판을 해주시기 바란다. 이 책을 저술하는데 있어서 여러 선행연구를 면밀히 정독하고 참고하였고, 그간의 선행연구 성과에 대해 무한한 경의를 표하는 바이다. 그러나 본서에 제시된 해석이나 평가에 대해서는 당연히 저자 자신이 책임을 져야 할 것으로 믿고 있다.

금번에 한국에서 이 책을 출판하게 된 것을 다른 무엇보다도 영광으로 생각한다. 특히 2012년 4월에는 국회의원 선거가 예정되어 있고 본서의 출판을 서둘러야 한다는 권고가 있어 3월 말까지 책을 내기로 일정을 잡았다. 그래서 시간적 여유가 충분하지 않은 가운데 여러 차례 한국을 방문하였고 기일에 맞추어 출판하려다 보니 출판사 여러분에게 과도한 수고를 요구하게 되었다. 그리고 다망한 가운데서도 박성수 명예교수가 번역을 맡아주신 데 대해 감사드린다. 또 한국어판 출판을 허락해 주신 데 대해 일본 사회평론사의 마쓰다겐지(松田健二) 사장과 편집부의 신고이치(新孝一) 씨에게 감사드린다. 끝으로 한국어 출판을 쾌히 수락하여 주신 도서출판 '모시는 사람들'의 박길수 대표에게 감사드린다.

일본과 한국은 가까운 이웃이라고 하는 지정학적 여건 때문에 두 나라 사이에는 특별한 우호관계가 구축되어야 한다는 것이 양국 국민의 공통된 바람이다. 이 책의 출간이 이러한 한일 간 호혜적인 관계 발전에 도움이 되고 아울러 한국 정치에 대한 이해에도 보탬이 된다면 필자에게 더 이상의 행운이 없을 것이다.

2012년 2월, 길일
일본 와세다대학 연구실에서
森康郎 씀

역자 서문

저자인 모리 야스로(森康郞) 박사는 오랫동안 현지 답사를 통해 한국의 정치사를 연구한 분이다. 지리적으로는 가깝지만 정치적으로는 아직도 멀기만 한 한일 두 나라를 오가면서 연구하였으니 그 수고가 이만저만이 아니었을 것이다. 그리고 저자는 단순한 정치 제도사 연구로 끝내지 않고 한국인의 정치의식의 심층을 파헤쳤다. 그 결과 1987년 민주화 이후 치러진 대통령과 국회의원 선거에 있어서 두드러지게 나타난 지역주의에 실망 또는 주목하여 장차 한국에 민주주의 열매가 맺으려면 반드시 극복해야 할 과제가 지역주의라는 결론에 도달한 것이다.

지역주의 문제는 한국인의 일상 대화에서도 기피하는 민감한 사안이며 그 책임을 묻는 대목에 이르러서는 극렬한 의견 대립이 있거나, 그 반대로 입을 다물어 버리는 그런 사안이다. 이러한 사안을 외국인의 입장에서 관찰한다는 것은 부적절하다고만 볼 수 없고, 한국 정치학의 빈 공간을 채워주는 일이 아닌가 생각할 수 있다. 지역주의는 지금 우리에게 뜨거운 감자라 해도 과언이 아니다. 좌와 우, 보수와 혁신의 정치이념 문제도 골치 아픈 문제이지만 그 이상으로 지역주의는 치유하기 어려운 난제이다.

지역주의는 갈수록 무대 뒤로 숨어 자취를 감추는 것 같지만 그렇다고 해서 현재의 상황을 지역주의의 소멸로 볼 수 없다. 실제로는 지역주의가 굳어져 고정화되고 음성화되어 가는 과정으로 볼 수도 있다. 그리고 또 이

것이 영호남의 국지적 현상이었던 것에서 더욱 확대되어 경기·충청·강원, 심지어 수도권 등 중앙과 지방으로 점차 확대되는 기미까지 보이고 있다.

두말할 것 없이 원론적으로 볼 때 지역주의는 해롭기만 한 현상이 아니다. 경쟁을 유발하고 정치에 대한 관심을 불러일으켜 나라 사랑의 마음을 북돋는 면도 있다. 그러나 지역주의는 최근에 보듯이 지역 간의 대립을 심화시키고 '지역이기주의'를 부추겨서 나라 사랑의 마음과는 동떨어진 애물이 될 수도 있다. 다행히 우리나라 지역주의는 이 책의 저자가 말하고 있듯이 차별과 이기심과는 무관한 우리나라 고유의 전통문화에서 우러나온 소산물로 볼 수 있는 여지도 있다.

2012년은 선거의 해이다. 4월은 국회의원 총선거, 12월은 대통령 선거가 있다. 지난날의 우리나라 선거 결과를 돌이켜 볼 때 반드시 성공했다고 볼 수 없다. 오랜 독재와 부정선거에다 권위주의와 지역주의의 시행착오를 거듭하다가 이제 겨우 정상궤도에 올랐다. 그런 만큼 이번만은 선거를 잘 치러 세종대왕과 같이 훌륭한 인물을 모셔야 이 나라가 한층 훌륭한 나라, 잘 사는 나라가 된다는 여망이 강한, 아리랑 고개에 선 것이다.

저자는 한국의 지역주의 자체는 오랜 역사에 뿌리를 두고 있지만 오늘날의 정치 현실에 표출된 책임은 일반 국민의 지역감정 때문이 아니라 일부 정치인들에게 그 책임이 있다고 판단하고 있다. 현재 문제가 되고 있는 한국의 지역주의는 정치인들의 인위적인 선동으로 인하여 불거져 나온 '암'이라는 것이다. 이 부분을 제거하지 않으면 한국의 민주주의는 불구성을 면할 수 없다는 것이다. 한국의 정치인들에게만 수단 방법을 가리지 않는 버릇이 있는 것이 아니다. 정치는 '집권'을 목표로 하는 전쟁과 같은 속성이 있기 때문이다. 그러나 저자가 결론적으로 당부하는 것은 지역주의만은 내세우지 말라는 것이다.

"한국의 지역주의는 한국인 특유의 심성인 정情과 한恨에서 우러나왔고 그것이 한국인의 '우리 공동체' 의식으로 발전하고 있다. 급기야는 강한 애국심의 원천이 되고 있다." 역자는 저자의 이러한 가설에 전적으로 동의한다. '우리'란 말은 중국과 일본에서는 발견할 수 없는 우리나라 특유의 '울타리'의 '울'이란 말에서 유래한 말이다. 이 말은 이 민족의 오랜 역사 속에서 오늘날까지 살아남았으니 이보다 소중한 문화유산은 없다. 이 유산이 후손의 잘못으로 인하여 왜곡되어 지역주의로 변질되었다면 바로잡아야 할 것이다. 우리나라는 해가 갈수록 깊어가는 남북 분단의 골을 보고 우리 공동체가 무너져 가는 것을 아쉬워하고 있다. 남북 통일의 여망이 거리를 좁히지 못하고 있는 차제에 남북이 동시에 동서로 사분오열되어서는 되겠는가.

이 책이 한국의 지역주의에 대한 올바른 이해를 확산시키는 데 일조하고 그 결과로 우리나라 동서는 물론 남북까지 하나가 되어 화백和白하게 지내는 그날이 앞당겨지기를 기대한다.

2012년 3월 1일
서울 서오릉로 벌고개를 내려다보며
백산 박성수 씀

서문

    대한민국은 1987년에 민주화를 달성하여 제6공화국을 성립시켰다. 건국 이래 처음으로 정변에 의하지 않고 민주적인 선거로 정권 교체를 실현한 것이다. 민주화 이래 2007년까지는 모두 다섯 차례의 선거가 실시되었으며 국회의원 선거는 2008년에 실시된 제18대 국회의원 선거를 포함하여 모두 여섯 차례를 실시하였다. 그 사이에 여러 차례 지방 선거도 실시하였다. 이들 모든 선거에서 표출된 유권자의 특별한 투표 행동은 한국정치학 분야에서 '지역주의'라 표현하는 현상이었다. 이 책은 한국 정치에 있어서 이렇게 중요한 논점인 지역주의의 현실을 정치의식 조사 결과를 분석하여 해명하는 것을 목적으로 한 것이다.

    대통령 선거, 국회의원 선거, 지방선거 등은 본래 선거의 성격이나 선거 시점에서의 정치 상황이 다르기 때문에 유권자는 똑같은 투표 행동을 취할 필연성이 없는 것이다. 그러나 민주화 이후 실시된 대한민국의 각종 선거에서 같은 유형의 지역 편재화 현상을 확인할 수 있었다. 즉 특정한 지역을 지지 기반으로 하는 정당이 각종 선거에서 배타적으로 지지표를 받는다는 현상을 파악할 수 있는 것이다. 이것을 한국 정치의 미성숙성을 나타낸 것이라거나 한국 정치 문화의 후진성을 상징하는 것이라 하면서 거론된 경우가 있었다. 그러나 이 현상이 부정적으로 논의되는 경우가 많은 가운데 지역주의를 한국 독자의 정치 문화라고 하면서 긍정적으로 파악하는 연구도 있었다. 이 책에서는 지역주의를 부정적으로 파악하는 것이 아니라 한국의 정치 문화로 인하여 일어나는 필연적 현상으로 이해할 것이다. 정치의식 조사의 결과로는 경제적인 지역 격차가 원인이라 생각하는 유권자가 많은 것이 확실하나 조사 결과를 상세히 검토해 보면 그 배경에는 한국인의 사회적 성격인 경쟁성이 내포되어 있었다는 것을 알 수 있다.

지역주의에 대한 그동안의 선행 연구는 지역주의 현상에 대해 여러 가지 정태적靜態的 요인에서 근거를 찾으려 노력하고 있으나 이 책에서는 유권자의 투표 행동을 동역학적動力學的으로 파악하여 어느 정도의 화학반응과 같은 동역학적인 모델로서 이해하여야 한다고 주장하였다. 지역주의의 내실은 화학반응에 있어서 활성화 에너지와 같이 파악하는 것이 문제의 본질을 해명하는 데 도움이 된다고 생각하는 것이다. 유권자 개개인의 여러 가지 가치 판단의 방향에 따라 즉 화和로서 표출되는 것이 유권자의 투표 행위이다. 따라서 개인의 가치 판단을 외형적으로 파악하기 위한 도구가 필요하게 된다. 이 책에서는 '우리공동체' 의식이라고 하는 새로운 용어를 제시하면서 여기서 파생하는 특징적인 사회적 성격을 추출하고 있다. 한국인의 사회적 성격에 대해서는 많은 것을 선학의 연구 성과에 의거하여 설명했다. 그러나 선학에 의해 지적된 차원의 것도 많이 포함하고 있으며 거기다 약간의 필자 나름의 독자성도 가미했다고 생각하고 있다.

다음으로 금번 실시한 정치의식 조사에 관해 설명하지 않을 수 없다. 한국에서는 지역주의 문제가 사회적으로 민감한 문제로 파악되고 있고 전국적인 규모로 지역주의에 관한 정치의식 조사를 실시하기 어렵다는 지적을 이전부터 몇 번인가 한국인 연구자들로부터 들어서 알고 있다. 이 같은 이유에서 지역주의가 한국 정치에서 극히 중요한 문제임에도 불구하고 전국 규모로 실시된 사회 조사는 거의 없었다. 따라서 금번에 실시한 전국 규모의 사회조사는 의의가 큰 것으로 생각한다.

정치의식 조사의 구체적인 내용에 관해서는 이 책의 서장 제3절에서 상세히 설명하고 있으니 실제 조사와 관련된 상세한 점에 대해서는 해당 부분을 참조해 주기 바란다. 2010년 5월에 지역주의에 관한 정치의식 조사를 전국적 규모로 실시하였으나 이 정치의식 조사를 실시한 때부터 1년간 여러 가지 곤란을 극복하고 그 결과 분석을 완성한 것이다. 선행연구 가운데는 전국 규모로 실시한 정치의식 조사가 최근까지 전무하다고 해도 과언이 아니며, 사회조사에 의거하여 연구한 것도 한정된 범위에서 실시된 결과만을 가지고 분석한 것이라 당연히 한계가 있다. 이 점을 한국 정부 고관에게 질문하면 한국 국내에서는 지역주의의 문제가 매우 미묘한 측면을 가지고 있어 전국 규모로 지역주의를 정면으로 연구하는 사회조사는 어렵다는 답이 일반적이었다. 물론 정치 상황의 변화에 따라서는 금후에 실시될 가능성도 있을 것이나 현 시점에서는 불가능하다고 보아도 상관이 없을 것이다. 그런 점에서 이 책에 소개되는 조사 결과는 지역주의 연구에 약간의 기여가 있을 것이라 내심 자부하고 있다.

조사의 기획은 실시 시기보다 1년 정도 앞당겨 단계적으로 계획하였고 실제로 면접조사를 실시한 것은 2010년 6월 2일로부터 약 1개월 후의 일이었다. 이 시기를 설정한 것은 2010년 6월 2일에 전국지방선거가 실시되기로 되어 있었기 때문에 본 조사가 매스컴의 여론조사와 어느 정도 차이를 보이느냐에 관해서도 검증을 해 본다는 목적이 있었다. 최근의 여론조사는 컴퓨터를 이용한 전화 여론조사가 주류를 이루고 있으나 그 신빙성에 의문이 있다고 지적되고 있다. 그래서 금번 우리가 실시한 조사는 경험이 풍부한 면접원이 직접 응답자를 방문하여 면접한 자리에서 조사지에 답변 사항을 기입하는 방식을 택했다. 사전 회의에서 경비는 많이 들어도 이 방법이 가장 신뢰성이 높다는 결론에 도달하여 개별 면접 조사를 채택하였다. 조사 실시 기관은 한국에서 정치의식 조사와 시장조사에 실적이 많은 마크로게이트사(서울특별시 영등포구 여의도동 14-32)에 의뢰하였다.

다음으로 본서의 구성에 관해서는 서장 제4절에서 설명하였으니 참고해 주기 바라며 여기서는 요점만을 기술하기로 한다. 제1장에서는 헌법 개정을 축으로 하여 통치 제도의 변천에 관하여 분석하였다. 지역주의의 본질은 한국인의 사회적 성격인 경쟁성에 기인하는 것이나 경쟁성을 강화하고 있는 요인으로서 통치 제도의 문제를 무시할 수 없었다. 한국은 제헌헌법을 제정한 이래 현재까지 아홉 차례나 헌법 개정을 실시하였으나 그 대다수가 통치 제도와 선거제도에 관한 개정이었으며 이는 세계 각국의 사례와 비교해도 극히 특징적이다. 물론 일부 헌법 개정은 권력자의 권력 유지를 위한 자의적인 것이었으나 국민도 그것을 시인하고 있다는 현실을 잊어서는 아니 될 것이다. 본문에서도 인용하고 있는 바와 같이 한국인의 성향으로서 권위주의적인 경향이 강하다는 것이 조사 결과 나타나고 있다. 즉 한국인은 권력 집중을 허용하고 있고 권위주의적 성향은 상향 지향성과 관련이 있으며 더 나아가서는 경쟁을 부추기면서 분파성과 결부되고 있었다.

제2장과 제3장에 있어서는 건국 이래의 대통령 선거와 국회의원 선거의 결과 분석을 통해 지역주의의 문제를 검토하였다. 통설적으로는 민주화 이후에 지역주의가 표출된 것으로 평가되고 있으나 민주화 이전의 권위주의

시대에도 지역주의적인 현상이 발견된다. 이것을 어떻게 해석할 것인가가 과제이다. 예컨대 1971년의 대통령 선거의 결과 분석을 어떻게 하느냐에 따라 지역주의의 해석도 달라지는 것이다. 대통령 선거 때의 유권자의 투표 행동에 대하여 지역주의적인 경향을 적극적으로 평가하면 종래와 다른 해석도 성립될 여지가 있다.

2002년에 실시된 대통령 선거에 있어서 영남 출신자인 노무현이 호남지역에서 압도적인 승리를 거둘 수 있었던 이유에 대해서는 역사적으로 형성된 영남지역과 호남지역의 지역 갈등의 문제로 보아야지 이것을 단순하게 해석할 수 없다. 거기에는 김대중의 신화적인 패권주의의 그림자가 드리워져 있었다는 것을 생각하여야 할 것이다. 즉 노무현을 호남지역의 '우리공동체'로서 받아들이고 이를 기반으로 영남을 포섭한 요인이 있었던 것이다. 제2장과 제3장에서 모든 대통령 선거와 국회의원 선거의 결과 분석을 새롭게 검증하고 있는 것은 이상과 같은 관점에서 그것을 해설하는 것을 목적으로 하고 있기 때문이다.

제4장과 제5장에서는 금번 실시한 정치의식 조사의 분석을 통하여 지역주의 요인을 분석해 나갈 것이다. 이 부분은 이 책의 특징이라고 해도 괜찮을 것이며 정치의식 조사의 결과는 지역주의를 다원적으로 해석해야 한다는 점을 시사하고 있다. 정치의식 조사의 결과를 다각적으로 분석해 보면 경제적인 지역 격차, 정치인들의 지역 갈등 선동, 지역 주민의 상대 측에 대한 부정적 의식 등등이 지역주의의 원인이라는 것을 유권자 자신이 생각하고 있다는 것을 알 수 있다. 즉 지역주의 원인을 단일한 요인에 한정하여 생각하는 것은 옳지 않고 여러 가지 요인이 복합적으로 얽힌 문제라고 생각하는 것이 옳은 것이다. 따라서 요인 분석을 통하여 주목할 점은 여러 가

지 요인이 어떻게 상관관계를 맺고 있는가를 이해하여야 한다는 것을 시사하고 있다. 이 책은 제6장에서 시론적試論的으로 모델을 제시할 것이다.

제6장에서는 선행연구의 언설을 살펴봄으로써 정치의식 조사의 결과를 근거로 하여 그 한계를 지적하면서 지역주의의 발생 메커니즘에 관하여 고찰한다. 지역주의의 원인을 정태적인 요인에서 찾는 것에 한계가 있고 전통적으로 형성된 지역 갈등을 배경으로 한 한국인의 사회적 성격인 경쟁성이 작용하여 유권자의 특이한 투표 행동을 표출되었다고 생각해야 할 것이다.

한국인의 사회적 성격을 분석하는 데 있어서는 한국 사회를 '우리공동체' 구조로 보고 그 안에 존재하는 한국인의 사회적 성격을 추출할 것이다. 특히 제5절에서 지역주의의 표출을 동역학적인 모델로 파악하여 표출 메커니즘을 제시할 것이다. 즉 지연, 혈연, 학벌, 성관姓貫 등 여러 사회적 변수는 '우리공동체'를 형성하는 촉매기능을 함으로써 다원적인 '우리공동체'의 다층 구조를 평형 상태로 유지하고 있는 것이다. 그런데 특정 문제의 해결을 위해서는 이 평형 상태가 균형을 잃어 지역 귀속 의식을 환기하는 경우가 있다. 즉 지역의 이해 당사자가 되는 경우는 지역 귀속 의식이 강화되어 지역주의 표출 에너지가 축적되는 것이다. 선행연구가 발굴한 단일 요인에서 지역주의의 근거를 찾을 것이 아니라 선행연구가 지적한 여러 요인이 복합적으로 지역주의 표출 에너지를 강화하는 역할을 담당하고 있다고 생각하여야 한다. 본질적으로 지역주의란 한국인의 사회적 성격의 일 단면인 경쟁성의 발로라고 생각해도 상관이 없을 것이다. 즉 지역의 이해 관계보다 더 귀중한 과제가 등장하면 지역주의가 약화하는 것이다.

森康郎

한국 정치와 지역주의

차례

서 장

제1장은 한국이 일제 식민 통치에서 해방된 후 여러 차례 헌법 개정을 통하여 통치기구와 선거제도를 고치면서 착실히 민주국가로의 길을 밟았다는 점을 간략하게 살펴보았다. 제2장은 대통령 선거에 초점을 맞추어 지역주의가 한국 정치에서 어떻게 나타나고 심화되어 왔는가를 시계열적으로 검토하였다. 제3장은 국회의원 선거의 결과를 가지고 지역주의 현상을 검토하였다. 제4장은 필자가 2010년 5월에 실시한 정치의식 조사의 결과를 가지고 실증적인 분석을 시도하였다. 제5장은 지역주의의 사회 문화적인 요인에 관하여 분석하였다. 제6장은 한국 지역주의의 특징과 표출 원인을 검토하는 것을 목적으로 하였다.

서 장

제1절 문제의 소재

1. 문제의식

대한민국은 1987년의 6·29선언으로 제9차 헌법 개정을 단행하여 대통령 직선제를 채택하였다. 같은 해 12월의 대통령 선거에서는 노태우 씨가 당선되어 다음해 2월 25일에 제13대 대통령에 취임하여 제6공화국이 성립되었다. 건국 이래 처음으로 정변이 아닌 민주적 선거로 정권 교체가 이루어진 것이며 그 이후 2007년의 제17대 대통령 선거까지 20년간 한국 국민은 민주적인 선거로 다섯 명의 대통령을 선출하였다. 2007년 12월 19일에는 제17대 대통령 선거가 실시되어 한나라당의 이명박 씨가 승리를 거두어 2008년 2월 25일 제17대 대통령으로 취임하였다. 제17대 대통령 선거에 이르기까지의 한국 정치 체제의 변화 가운데 특히 민주화 이후의 한국 정치를 크게 규제하여 온 요인으로서 지역적 대립의 문제 또는 지역 갈등의 문제가 있었다. 대통령 선거, 국회의원 선거, 지방선거 등은 그 선거의 성격이나 쟁점이 서로 다르기 때문에 유권자는 반드시 같은 투표 행동을 보여야 하는 것이 아니다. 그러나 한국의 경우는 민주화 이후 각종 선거의 투표 행위에 있어서 유권자가 동일한 지역 편재화 현상을 보여주고 있다.

인간 사회에서 대립이나 갈등은 어디에서나 있게 마련이지만 인간생활을 좌우하는 정치 분야에서의 대립이나 갈등은 조금 그 의미가 다르다 할 것이다. 왜냐하면 정치 영역에서의 대립이나 갈등은 국민 생활에 중대한 영향을 미치기 때문이다. 정치 영역에서 대립이나 갈등이 단순히 정책이나 사상이 다른 정치가들 사이의 문제로만 국한되어 있다면 다른 나라들의 정치 상황과 그리 크게 다를 바 없을 것이다. 그러나 한국의 경우는 그 대립과 갈등이 지역 단위로 발생하고 있으며 그 대립이 민주화 이후 제17대 대통령 선거에 이르기까지 유권자의 투표 행동을 규제하여 왔다. 이런 현상을 정치학의 영역에서는 '지역주의' 라 한다. 지역주의의 개념은 해방 이후의 한국 정치를 논하는데 있어서 가장 중요한 개념이며 오늘날까지 유권자의 선거 행동에 커다란 영향을 주고 있는 요소로 파악되고 있다. 실제로 선거에 관한 많은 연구에서도 한국의 민주화 이후의 선거에서 유권자의 투표 행동에 큰 영향을 주고 있는 요소가 지역주의라고 평가되어 왔던 것이다.[1] 요컨대 지역주의라고 하는 용어는 한국 정치에 있어서 특수한 의미로 사용되고 있다. 즉 "특정한 지역을 배타적 지지 기반으로 하는 정당이 선거에 있어서 해당 지역 출신자가 표를 얻게 하는 구도"를 의미한다.[2] 지역주의는 이념이나 정책과는 약간의 거리를 두고 표출되는 것으로 한국 정치 문화의 후진성을 상징한다고도 설명되어 왔다.[3]

다시 말하면 한국은 지역주의를 특성으로 하는 정당으로 구성되어 내려온 역사적 경험이 있는 나라인 것이다. 한반도 동남부의 부산광역시, 대구광역시, 울산광역시, 경상북도, 경상남도로 구성되는 영남지역을 지지 기반으로 하는 영남 정당, 한반도 서남부의 광주광역시, 전라북도, 전라남도로 구성되는 호남지역을 지지 기반으로 하는 호남 정당, 한반도 중남부의 대전광역시, 충청북도, 충청남도를 지지 기반으로 하는 충청 정당이 그것이다. 이들 세 정당이 민주화 이후의 한국 정치를 좌지우지하면서 유권자의 투표 행동을 규제하여 왔다. 즉 영남지역의 거주자·출신자는 기본적으로 영남 정당을 지지하고 호남지역에서는 호남 정당이 절대적인 지지를 받는다는 구도가 민주화 이후의 모든 선거에서 표출되고 있다. 즉 지역주의는 한국의 유권자가 선거 때 투표 행동을 결정함에 있어서 가장 중요한 판단 재료로 기능하여 왔다고 이해되는 것이다.

따라서 지역주의의 실태를 시민의 의식 조사에 의거하여 파악함으로써 한국의 지역주의의 요인을 찾는 것을 이 책의 목적으로 삼았다. 특히 이 책에서는 기존의 지역주의에 관한 선행연구가 경제·역사·문화적 요인이라고 하는 세 가지 영역에서 개별적으로 진행되어 왔는데, 그 한계를 극복하기 위하여 지역주의에 관한 의식 조사라는 실증적 연구를 통하여 지역주의의 요인을 분석하기로 하였다. 그 전제로서 다음 항에서는 먼저 지역주의를 거론하게 된 역사적 배경을 개괄적으로 검토하기로 한다. 그 다음 제2절에서는 한국의 지역주의에 관한 선행연구의 동향과 문제점을 검토하기로 한다.

2. 한국 지역주의의 역사적 배경

앞에서 설명한 바와 같이 한국 사회의 대립을 조장하여 온 지역주의의 요인을 파악하는 일은 한국 특유의 정치 경제와 사회 문화적 특징을 이해하는데 있어서 주요한 과제라 생각한다. 그러나 본서는 해방 후의 한국 정치 현장에서 표출된 지역주의를 의식 조사를 통해서 검토하는 것을 목적으로 삼았기 때문에 그 이전의 시대에서의 지역주의가 어떻게 오늘의 지역주의로 이어졌는가 하는 문제에 대해서는 직접적인 과제로 삼지 않았다. 그래서 지역주의에 관한 한국 학계의 선행연구 내용을 구체적으로 검토하기 전에 본서의 이해에 필요한 만큼만 지역주의의 역사적 배경에 관하여 고찰하기로 한다.

정치학의 영역에서 거론되는 지역주의의 개념을 보면 지역주의란 특정한 실태를 수반하는 이데올로기를 의미하는 것이 아니라 특정 지역 간의 지역 대립을 보고 관행적으로 불러 온 말로 이해되고 있다. 구체적으로 말하면 한국의 지역주의에 있어서도 영남과 호남의 지역 갈등을 이데올로기적 대립으로 보는 것이 아니라, 두 지역의 대립을 나타내는 관습적 용어로 나타나고 있는 것으로 이해되는 것이다.[4] 그렇다면 한국의 지역주의를 대표하는 영호남 간 지역 갈등의 원류는 과거 어느 시점까지 거슬러 올라가 찾아야 하는 것일까. 한국에서의 학계의 통설은 지역주의의 원류가 고려시대의 「훈요십조」訓要十條까지 소급되는 것으로 이해하고 있다. 「훈요십조」란 고려를 건국한 태조 왕건이 그 후손에게 남긴 유언으로서 하나의 지침이었다. 왕건은 「훈요십조」의 제8조에서 지역주의와 관련된 기술을 하고 있는데 차령산맥 이남의 지역을 반역의 지역으로 규정하여 호남인의 등용을 제한하라고 유언하고 있는 것이 그것이다.[5] 이렇게 왕건이 백제의 옛 땅인 호남지역 사람들의 등용을 제한한 이유는 고려가 삼국을 통일하는 과정에서 고려와 신라에 대한 백제의 원한이 심화되었으며, 그 때문에 왕건이 백제의 정치적 기반인 호남지역을 가리켜 반란이 일어날 가능성이 높으니 주의하여야 한다고 생각하였기 때문이다. 즉 영남지역과 호남지역 사이에 지역 대립을 암시하는 기술이 「훈요십조」 속에 들어 있었기 때문에 한국 학계에서는 이 시기를 지역주의의 원류로 파악하게 된 것이다.

계속해서 한국 학계의 통설에 따라 지역 대립의 시대를 파악해 보면, 조선 시대의 정치사상을 지배한 주자학朱子學을 둘러싼 지역 간의 대립을 발견할 수 있다. 조선 왕조는 건국 초부터 주자학을 통치 이념으로 정하였다. 그러나 정치적 지배권을 장악하기 위한 당파의 대립이 심각화되는 과정에서 주자학자들이 둘로 갈라져 하나는 퇴계 이황(退溪 李滉)의 흐름을 따르는 주리파主理派가 되고, 다른 하나는 율곡 이이(栗谷 李珥)의 흐름을 따르는 주기파主氣派가 되어 서로 대립하게 되었다. 주리파는 영남학파로서 영남지역을 중심으로 학파를 형성하였으나 주기파는 기호학파로서 호남지역을 중심으로 학파를 형성하였다. 요컨대 지연과 혈연에 따라 학설이 고정화되어 당쟁의 먼 원인을 조성하게 되었다는 것이다.[6] 그 가운데에서도 당파 항쟁의 상징적인 사건이었던 기축옥사己丑獄死 이후 이 사건을 주도한 호남지역(전라도) 출신들의 등용을 극단적으로 제한하는 사태가 벌어졌다.[7] 그 후 1592년 4월에 일어난 도요토미 히데요시(豊臣秀吉)의 조선 침략(임진왜란)을 계기로 영남지역과 호남지역 간의 지역 대립을 반영하는 논쟁이 벌어졌다. 구체적으로 말하면 도요토미의 조선 침략에 관한 정세 판단에 있어서 과오를 범한 서인西人에 대한 동인東人의 정치 투쟁이었다. 호남지역에 기반을 둔 서인파의 율곡 이이는 10만 양병설養兵說을 주창하였으나, 영남지역을 기반으로 한 퇴계 이황의 동인파는 율곡의 10만 양병설은 평지풍파를 일으키는 일이라 하여 반대하였다. 이러한 때 동인파의 통신사 부사로 도일한 김성일金誠一은 대일안심론對日安心論을 제창하여 반대파인 서인의 왜군 침략설을 반대하였다.[8] 조선 시대의 당쟁은 국가 위란의 상황인데도 동서가 타협할 줄 몰랐고, 자파의 보존을 더 중요한 과제로 삼았다. 그 결과 나라의 존망을 좌우하는 위기에 직면하게 된 것이다. 이 시기의 지역 간 대립은 조선 시대의 지역 간 대립을 상징하는 사건으로 파악되고 있다.

그 후 조선 후기에 들어오면서 지역 간 대립의 근원적인 원인이 된 것은 지배층인 양반의 수가 과잉 상태를 이루는 현상이었다. 본래 관리 등용시험인 과거에 합격하는 것은 자기 자신의 출세를 위해 필수불가결의 조건이기도 하였으나 자기가 소속하는 일문의 번영에도 중요한 일이었다. 그리하여 조선 왕조 500년간 양반 자제들은 과거 합격을 위해 헌신함으로써 상승지향성과 권위주의적 성향을 형성하게 되었던 것이다.[9] 그러나 약소 가문 출신자들은 강대한 힘을 가진 문벌을 형성한 당파에 기생하여 일신의 안전과 입신 출세를 도모하는 길을 택했다. 그들은 어려운 과거시험을 포기하고 예비시험인 향시鄉試에만 합격해도 생원生員·진사進士라 하여 지방유지로 대접을 받는 길을 택했다.[10] 그리하여 많은 양반들이 과거시험, 즉 문과 시험을 포기하고 재지양반으로서의 안전한 길을 택한 것이다.[11] 그 결과 재야의 지식인이 증가하고 사회변혁의 필요성을 주장하는 호남지역(전라도) 사람들과 중앙정부의 관리로서의 지위를 확보한 영남지역 사람들의 대립 구조가 형성되기에 이르렀던 것이다.

이와 같은 중앙정부 관리와 재야의 지배계층과의 대립(당파 싸움)이 심각해지는 과정에서 일반 민중의 경제적 상황이 피폐해져 조선 왕조 말기에는 권력자들의 기강 문란이나 낭파 싸움 그리고 사회에 만연하는 부정부패가 심각한 사회 불안을 양성하기에 이르렀다. 그 결과 사회 불안이 한계에 도달한 19세기에는 전국 각지에 민란民亂이 발생하였다. 민중 봉기는 전국에 광범위하게 발생하고 있었으나 조선 말기의 민중 반란은 호남지역에서 특히 많았다. 그 이유는 호남지역이 곡창지대이고 농수산물이 많이 나는 지역이어서 관리의 수탈이 가혹했기 때문이었다. 특히 민중 봉기 가운데 19세기 말에 급격히 확대된 최대의 민중반란, 즉 동학농민혁명(東學亂)은 대표적인 민중 혁명이었다.[12]

　동학은 "사람이 곧 하늘님"(人乃天)이란 교리로 평등주의 사상을 주장하였고 하층 농민이나 양반이나 모두 동등한 인간이라는 이념을 내걸고 민중에 다가섰다. 모든 사람이 자주적 인간으로서 다시 태어나는 내재적 자립을 통하여 민중에게 지배계급에 저항하는 힘을 길러 주었던 것이다. 동학농민혁명을 조선 말기의 지역 갈등을 대표하는 현상으로 인식하게 된 이유는 무엇인가. 그 이유는 동학농민혁명이 전국적으로 확산되는 과정에서도 그 주력이 특히 호남지역에 집중하고 있었고 무장 투쟁을 이끌었던 전봉준全琫準을 비롯한 지도자의 대다수가 호남지역(전라도) 출신이었기 때문이다.[13] 그 후 동학농민혁명은 패배로 막을 내렸으나 지배층에 대한 민중의 저항은 1896년 을미년에 시작되는 의병전쟁義兵戰爭으로 계승·전환되었다.[14] 여기서 말하는 의병이란 민중이 스스로의 의사로 구국을 위해 궐기하는 민군을 말한다. 이것은 한민족의 전통적인 반침략적 애국 투쟁을 말하는 것이다.[15] 여기서도 의병 투쟁이 지역 갈등을 상징하는 민중 투쟁이라 말할 수 있는 이유는 많은 의병이 호남지역을 중심으로 전개되었기 때문이다. 구체적으로 말하면 의병전쟁에 있어서 전라도가 경상도보다 전투 회수와 참가 인원이 압도적으로 많았던 것이다. 수치로 보면 전라도가 820회로서 가장 많았고 경상도는 222회였다. 의병에 참가한 인원수만 보더라도 전라도는 23,155명이었던 데 반하여 경상도는 4,601명에 불과하였으니 호남지역이 영남지역 보다 5배 이상이나 많았다.[16] 이 결과를 가지고 말하자면 이 시기의 지역 갈등의 특징은 오랫동안 지배층에 억압되어 온 호남 지역 민중의 저항성이 강하게 나타난 것을 알 수 있고, 그 저항성이 동학농민혁명과 의병전쟁이라는 민중봉기로 표출되었다고 설명할 수 있다.

일제 식민 통치 기간 동안 영남지역과 호남지역의 지역 대립은 일제가 제2차 세계대전에 패배하기까지 겉으로 표출되지 않고 역사의 흐름의 저류에 잠적하였다. 그 이유는 일제 식민 통치에 저항한 독립운동가들이 국내외에서 각기 투쟁 조직을 구축하여 독립운동을 전개하고 공통의 적인 일제와 싸워야 했고 역사적인 지역 갈등을 넘어서서 연대하였기 때문이다. 그리고 사상적인 면에 있어서도 조선 왕조 시대와는 다른 새로운 사상 조류에 휩쓸리게 되었다. 식민지 시대부터 독립운동을 전개하던 사람들을 중심으로 사회주의, 공산주의, 민주주의라는 새로운 정치 이념을 수용하여 조선 왕조 시대와 같은 지역 갈등을 유발하는 주자학적 사상이 영향력을 잃어 영남지역과 호남지역의 대립을 초래한 정치 이념이 그 설 자리를 잃게 되었던 것이다. 즉 사회주의와 민주주의라는 정치 이념에 입각하여 독립운동을 전개하는 엘리트 간의 대립은 식민지 시대에도 존재하였으나 지역 갈등으로 인한 대립은 발생할 여지가 없었던 것이다.[17] 그러나 일제 식민지 지배가 계속되는 동안은 정치 이념에 의한 대립의 틈새에 감추어져 있었던 지역 대립이 해방 후에 다시 등장하게 되었다.

이상에서 간략하게 한국에 지역주의를 낳게 한 요인을 역사적 관점에서 개관하였다. 그런데 이와 같은 역사적 요인이 오늘의 현실과 어떻게 관련되는가 하는 문제는 금후의 연구 과제라 할 수 있는데 여기서는 그 흐름을 개관하는 것으로 갈음한다. 대신 앞으로는 그 문제에 접근하기 위하여 이 책의 각 장절에서 해방 후 새로이 구성된 한국의 정치 체제를 검토하면서 지역주의가 선거 결과로 표출된 실태를 파악함으로써 지역 갈등의 요인을 분석하기로 한다.

제2절 지역주의에 관한 선행연구

지역주의는 한국 정치에 있어서 중요한 논점으로 파악되고 있을 뿐 아니라 한국 사회에 있어서 여러 가지 문제를 유발하는 심각한 사회문제로 파악되고 있다. 한국 정치에 있어서 지역주의는 특정한 지역을 배타적으로 지지 기반으로 하는 정당이 선거에서 당해 지역 출신자에게 표를 몰아주도록 하는 구도構圖를 말하는 것으로 특수한 의미를 내포한 용어로 정의되어 왔다.[18] 그러나 논자의 관점에 따라서는 지역주의에 관한 개념 규정이 같지 않아 지금도 논의가 계속되고 있다.

그러기 때문에 아직도 지역주의에 대한 일반적인 공통 인식이 형성되었다고 볼 수 없는 것이다. 선행연구를 정리하는 데 있어서 통상 사용되고 있는 지역주의에 내포된 의미 내용에 대하여 지역 감정, 지역 갈등, 지역 편견, 지역에 대한 고정관념 등등의 뜻이 덧칠되어 선행연구를 개관·정리하게 되는 것이다. 또한 혼란을 피하기 위해 정치적 측면으로부터 논할 때 사용하는 "특정한 지역을 배타적인 지지 기반으로 하는 정당이 선거에서 당해 지역 출신자에게 표를 몰아준다는 구도"를 의미할 때만 지역주의라는 용어를 사용하기로 하고 넓은 의미로 사용할 때는 지역 갈등, 지역 감정 등의 용어를 적절히 함께 쓰기로 하였다.

한국의 정치학·사회학 연구에 있어서 지역주의에 관한 선행연구는 민주화 이후인 1990년대부터 비로소 활발히 전개되었다. 그 이전에도 영남지역과 호남지역의 지역 대립·지역 갈등 문제에 관한 연구가 없었던 것이 아니지만 어디까지나 역사적으로 형성된 지역 갈등의 문제에 초점이 맞추어져 있어서 선거 분석과는 거리가 먼 관점에서 논의되었다. 그 이유는 지역주의가 유권자 투표 행동의 특이성의 문제로 인식된 것이 민주화 이후의 일이었기 때문이다. 즉 1987년 12월에 실시된 제13대 대통령 선거와 1988년 4월에 실시된 제13대 국회의원 선거 이후였다. 한편 일본에서도 한국의 지역주의와 관련된 논의가 시작된 것은 1977년 12월에 실시된 제15대 대통령 선거에서 김대중이 당선된 이후의 일이었다고 할 수 있다. 그러나 일본에서의 한국 지역주의에 관한 체계적인 연구는 극히 한정된 것이라 할 수 있다.

일본에서 지역주의에 관한 개설적인 기술이 나온 것은 2004년 오오니시(大西裕)가 각국의 선거제도를 비교한 저술에서 한정적으로 소개한 것이 유일한 것이었다. 오오니시 자신이 기술한 바와 같이 한국의 저명한 사회학자인 이갑윤李甲允의 저서에 의거하여 논술한 것으로서 실증적인 자료에 의거하여 종합적으로 분석한 연구가 아니었다. 그 밖의 선행연구도 개별적인 선거 결과를 분석하다가 지역주의 문제를 거론한 것에 불과하였다. 또한 일본에서 발표한 연구 성과 가운데 선행연구를 체계적으로 정리하여 종합적인 견지에서 문제를 논한 연구는 윤경훈尹敬勳의 연구가 있을 뿐이다. 한국에 있어서의 선행연구노 일본과 비슷한 경향을 보이고 있고 해방 후부터 2010년까지의 선거 결과를 분석하는 작업을 종합적으로 실시하여 지역주의 문제를 다룬 선행연구는 검색한 결과 거의 전무한 상태였다.

　현재까지의 지역주의 연구는 여러 가지 형태로 진행되었다.[19] 대표적인 연구로서는 현실적으로 지역 갈등 또는 지역 차별이 어떤 양상으로 일어났는가 하는 현상을 분석하여 지역주의의 문제 속에 내재화한 객관적 사실을 추출하려고 하는 연구를 들 수 있다. 구체적으로 그 예를 들면 대통령 선거나 국회의원 선거에서 유권자의 지역주의적 투표 행동에 관한 연구,[20] 국가권력자의 출신 지역 인재를 등용한 것을 문제시한 연구,[21] 지역 간의 경제적 격차에 관한 연구,[22] 지역주의가 시작된 연원을 밝히기 위하여 역사 자료를 분석한 연구[23] 등이 그것이다. 특히 이 중에서도 정치권력의 배분 과정에서 영남지역권에서 과도하게 독점한 사실, 정치 지도자(정치 엘리트)의 권력 획득과 그 유지를 목적으로 한 정치적 갈등, 경제 발전 과정에 있어서의 지역 편중 정책 등 정치경제적·사회구조적 차원에서 지역주의의 원인을 분석해 내고 해소하기 위한 방안을 제시하는 등의 연구가 있었는데, 한국 학계에서는 이것을 중요한 연구로 평가하여 왔다.[24] 그리고 또 최근 다수의 한국 연구자들이 시도하고 있는 연구로는 지역 감정, 지역 갈등, 지역 편견, 지역의 고정관념 등의 개념을 가지고 분석하는 사실에서 알 수 있듯이, 지역 주민이 지역과의 관계성에 있어서 주관적으로 인지하여 행동하는 이른바 사회심리적 과정에 관심을 두는 사회심리학적 연구가 있다. 이들 선행연구의 내용을 보다 상세하게 파악한다면 다음과 같이 다섯 가지 흐름으로 분류할 수 있다.

　첫째, 산업화 과정에서 지역 간의 사회 경제적 발전에 격차가 생긴 것을 지역주의의 원인이라고 보는 연구가 있다.[25] 이 연구는 지역주의를 지역 간의 불균형한 사회 경제적 발전, 특히 영호남 격차의 문제를 중시하여 분석하고 있는 것이다. 즉 산업화 과정에서 지역 간에 사회 경제적 격차가 발생한 것은 과거 30년에 걸쳐 정부 주도형의 경제 성장 정책이 실시된 결과였다. 지금까지 획득한 기득권을 유지하려고 하는 영남지역 사람들의 욕망과 후진성에 대한 불만으로부터 벗어나려고 하는 호남지역 사람들의 원망이 영호남 대립과 갈등을 일으켜 그 결과 지역주의가 나타났다는 것이다.

그러나 이 연구는 지역주의적인 정당 간 사회 경제적 발전의 격차를 너무 단순하게 설명하고 있을 뿐, 영호남 간의 경제 격차보다도 수도권과 그 밖의 특정 지역 간의 격차가 보다 더 심각했다는 사실, 그러나 그 밖의 지역(가령 강원도)과 영남지역 간의 지역 대립이 심각하지 않았다는 사실에 관해 전혀 설명하지 못하고 있다. 즉 사회 경제적인 발전상의 격차라는 관점은 지역 간 대립의 양상을 충분히 설명하지 못하고 있다는 반론이 가능한 것이다. 이 반론에 대해서는 지역주의가 심각한 대상 지역이 영호남의 대립인데도 불구하고 영호남 두 지역의 갈등을 제외하고 다른 지역과 비교하는 것은 부당하다는 재반론을 예상할 수 있다.

사회경제적 격차가 발생한 이유는 정부가 경사적傾斜的으로 경제 발전 정책을 채택하여 기간산업의 육성이나 사회 인프라 정비를 특정 지역에 대해서만 중점적으로 실시하였기 때문이었다. 투자를 특정 지역에 집중한 결과 직접적인 경제 효과가 나타났을 뿐 아니라 그에 따르는 민자 부문의 투자가 촉진되어 특정 지역 간의 경제 발전의 격차가 한층 더 심해진 것은 확실히 부정할 수 없는 사실이다. 1960년대 후반부터 한국 경제의 급속한 발전은 1965년의 한일조약 체결과 베트남 파병에 의하여 외화 도입의 길이 트였고 또 제도적으로 공업화의 조건이 정비됨으로써 시작되었다. 경제 발전의 기본 조건을 갖춘 한국 정부는 제2차 5개년 계획을 수립하여 수출 지향형 공업화 정책을 추진하였다. 그러나 북한과 대치한 정치 상황에서 어떻게 경제 발전을 완수하느냐 하는 것이 가장 중요한 지상 과제였던 당시 한국의 시대 상황을 감안하다면 지역 패권주의적인 발상을 갖고 경사적인 경제 발전 정책을 의도적으로 채택하였다고 생각하기 어렵다. 즉 연고주의적인 발상에서 지역 편중주의 정책을 채택할 여유가 없었을 것이라 생각하는 것이 합리적인 해석일 것이다. 이러한 언급은 저자가 경제적 격차가 지역주의에 준 영향을 무시하는 것이 아니라, 충분이 고려하면서 그 밖의 지역주의 요인을 검토하여야 할 것이라는 말이다.

둘째, 지역주의의 요인을 한국의 고대사에서 그 기원을 찾는 연구들이 있다.[26] 이 연구는 지역주의의 원천을 삼국 시대까지 소급하여 찾는다. 특히 백제의 중심지가 오늘날의 호남지역이 아니라는 점을 들어 고려 태조의 「훈요십조」에 주목하여 후삼국 시대에 그 원인을 찾고 있는 것이다. 또 훈요십조의 정치적 의도를 지적하여 「훈요십조」는 고려 태조가 친수한 것이 아니라 조선 왕조 시대에 날조되었다고 하는 견해도 있다. 아무튼 고려 시대부터 관리 등용상의 차별이 존재하였다고 볼 때 1천 년간이나 영남 지배 구조가 형성되었다는 것이 되며 그 결과 호남지역이 중심지역으로 떨어지고 항상 지배의 대상이 되었다는 것이 된다. 그래서 이에 저항하는 역사가 지역 갈등을 초래한 원인이라는 것이다. 또한 역사적 관점에서 지역주의를 검토하는 연구는 지역 갈등의 원인을 경제적 지역 격차라는 측면 이외에도 호남지역 사람들에 대한 비호남지역 사람들의 편견이 오랜 역사 속에서 형성되어 고정관념으로 변화하여 근거 없는 비과학적인 미신처럼 사람들의 마음속에 축적된 것이라 설명하고 있다.[27]

그러나 이러한 연구 방법에는 민주주의 국가에 있어서의 선거 투표 행동이 합리성을 가진 일반대중의 행동이라고 하는 전제가 결여되어 있는 것이다. 다시 말해 역사적으로 형성된 특권층의 지역 차별 감정이 현재까지 남아서 직접적으로 영향을 미치고 있다고 생각하는 것은 무리가 아닌가 생각한다. 따라서 이러한 역사적 자료만으로 지역주의를 설명하는 학설에는 한계가 있다 할 것이다.

셋째, 권위주의 정권 시대의 정치사회에 있어서 특정 지역의 인재만 등용한 것이 지역 갈등의 원인이라고 보는 연구이다.[28] 이 연구는 1961년의 '군사 혁명' 이후 경상도 출신자들이 주로 정권을 담당하여 왔기 때문에 영남지역 출신자가 우대받았고 반면에 호남지역 출신자가 냉대 받은 사실을 지적하면서 정치 투쟁으로부터 오는 인사 구성의 지역적 불균형뿐만 아니라 사회 경제적으로도 격차를 초래한 것으로 파악한다. 구체적으로 말하면 영남지역 출신자의 비율이 다른 지역의 출신자들보다도 인재 등용에서 급격히 신장한 것을 보고 이것을 근거로 권위주의 시대의 지도층이 자기 지역 출신자를 우대하는 편향적인 인사 정책을 썼는데 이것이 지역주의의 원인이 되었다고 생각하는 것이다.

정부 관료의 인사 행정이 한 지역으로 편중되어 집행되었다는 사실은 통계적인 자료로 보아도 사실로 드러나고 있다. 그러나 인사의 지역적 편중이 행해졌던 당시에 일반 서민이 그렇게 분명히 한 지역으로 인사가 편중되었다는 실태를 알고 있었는지는 의문스럽다. 요컨대 일부 호남지역 사람들이 자기가 소외되고 있다는 막연한 감각을 가질 수는 있어도 그 사실 인식이 일반 대중에까지 침투하여 그것이 직접적인 원인이 되어 극단적인 지역주의적 투표 행동으로 나타났다고 보기는 어려운 것이다. 따라서 인사 행정을 가지고 지역주의를 분석하는 것은 논리적 비약이 아닌가 생각한다.

넷째, 정치가와 유권자의 정치적 행위의 산물은 합리적인 행동으로 해석하여야 한다는 연구이다.[29] 즉 그 지역 사람들이 자기 지역 출신자에 투표하는 행위는 자기 지역의 이익과 자기 자신의 이익을 위한 자연스럽고 합리적인 투표 행위라고 설명하는 것이다. 그리고 지역주의는 유권자의 합리적 선택의 산물이라 설명한다. 이 견해는 한국 지역주의 연구에 있어서 주류를 이루고 있다.

선거에서 당선되기 위하여 정치인들은 수단 방법을 가리지 않는다. 그들은 기존의 대립을 이용할 뿐 아니라 새로운 쟁점을 만들어서라도 선거에 이기려고 하는 것은 동서고금에 공통된 사실이다. 일노삼김一盧三金 시대의 김대중과 김영삼의 대립이 지역주의를 심화시켰다는 주장은 객관적으로 볼 때 타당성이 있는 견해이다. 그러나 이 견해는 영호남의 지역 대립과 갈등을 전제로 하여 논의를 진행하고 있는 것으로 원인론과는 거리가 멀다. 이 책에서 밝히려고 하는 것은 지역주의가 표출된 요인과 그 메커니즘이며 지역 대립과 지역 갈등이 형성된 요인을 분석을 하는 데 있다.

다섯째, 사회 심리적 접근으로서 전통적으로 계속되고 있는 지역인들 간의 고정관념 및 편견이 존재한다는 사실 그 자체가 지역주의의 원인이라고 보는 연구이다. 이들 연구는 지역과 지역 간의 보편적인 심리적 태도의 특징을 분석하여 출신 지역이 같으면 출신 지역이 다른 경우보다 호감을 갖고 대하는 경향이 있으나 비호남지역의 사람들은 호남지역의 사람들에 대하여 호감도가 낮고 동시에 비판적이란 사실을 강조한다. 호남지역 사람들과 영남지역 사람들 사이에 존재하는 경쟁의식이라든지 호남지역 사람들에 대하여 그 이외의 지역 사람들이 갖고 있는 차별 의식이 지역 갈등과 편견을 조장하고 있다고도 설명한다. 특히 사회 심리적으로 분석한 연구는 각 지역 집단에 대한 사람들의 고정관념이나 편견의 내실을 파악하는 연구,[30] 각 지역 집단에 대하여 사람들이 가진 사회적 거리감을 검출하는 연구,[31] 타 지역에 대한 호감도를 분석하는 연구[32] 등이 있다.

또한 최근 한국 학계에서 발표된 연구로서는 영남지역 사람들과 호남사람들에 대한 고정관념이 당해 지역 주민의 행동을 내적 또는 외적으로 규정하여 평가·판단함으로써 선입견을 형성하는 데 영향을 주고 있다는 사실을 지적하는 연구가 있다.[33] 그리하여 사람들의 지역 편견적인 태도는 지역 주민에 대한 감정보다도 지역에 대한 기존의 고정관념에 의하여 종속적으로 작용한다는 사실을 밝히는 연구가 있는 것이다.[34]

그 밖의 연구로서는 사회정체성 이론에 의거하여 한국의 지역 주민에 대한 고정관념과 감정 그리고 평가는 출신 지역에 따라 내부집단·외부집단으로 분류하려고 하는 한국인의 사회적 성격에 기인하는 편파적인 정보 처리 결과와 관련성이 있다는 사실에 관하여 실험을 통해 제시한 연구[35]가 있고, 영남지역과 호남지역 사람들의 내부집단의 사회적 지위에 대한 평가, 지위의 안정성 인지 및 집단성, 상대적 집단 박탈감에 대처한 집단 전략의 관계를 분석하는 연구 등도 있다.[36] 출신 지역에 의한 내부집단·외부집단을 카테고리화하는 것은 내·외 집단의 구성원에 대한 인상과 감정 형성에 있어서 자기가 소속한 집단에 대하여 편애 감정을 가질 뿐 아니라, 집단에 관련한 정보 평가도 내부집단에 대해서는 호의적인 고정관념을 갖고 반대로 외부집단에 대해서는 비호의적인 감정을 강화하는 일반적인 경향이 있다는 것이 알려지고 있다. 이 같은 인지심리학적 과정이 한국의 지역 주민의 인지 과정에서도 일어나고 있다는 것이다.

이들 연구가 영남지역과 호남지역의 지역 편견의 형성 과정을 해명하는 데 큰 공헌을 한 것은 확실하다. 그러나 이들 연구는 심리학적인 연구로서는 큰 공헌을 한 것이 사실이지만 지역주의가 정치적 현상이란 관점을 몰각하고 있는 것이다. 따라서 유권자의 투표 행동의 이상성異常性을 설명하는 방법으로서는 한계가 있다고 생각한다.

위에서 검토한 선행연구 중에서 특히 한국 학계에서 주목되는 견해의 하나는 지역주의를 정치인과 유권자의 정치 행동의 산물이라고 본 이갑윤의 연구이다.[37] 이갑윤의 분석을 보면 1987년의 대통령 선거와 다음 해의 국회의원 선거를 계기로 정당 및 정치 지도자들의 선거 전략과 유권자의 투표 행동의 결과로 지역주의가 전면으로 부상하였다고 주장하고 있다. 특히 민주화 이후의 한국의 선거 결과는 과거의 특정 지역에 대한 편견 및 고정관념과 달라서 선거라는 정치 행동을 통하여 생긴 지역주의는 서로 구분할 필요가 있다고 지적하고 있다.[38]

기존의 한국 지역주의에 대한 선행연구의 내용을 검토해 보면 다양한 관점에서 그 원인을 규명하려 하고 있다는 것을 알 수 있는데, 이것은 한국 사회에 있어서 지역주의가 중요한 문제이며 해결해야 할 과제라는 것을 의미하고 있는 것이다. 이 같은 선행연구 가운데 지역격차론이나 지역감정론의 관점에서 지역주의의 원인을 탐구하는 데 있어서 사회학적 연구의 방법으로 작성된 경험적 데이터에 의거하여 분석했다는 것은 큰 성과라 하지 않을 수 없다. 그러나 선거 결과와 정치 과정에서 나타난 지역주의의 출현 이유 그리고 변용된 이유를 설명하는 데에는 충분하다고 할 수 없다. 또한 사회심리학적인 접근에 의한 선행연구는 지역 갈등의 형성 과정을 파악하는 데 일정한 성과를 거두었다고 생각하지만 지역주의 자체가 정치 현상이라는 점에 주목한다면 정치 현상을 심리학적 분석만으로 결론을 낸다는 것에는 조금 어려운 부분이 있다고 생각한다. 즉 경제와 문화 그리고 역사적 요인을 검토하지 않았다는 점에서 추가로 연구해야 할 과제가 남았다고 할 수 있는 것이다.

이 책에서는 위에서 말한 지역주의에 관한 선행연구의 과제를 검토하고 지역주의 문제를 어디까지나 정치 현상이라는 관점에서 이해하면서 대통령 선거와 국회의원 선거에서 나타난 지역주의 현상을 정치·경제·사회문화의 세 측면에서 검토하기로 하였다. 그렇게 함으로써 한국 사회에 내재된 지역 갈등의 문제가 최근 어떻게 변화하였는가를 파악하고 분석하기로 한다.

제3절 연구 방법과 의의

1. 이 책의 연구 방법

선행연구를 분류하여 상세히 검토해 보면 각각 지역주의의 설명에 부분적으로 성공하고 있을 뿐이라는 것을 발견한다. 즉 모든 지역주의 현상을 설명하는 데는 한계가 있는 것이다. 따라서 선거에 대응하여 설명 방법을 변경하거나 아니면 지역주의의 변용이라는 표현을 써서 지역주의의 본질을 해명하는 데로부터 딴 데로 눈을 돌리려는 경향이 있는 것이다. 이 책에서는 모든 선행연구의 성과를 살펴보면서 지역주의는 어디까지나 정치 현상이라고 하는 긴 것에서 주로 연구하기로 하고, 제도적 측면과 사회문화적 측면에 대한 관점도 동시에 고려하면서 동역학적인 표본으로서 검토하고

자 하는 것이다.

전통적인 정치학은 규범적·법학적·제도론적이었으나 20세기에 와서는 정치과정론을 중요시하는 경향이 있다. 정치과정론은 정치적 요인의 상호 작용과 그 동태를 분석하여 정치 현상을 설명하는 접근법이다. 정치 현상 이라는 관점에 입각하면 지역주의 현상을 설명하는 데 있어서 그것이 역사 적으로 형성된 한국의 지역 갈등과 결코 무관하지 않다는 것을 알 수 있다. 정치를 논함에 있어서 당해 국가나 당해 지역의 역사적 측면을 무시해서는 올바른 이해를 얻기 어렵다. 정치란 지배와 복종 속에서 인간의 다양한 가 치관과 신념이 교차하는 공간에서 벌어지는 하비투스(habitus:습속)에 지나지 않기 때문이다.[39] 따라서 한국인의 정체성의 성질과 특징을 정리하여 '우 리공동체'라는 용어를 제시하여 한국의 사회 구조를 '우리공동체' 구조로 규정하고 '우리공동체' 구조가 어떻게 해서 한국인의 정체성을 형성하여 특징으로서 자리매김할 수 있는지를 설명해 나갈 것이다.

이 책은 지역주의의 문제를 단순한 원인 추구로 끝내지 않고 종합적으로 파악하여 그 표출 시스템을 분석하기 위하여 다음과 같은 세 가지 방법으 로 문제를 고찰하기로 한다. 첫째는 지역주의의 표출 형태를 분석하되 과 거의 선거 결과를 가지고 기존의 합리적인 선택 이론이 지역주의의 원인이 라고 분석한 선행연구의 문제점을 지적하기로 한다. 그리고 또 통계 자료 에 의거하여 지역주의는 단순히 정치적 투표 행동만으로 분석할 수 없는 복잡한 요인이 내재되어 있다는 사실을 설명한다. 둘째는 지역주의의 요인 을 한국의 정치 문화·사상과는 어떤 관계가 있는가를 파악하기 위하여 한 국 특유의 지역주의의 원인을 탐구한다. 셋째는 지역주의에 관한 과제를 실증적 방법으로서 면접조사를 택하여 한국 전역에 걸친 국민의 정치의식 조사를 실시한다.

2. 정치의식 조사의 개요

21세기에 들어와서 10년이 지난 2010년, 한국 사회가 갖게 된 여러 가지 사회현상 가운데 해묵은 사회문제로 지적되어 온 영남지역과 호남지역 간의 지역 대립, 지역 갈등의 문제를 파악하기 위하여 저자는 실증적인 연구 방법으로 설문조사를 실시하여 이 문제를 검증하여 보았다. 정치 분야에 관한 인식 및 태도, 경제 분야에 관한 인식 및 태도, 그리고 사회 분야에 관한 인식과 태도라는 카테고리로 설문을 분류하여 설문 용지를 작성하였다. 이 조사는 세분화된 다양한 설문 내용을 포함한 것으로 입체적인 분석 작업을 하는 것을 목적으로 삼았다. 실제 조사는 2010년 6월 2일에 실시된 전국지방선거의 1개월 전인 2010년 5월 1일부터 28일까지의 약 1개월간에 걸쳐 실시되었다. 전국의 만 19세 이상의 유권자 1,000명을 대상으로 하여 성별·지역별로 표본을 할당한 후 당해 지역으로부터 무작위 추출에 의하여 선택하였다. 〈표0-1〉은 지역별로 할당한 표본 수를 보여주고 있다.

조사는 제주도 지역을 포함한 전국의 유권자 1,000명을 일일이 개별 방

〈표0-1〉 지역별 표본 수

(단위 : 건)

서울 ·인천 ·경기	부산 ·경상남도	대구 ·경상북도	광주 ·전라남도	전주 ·전라북도	대전 ·충청도	강원도	제주도
200	200	100	200	100	100	50	50

(출처) 2010년 5월에 실시한 정치의식 조사에 의거하여 필자 작성

문하여 면접조사를 하는 방법을 택해 실시하였다. 모든 표본에 대한 지역별 할당은 서울·인천·경기도 지역에서 200명, 대전·충청도 지역에서 100명, 광주·전라남도 지역에서 200명, 전주·전라북도 지역에서 100명, 부산·경남 지역에서 200명, 대구·울산·경상북도 지역에서 100명, 강원도 지역에서 50명, 제주도 지역에서 50명으로 잡았다. 금번 연구에 있어서 최대의 관심 지역인 영남과 호남지역의 표본은 다른 지역보다 많이 선정하여 각각 300명을 배분하였다. 정밀도가 높은 연구 결과가 되도록 하고 영호남양 지역에 관한 조사 결과의 신뢰성을 높이기 위해 중점적으로 표본을 배분한 것이다. 따라서 전국 단위의 조사 결과를 참고하는 데는 충분히 가능하나 전국 지역별의 인구비 배분에 의한 무작위 추출(확률 추출)이 아니므로 한국 사회 전체의 결과로 일반화할 수 없다. 그러나 이 조사 결과가 한국에서의 지역 간의 의식 비교 및 분석이나 지역 내의 결과에 관해서는 통계적으로 가치가 있는 분석·해석이 가능할 것이다. 〈표0-2〉는 조사에 응한 회답자의 특성을 나타내고 있다. 남녀별 구성비는 남녀가 각각 50%가 되도록 조사를 시작할 때 설정하여 놓았다.

연령 구성은 만 35-39세가 134건(13.4%)이나 되어 최다 조사 대상이었던 데 반하여 만 55-59세가 64건(6.4%)으로 최소 표본이었다. 만 25-29세는 106건(10.6%), 만 30-34세는 74건(7.4%), 만 40-44세는 118건(11.8%), 만 45-49세는 102건(10.2%), 만 50-54세는 106건(10.6%), 만 60-64세는 132건(13.2%), 만 65세 이상은 74건(7.4%)이었다.

직업별 구성으로 보면 화이트칼라가 230건(23%)로 가장 많았고, 전업주부가 225건(22.5%), 블루칼라가 208건(20.8%), 자영업이 197건(19.7%), 학생이 90건(9.0%), 무직이 50건(5.0%)이었다.

〈표0-2〉 표본의 특성

(단위 : 건, %)

		사례수	비율			사례수	비율
전체		1,000	100.0	전체		1,000	100.0
성별	남성	500	50.0	최종 학력	중졸이하	132	13.2
	여성	500	50.0		고졸	416	41.6
연령	만19~24세	90	9.0		대학재학	90	9.0
	만25~29세	106	10.6		대졸(대학원)이상	362	36.2
	만30~34세	74	7.4	결혼 여부	기혼	768	76.8
	만35~39세	134	13.4		미혼	232	23.2
	만40~44세	118	11.8	가구별 1개월 평균 소득	100만원이하	57	5.7
	만45~49세	102	10.2		100~199만원	114	11.4
	만50~54세	106	10.6		200~299만원	232	23.2
	만55~59세	64	6.4		300~399만원	269	26.9
	만60~64세	132	13.2		400~499만원	202	20.2
	만65세이상	74	7.4		500만원이상	126	12.6
지역	서울·경기도·인천	200	20.0	소득 계층	중산층	342	34.2
	부산·경상남도	200	20.0		서민층	658	65.8
	대구·경상북도	100	10.0	원적 (부친의 고향)	서울특별시	42	4.2
	광주·전라남도	200	20.0		경기도·인천	41	4.1
	전주·전라북도	100	10.0		강원도	51	5.1
	대전·충청도	100	10.0		대전·충청도	153	15.3
	강원도	50	5.0		부산·대구·경상도	294	29.4
	제주도	50	5.0		광주·전라도	353	35.3
직업	자영업	197	19.7		제주도	50	5.0
	블루칼라	208	20.8		북한·기타	16	1.6
	화이트칼라	230	23.0	영· 호남 지역별	영남지역	300	30.0
	전업주부	225	22.5		호남지역	300	30.0
	학생	90	9.0		기타의 지역	400	40.0
	무직	50	5.0				

(출처) 2010년 5월에 실시한 정치의식 조사에 의거하여 필자 작성

최종 학력에 관한 구성은 중학 졸업 이하가 132건(13.2%), 고등학교 졸업이 416건(41.6%), 대학 재학생이 90건(9.0%), 대학 및 대학원 졸업 이상이 362건(36.2%)이었으며 고등학교 졸업의 학력이 최대 분포를 나타냈고 그다음이 대학 및 대학원 졸업 이상이었으며, 대학생도 포함하면 45.2%가 대학생이상의 표본이 되어 한국 사회의 고학력화를 보여주고 있다.

월간 평균소득에 관한 구성은 100만원 이하가 57건(5.7%), 100-199만원이 114건(11.4%), 200-299만원이 232건(3.2%)이며, 300-399만원이 269건(26.9%), 400-499만원이 202건(20.2%)이며, 500만원 이상이 126건(12.6%)라는 결과를 보여주었다.

아버지의 고향에 관한 표본 특성을 정리해 본 결과, 부친의 고향이 광주·전라도 지역이라고 대답한 사람이 353건(35.3%)으로 최다수의 표본을 보였다. 두 번째로 많았던 것은 부산·대구·경상도 지역의 294건(29.4%)이었다. 이어서 대전·충청도 지역의 153건(15.3%), 강원도와 제주도 지역은 각각 51건(5.1%)과 50건(5.0%)으로 거의 같은 비율을 보였다. 부친의 고향이 수도권이라는 응답은 83건(8.3%)이었으며, 지방에서 수도권에 인구가 집중된 상황을 보여주고 있다. 또한 아버지의 고향이 북한이라고 대답하는 사람이 있었으나 16건(1.6%)에 지나지 않았다.

제4절 이 책의 구성

이 책은 서장과 종장을 제외하면 모두 6장으로 구성되어 있다. 서장에서는 본서의 목적과 문제제기, 연구 방법, 선행연구의 고찰, 논문의 구성 등을 설명한다. 제1절에서는 본서의 목적과 문제를 제기하고 한국 사회의 병폐라고도 말하는 지역 갈등의 문제를 제기하는 것이 어떤 의미가 있는가를 설명한다. 또 한국 사회의 대립을 조장하여 온 지역 갈등의 역사적 형성 과정에 관하여 지역주의의 역사적 배경이라는 관점에서 개설하고 검토한다.

제2절에서는 지역주의에 관한 현재까지의 선행연구를 개설하고 검토한다. 선행연구의 다수는 1987년의 민주화 이후부터 제15대 대통령 선거까지를 논하고 제16대 대통령 선거를 지역주의의 변용이라고 파악하는 선행연구는 소수에 그친다. 제17대 대통령 선거에서 표출된 지역주의를 상세히 분석한 논고에 관해서는 한계가 있다. 제3절에서는 이 책의 연구 방법에 관하여 해설한다. 이 책은 2010년 5월에 실시한 정치의식 조사의 결과까지 포함해서 분석하고 있다는 사실과 정치의식 조사의 개요에 관해서도 설명하고 있다. 제4절에서는 이 책의 구성을 개설한다.

제1장은 대한민국 성립 이후의 권력자들이 헌법 개정을 거듭하여 통치체제라든지 선거제도를 자의적으로 변경함으로써 자기 권력 보존을 꾀한 사실을 밝히는데, 제1절부터 제4절까지 모두 4절로 구성하였다. 제1절에서는 국가의 최고 규범인 헌법을 개정한 역사를 정리하여 개관한다. 제2절에서는 대한민국 헌법의 성립 과정에 관하여 해설한다. 제3절에서는 이승만 정권 하의 헌법 개정의 역사를 살펴봄으로써 권력자의 자의적인 의도에 의해 통치제도와 선거제도가 고양이 눈빛과 같이 변천하여 온 실태를 파악한다. 제4절에서는 한국의 경제 발전기에 있어서의 군사정권 하에서의 헌법 개정 과정을 살펴봄으로써 국민의 소망이었던 대통령 직접선거제도가 채택되지 않고 권력자의 권력 유지를 위하여 헌법 개정이 자행된 동시에 선거제도도 변천한 실태를 밝힌다. 그리고 권위주의적인 정치 체제 하에서

지역 간의 경제 격차를 비롯한 여러 가지 편중이 실시됨으로써 지역 갈등이 증폭된 사실을 밝힌다.

　제2장은 대통령 선거에서 표출된 지역주의의 현실을 파악하는 것을 목적으로 하여 제1절부터 제4절까지의 전 4절로 구성하였다. 제1절에서는 일제 식민지 지배로부터 해방된 이후의 권위주의 정권 시대의 유권자의 투표 행동의 특징을 분석하는 것을 목적으로 하였다. 제2절에서는 민주화 이후의 제13대 대통령 선거로부터 제15대 대통령 선거까지의 지역주의의 형태를 파악하는 것을 목적으로 하였다. 제3절에서는 2002년에 실시된 제16대 대통령 선거와 지역주의의 형태를 파악하는 것을 목적으로 하여 지역주의의 고착화 현상을 밝혀 노무현의 당선 요인이 지역주의의 변용에 의한 것이었다는 사실을 밝힌다. 제4절에서는 2007년에 실시된 제17대 대통령 선거와 지역주의의 형태를 파악하는 것을 목적으로 하여 지역주의가 심화되고 있는 실태를 밝힌다.

　제3장은 국회의원 선거에서 표출된 지역주의의 실태를 밝히는 것을 목적으로 하여 제1절과 제2절로 구성하였다. 제1절에서는 권위주의 정권 시대에 실시된 12회에 걸친 국회의원 선거의 실태를 파악하는 것을 목적으로 하였다. 제2절에서는 민주화 이후에 실시된 제13대 국회의원 총선거부터 2008년의 2월 25일에 실시된 제18대 국회의원 총선거까지의 유권자의 투표 행동을 분석함으로써 지역주의의 심각한 실태를 파악하는 것을 목적으로 하였다.

　제4장부터 제6장까지는 지역주의를 실증적으로 분석하는 것을 목적으로 하여 2010년 5월에 실시한 정치의식 조사의 결과를 정리하여 실증적인 분석을 하는 것을 목적으로 삼았다. 제4장은 정치의식 조사의 설문 항목

중 지역주의의 정치경제적 요인에 관한 결과를 분석하여 정리하였다.

제1절에서는 지역주의의 원인을 경제 정책의 차별적 편중에서 찾는 견해가 유력한 학설을 형성하고 있기 때문에 그 점에 세심한 주의를 기울이면서 분석을 시도하였다. 제2절에서는 정치의식 조사의 설문 항목 중 지역주의의 정치적 요인에 관한 결과를 분석·정리하였다. 지역주의의 원인을 정치적 관점에서 논의하는 견해가 현재 통설을 형성하고 있지만 특히 정치인의 작위나 지역 주민의 합리적 선택 이론이 주류를 이루고 있다. 따라서 합리적 선택 이론의 타당성을 검증하는 의미에서도 상세한 분석을 시도하였다.

제5장은 본서의 주장의 일부를 형성하고 있는 지역주의의 사회문화적인 요인에 관하여 실시한 정치의식 조사의 결과를 상세히 분석하였다. 제1절은 지역주의의 사회 문화적인 요인을 검토할 목적으로 실시한 정치의식 조사의 결과 분석을 중심으로 논의를 전개하고 있다. 제2절에서는 지역주의의 사회 문화적인 요인을 형성하는 한국인의 사회적 성격을 의논하는 전제로 정치학에 있어서 정치와 문화에 관한 일반 이론과 의론의 전개를 파악하는 것을 목적으로 하고 있다. 제3절에서는 '우리공동체'의 개념을 새로이 제시하여 '우리공동체'의 개념과 구조에 관한 해설을 하고 '우리공동체'의 구조의 중핵을 이루고 있는 '한' 恨의 정념에 관한 해설을 시도하고 있다. 제4절에서는 이해관계와 '우리공동체'의 개념이 어떤 관련이 있는가를 논하고 있다. 그리고 한국의 사회적 특성으로서의 경쟁성이 '우리공동체' 구조와 어떻게 관련되는가, 그리고 경쟁성으로부터 파생되는 대립성과 문파성이 어떻게 영성되는가 하는 메커니즘을 논하고 있다. 그리고 주자학적 사고로부터 기인하는 권위주의적 성향이나 한국 사회에 내포된

상승 지향성에 관해서도 언급하고 있다.

제6장은 선행연구의 한계성을 지적하면서 지역주의의 발생 메커니즘을 해석하는 데 노력하고 있다. 제1절에서는 중요한 선행연구들의 문제점을 지적함으로써 지역주의를 동역학적인 모델로서 파악할 필요성을 지적하고 있다. 제2절에서는 제도적인 측면의 요인 분석도 필요하다는 것을 금번의 정치의식 조사를 통해 알 수 있다고 하면서 선행연구에서 언급하지 않는 대통령제에 내포된 요인 분석을 시도하고 있다. 제3절에서는 민주화 이후 한국의 정치 상황이 정치인의 지역 갈등의 정치적 이용을 촉진하고 지역주의로 발전한 상황에 관한 고찰을 하고 있다. 제4절에서는 선행연구에서 지적하여 온 요인의 중요도를 검출하기 위하여 정치의식 조사의 결과에 회귀回歸분석적 방법을 도입하여 다시 한 번 분석을 시도하고 있다. 제5절에서는 지금까지의 모든 의논을 검토한 뒤 지역주의의 표출을 동역학적인 모델로 이해함으로써 합리적인 해석이 가능하다는 것을 시론으로 전개하였다.

종장은 제1장부터 제6장까지의 의논을 뒤돌아보고 본서의 결론을 도출해 내고 있다. 그리고 지역주의에 대하여 금후 어떻게 대처해야 하는가에 대해 논급하고 있다.

제1장
대한민국의 성립과 통치 체제의 변천

───────

한국 통치 제도의 구축과 헌법 개정의 역사적 전개를 돌이켜볼 때 한국의 통치 제도는 독재정권의 유지와 군사정권의 유지라고 하는 권력자의 자의적인 의도에 의해서 주로 진행되어 왔다고 이해된다. 그리하여 제9차 개정 헌법에서는 국민에 의한 직접선거의 실시가 보장됨으로써 부정선거라고 하는 오랜 한국 사회의 병리적 현상이 시정되는 토대가 형성되었다고 생각되며, 역대 헌법 개정 과정 중에도 민주주의 이념에 의거한 개정이라고 평가되고 있다.

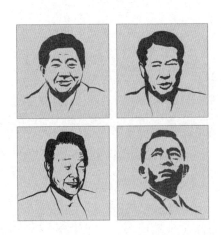

제1장 대한민국의 성립과 통치 체제의 변천

제1절 통치 체제의 구축과 헌법의 역할

　이 절에서는 일제의 식민지 통치로부터 해방된 이후 한국의 통치 제도의 구축과 지역주의가 어떻게 관련되어 있는가를 파악하고 또 통치 제도를 형성하는 데 있어서 그 축이 되는 헌법 제정制定과 개정改正과도 어떻게 관련되어 한국 특유의 통치 제도의 성격과 특징을 이루게 되었는가를 검토하기로 한다. 또한 헌법 개정의 역사적 변천을 살펴봄으로써 한국에서의 헌법 개정이 권력자의 자의적인 동기에 의하여 이루어졌다는 사실을 확인하고 또한 한국의 정치 문화의 특징이라 할 수 있는 경쟁성과 저항성을 살펴보기로 한다.

　즉 헌법 개정 과정을 살펴봄으로써 헌법 개정이 당시의 권력자의 자의적인 의도에 의해 실시되어 근대 입헌주의에서 볼 때는 분명히 헌법 위반의 폭거였는데 어떻게 그렇게도 공공연히 행해질 수 있었는가를 밝혀 보기로 한다. 이것은 대통령에게 너무 강력한 권력을 집중시켜 온 한국 대통령 제도에 내재하는 문제였으며, 그것이 한국의 정치 문화의 특징인 경쟁성과

〈표1-1〉 헌법개정의 역사적 변천

헌법개정 (제안자)	원인	제안 표결 공포	주요내용	비고
헌법국회 (헌법기초안)	대한민국 정부수립 제헌	1948.6.23 7.12 7.17	대통령중심제(국회에서 선출, 임기 4년, 중임가능) 일원제국회(의원임기4년)	초안은 의원내각제 · 이원제국회, 이승만의 요구로 수정
제1차개정 (정부)	이승만대통령 재집권	1952.5.14 7.4 7.7	대통령직접선거제 · 이원제국회 (민의원의원임기4년,참의원의원임 기6년)	야당다수국회, 비상계 엄령선포, 국회의원감 금, 여야당절충안(발수 안)가결
제2차개정 (자유당)	이승만대통령 삼선	1954.9.8 11.27 11.29	대통령중임제한철폐 국무총리제폐지 국무위원연대책임폐지	개헌필요의석(135.3)에 부족(135)을 사사오입 으로 개헌가능이라 하 고 여당단독의결
제3차개정 (민의원)	4 · 19혁명 이후	1960.6.11 6.15 6.15	의원내각제 · 대통령국회선출(임기 5년중임가능) · 헌법재판소신설 · 지방자치체장선거제	민주당장면정권탄생
제4차개정 (민의원)	4 · 19혁명 완수 요구하는 여론 을 흡수	1960.10.17 11.28 11.29	부정선거관련자 · 반민주행위자처 벌부정축재자처벌	소급입법
제5차개정 (최고회의)	5 · 16쿠데타 이후	1962.11.5 12.6 12.17 12.26	대통령중심제(임기4년중임가능) 일원제국회(의원임기4년 · 비례제 표제) 헌법재판소폐지	박정희정권탄생 · 소급 입법(정치활동정화법)
제6차개정 (공화당)	박정희대통령 3선	1969.8.7 9.14	대통령3선허용	여당단독변칙가결
제7차개정 (정부)	박정희대통령 종신집권(유신)	1972.10.27 11.21 12.27	대통령중심제강화(통일주체국민 회의의 간선제 · 임기6년재선무제 한 · 권한강화)유신정우회의원의 대 통령지명 · 헌법위원회의 신설 · 지 방의회선거실시보류	비상계엄령선포
제8차개정 (정부)	10 · 26사태이후 제5공화국출범	1980.9.29 10.22 10.27	대통령중심제(임기7년단임 · 선거 인단간선제) · 비례대표제개정 · 기 본권보장강화	비상계엄령확대 · '신군부' 정권탄생
제9차개정 (여야공동)	6월 민중투쟁과 6 · 29민주화 선언	1987.10.12 국회의결 10.27 국민투표	대통령직선제(임기5년단임) · 국회 권한강화 · 기본권보장확대 · 헌법 재판소부활	최초의 여야당합의개 헌 · 15년만의 대통령 직선제

(출저) 金浩鎭, 『韓國政治의 硏究』, 三一書房, 1993, 68쪽에서 인용

저항성을 조장하는 원인이 되었다는 것을 밝히는 것이 된다. 〈표1-1〉은 한국 헌법 개정의 역사를 일람표로 만든 것이다. 한국 헌법은 제헌헌법부터 40년에 걸쳐 아홉 차례나 대폭 개정되어 현행 헌법인 제6공화국의 헌법에 이르고 있다.[40] 또한 그러는 동안에 몇 번이나 계엄령을 선포하고 군부는 쿠데타를 시도하였다. 헌법은 국가를 구성하는 국민의 사회계약이며 국가의 최고 규범이다. 헌법은 국가의 기본법이며 엄중한 법적 안정성이 요구되고 있다. 따라서 헌법 개정에 관해서는 일반 법률보다 높은 장애물을 설정하고 있는 경성헌법硬性憲法이 많고 한국 헌법도 경성헌법에 속한다. 즉 법적 안정성이라는 견지에서 볼 때 아홉 차례나 헌법 개정을 했다는 것은 비교적 많다고 할 수 있으나, 세계 주요 국가와 비교하여 볼 때 단순히 헌법 개정의 빈도를 가지고 한국 헌법의 특징이라 하는 것은 타당하지 않다. 한국 헌법 개정의 최대 특징이며 다른 주요 국가의 헌법 개정 사례와 비교하여 특이한 점은 그 주요한 개정 목적이 통치 기구와 선거제도에 관련된 것이라는 점에 있다. 그리고 권력자의 자의적인 동기로 주권자인 국민의 의사를 무시하고 강제로 실시되었다는 점이다. 주요 국가의 헌법 개정 사례를 검증하여 보아도 한국과 같은 사례를 보기 어렵고 한국의 헌법 개정의 변천은 이상한 역사적 경과를 거치고 있다.[41]

한국의 저명한 헌법학자인 권영성은 한국 헌법 개정의 주요한 특징으로 다음과 같은 사항을 들었다. 첫째, 서양 선진국에 비하여 개헌의 빈도가 높다. 둘째, 헌법 개정의 주된 내용이 대통령의 집권 연장을 위한 중임 금지 조항의 수정·삭제 또는 대통령 선거 방식을 간접선거에서 직접선거로 바꾸거나 반대로 직접선거에서 간접선거로 변경하는 것이었다. 셋째, 개헌방식이 사사오입 개헌과 같이 변칙적이었다. 넷째, 개헌을 추진하는 세력이

거의 정권 담당자이거나 아니면 집권 여당이었다. 다섯째, 헌법 개정의 정당성이나 정권의 정통성을 담보하기 위하여 국민투표를 필요로 하였다. 여섯째, 헌법 개정 전후에 계엄령을 선포하거나 비상사태를 선포하였다. 일곱째, 개헌을 하면서 정치인의 정치 활동을 제한하여 부정축재의 반환을 요구하는 소급입법을 헌법 부칙에 규정하였다.[42]

그러나 서양의 선진국에 비하여 개헌의 빈도가 높다고 한 권영성의 지적은 검토해 볼 여지가 있다.[43] 구체적으로, 한국의 헌법 개정의 핵심적인 특징은 통치기구에 관한 개정이 전부였다는 점에 있다. 권력자의 자의적인 동기에 의해 헌법을 위반한 개헌을 공공연히 자행하였는데도 불구하고 국민이 이를 기본적으로 반대하지 않고 지지하였다는 사실이다. 이 사실은 입헌적 헌법의 특색인 성문헌법, 경성헌법이라는 형식이나 성질을 구비하고 있음에도 불구하고 실질적으로는 근대 입헌주의 헌법이라 할 수 없는 것을 의미하고, 이 점은 이전의 독일 법치국가의 관념을 상기시키는 것이다. 왜냐하면 2차 대전 이전의 독일 법치주의나 법치국가의 관념은 민주적인 정치제도와 결합하여 구성된 것이 아니었기 때문이다. 그러므로 독일에서는 나치의 괴로운 경험과 그 반성에 의하여 형식적 법치주의로부터 실질적 법치주의로 이행하여 현재는 그 실질적 법치주의는 영미법英美法에 있어서의 법의 지배 원리와 동일한 의미를 갖게 되었다. 이러한 의미에 있어서 한국 국민은 제6공화국 헌법에 이르러 비로소 실질적인 의미의 근대 민주주의 헌법을 가지게 되었다고 할 수 있다.

또한 헌법 개정 가운데서도 제3차 헌법 개정, 제5차 헌법 개정, 제7차 헌법개정, 제8차 헌법 개정, 제9차 헌법 개정은 개정이라기보다 신헌법의 제정으로 생각하고 제헌헌법을 제1공화국 헌법이라고 하고, 제2공화국 헌법,

제3공화국 헌법, 제4공화국 헌법, 제5공화국 헌법, 제6공화국 헌법으로 표현하는 논자도 있었다.[44] 그러나 이 책에서는 헌법의 법적 검토보다도 통치 제도의 변천 과정에 주목하여 헌법 개정의 경위를 살펴보는 것을 목적으로 하여 어떻게 권력자들이 자의적으로 헌법 개정을 자행하였는가를 밝혔기 때문에, 한국 헌법을 기술하는 데 있어서는 많은 논자가 표기한 방식에 따라 그대로 공화국이란 표현을 쓰기로 하였다.

제2절 대한민국 헌법의 제정 과정

한국 최초의 근대 헌법은 1899년에 공포된 전 9조로 구성된 대한국국제大韓國國制였다. 대한국국제는 국가 형태로는 전제군주국임을 선언하고 군주의 대권사항을 열거한 흠정헌법欽定憲法이었다. 대권사항으로서 통수권(제5조), 입법권(제6조), 은사권(제6조), 관제권(제7조, 제8조), 행정명령권(제7조), 영전 수여권(제8조), 외교권(제9조)을 규정하여 모든 권력이 황제에게 집중되어 있었다. 거기에는 기본적 인권에 관한 규정이 없고 의회와 같은 신민과의 아무런 협의 제도도 없었다.[45]

1910년 경술국치庚戌國恥(한일병합조약)에 의하여 한국은 일제의 식민지가 되었다. 그러나 1919년의 3·1독립운동을 계기로 중국 상해에 많은 독립운동가들이 집결하여 상해는 한국독립운동의 활동 거점이 되었다. 3·1운동이 진행되는 동안인 1919년 4월 11일에 상해에서 조직된 대한민국 임시의정원은 전문前文과 10개조로 된 임시헌장을 채택하였고, 이틀 뒤인 4월 13일에 상해 프랑스 조계에서 대한민국 임시정부가 수립되었다. 그 후 심의를 거쳐 임시헌법이 동년 9월 6일에 성립하여 9월 11일 공포되었다. 이 임시헌법은 전문과 8장 58조로 구성되었고 그 후 개정을 거듭하여 임시헌법 (1925년 4월 7일), 임시약헌臨時約憲(1940년 10월 9일), 임시헌장臨時憲章(1944년 4월 22일)이라 그 명칭이 변경하였으나, 형식적으로는 근대 입헌주의 헌법의 기본 원리를 구비한 것이었다.[46]

일제가 1945년 8월 14일 포츠담 선언을 수락함으로써 한반도는 일제의 식민지 지배로부터 벗어나 해방되었다. 일제가 패망함으로써 여운형 등 민족운동가들이 조선건국준비위원회(建準)를 결성하여 독립국가의 수립을 시도하였다. 그러나 8월 16일에 미·소 간에 북위 38선을 미소 양군의 점령 분담 경계선으로 한다는 것이 확인되어 남북 분단 체제가 발생하였다. 남북 분단은 현재까지 계속되고 남북 통일은 한민족의 비원이 되어 남아 있다. 9월 6일 이승만을 주석으로 하고 여운형을 부주석으로 하는 조선인민공화국의 수립이 선언되었다. 그러나 미국 정부는 이를 인정하지 않고 10월 10일에 "군정청은 남한에 있어서의 유일한 정부이다."라고 선언하였다. 한국인은 독립국가의 수립을 희구하였으나 미국과 소련을 비롯한 연합국은 카이로 선언을 근거로 하여 한국의 독립에는 소극적이었다. 왜냐 하면 1943년 11월의 카이로 선언에는 "3대국은 한국의 인민의 노예 상태에 유의하여 장차 한국을 자유 독립 국가로 할 것을 결의한다."고 명기하였기 때문이다.

즉 미·러·소 3개국 수뇌는 한국의 독립은 "적절한 시기에(in due course) 이루어질 것이며 그때까지는 신탁통치하에 둔다고 생각하고 있었기 때문이다. 미국·영국·소련 3개국은 1945년 12월 16일 모스크바에서 외상회의를 열어 미·영·중·소의 4개국이 5년 이내의 기한으로 신탁통지를 실시하여 한국의 독립을 위한 임시정부를 수립한다."는, 한국문제에 관한 4개항의 결의를 채택하였다.[47] 이 결정은 국내 정치를 좌우 대립으로 몰아가고 대혼란을 초래하였다.

1947년 3월 트루먼 독트린이 발표되어 세계는 냉전 시대로 돌입하였다. 동서냉전의 영향을 받은 미국은 신탁통치안의 방침을 전환하지 않을 수 없어 1947년 11월 유엔 총회에서 유엔 감시 하에 남북한 총선거를 실현한다는 안을 가결하였다. 그러나 남북한의 총선거는 소련의 반대로 실현되지 않고 미국이 남한 단독선거안을 지지하였기 때문에 단독선거안이 유엔에서 의결되기에 이르렀다. 유엔의 의결로 남한 주둔 미군정은 남한 단독선거를 실시하기로 결정하고 1947년 3월 17일에 국회의원선거법 법령을 제175차 임시 입법의회를 통해 제정하였다. 이 선거에 의하여 당선된 국회의원들이 1948년 5월 31일에 헌법제정의회를 구성하고 6월 3일에 이승만을 의장으로 선출하여 헌법기초위원회가 구성되었고, 6월 3일부터 6월 22일까지 16일간 헌법 초안을 심의하였다.

이 헌법 초안은 6월 23일에 제헌국회에 상정되어 제헌헌법(제1공화국 헌법)으로 가결 성립되어 1948년 7월 17일에 공포 즉일로 시행하였다. 7월 20일에 제헌국회에서 국회의원에 의한 간접선거를 실시하여 이승만이 대통령에 선출되었다. 이 제헌헌법에 의하면 대통령은 국회의 간접선거로 선출하고 임기는 4년이며 1회에 한하여 재임을 인정하고 있었다. 또한 국무총리는 국회의 인준을 받은 후 대통령이 임명하는 것으로 되어 있었다. 이상과 같은 경과를 거쳐 제헌헌법이 제정되고 이승만이 대통령으로 선출되었으며 동년 8월 15일에 대한민국의 정부 수립을 국제 사회에 선포하였다.

당초의 헌법 초안은 국회를 2원제로 하고 의원내각제를 채택하기로 되어 있었다. 이 헌법 초안을 추진한 것은 당시 유일한 정당이었던 한국민주당韓國民主黨이었으나 기초위원들의 심의 과정에서 이승만의 강력한 반대에 부딪치게 되었다. 헌법제정의회의 의장이었던 이승만은 통치 구조를 미국의 대통령제로 해야 한다고 생각하고 의원내각제를 채택한 헌법 초안에 반대하였던 것이다. 해방 직후의 한국 사회와 같이 정치적으로나 사회적으로 혼란스러웠던 사회 상황에서는 이승만의 주장에 일리가 있었다. 왜냐하면 의원내각제를 효율적으로 운용하기 위해서는 건전한 정당의 존재와 숙달된 운용 기술이 요구되었다. 이 전제조건이 없는 상황에서는 의원내각제의 채용이 자칫하면 행정권의 약체화를 초래할 위험이 높았던 것이다. 이승만의 강경한 자세에 굴복하는 형태로 일원제 국회와 대통령책임제가 최종적으로 채택된 것은 이승만의 정치적 승리를 의미하는 것이었다. 투표 결과는 재적의원의 91.8%에 해당하는 180표를 획득하여 이승만이 압도적으로 승리하였다. 정치적 타협을 함으로써 이승만의 지지 세력으로 변한 한국민주당은 29석의 약소한 세력이었고 제1대 국회의원 가운데 최대의 세력을 과시한 것은 85명의 무소속 의원들이었다. 따라서 이승만은 무소속 의원의 압도적인 지지를 받았던 것이다.

이러한 결과는 이승만이 자신의 카리스마와 미국의 뒷받침으로 해방 후의 혼란스런 질서를 회복하고자 하는 강력한 의지를 피력하였고, 또 신생 한국을 새롭게 창조하려는 국민의 여망이 이승만의 강력한 지도력을 필요로 하고 있었던 것이 결합하여 그것이 이승만에 대한 지지로 연결되었던 것으로 이해할 수 있다.

제3절 혼란기 문민정권 하에서의 헌법 개정

1. 제1차 헌법 개정(1952. 7. 7)

헌법 제정 직후부터 통치 체제의 근간을 대통령제로부터 의원내각제로 변경하려고 한 헌법 개정 움직임이 있었다. 당시 유일한 정당이었던 한국민주당은 건국 이전부터 이승만을 지지하여 왔으나, 다른 한국의 지도자층은 미국에서 귀국한 보수적인 민족주의자였던 이승만과는 사상적으로 맞지 않았다. 헌법 제정에 즈음하여 한국민주당은 의원내각제를 채택하여 대통령을 형식적인 원수로 삼으려 하고 있었다. 그러나 의원내각제 추진파는 대통령 중심제를 강경하게 주장하는 이승만에게 정치적인 타협을 하지 않을 수 없었다. 조각組閣을 하는 데 있어서도 한국민주당은 자기들이 바라던 것과는 다른 인사를 임명하는 이승만에게 냉대 당했다는 느낌을 떨치지 못하였다. 일련의 이승만 대통령의 정치 행보를 불만스럽게 생각한 한국민주당은 다른 세력을 흡수하여 1949년 민주국민당民主國民黨을 결성하고 1950년 1월 28일에는 의원내각제 도입을 위한 헌법 개정안(제1차 개헌안)을 국회에 제출했다. 그러나 제1차 개헌안은 헌법 개정에 필요한 재적의원의 3분의 2 이상의 찬성을 얻지 못하여 부결되고 말았다.

1950년 4월 12일 제헌국회는 국회의원선거법을 제정 공포하여 1950년 5월 30일에 제2대 국회의원 총선거를 실시하였다. 1950년에 국회의원 선거가 실시된 이유는 제헌헌법에 의한 국회의원의 임기를 4년으로 정했으나(헌법 제33조), 제헌국회의원에 한하여 임기를 국회 개회로부터 2년으로 정하였기 때문이다.(헌법 제102조) 이 선거에서 여당계는 총의석 210석 가운데

57석밖에 얻지 못하였고 무소속 의원을 포함하여 이승만 대통령에 반대하는 세력이 압승하게 되었다.[48] 이 결과는 1952년에 실시될 예정이었던 차기 대통령 선거에서 이승만이 선출될 가능성이 희박하였다는 것을 의미하였다. 왜냐하면 헌법의 규정(헌법 제53조 제1항)상 대통령은 국회에서 국회의원에 의한 간접선거로 선출하기로 되어 있었기 때문이다. 그런데 이승만 대통령에게 반대하는 세력이 총의석수의 73%를 차지하고 있었기 때문에 이 선거 결과는 반대 세력이 주장하는 의원내각제로의 헌법 개정이 가능한 상황이 되고 있었던 것이다.

그런데 1950년 6월 25일에 북한군이 남침을 개시하여 한국전쟁, 즉 6·25전쟁이 발발하였다. 유엔안전보장이사회는 북한의 행위는 평화 파괴 행위라고 단정하고 북한군의 38선 이북으로의 철퇴를 요구하는 결의안을 채택하였다. 그러나 북한은 유엔안전보장이사회의 결의를 무시하고 파죽지세로 남하를 계속하여 6월 28일에는 서울을 점령하였다. 북한군은 그 후에도 계속 진격하여 9월까지는 부산·대구 지역을 제외한 한국 전역을 무력으로 제압하였다. 이런 사태로 인해 8월 18일 한국 정부는 부산을 임시 수도로 정하였다. 그러나 전황은 9월 15일 인천 상륙작전이 성공함으로써 크게 바뀌었다. 9월 28일에는 유엔군이 전격적으로 서울을 탈환하였고 이에 힘을 얻은 유엔군은 38선 이북으로 진격을 계속하여 마침내는 평양을 점령하고 내처 중국 국경의 압록강 유역까지 육박하였다. 이런 상황에 이르자 중국은 한국에 '100만 대군'을 참전시켰다. 중국의 참전으로 인하여 전황은 다시 일변하였다. 그 후 격렬한 전투가 벌어진 후 두 세력은 다시 38선을 사이에 두고 교착 상태에 빠졌다. 이러한 상황을 타개하기 위하여 소련의 마리크 유엔 대사가 휴전을 제안하고 1951년 7월부터 휴전 교섭이 시작되었다. 그러나 이승만 대통령은 휴전 협정에 반대하였기 때문에 휴전 교섭에서는 한국 대표가 단순한 옵서버observer로 참가하게 되었다. 휴전 교섭은 난항을 거듭하다가 국제 정세의 변화를 이유로 겨우 교섭이 진전되어 1953년 7월 27일에 판문점에서 휴전 협정이 조인되었다. 당연히 한국 정부는 이 휴전 협정에는 서명하지 않았다.

6·25전쟁 중인 1951년 11월 30일에 이승만 대통령은 대통령의 선출 방법을 국회의원에 의한 간접선거로부터 국민에 의한 직접선거로 변경하고 국회를 이원제로 함과 동시에 대통령이 직접 임명하는 상원을 신설하는 것을 목적으로 한 헌법 개정안(제2차 개헌안)을 국회에 제출하였다. 그러나 제2차 개헌안도 1952년 1월 18일에 부결되는 결과가 되었다. 투표 결과는 재적의원 163명 중 찬성 19명, 반대 143명, 기권 1명이라고 하는 압도적인 다수로 부결되었던 것이다. 헌법에 의한 대통령의 임기는 4년으로 규정되어 있고 조만간 대통령 선거를 실시하지 않을 수 없는 것은 명백한 사실이었다. 그러나 헌법의 규정에 따라서 국회의원의 간접선거로 대통령 선거를 진행한다면 의회 내의 세력 분포로 보아 이승만이 대통령으로 재선될 가망이 전혀 없었다. 왜냐하면 이승만의 지지 세력은 원내 19석이라고 하는 소수파에 지나지 않았기 때문이다. 자기 권력의 활로를 국민의 직접선거에서 찾았던 이승만이었기 때문에 국회의 의석 구성으로는 강력한 통치 수행이 곤란한 상황에 빠졌다. 이와 같은 정치 상황에서 이승만 대통령은 통치 능력을 회복하기 위하여 민주주의를 파괴하는 폭거를 시도하였다.

1952년 4월 17일에 이승만 대통령 반대 세력은 의원내각제를 도입하는 개헌안을 제출하였다. 이에 대하여 이승만은 5월 6일 국무총리로 장택상을 임명하고 야당의 의원내각제 도입 개헌안을 지지하는 세력에 대하여 반격을 개시하였다. 5월 14일에 대통령제를 지지하는 세력은 전에 제출한 것과 똑같은 내용의 대통령 직선제, 국회 양원제의 헌법 개정안을 제출하였다. 이로 인하여 두 개의 헌법 개정안이 상정 대립되는 상황이 발생하였으나 의석 구성으로 볼 때 이승만 대통령 반대 세력의 개정안이 가결된다는 것이 당연하였다. 이러한 사태에 대처하기 위해서 이승만은 국회의원 소환 운동을 전개하도록 하여 부산으로 상경해 오는 국회의원을 국회의사당에 연금하는 폭거를 감행하였다. 혼란한 상황을 타개하기 위하여 장택상 내각은 쌍방의 주장을 받아들이는 타협안(발췌 개헌안)을 작성하여 국회에 상정하였다. 민주국민당을 비롯하여 의원내각제의 추진파는 강하게 반대하였으나 1952년 7월 4일에 경찰대가 포위한 가운데 강제로 헌법 개정안을 가결하였고 이 헌법 개정안이 1952년 7월 7일에 공포되었다. 이 개헌은 이상과 같은 경위 때문에 '발췌 개헌' 이라 불리고 있다. 발췌 개헌은 이승만의 권력 유지를 위한 자의적인 헌법 개정이었다고 평가하지 않을 수 없다.

발췌 개헌에 대하여 한국의 저명한 헌법학자인 김철수는 "야당이 제안한 의원내각제와 정부가 제안한 대통령 직선제를 발췌하여 이것을 절충한 것이다. 야당 안과 정부 안은 각각 공고되었으나 이것을 절충한 개헌안은 공고되지 않고 국회의 정식 회의도 거치지 않고 가결되었다. 그래서 이것은 공고의 절차를 위반한 개헌이었다고 인식되고 있다. 더욱이 국회의 의사당이 이중 삼중으로 포위되고 비상계엄령을 선포한 가운데 국회의원의 토론의 자유도 없이 강행되었다. 그러므로 투표의 자유에 대한 하자가 있다는 점에서 위헌이라고 하지 않을 수 없다."고 못을 박아 그 위헌성을 지적하였다.[49]

또 한국의 유명한 헌법학자인 허영도 이 발췌 개헌에 대하여 "이 발췌 개헌안은 정부 여당의 대통령 직선제 및 양원제 국회안과 야당 개헌안 가운데 의원내각제적 요소가 있는 국무원 불신임제를 함께 채택한 내용이었다. 그러나 내용 면으로 보아 체계적인 정당성을 무시하고 대통령제적 요소와 의원내각제적 요소를 무리하게 혼합시킨 것이며 그 개헌 수속에 있어서도 헌법의 규정과 법 원리에 위배하는 위법적 개헌이었다. 헌법이 정한 공고 수속을 거치지 않는 채 개헌안을 통과시켰을 뿐만 아니라 국회에서의 의사 결정도 회의의 수속과 자유토론이 생략된 채로 폭력적 수단을 사용하여 강압적으로 행해졌다. 우리나라 헌법의 불법 관행은 참으로 이때부터 뿌리내리기 시작한 것이다."라고 비판하여 이때의 헌법 개정의 위헌성을 강력히 지적하였다.[50]

근대 입헌주의 하에서는 헌법이란 국가권력의 남용을 억제하여 국민의 권리와 자유를 수호하는 기본법을 말한다. 즉 근대 입헌주의 헌법은 국가권력에 대한 개인의 자율적인 영역의 확립을 위하여 국가권력의 억제 수단으로서 기능하지 않으면 안 된다. 그러므로 1789년에 프랑스 인권선언 16조가 "권리의 보장이 확보되지 않고 권력 분립이 정해지지 않는 모든 사회는 헌법을 가졌다고 할 수 없다."고 규정하고 있는데 이것은 입헌적 의미의 헌법 관념을 전형적으로 표현한 것이라 평가하고 있다.[51] 도대체 무엇 때문에 헌법은 필요한 것인가? 그것은 권력에는 남용의 위험이 수반되기 때문에 필요한 것이다. 권력이 남용되면 개인의 권리나 자유를 침해할 위험이 있다. 그래서 국가권력의 남용을 제한하여 국민의 권리와 자유를 수호하는 기본법이 필요하게 된 것이다. 이 점에서 비로소 헌법의 의의를 발견할 수 있다.

이와 같이 생각해 본다면 발췌 개헌은 형식적인 절차상의 헌법 위반일

뿐만 아니라 민주주의 제도를 채택함에 있어서 엄격히 존중되어야 할 토론의 자유를 침해하고 자유스러운 투표권 행사까지도 침해한 것이므로 헌법의 파괴라고 평가하지 않을 수 없다. 그러나 한국 헌법학자의 논조는 그렇게 혹독하지 않고 비교적 온건하였다.[52]

2. 제2차 헌법 개정(1954.11.29)

1954년에 경제 조항 개정안 제출 철회 사건이 일어났다. 이 사건의 자초지종은 다음과 같다. 1954년 1월 23일에 이승만 정권은 경제 조항을 자유를 화하는 헌법 개정안을 제출하였다. 그 이유는 당시 헌법의 경제 조항이 통제 경제의 색채를 강하게 띠고 있기 때문에 외국으로부터의 투자를 유치하기에 불리하다고 하는 것이었다. 국내외의 경제 상황을 감안할 때 경제 조항을 자유화하자는 주장에는 합리성이 있었다. 그러나 1954년 3월 9일에 이르러 이승만은 헌법 개정안을 돌연히 철회하였다. 이 철회의 속셈은 같은 해에 실시된 국회의원 선거에서 승리하면 이승만의 대통령 3선을 가능하게 하는 헌법 개정에의 길이 트이기 때문이다. 즉 경제 조항 수정 문제를 헌법 개정의 대의명분으로 이용할 수 있다고 생각했던 것이다. 1954년 5월 20일에 제3대 국회의원 총선거가 실시되었다. 이승만은 대통령 종신제의 길을 열기 위해서 국회에서의 헌법 개정에 필요한 의석수를 확보하려 하였다. 선거에서는 부정으로 입수한 투표용지를 사용하여 특정 후보에의 일괄 투표가 행해졌다. 또 부재자나 사망자의 명의로 투표되거나 투표함이 몰래 바꿔치기 되는 등 갖가지 불법 수단이 다 동원되었다. 선거 결과는 총의석 수 203석 가운데 여당인 자유당이 133석(선거 후의 입당자를 포함함)을 획득하여 자유당의 압도적 승리로 끝났다. 그러나 개헌에 필요한 의석수에는 미치지 못하였다. 이러한 사태에 임하여 자유당은 입당 공작을 계속하여 6월에는 136석을 확보하게 되어 헌법 개정을 실시하는 조건(전체 의석수의 2/3)을 정비한 후 9월 8일에 헌법 개정안을 국회에 제출하였다.[53]

그러나 자유당의 의도와는 달리 동년 11월 27일에 국회에서 시행된 헌법 개정안 표결의 결과는 찬성 135표였다. 즉 헌법 개정에 필요한 2/3 이상의 표가 나오지 않고 한 표가 부족한 결과가 된 것이다. 의장은 즉각 부결을 선언하고 헌법 개정안은 부결되었다. 그러나 이틀 후인 11월 29일이 되자 자유당 의원만이 출석한 민의원에서 11월 27일의 부결 선포가 취소되고 가결이라고 선포되었다.(四捨五入 改憲)[54]

헌법 개정의 중요한 내용은 다음과 같다. (1) 국민투표제의 가미, (2) 순수한 대통령제, (3) 자유경제체제에 적합한 경제 조항의 대폭 수정, (4) 대통령이 없을 때 부통령이 계승하는 제도, (5) 초대 대통령에 대한 중임제 규정에 대한 철폐 등 다섯 가지 점이 개정의 요점이었다.

이러한 사사오입 개헌에 대하여 헌법학자 김철수는 "제2차 헌법 개정은 형식 면에서는 사사오입이라고 하는 수학적 논리를 헌법 개정에 도입하여 부결 선언을 역전시키는 결의를 한 개헌이었다. 이것은 정족수에 미달되는 위헌적인 개헌이었으며 실질적인 면으로는 초대 대통령에 한하여 중임제한을 철폐한다는 평등 원칙에 위반하는 위헌 무효의 헌법 개정이었다."고 설명하며, 위헌이고 무효라고 주장하였다.[55] 또 전술한 헌법학자 허영은 "제2차 헌법 개정은 개헌에 필요한 의결정족수를 무시한 위헌, 불법의 개헌이었다. 수학에서 사용하는 사사오입의 계산 방법은 법 규정 해석에는 적용할 수 없다는 기초적인 법 원리를 무시했기 때문이다. 법 규정의 영역에서 수의 계산에 있어서는 단수端數는 항상 1이라고 하는 정수整數이기 때문에 정수라고 평가하는 것은 로마법 이후의 확고한 관행이었다."라고 설명하면서 사사오입 개헌의 위헌성을 지적하였다.[56] 또 전술한 헌법학자 권영성도 "사사오입 개헌은 (1) 초대 대통령에 한하여 중임 제한을 철폐하는 것은 평등 원칙에 위배하고 (2) 국회의 표결이 부결 가부 동수일 경우에는 소수자 보호와 현상 존중의 원칙에 따라서 부결로 치지 않을 수 없는데 가결이라고 처리한 점부터 헌법을 위반한 개헌이라고 생각한다."고 기술하여 소수자 보호와 현상 존중의 원칙에서 위헌성을 지적하였다.[57]

3분의 2 이상의 '이상'이라고 하는 것은 수량을 기준으로 하여 그것과 같거나 그것보다 많은 수량을 나타내는 언어이다. 따라서 정수가 되지 않는 경우에는 이것을 절상하여 이 숫자를 넘는 다음의 정수를 지적하는 것이 된다. 왜냐하면 개인의 존엄을 인정하는 근대 입헌민주주의 하에서는 단수의 인격을 절상하는 것은 불가능한 것이다. 이 말은 헌법학자 허영이 지적한 바와 같이 로마법 이래의 확고한 관행이었다. 또한 권영성이 지적한 바와 같이 소수자 보호와 현상 존중의 원칙의 관점에서 보더라도 명백한 헌법 위반이었다. 왜냐하면 다수결 민주주의에 대립하는 개념으로서의 입헌민주주의는 소수 의견을 십분 존중한 자유로운 토론 심의가 불가결한 대전제였기 때문이다. 이와 같이 위헌적인 개헌이 행해졌다는 것 자체가 한국 대통령 권력의 강대성을 상징함과 동시에 한국 정치의 미성숙성을 드러낸 것이라고 할 수 있다. 또한 이승만의 권력 집착이 이와 같은 내용으로 헌법 위반의 역사의 길을 텄다고 지적하지 않을 수 없다. 즉 제2차 헌법 개정에 있어서도 권력자의 자의적인 동기에 의하여 헌법 개정이 행해진 것이다. 또 한국의 헌법학자는 중임제 규정의 철폐가 위헌이라고 하였으나 그

논조는 강하지 못하고 비교적 약했다고 지적하지 않을 수 없다.[58]

3. 제3차 헌법 개정(1960. 6. 15)

이승만은 임기 중에 두 차례나 헌법 개정을 행하면서 3선에의 길을 열었다. 이것은 대통령 종신제의 길을 열기 위한 것이었다. 1956년 5월 15일에 제3대 대통령 선거가 실시되었다. 선거에서 야당 후보 신익희申翼熙가 선거운동 중 돌연 서거하는 사건이 일어나고 정부에 의한 격렬한 선거 방해도 있어서 야당 진영은 고전을 면치 못하였다. 당초의 목적대로 이승만이 당선은 되었으나 선거 결과는 이승만으로서 혹독한 것이었다. 무엇보다 이승만을 지지하지 않는 비판표批判票가 60%에 달했다. 이러한 비판표의 비율에서 한국 국민의 정권 측 부패에 대한 엄격한 자세를 느낄 수 있었다. 또한 부통령에는 민주당의 장면張勉이 당선되어 정·부통령이 여·야당으로 분열하는 이상 사태를 낳고 말았다. 이 사태에 이어 이승만 정권은 체제 붕괴의 위기감 속에서 국민을 탄압하고 독재 체제를 강화해 갔다.

1960년 3월 15일에 실시된 제4대 대통령 선거에서는 야당인 민주당의 파벌 투쟁이라든지 민주당 공인 후보의 서거 등의 이유로 이승만의 당선이 당초부터 확실하였다. 그래서 선거에서 주목한 것은 부통령 선거였다. 선거 결과는 이기붕李起鵬의 승리로 끝났고 3월 17일에 국회는 이승만 대통령, 이기붕 부통령 당선을 선언하였다. 그러나 이 선거에서 이승만과 여당인 자유당은 사전 투표, 투표함 바꿔치기, 매수, 협박 등 온갖 부정을 저질렀다. 정권 측의 부정에 반발한 야당은 부정선거를 규탄하고 선거 무효를 주장하였다. 또한 이 같은 부정선거에 대한 국민의 분노가 요원의 불길처럼 확산되어 전국 규모의 저항운동이 발발하였다.

4월 19일에는 서울의 각 대학이나 고등학교 등에서 모인 수만 명의 학생이 데모를 하고 대통령 관저를 포위하였다. 거기다가 학생을 중심으로 한 시민 항의 행동이 전국 도시에 확산되었다. 이에 대하여 정부는 계엄령을 선포하는 것으로 대응하였으나 서울 시내의 소란은 수습되는 기미를 보이지 않았다. 이 사태에 이어서 계엄사령관은 데모대와의 대화를 시도하여 이승만 대통령에게 진언하고 또 미국 정부의 압력도 있어서 이승만 대통령은 사면초가의 상태로 4월 26일 대통령 사임을 발표하기에 이르렀다. 4월 27일에 국회는 헌법 개정과 총선거 실시를 결의하고 5월 2일에 과도정부가 수립되었다. 이승만은 5월 29일에 미국으로 망명하였다. 6월 11일에 헌법 개정안이 국회에 제출되고 6월 15일에 압도적 다수의 찬성을 얻어 개정안이 성립되었다. 이 개정이 3차 헌법 개정이며 제2공화국 헌법이라 불리는 것이다.

제2공화국의 정부 형태는 전형적인 의원내각제였다. 이승만 정권의 독재 정치에 대한 반성으로 인하여 대통령에의 권력 집중을 방지하고 국정 전반에 걸쳐서 내각이 책임을 지고 국민의 진정한 다수 의사를 국정에 반영한다는 제도를 제2공화국은 채택하였던 것이다. 또한 대통령은 간접선거에 의해서 선출되고 형식적·의례적인 권한만을 갖는 것뿐이었다. 행정권은 국무원에 귀속되고 국무원의 수반인 국무총리는 민의원의 동의에 의해서 임명되고 국무원은 민의원에 대하여 연대책임을 지는 한편 민의원 해산권을 갖고 있었다. 국회는 민의원과 참의원으로 구성되어 대통령의 선거권을 갖고 있는 그런 체제가 된 것이다.[59]

제2공화국 헌법에 의거한 의원내각제는 의원내각제의 이념적인 형태라고 생각되는 영국의 고전적인 의원내각제에 해당하는 제도였다. 그러므로 의회에 대한 내각의 연대책임과 내각의 국회 해산권을 규정하고, 동시에 집행부의 이원적 구조에 입각하여 국가원수로서의 대통령과 실질적인 행정권을 담당하는 기관으로서의 국무원을 규정하고, 의회와 행정부 간의 공조관계를 위한 규정을 설정하였다. 그러나 당시의 한국 사회는 정당 정치에 익숙하지 않았기 때문에 이 제도가 잘 기능하지 못했고 1961년에 군사 쿠데타를 초래하는 결과가 되었다.

한국에서 의원내각제가 성공하지 못한 이유는 여러 가지 측면에서 고찰할 수가 있다. 한국의 헌법학자인 한태윤은 그 실패 이유로 (1) 의원내각제 실시의 전제가 되는 민주적 정당제를 포함한 한국 사회의 기본적인 사회적 여건의 결여 (2) 여당인 민주당의 분열로 인한 장면 내각의 약체성 (3) 전국의 혼란에 기인하는 사회 질서의 문란 등을 지적하고 있다.[60] 또한 의원내각제의 운영 면에서 본 문제점으로 국가원수의 지위와 기능이 완전히 무시되고 원수의 상징적 지위만이 강조되었다는 점과, 더욱이 대통령 고유의 권한까지 부정되었기 때문에 헌법상의 국가기관으로서 국가원수의 지위와 역할을 전혀 수행할 수 없었다는 것을 지적하였다.[61]

본시 공화제 하의 의원내각제에 있어서는 대통령의 지위와 역할은 상징적인 지위에 멈추는 것이 아니라 의회와 내각이 대립할 경우에는 그것을 조정하는 역할을 대통령에게 기대하고 있었다. 양자 간의 대립과 갈등을 해소하고 양자의 관계를 원활하게 유지하는 것이 대통령의 중요한 역할이었다. 그러나 한국의 제2공화국 헌법 하에서는 군주에 대신하는 대통령의 선출이 의회의 간접선거 방식을 채용함에 따라 대통령의 지위가 상대적으로 약화되고 의회에 종속되는 결과를 초래하였다. 본래 의원내각제에서 대통령은 의회와 정부 간의 긴밀한 관계를 유지하면서 협조적인 국정 운영을 수행해야 하였으나, 의회와 정부는 각기 자기 멋대로 방향을 틀어 의견을 달리 하였으므로 다수당의 정책이 수행되지 않게 되고 국회가 기능 불능 상태에 빠진 것이다.[62]

이와 같이 본래적인 의원내각제에 기대하고 있었던 장점이 유명무실하게 되고 그 기능을 발휘하지 못하게 된 이유는 명확한 이념과 실천력을 갖지 못한 정당이 정부와 국회의 세력을 장악하는 것만 생각하며 세월을 보내고 국정의 일관적인 시책을 결여하고 있었기 때문이다. 이와 같은 의원내각제의 운영상의 요인 때문에 정국은 불안정과 혼미를 거듭하여 최종적으로 제2공화국은 막을 내렸다.

요컨대 대통령의 독재화는 4·19혁명을 일으키고 의원내각제의 자유주의적인 흐름으로 이행되었으나, 당시의 시대 배경이라든지 사회적 조건은 고도의 정치적 기술을 필요로 하는 의원내각제가 정착하기에는 몇 가지 어려운 문제점을 안고 있었다. 특히 의원내각제를 성공시키기 위해서 필수적 전제조건인 민주적인 정당제의 확립이 결여되고 있었던 것을 지적할 수 있는데 이런 상태에서 의원내각제의 채택은 명백한 시행착오를 예고하는 것이었다.[63]

4. 제4차 헌법 개정(1960. 11. 29)

이승만 정권의 강권에 억압되었던 국민은 신헌법이 보장하는 표현의 자유 하에서 항의 행동을 활발하게 전개하였다. 당시 국민 불만 중의 하나는 처벌 법규가 결여되어 3·15부정선거 실행범에 대하여 처벌을 할 수가 없다는 점이었다. 국회는 10월 17일에 부정행위자에 대한 처벌을 가능하게 하는 특별법을 설정하고 헌법 개정을 제안하였는데 이것이 11월 29일에 가결되었다. 개정의 주요 내용은 헌법 부칙으로 제정되었는데 주요한 내용은 (1) 1960년 3·15부정선거 관련자와 4월 혁명 탄압자에 대한 처벌 (2) 1960년 4월 26일 이전에 반민주적 행위를 한 자에 대한 공민권의 제한 (3) 1960년 4월 26일 이전의 부정축재자에 대한 형사상·행정상의 처벌을 위한 특별법의 제정 (4) 이들 사건을 처리하기 위한 특별재판소와 특별검찰부의 설치 등이다.[64] 즉 제4차 헌법 개정은 사후 처벌을 인정하는 것으로, 죄형법정주의의 원칙을 정면으로 부정하는 입법이었다.

사후 처벌의 금지 규정을 부정하는 예외 규정을 인정한 헌법 개정은 위헌이라고 생각되고, 헌법 개정에는 무엇인가 한계가 있다는 문제를 가지고 공법학자 사이에는 그 한계성과 무한계성을 가지고 대립하였으나 한계설이 정당한 것이었다. 헌법을 시원적으로 창설하는 헌법 제정 권력과 헌법에 의하여 주어진 헌법 개정권은 구별되어야 하는데도 불구하고 헌법 제정 권력의 주체나 그것이 정한 기본 원리는 헌법 개정권의 한계를 규정하는 것이었다. 죄형법정주의는 국민의 의사에 의한 처벌이라고 하는 민주주의 원리를 기초로 한다. 더욱이 죄형법정주의의 파생 원리로서 사후 처벌 금지의 원칙이 존재한다. 따라서 사후 처벌의 금지는 민주주의 파생 원리이기 때문에 어떤 경우에도 소급 처벌은 인정할 것이 아니었다. 이 견해는 일본의 헌법학회에 있어서의 통설이다.[65] 또 독일 연방공화국 헌법이 "국민주권과 인권의 기본 원칙에 영향을 끼치는 그런 개정은 용납되지 않는다." (독일연방공화국 기본법 제79조)고 규정하고 있으며, 프랑스 제5공화국 헌법이 "공화정체를 개정하는 것을 금지한다." (프랑스 제5공화국 헌법 제89조)고 규정

한 것도 같은 취지에서였다.[66]

　그러나 흥미 있는 것은 한국 헌법 교과서에는 헌법 개정에 대한 위헌론이 해설되어 있지 않는 것이 많다는 것이다. 해설한다고 해도 전술한 헌법학자 김철수와 같이 "그러나 이 규정은 소급입법에 의한 처벌 및 참정권과 재산권 등을 제한할 수 있도록 했다는 점에서 위헌이라고 하는 의론이 많았다."고 기술하는 것으로 끝내고 있다.[67] 또 전술한 헌법학자 허영도 저서의 본문에서 위헌성에 관하여 조금도 언급하지 않고 있다. 단지 각주에서 "이 헌법 개정은 일반적인 법 원리에 포함되는 형벌 불소급의 원칙을 무시한 것이기 때문에 헌법 개정의 한계와 관련하여서는 결코 문제가 될 수 없다고 할 수 없다. 그러나 그 당시 이 헌법 개정안이 민의원과 참의원에서 압도적인 찬성으로 통과할 정도로 반민주적 행위자에 대한 국민의 분노가 대단하였다."고 하면서 당시의 상황을 객관적으로 기술하는 데 그치고 있다.[68]

　제4차 헌법 개정은 곡절 많은 한국 헌법의 변천사에 있어서도 이체를 띨 정도의 개정이었다고 할 수 있다. 이승만 정권 하에서 억압되었던 국민은 새로운 제3차 개정 헌법(제2공화국 헌법)이 보장하는 표현의 자유를 향유하게 되어 국민의 항의 행동이 활발하게 전개되고 정부는 표현의 자유를 규정하는 입법까지 검토하지 않으면 안 될 정도의 사회적 혼란이 발생하였다. 3·15부정선거 실행범에 대한 처벌이 너무 가볍다고 하는 불만이 국민의 항의 행동의 최대 이유였다. 정부로서는 3·15부정선거 실행범에 대한 처벌을 검토하지 않을 수 없었으며 이러한 국면은 한국 사회가 '법치국가'가 아니라 '이치국가'理治國家라는 점을 보여주는 증거였다. 제4차 헌법 개정은 국가권력의 자의적인 동기에 기인했다고 하기보다는 국민의 도덕석 윤리감에서부터 일을 추구하는 주자학적 개념이 한국인의 사회적 성격의 근간 속에 있다는 것을 시사하는 것이었다.

제4절 경제 발전기·군사정권 하에서의 헌법 개정

1. 제5차 헌법 개정(1962. 12. 26)

제2공화국은 정당의 조직과 활동이 비민주적이요 비효율적이었기 때문에 정국은 불안하고 사회는 극도의 혼란에 빠졌다. 이러한 상황에서 1961년 5월 16일 미명에 박정희朴正熙 소장을 중심으로 하는 군부가 쿠데타를 일으켜 제2공화국이 종말을 고했다. 군사 쿠데타는 그 후 32년간의 군인 지배의 시작이었다. 쿠데타 직후인 5월 16일 오전 5시에 쿠데타 세력은 중앙방송을 통하여 군사혁명위원회의 조직을 보도하면서 6항목에 걸친 '5·16혁명 공약'을 발표하였다.[69] 군은 또 군사혁명위원회를 조직하여 입법, 행정, 사법의 3권을 장악하고 대한민국 전역에 계엄령을 선포하였다.

이어서 군사혁명위원회는 국회와 지방의회를 해산하고 5월 18일에 국무총리 장면張勉은 정권을 군사혁명위원회에 이양하였다. 다음날인 5월 19일에 군사혁명위원회는 국가재건최고회의라고 명칭을 변경하고 혁명 내각을 조직하는 한편 모든 정당과 사회단체를 해산하였다. 그 후 6월 6일에 국가재건최고회의가 제정 공포한 국가재건위원비상조치법에 따른 통치가 시작되었다.[70] 즉 국가재건비상조치법의 제정으로 제2공화국 헌법은 파괴되고 정부는 총 퇴진함과 동시에 국회는 해산하고 헌법재판소는 그 기능을 정지하였다. 따라서 제2공화국 헌법은 국가재건비상조치법에 위배하지 않는 범위 내에서만 효력을 유지하였다. 이 국가재건비상조치법은 나치의 수권법을 모방한 것이었다.[71] 1961년 7월 3일 박정희가 국가재건최고회의 의장이 되어 명실 공히 3권을 장악하였다.

박정희 정권은 '5·16혁명 공약'에 따라서 1962년 7월 11일에 민정 이양을 위한 준비로서 최고회의 위원 9명과 민간인과 학자, 전문가 21명으로 구성되는 헌법 개정을 위한 헌법심의위원회를 설치하였다. 헌법심의위원회는 7월 16일부터 작업을 개시하여 10월 23일에는 헌법 요강이 결정되었다. 이 헌법 안은 동년 11월 5일에 공고되어 12월 6일에 국가재건최고회의의 의결을 거쳐 12월 17일에 실시된 국민투표에서 79% 찬성을 얻어 확정되고 동년 12월 26일에 공포되었다. 그러나 헌법 부칙에 따라서 제5차 개정 헌법은 1963년 12월 17일부터 시행되었다. 이와 같은 경위를 거쳐 제5차 헌법 개정이 시행되었던 것이다. 그러나 제5차 헌법 개정은 제2공화국 헌법(제4차 개정 헌법)에 정해진 헌법 개정 수속에 준거하여 개정된 것이 아니라 개정 국가재건비상조치법에 따라 헌법을 전면적으로 개정한 것이었다는 점에서 특색이 있었다. 따라서 형식적으로는 5차 헌법 개정이었으나 실질적으로는 제3공화국 헌법의 제정이었던 것이다.[72]

이 헌법은 자유권, 생존권, 참정권 등의 국민의 기본권을 체계적으로 정리하고, 현대적인 정당 정치를 확립하기 위하여 정당 조항을 설치하고 일원제로 하는 국회의 조직으로 운영을 간소화하여 국회의 권한을 매우 약화시켰다. 더욱이 삼권 분립에 기초를 둔 대통령 중심제를 채택하여 행정의 신속성과 효율성을 배려하면서 경제과학심의회의, 국가안전보장회의 등을 설치하였다. 또한 사법권을 강화하여 사법권의 독립을 확보하고 대법원에 위헌 입법 심의권을 부여하여 사법권 우위의 원칙을 확립하였다. 또한 헌법 개정에는 국민투표를 필수조건으로 삼았다. 그러나 이 헌법은 국가권력이 분산되어 있다고는 하나 미국형의 권력 분립적인 대통령제와 달라서 대통령에게 행정권뿐만 아니라 국가 긴급권, 법률안 거부권 등을 부여하여 행정권을 우위에 둔 것이었다. 또한 실제 정치에 있어서도 행정부가 정당보다 우월한 위치에 있었고 여당 당수인 대통령의 지위는 매우 강력한 것이었다.[73]

2. 제6차 헌법 개정(1969. 10. 21)

박정희는 1963년 2월 28일 2·28선언을 발표하여 민정 불참을 선언하였으나 3월 16일에는 헌법 시행을 4년간 연기하여 군정을 계속한다는 내용의 3·16성명을 돌연 발표하여 앞서의 발언을 번복하였다. 그러나 내외의 강한 반대에 부딪쳐 4월 8일에 박정희는 3·16성명을 철회하지 않을 수 없었다. 결국 박정희는 7월 27일에 성명을 발표하여 1963년 중 민정이양을 표명하고, 박정희는 퇴역하여 민주공화당 총재로 취임하였다.

1963년 10월 15일에 군사혁명정부는 제5대 대통령 선거를 실시하여 민주공화당 후보자인 박정희가 약 470만 표, 야당인 민정당의 후보자인 윤보선尹潽善은 약 455만 표라는 대량 득표를 하였으나 15만 표의 편차로 박정희가 당선되었다. 동년 11월에 실시된 제6대 국회의원 총선거에서는 여당인 민주공화당이 175석 가운데 110석을 획득하여 압승하고 그해 12월에 박정희가 대통령에 취임하여 제3공화국이 성립되었다.

이승만 정권 시대부터 일본과 한국 간의 정치 과제는 한일 관계 정상화 문제였다. 난항을 거듭하고 있던 한일 관계 정상화 문제는 제3공화국이 성립됨으로써 급속히 진전되어 1965년 6월에 한일조약이 조인되고 양국의 국교가 수립되었다. 이 과정에서 일본은 무상 경제 협력 3억 달러, 정부차관 2억 달러, 상업차관 3억 달러를 한국 측에 공여하는 것으로 조약을 매듭지었다. 또한 한국은 베트남 전쟁 참가를 표명하고 미국으로부터 다액의 원조를 끌어내었다. 이들 자금을 경제 개발에 투입하여 1960년대에 한국은 경이적인 경제 발전을 성취하였다. 한일조약 체결 문제라든지 베트남 파병 문제에 관하여 국내에서는 강한 반대가 있었음에도 불구하고 박정희 대통령은 강경한 자세로 반대 세력에 대응하였다.

1967년 5월 3일에 실시된 대통령 선거에서 박정희는 윤보선을 누르고 제6대 대통령에 재선되었고 동년 6월 8일에 실시된 제7대 국회의원 총선거에서도 박정희 대통령이 이끄는 민주공화당이 국회의 3분의 2를 초과하는 129석을 획득하여 압승하였다. 대통령 선거와 국회의원 선거에서 박정희와 여당이 대승을 거두게 된 이유는 경제 발전에 대한 국민의 기대감 때문이었고 박정희가 내건 경제 발전 계획을 경제계뿐만 아니라 국민의 대다수가 지지한 결과였다. 또한 제3공화국 헌법의 제69조 제3항에는 "대통령은 1회에 한하여 중임할 수 있다."고 규정되어 있었다. 거기서 장기집권을 노리던 박정희는 제7대 국회의원 선거 승리를 배경으로 헌법 제69조의 3선 금지 규정의 완화를 노린 헌법 개정을 위하여 움직이기 시작하였다.

1969년 8월 7일에 민주공화당은 3선 금지 규정의 개정을 목적으로 하는 헌법 개정안을 국회에 제출하였다. 이 개정안은 야당의 격렬한 반대에도 불구하고 동년 8월 9일에 공고되고 9월 14일에 국회 별관 회의실에서 여당 의원만이 출석한 이상사태 하에서 강행 가결되었다. 이에 이어서 박정희 대통령은 헌법 개정안을 10월 17일 국민투표에 부치고 투표율 77.1%, 찬성 65.1%로 개정안을 확정하고 10월 21일에 공포하였다. 이것이 제6차 헌법 개정이었다.

제6차 개정 헌법의 주요 내용은 아래와 같다.[74]

(1) "대통령의 계속 재임은 3기에 한하여"라고 제한하는 단서 조항을 설정하고(헌법 제69조 제3항 단서) 이에 의거하여 대통령의 3선금지 조항을 완화하였다. (2) 대통령에 대한 탄핵 소추 요건을 엄격하게 했다.(제61조 제2항 단서) (3) 국회의원 정수를 150명 이상 200명 이하로부터 150명 이상 250명 이하로 증원하였다.(제36조 제2항) (4) 국회의원의 각료 겸직을 가능하게 하였다.(제39조)

이 개정에 의하여 박정희 대통령은 독재화의 길을 걷기 시작하였다. 국가의 기본법인 헌법이 국회의사당 이외의 장소에서 여당 의원만이 출석한 비상사태 하에서 강행 결의되었다는 것부터가 민주주의의 파괴를 의미하는 것이며 위헌·위법의 폭거라 하지 않을 수 없었다.

1971년 4월 27일 제6차 헌법 개정안에 따라 실시된 제7대 대통령 선거에서 박정희 대통령은 3선 당선되었다. 그러나 박정희 대통령과 신민당의 김대중 후보와의 득표율은 53.2% 대 45.3%라는 결과로 끝나고 95만 표라는 근소한 차이로 승리하는 결과가 나왔다. 다시 동년 5월 25일에 실시된 제8대 국회의원 총선거에서는 집권 여당인 민주공화당이 113석을 획득하여 의회 다수를 점하였고 야당 신민당도 89석이라는 약진을 보였다.

3. 제7차 헌법 개정(1972.12.17)

제7차 헌법 개정은 실질적으로는 제4공화국 헌법의 제정으로 평가되는 유신헌법維新憲法이었다. 여러 가지 요인이 복잡하게 얽힌 국내외의 상황을 타개하기 위하여 박정희 대통령은 국가 안전의 보장이라는 명목으로 1971년 12월 6일에 국가 비상사태를 선언하여 12월 27일에 야당을 배제한 국회에서 국가 보위에 관한 특별조치법을 제정하였다. 국가 보위에 관한 특별조치법이란 초헌법적 국가 긴급권 행사를 허용하는 법이었다.

그 내용은 (1) 대통령은 국가 안전 보장을 위하여 비상사태를 선포할 수 있다. (2) 경제 규제 (3) 국가 총동원령 선포 (4) 특정 지역에의 이동, 전입조치 (5) 옥외 집회와 시위의 규제 (6) 언론 출판 규제를 위한 특별조치 (7) 특정한 근로자의 단체행동권, 단체교섭권의 규제 (8) 필요한 경우 대통령은 군사상의 목적을 위하여 세출 예산을 변경할 수 있다는 등의 사항을 규정하였다.[75] 이 법률은 국가의 위기를 극복하기 위한 것이라는 명목 하에 제정된 것으로써 초헌법적 국가 긴급권의 행사를 가능하게 했다는 점에서 위헌성을 가진 법이었다.[76] 더욱이 국가의 최고 규범인 헌법을 초월하는 권한을 일반법이 갖는다는 법 이론상의 모순을 내포한 것이었다. 국가 보위에 관한 특별조치법에 의하여 언론 출판의 자유라든지 노동기본권을 크게 제한하기에 이르러 이에 대한 국민의 반발은 강할 수밖에 없었다.

박정희 대통령은 1972년에 들어서도 한동안 국가 보위에 관한 특별조치법에 규정된 비상조치를 단행하지 않았다. 그러나 1972년 10월 17일에 이르러서 급변하는 국제정세에 대응하기 위해서는 국민의 단결이 필요하다고 하는 대의명분 하에 약 2개월 동안 헌법 일부 조항의 효력을 정지하는 비상조치를 선언하였다. 비상조치에 따라서 전국에 비상계엄령을 선포하고 10월 유신이라고 불리는 10·17 비상조치를 실시하였다.[77] 10·17 비상조치는 국회를 해산함과 동시에 정당 등의 정치 활동을 정지시키고 국회의 권한을 비상 국무회의가 수행한다고 하는 내용이었다.[78] 또 10·17 비상조치는 '조국의 평화통일을 지향하는 헌법 개정' 을 가능하게 하는 것이었다.

1972년 10월 26일에 비상국무회의에서 제7차 헌법 개정안이 심의되고 다음날인 10월 27일에 의결 공고되었다. 비상계엄령이라고 하는 비상사태 하에서 11월 21일 실시된 국민투표에서는 91.9%라는 높은 투표율을 나타내고 91.5% 찬성으로 확정되었다. 제7차 헌법 개정안이 국민 대다수의 찬성으로 가결된 사실은 주목할 만한 일이다. 이렇게 이례적으로 높은 찬성 표는 비상계엄령 하에서 찬성 의견만 인정되고 반대 의견은 금지된 상황에서 국민투표가 실시되었던 것이 그 요인이었다. 또한 1961년에 5·16군사 쿠데타 이후 박정희 정권의 장기화에 따른 권력 기반이 권력자의 자의적인 인사에 의해서 전국적으로 강화된 결과로 생각이 된다.

제7차 헌법 개정은 대통령의 임기를 6년으로 연장하고 중임重任 제한 규정을 폐지하여 박정희 대통령의 영구집권을 가능하게 하는 것이었다. 통일주체국민회의의 선거는 12월에 실시되었으나 야당의 후보자는 등록 방해를 받아 거의 대다수가 입후보할 수 없고 개별 선거 운동도 금지되는 가운데 행해져 2,359명의 대의원이 선출되었다. 즉시 열린 제1회 통일주체국민회의에서 박정희만이 대통령으로 입후보하고 찬성 2,357표, 무효 2표라고 하는 압도적인 찬성 다수로 박정희가 제8대 대통령으로 선출되었다. 이어서 12월 27일에 제7차 개정 헌법이 공포되어 박정희가 대통령에 취임하고 제4공화국이 출범하였다. 이것이 제7차 개정 헌법(제4공화국 헌법)이며 유신

헌법이라고도 불린다. 유신헌법은 대통령의 임기를 6년으로 정하고 통일주체국민회의를 신설하고 통일주체국민회의에서 대통령을 선출한다고 규정하고 있으며, 또 중임 금지 규정을 폐지한 것은 대통령의 종신집권 체제가 확립된 것을 의미한다. 이것으로써 1979년 10월 26일 암살당하기까지 박정희 대통령의 독재정치가 계속되었던 것이다.

유신 체제 발족과 동시에 정당 활동의 금지가 해제되고 1973년 2월 27일에 제9대 국회의원 총선거가 실시되었다. 투표 결과는 민주공화당 73석, 신민당 52석, 민주통일당 2석, 무소속 19석이었고 여당의 민주공화당은 38.7%의 지지를 얻었으나 야당의 신민당도 32.6%의 지지율을 얻어 민주공화당이 불과 6.1% 상회하는데 그쳤다. 그러나 국회의원 정수의 3분의 1은 대통령의 추천명부에 따라 통일주체국민회의가 선출한다는 규정(유신헌법 제40조 제1항, 제2항)이 있어서 이에 의거하여 통일주체국민회의가 73명의 국회의원을 선출하여 유신정우회를 결성하였다.

제4공화국 헌법을 놓고 구헌법의 개정이냐 아니면 신헌법의 제정이냐 하는 문제로 이론이 분분하였다.[79] 전술한 헌법학자 김철수는 유신헌법은 실질적으로는 계속적으로 권력을 장악하려는 의도로 된 것이므로 쿠데타적 성격을 가진 것이며 신헌법의 제정일 뿐만 아니라 자유민주주의를 일시 정지하여 권위주의적인 신 대통령제를 채택하였다는 점에서 헌법 개정의 한계를 초월한 것이라 해설하였다.[80] 제7차 헌법 개정은 헌법 개정권의 한계를 초월한 것으로서 신헌법의 제정이라고 평가하지 않을 수 없다고 생각한다. 헌법을 시원적으로 창설하는 헌법 제정 권력과 헌법에 의하여 주어진 헌법 개정권과는 명확히 구별되어야 하며 헌법 제정 권력 주체나 그것이 정한 기본 원리는 헌법 개정권과 구분되는 것이기 때문이다.

4. 제8차 헌법 개정(1980. 10. 27)

유신 체제의 제2기에 해당하는 1978년에는 통일주체국민회의 의원과 제 9대 대통령 그리고 제10대 국회의원을 선출하기 위한 3대 선거가 겹쳐 실시되었다. 반정부 세력의 저항에도 불구하고 박정희는 대통령에 재선되었다. 이와 같은 폐쇄적인 상황에서 지식인, 종교인, 학생, 노동자, 야당 정치인 등의 폭넓은 층이 저항 운동에 참가하였다. 1979년에 이르러서 유신 체제에 대한 국민적 저항이 격화되었다. 이와 같은 사회 상황에서 YH 무역 사건이 일어났다.[81] YH 무역 사건을 비판한 김영삼에 대하여 국회에서는 의원 제명 결의라고 하는 폭거가 자행되었다. 이에 항의하여 야당 의원 전원이 사표를 제출하는 이상 사태가 벌어졌다. 야당 의원 사표 제출에 호응하여 국민의 불만은 폭발하여 유신헌법을 토대로 하는 유신 체제에 대한 국민의 저항은 최고조에 달했다.

이와 같은 상황에서 1979년 10월에 김영삼의 출신지 부산에서 일어난 데모가 확대되어 소요사태로 변질했다. 폭동은 인접한 마산에도 파급되었다.(부마사태) 그러한 가운데 1979년 10월 26일에 박정희 대통령의 신뢰가 두터웠던 김재규金載圭 중앙정보부장이 박정희 대통령과 차지철車智澈 대통령 경호실장을 회식 중에 사살하는 사건이 발생하였다.(10·26사태) 이 사건은 부마사태의 대처를 둘러싸고 온건론과 강경론이 대립한 것이 직접적인 원인이었다.[82]

이 사태를 이어받아 제4공화국 헌법 제48조의 규정에 따라서 국무총리인 최규하崔圭夏가 대통령 권한을 대행하기에 이르렀고 제주도를 제외한 전국에 비상계엄령이 선포되었다. 그 후 12월 6일에 통일주체국민회의에서 최규하가 제10대 대통령으로 선출되고 12월 21일에 취임식이 거행되었다. 취임식에 앞서서 1979년 12월 12일에 계엄사령관 정승화鄭昇和 참모총장이 대통령 암살에 관한 내란 방조의 혐의로 총격전 속에서 체포되었다. 이 숙군을 명목으로 한 쿠데타로 전두환全斗煥 소장이 실권을 장악하였다. (肅軍 쿠데타)

정식으로 대통령에 선출된 최규하는 12월 14일에 신 내각을 조직하여 국민의 요구에 따라 민주화 작업을 추진하였다. 1980년에 들어서서 학생이나 국민들은 하루빨리 헌법 개정을 실시하여 민주적 정부를 수립하라고 요구하기 시작하였다. 1980년 2월 29일에 대통령을 비롯한 재야인사들의 복권 조치가 발표되는 가운데 민주화의 봄이 본격화하였다. 그러나 1979년 10월 26일 사태 이후 민주화의 흐름 속에 노동쟁의가 빈발하고 학생의 시위 활동이 격화되어 사태가 전국적으로 확대되었다.[83] 급격한 민주화의 흐름이 사회 혼란을 유발하였던 것이다. 사회 혼란이 심각한 상황에서 정부는 1980년 5월 17일을 기하여 비상계엄령을 전국 지역에 확대 선포하며 정치 활동의 금지와 대학의 휴교 조치를 시행하는 5·17비상조치를 포고하였다. 또한 5월 18일에 김대중金大中의 지반이었던 민주화 운동의 거점 전라북도 광주에 정예부대가 투입되어 진압이 시작되었다. 이때 광주 시내에서 계엄군과 학생·시민 사이에 총격전이 벌어져 다수의 사상자가 발생하였다.(광주민주화투쟁) 그 이후 동년 5월 31일 국가보위비상대책위원회가 설치되었다. 이 위원회는 형식적으로는 위원장이 대통령이었으나 실질적으로는 전두환이 국가보위비상대책위원회의 실권을 장악하였다.

권력을 장악한 전두환은 숙군 쿠데타와 광주민주화운동의 진압으로 권력 기반을 굳힌 후 부정축재 고발을 명분으로 삼아 박정희 정권의 진당을 권력 중추로부터 일소하였다. 그 후 최규하 대통령의 사임을 이끌어내고, 동년 8월 27일에는 통일주체국민회의에서 전두환이 제11대 대통령으로 선출되었다. 전두환의 지시에 따라 5·17비상조치에 의하여 동결되었던 헌법 개정심의위원회가 헌법 개정 작업을 재개하여 동년 9월 9일에 헌법 개정안이 확정되었다. 동년 9월 29일에는 국무회의가 헌법 개정 발의를 결의하고 헌법 개정안을 공고하였다. 동년 10월 22일의 국민투표로 유권자의 91.6%가 찬성하여 헌법 개정안이 확정되었고 동년 10월 27일에 공포되었다. 이상이 제8차 헌법 개정의 개략적인 경과이다.

개정된 헌법은 제5공화국 헌법이라고 부르고 있다. 제8차 개정 헌법(제5공화국 헌법)이 공포 시행되면서 통일주체국민회의는 해산되고 그 대의원 임기가 종료되었다.(부칙 제4조) 그리고 국회의원의 임기도 종료하여(부칙 제5조) 신헌법에 의거한 새로운 국회가 구성되기까지 입법부의 역할을 담당한 국가보위입법회의(부칙 제6조)가 전두환 대통령에 의해서 임명된 의원에 의해 구성되었다. 다시 이어서 정당은 해산되고(부칙 제7조) 1981년 1월 25일에는 비상계엄령도 해제되었다. 동년 2월 11일에 새로운 대통령 선거법에 따라서 대통령 선거인단 선거가 실시되고 선거인 5,278명이 선출되었다. 동년 2월 25일 대통령 선거가 실시되고 전두환이 4,755표를 획득하여 대통령으로 당선되어 동년 3월 3일에 제12대 대통령으로 취임하였다. 전두환은 대통령 선거 취임 연설 가운데 장래의 평화적 정권 교체를 약속하였다. 또 헌법 개정에 의하여 대통령의 임기는 6년에서 7년으로 연장되었으나 재임은 인정하지 않았다. 그 후 동년 3월 25일에 국회의원 선거가 실시되었는데 새로운 국회가 구성되어 제5공화국이 출범하였다.

제5공화국 헌법은 민간의 의견도 고려하여 작성된 것으로 장점도 많다.

그 중에서 (1) 기본적 인권의 천부인권설을 강조하고 있다는 점, (2) 새로운 기본적 인권을 규정한 점, (3) 대통령의 재임을 인정하지 않는다고 한 점, 그리고 대통령 긴급권을 제한한 것 등이 그것이다. 이 제8차 헌법 개정에 관해서도 헌법의 연속성을 의문시하고 제8차 헌법 개정은 헌법의 개정이 아니라 신헌법의 제정이라는 견해도 있다.

5. 제9차 헌법 개정(1987.10.29)

제5공화국 헌법은 몇 가지 장점에도 불구하고 시행 당초부터 대통령 선거인단에 의한 대통령 간접선거 제도였다는 점에 비판의 소리가 높았다. 이 비판의 소리가 강해짐과 동시에 전두환 정권의 정통성의 문제와 관련하여 1983년 이후 대통령 직접선거제도를 요구하는 헌법 개정 요구가 정치 문제화되었다. 이 문제는 1985년 2월 12일에 실시된 국회의원 선거에서 커다란 쟁점이 되었다. 총선거의 결과 여당인 민주정의당이 과반수를 획득하였으나 김대중이나 김영삼 등을 중심으로 하는 신한민주당도 제2당으로 약진하여 야당 세력은 본격적으로 대통령 직접선거제를 골자로 하는 헌법 투쟁에 착수하였다. 여기에 대하여 정부는 강경 자세로 임했으나 한층 더 정국을 혼란하게 할 뿐이었다. 이 혼란을 회피하기 위하여 1986년 5월 26일에 여·야당은 헌법 개정 논의를 개시하는 데 합의하여 여·야당이 공동으로 본격적인 개헌 작업에 착수하였다. 그러나 그 다음 해인 1987년 4월 13일, 전두환 대통령이 개헌 유보 조치 선언을 하고 현행 헌법에 따라서 정권을 이양한다고 발표하였다. 그러나 개헌운동은 진정되지 않았다.

동년 6월 29일에 차기 대통령 후보인 노태우盧泰愚 민주정의당 대표는 이

상황을 우려하여 대통령 직접선거제 개헌을 주요 골자로 하는 '6·29민주화선언'을 발표하였다.[84] 노태우는 6·29선언 가운데서 "국민이 직접 선택한 국회의원에 의해서 각료의 대다수가 구성되고 대화와 타협으로 자율과 개방을 기초로 하는 의원내각제가 민주 책임정치에 가장 적합한 것이며 가장 바람직한 제도라고 하는 나의 의견에는 변함이 없다."고 선언하고 자기의 진의는 의원내각제 채택이라고 주장하였다. 그러나 만일 국민이 그것을 원하지 않는다면 "나는 사회적 혼란의 극복과 국민적 화해를 위하여 대통령 직접선거제도 도입은 불가피하다는 결론에 도달했다."라고 하면서 대통령 직접선거제의 도입을 약속하였다.

이에 동년 9월 18일에 여·야당 합의로 작성한 헌법 개정안은 국회에 발의되고 10월 12일에 국회에서 의결되고 10월 27일에 국민투표로 확정되어 그 개정안은 10월 29일에 공포되었다. 이것이 제9차 헌법 개정이며 한국의 헌법 사상 처음으로 여·야당의 타협과 국민적 협의에 의하여 행해진 개정 헌법이었다. 개정 헌법에 따라서 1987년 12월 16일에 실시된 대통령 선거에서 노태우가 제13대 대통령으로 당선되었다.

이상과 같이 한국 통치 제도의 구축과 헌법 개정의 역사적 전개를 돌이켜볼 때 한국의 통치 제도는 독재정권의 유지와 군사정권의 유지라고 하는 권력자의 자의적인 의도에 의해서 주로 진행되어 왔다고 이해된다. 그리하여 제9차 개정 헌법에서는 국민에 의한 직접선거의 실시가 보장됨으로써 부정선거라고 하는 오랜 한국 사회의 병리적 현상이 시정되는 토대가 형성되었다고 생각되며, 역대 헌법 개정 과정 중에도 민주주의 이념에 의거한 개정이라고 평가되고 있다. 한편, 제9차 개정 헌법이 직접선거에 의한 대통령, 국회의원, 지방자치단체 의원을 선출하는 체제를 구축하였기 때문에 지역주의 현상이 선거 결과를 통하여 명확히 표출되는 환경이 조성되었던 것이 사실이다.

이상에서 살펴본 바와 같이 한국의 헌법 개정은 권력을 유지하기 위한 수단 또는 도구로서 통치 체제를 지탱해 온 시대로부터 제9차 헌법 개정 이후로는 민의를 반영할 수 있는 통치 체제의 시대로 변화하였다고 생각할 수 있는 것이다. 더욱이 제9차 헌법 개정에 의해서 민의를 반영한 정치 체제가 성립됨으로써 지역주의도 선거 결과로 표출되기에 이른 것이다. 다음 장에서는 대통령 선거와 국회의원 선거 결과를 분석하여 한국의 지역주의의 표출과 그 심각성을 검토하기로 한다.

제2장
대통령 선거와
지역주의

한국 정치에 지역주의가 표출되는 것은 1987년의 민주화 이후라고 보는 것이 통설이다. 권위주의 정권 시대에도 지역주의적 경향이 보인다고 하는 견해도 있으나 민주화 이후의 지역주의와는 명백히 다른 양상을 보이고 있다. 민주화 이후 2007년까지 실시된 다섯 차례 대통령 선거에 있어서 특징적으로 관찰되는 것은 지역주의 현상이었다.

제2장 대통령 선거와 지역주의

제1절 권위주의 정권 시대 지역주의의 형태

한국 정치에 지역주의가 표출되는 것은 1987년의 민주화 이후라고 보는 것이 통설이다. 권위주의 정권 시대에도 지역주의적 경향이 보인다고 하는 견해도 있으나 민주화 이후의 지역주의와는 명백히 다른 양상을 보이고 있다. 민주화 이후 2007년까지 실시된 다섯 차례 대통령 선거에 있어서 특징적으로 관찰되는 것은 지역주의 현상이었다. 이 절에서는 우선 권위주의 정권 시대의 대통령 선거에 초점을 맞추어 선거 행동의 특징을 검증하고 지역주의의 실태를 파악하기로 한다.

일제 강점으로부터 해방된 이후 단명으로 끝난 제2공화국을 예외로 하고서는 군부와 관료제를 권력 기반으로 한 이승만, 박정희, 전두환이라고 하는 세 사람의 권위주의적 성향의 권력자가 한국 정치를 지배하였다. 그들은 법적으로 정리된 국가 기구의 보장 하에서 절대적인 권력을 행사하였다. 그러나 국내 여론과 밖으로 미국의 요구 등 국내외의 압력에 대항하여 정권의 정통성을 확보하기 위해서는 형식적이나마 대통령 선거를 실시하지 않을 수 없었다. 그러므로 부정선거, 금권 선거라는 비난을 받아도 한국은 민주국가라고 하는 것을 국내외에 보일 필요성 때문에 선거를 실시해 왔다는 측면이 없지 않아 있었던 것이다.

권위주의 정권 시대의 대통령 선거는 선거의 결과가 이미 결정된 것이라 해도 좋을 정도로 선거 방해나 부정선거가 횡행하여 그 왜곡성은 너무나 명백한 것이었다. 그러나 한편 대통령 선거와 비교할 수 있는 국회의원 선거에서는 정당 측의 경쟁이나 국민의 선택이 비교적 공평하여 자유를 보장하는 제도였다고 평가할 수 있다. 그래서 국회의원 선거는 항상 여당에게만 유리하게 작용한 것이 아니었다. 이에 대해 정권 측은 헌법 개정을 되풀이하는 방법으로 권력의 유지를 도모하여 왔다. 헌법이 개정될 때마다 선거제도가 개정되고 새로운 정당의 탄생과 소멸이 되풀이되었다. 유권자의 투표 행동은 계속적으로 일정한 양상을 보여 왔다. 그러나 지역주의는 권위주의 정권 시대에 있어서 유권자의 투표 행위를 규제하는 주된 요인이 되지 못했다. 선거 결과로 볼 때 지역주의보다는 농촌에서는 여당의 지지율이 높았고 도시에서는 야당의 지지율이 높은 현상을 보였다. 이와 같은 투표 행동의 경향을 여촌야도與村野都라고 불렀고 권위주의 정권 시대에 보인 특징적인 투표 경향이었다고 할 수 있다.

〈표2-1〉은 한국의 역대 대통령 선거 방식과 그 결과 등을 일람표로 작성하여 대통령 선거의 변천을 살펴본 것이다. 권위주의 정권 시대에 대통령 선거가 실시된 것은 제1대 대통령 선거에서 제12대 대통령 선거까지였다. 제1대 대통령 선거는 국회에 의한 간접선거로 실시되었고 제2대부터 제3대까지의 대통령 선거는 국민의 직접선거로 실시되었으나 제4대 대통령 선거는 5·16군사쿠데타가 원인이 되어 직접선거에 의해서 실시되는 일이

없었다. 민정이양에 의한 제5대에서 제7대 대통령 선거는 국민의 직접선거에 의한 선거 형태로 되돌아갔다. 그러나 제4공화국과 제5공화국에서 실시

〈표2-1〉 역대 대통령 선거 일람(제1대~제17대)

		일시/ 투표율	선거 방식	1	2	3	4	비고
제1공화국	제1대	1948.7.20 (93.9)	국회 간선	이승만 180 (91.8%)	김구 13 (6.6%)	안재홍 2 (1.0%)	서재필 1 (0.5%)	국회재적원 198명중196명 서재필은 외국 적으로 무효
	제2대	1952.8.5 (88.0)	국민 직선	자유당 이승만 5,328,769 (74.6%)	무소속 조봉암 764,715 (10.9%)	무소속 이시영 764,715 (10.9%)	무소속 신흥우 219,696 (3.1%)	
	제3대	1956.5.15 (94.4)	국민 직선	자유당 이승만 5,046,437 (55.7%)	무소속 조봉암 2,163,808 (23.9%)	민주당 신익회 5월 5일 사망		신흥우추도표 는1,856,818 (20.4%)
제2공화국	제4대	1960.8.12 (98.4)	국회 간선	윤보선 208 (82.2%)	김창숙 29 (11.5%)	변영태 3 (1.2%)	백영준 3 (1.2%)	그 외 허정, 김 도연 등이 입후 보. 1960.3.15 의 선거(무효)에 서는 이승만이 당선하였으나 4·19학생혁명 으로 사임
제3공화국	제5대	1963.10.15 (85.0)	국민 직선	민주공화국 박정희 4,702,640 (46.6%)	민정당 윤보선 4,526,614 (45.1%)	추풍회 오재영 408,664 (4.1%)	정민회 변영태 224,433 (2.2%)	
	제6대	1967.5.3 (83.6)	국민 직선	민주공화당 박정희 5,688,666 (51.4%)	신민당 윤보선 4,526,541 (40.9%)	통한당 오재영 264,533 (2.5%)	민중당 김준연 248,369 (2.2%)	
	제7대	1971.4.27 (79.8)	국민 직선	민주공화당 박정희 6,432,828 (53.2%)	신민당 김대중 5,395,900 (45.3%)	정의당 진복기 122,914 (1.0%)	국민당 박기출 43,753 (0.4%)	

제4공화국	제8대	1972.12.23 (100)	국민회의 간선	민주공화당 박정희 2,357 (99.9%)				통일주체국민회의 재적의원 2,359명중 2,357명의 득표
	제9대	1978.7.6 (100)	국민회의 간선	민주공화당 박정희 2,577 (99.9%)				통일주체국민회의 재적의원 2,578명중 2,577명의 득표
	제10대	1979.12.6 (98.9)	국민회의 간선	최규하 2,465 (96.7%)				통일주체국민회의 재적의원 2,560명중 2,465명의 득표
제5공화국	제11대	1980.8.27 (98.9)	국민회의 간선	전두환 2,525 (99.9%)				통일주체국민회의 재적의원 2,535명중 2,525명의 득표
	제12대	1981.2.25 (99.9)	선거인단 선거	민주공화당 전두환 4,755 (90.2%)	민주한국당 유치송 404 (7.7%)	한국국민당 김종철 85 (1.6%)	민권당 김의택 26 (0.5%)	대통령 선거인단선거
제6공화국	제13대	1987.12.16 (89.2)	국민직선	민주정의당 노태우 8,282,738 (36.6%)	통일민주당 김영삼 6,337,581 (28.0%)	평화민주당 김대중 6,113,375 (27.1%)	신민주공화당 김종필 1,823,067 (8.1%)	
	제14대	1992.12.18 (81.9)	국민직선	민주자유당 김영삼 9,977,332 (42.0%)	민주당 김대중 8,041,284 (33.8%)	국민당 정주영 3,880,067 (16.3%)	신정당 박찬종 1,516,047 (6.4%)	
	제15대	1997.12.17 (80.7)	국민직선	새정치국민회의 김대중 10,326,275 (40.3)	한나라당 이회창 9,935,718 (38.7)	국민신당 이인제 4,925,591 (19.2)	민주노동당 권영길 306,026 (1.2)	
	제16대	2002.12.19	국민직선	민주당 노무현 12,014,277 (48.91)	한나라당 이회창 11,443,297 (6.59)	민주노동당 권영길 957,148 (3.9)		
	제17대	2007.12.19	국민직선	한나라당 이명박 11,492,389 (48.67)	대통합민주신당 정동영 6,174,681 (26.14)	무소속 이회창 3,559,963 (15.07)		

(출처) 森山茂德, 『韓國現代政治』, 東京大學出版會, 1998, 186~187쪽
『제16대 대통령 선거 총람』, 중앙선거관리위원회편을 사용하여 필자 작성

된 제8대~제11대까지의 대통령 선거는 통일주체국민회의에 의하여 간접선거로 치러졌고 제12대 대통령 선거도 대통령선거인단에 의한 간접선거였다. 민주화 이후의 제13대 대통령 선거부터 제17대 대통령 선거까지의 다섯 차례 대통령 선거는 국민의 직접선거에 의해서 실시되었다. 따라서 권위주의 정권 시대의 지역주의를 검토할 때에 직접선거가 실시된 제2대 대통령 선거, 제3대 대통령 선거, 제5대 대통령 선거, 제6대 대통령 선거, 제7대 대통령 선거의 다섯 차례 대통령 선거를 검토 대상으로 삼아 검토하지 않을 수 없었다.

1950년 5월 30일에 실시된 제2대 국회의원 선거에서 여당계는 24석밖에 획득하지 못하고 그 선거 결과는 이승만 정권에 국민이 부정적 태도를 보이고 있다는 것을 의미하는 것이었다. 그러나 1950년 6월 25일 북한의 남침으로 전쟁이 발발하면서 사태는 급변하였다. 제2대 대통령 선거는 한국전쟁 중인 1952년 8월 5일에 국민의 직접선거에 의해서 실시되었다. 〈표2-2〉는 제2대 대통령 선거의 각 후보자의 지역별 득표율을 정리한 것이다. 투표율은 88.1%라고 하는 높은 수준을 보여주고 있고 국민의 관심이 높았다는 것을 잘 나타내고 있다. 대통령 선거에는 4명의 후보자가 입후보하였

〈표2-2〉 제2대 대통령 선거에서의 지역별 득표율

(단위 : %)

선거	후보자	지역						전국
		경기	충청	호남	영남	강원	제주	
제2대 1952년	이승만	86.3	83.9	70.6	65.1	92.4	83.8	74.6
	조봉암	7.1	6.8	11.4	16.9	2.7	6.4	11.4
	이시영	5.0	6.7	14.3	14.2	3.4	7.0	10.9

(출처) 大西裕, 「地域主義와 그 行方」, 『(新版)比較・選擧 政治』, 미네르바書房, 2004, 184쪽을 이용하여 필자 작성

으나 이승만이 5,238,769표를 획득하여 유효 투표수의 74.6%라고 하는 대량 득표로 압도적인 승리를 거두었다.[85] 차점을 얻은 조봉암의 득표율은 11.4%, 이시영의 득표율은 10.9%였고 100만 표에는 훨씬 미치지 못하는 결과였다. 이승만이 높은 득표율을 획득한 이유는 6·25전쟁 중이었기 때문에 현직 대통령으로서의 강점을 발휘한 결과라고 생각된다. 비상사태에 직면한 국민은 카리스마가 강한 지도자를 선택하는 경향이 있었다. 더욱이 국민은 전시 중에 정권 교체로 인하여 국내 정치가 흔들리고 그것이 남북의 군사 균형에 악영향을 주어 휴전 교섭에 지장을 줄까 봐 두려워했던 것이다.

지역별 득표율을 검토해 보면 호남지역과 영남지역에서의 이승만의 득표율이 다른 지역보다도 저조하였다는 특징을 지적할 수 있다. 다른 지역에서는 이승만의 득표율이 80%를 훨씬 넘고 있는데도 불구하고 호남지역에서는 70.6%, 영남지역에서는 65.1%에 지나지 않아 전국 평균으로 따지면 5~10%를 밑돌고 있었다. 호남지역과 영남지역은 한반도의 남부에 위치하고 있기 때문에 전투가 재발한다고 해도 경기도나 강원도 등의 북부지역보다는 전화를 입을 위험성이 낮다는 이유도 있었다고 생각된다. 더욱이 호남지역과 영남지역의 득표율의 저조는 이승만의 카리스마를 신용하면서도 고압적인 정권 운영에 대해서 회의적인 국민이 있었다는 것을 암시해 주고 있다. 38선에 접한 경기도나 강원도에서는 다른 지역보다도 이승만이 높은 지지율을 보이고 있다는 것은 제2대 대통령 선거가 6·25전쟁의 영향을 받았다는 것을 시사한다. 특수한 사회 상황 하에서 국민은 강한 지도자를 요구하는 것이 일반적인 경향인데 제2대 대통령 선거는 그 전형적인 사례라고 할 수 있겠다.

〈표2-3〉 제3대 대통령 선거에서의 지역별 득표율

(단위 : %)

선거	후보자	지역						전국
		경기	충청	호남	영남	강원	제주	
제3대 1956년	이승만	73.1	80.4	67.3	59.1	90.8	87.9	70.0
	조봉암	26.9	19.6	32.7	40.9	9.2	12.1	30.0

(출처) 〈표2-2〉와 같음

〈표2-3〉은 제3대 대통령 선거에서의 지역별 득표율을 정리한 것이다. 제3대 대통령 선거는 1956년 5월 15일에 실시되어 이승만이 유효투표의 70.0%에 해당하는 5,046,437표를 획득하여 당선되었다. 그러나 선거 기간 중인 5월 5일 야당 후보 신익희가 유세 중 돌연 서거하는 사건이 발생하여 선거전이 의외의 전개를 보였다. 야당 유력 후보의 돌연사로 인하여 이승만의 대승리로 끝났으나 그 내실은 달랐다. 서거한 야당 후보 신익희에 대한 추도 표로서 1,856,818표라고 하는 대량의 무효표가 발생했기 때문이다. 〈표2-3〉은 유효 투표에 대한 득표율을 나타낸 것인데 무효표에 관한 평가는 반영되어 있지 않다. 신익희에 대한 대량의 무효표를 유효표로 평가하여 득표율을 다시 계산하면 조봉암의 득표율이 23.9%였던데 반해서 이승만의 득표율은 55.7%에서 멈춘 것이 된다. 무효표의 대량 발생이라고 하는 특수한 상황은 한국인의 사회적 성격인 저항성이 표출된 것이라고 생각되며 이승만의 강권적인 정권 운영에 대한 통렬한 비판의 뜻이 담긴 것이었고 신익희의 돌연사라고 하는 변수가 없었다면 이승만은 당선될 수 없었던 것이 아닌가 의심된다.

지역별로 유권자의 투표 행위를 검토해 보면 호남지역에서는 이승만이 유효 투표의 67.3%를 획득하였으나 조봉암은 32.7%를 얻었다. 한편 영남지역에서도 이승만이 유효 투표의 59.1%를 획득하고 있으나 조봉암도 40.9%나 득표하였다. 그러나 양 지역이 모두 이승만이 유효 투표의 과반수를 점하고 있고 조봉암은 호남지역에서 34.6%의 격차를 보이며 이승만의 득표율의 절반에 불과하지만 영남지역에서는 18.2%의 격차가 있었다. 따라서 득표율의 격차가 있으나 양 지역 모두 같은 경향을 보여주고 있어 지역주의는 표출되지 않았다고 판단할 수 있다. 특징적인 것은 조봉암의 득표율이 강원도와 제주도에서 다른 지역과 비교하여 극단적으로 저조한 경향을 나타내고 있었다는 사실이다. 1956년 당시의 강원도와 제주도는 저개발 지역으로 개발이 늦었기 때문에 두 지역을 '농촌형' 지역이었다고 보아 여촌야도 현상의 일종으로 생각해도 괜찮을 것 같다.

제4대 대통령 선거는 국회의원에 의하여 간접선거로 실시되어 국민에 의한 직접선거가 실시된 것은 제5대 대통령 선거에서였다. 제2공화국 때는 아직 정당 정치에 익숙하지 못했고 더욱이 정당 조직이나 활동이 비민주적이었기 때문에 정국은 불안하고 사회 혼란이 극심해졌다. 이와 같은 상황에서 1961년 5월 16일에 박정희 소장을 중심으로 한 군부가 쿠데타를 통해 삼권을 장악하였다. 박정희가 주도한 군사혁명정부는 약 2년 간 통치한 뒤 제5대 대통령 선거를 실시하였다.

〈표2-4〉 제5대 대통령 선거에서의 지역별 득표율

(단위 : %)

선거	후보자	지역						도시화			전국
		경기	충청	호남	영남	강원	제주	대도시	도시	군	
제5대 1963년	박정희	31.6	40.9	54.3	56.7	39.6	69.9	35.4	40.7	50.7	46.7
	윤보선	61.1	49.2	38.1	35.7	49.1	22.0	60.6	53.7	39.5	45.1

(출처) 〈표2-2〉와 같음

〈표2-4〉는 제5대 대통령 선거의 지역별 득표율을 정리한 것이다. 여촌야도의 현상이 명확한 형태로 표출되고 있다는 것을 알 수 있다. 1963년 10월 15일에 군사혁명정부는 제5대 대통령 선거를 실시하여 7명이 입후보하였으나 실질적으로는 박정희와 윤보선의 대결 구도라고 할 수 있었고, 투표율은 85.0%였다. 군에서 퇴역한 민주공화당 후보 박정희가 약 470만 표를 획득하며 당선되었다. 야당후보인 윤보선도 455만 표를 획득하여 박정희가 15만 표의 근소한 차이로 승리한 것이다. 제5대 대통령 선거는 군사정권을 계속 선택하느냐 민주화를 선택하느냐 하는 커다란 쟁점을 놓고 싸운 선거였다. 따라서 정책적인 대립점은 양 진영 모두 사상 논쟁으로 시종한 선거전이었다.

지역별로 득표율을 검토해 보면 박정희의 호남지역과 영남지역의 득표율이 각각 54.3%와 56.7%였으나 윤보선의 득표율은 각각 38.1%와 35.7%라고 하는 결과였다. 박정희의 출신 지역인 영남지역에서는 56.7%의 득표율을 보였고 호남지역에서는 54.3%를 보여주고 있어 지역적인 투표 행동의 편재 현상이 표출되지 않았다는 것을 알 수 있다. 제5대 대통령 선거에서는 호남지역과 영남지역의 득표율의 역전 현상이 보이지 않았고 지역주의는 발생하고 있지 않았다.

다른 한편 대도시 지역에 있어서는 박정희의 득표율은 35.4%였으나 야당후보인 윤보선은 60.6%였고 25.2%의 격차가 나타나고 있다. 대도시 지역에서는 여당이 약하고 야당이 강하다는 결과를 보이고 있는 것이다. 반대로 군 단위 지역에서는 여당 후보 박정희의 득표율이 50.7%였으나 야당후보의 윤보선은 39.5%로서 11.2%의 격차가 나고 있다. 즉 지방에서는 여당이 강하고 야당이 약했다는 결과를 알 수 있다. 요컨대 여촌야도의 현상

〈표2-5〉 제6대 대통령 선거에서의 지역별 득표율

(단위 : %)

선거	후보자	지역						도시화			전국
		경기	충청	호남	영남	강원	제주	대도시	도시	군	
제6대 1967년	박정희	43.1	45.8	43.7	65.7	51.3	56.3	50.6	55.2	50.8	51.4
	윤보선	51.9	45.7	47.4	25.9	41.7	32.1	45.5	39.6	40.1	40.9

(출처) 〈표2-2〉와 같음

이 명확한 형태로 나타난 선거였던 것이다. 특징적인 것은 윤보선이 충청도와 강원도에서 각각 49.2%와 49.1%의 득표를 하여 박정희를 각각 8.3%, 9.5%나 상회하는 결과를 얻었다는 것이다.

제6대 대통령 선거는 1967년 5월 3일에 실시되었다. 〈표2-5〉는 제6대 대통령 선거에서 각 후보의 지역 득표율을 정리한 것이다. 이 선거는 군사정권으로부터 민간정부로 이관된 이후에 박정희 정권의 평가를 묻는 선거였다. 제6대 대통령 선거는 7명이 입후보했으나 앞서 실시된 제5대 대통령 선거와 같이 여당인 민주공화당의 박정희와 야당인 신민당의 윤보선 두 사람의 싸움이었다. 여당 측은 밝은 미래를 국민에게 호소하기 위해서 공업화 정책을 전면에 내걸고 싸웠다. 한편 신민당은 정당을 꾸린지 얼마 되지 않고 민정당계와 신한당계의 말단 조직의 결속이 공고하지 못하여 총력을 결집하지 못하였다.[86]

선거 결과는 민주공화당의 박정희가 유효투표인 51.4%에 상당하는 5,688,666표를 획득하고 4,526,541표를 획득한 신민당의 윤보선을 116만표 차로 눌러 재선에 성공하였다.[87] 이 선거에서 승패를 가름한 것은 영남지역 유권자의 투표 행동이었다. 자기 출신지인 영남지역에서 박정희의 득표율이 65.7%였고 윤보선의 득표율과 비교하면 약 2.5배의 압도적인 숫자였다. 제5대 대통령 선거 때보다는 약 20% 득표율을 신장시켰다. 호남지역에서는 윤보선의 득표율이 박정희를 3.7%를 상회하고 있고 충청도에서도 호각의 득표율을 보이고 있었다. 유권자가 가장 많은 경기도에서도 8.8% 차로 윤보선이 박정희의 득표율을 누르고 있었다. 그러나 영남지역에서의 압도적인 참패를 다른 지역에서 만회한다는 것은 불가능한 일이었다. 이 선거 결과에 의해서 박정희 대통령은 민주공화당 내의 발언권이 강화되어 6월 8일에 실시된 제7대 국회의원 총선거에서도 강력한 지도력을 발휘하여 대승리를 거둘 수 있었다.

대도시권의 득표율은 박정희 50.6%, 윤보선 45.5%로서 박정희의 득표율이 5.1% 상회하였다. 더욱이 도시 지역의 득표율과 비교해 보면 박정희 55.2%, 윤보선 39.6%로서 15.6%나 박정희의 득표가 상회하여 압도적으로 우세하였다. 다른 한편 군 지역에서는 박정희 50.8%, 윤보선 40.1%로서 박정희가 10.7% 상회하고 도시 지역과 군 지역 공히 박정희가 우세한 선거전을 벌이고 있었다는 것을 알 수 있다. 따라서 제6대 대통령 선거에서는 여촌야대 현상은 발견할 수 없다. 권위주의 정권 시대에는 여촌야대 현상이 표출되었고 민주화 이후에는 지역주의라고 하는 해석이 일반적이었다. 그러나 이와 같은 이원론적인 해석은 근거가 없다. 영남지역과 호남지역의 유권자의 투표 행동에 주목한다면 제6대 대통령 선거 때의 현상은 지역주의의 맹아라고 평가하는 편이 타당성을 갖고 있다고 생각한다.

1969년 10월 국민투표에 의하여 3선에의 길을 열어 놓은 박정희 정권은 차기 대통령 선거의 기일을 1971년 4월 27일로 결정하였다. 제7대 국회의원 선거를 향해서 여당은 선거 태세를 구축하기 위해서 활동을 개시하였다. 박정희 대통령은 강경파와 온건파로 분열되어 대립한 당내의 인사를 일신하여 내각 개조를 실시하고 선거 태세를 가다듬었다.[88] 한편 야당인 신민당은 국회의원이었던 당시 44세의 김대중을 대통령 선거 후보로 선출하였다. 신민당이 40대의 후보자를 옹립한 것은 여당인 공화당에 충격을 주어 공화당의 선거 태세에 커다란 영향을 미쳤다.

제7대 대통령 선거의 최대 쟁점은 여·야당 간의 국가 안전 보장 정책이 다르다는 데 있었다. 김대중은 향토예비군의 폐지와 미·소·일·중 4대국의 공동합의에 의한 한반도의 전쟁 억제 보장책 추진을 표명하고 남북한의 인도적·문화적 교류를 추진하자고 주장하였다. 이 같은 김대중의 주장은 국민의 관심을 모았으나 여당 공화당은 국가의 안전 보장을 위협한다고 하여 이를 통렬히 비판하였다.

제7대 대통령 선거는 7명의 후보자가 입후보하였으나 두 사람이 야당 세력 결집이라고 하는 명목으로 입후보를 사퇴하고 5인의 후보자가 싸우는 구도가 되었다. 그러나 사실상으로는 박정희와 김대중의 선거전이었다고 할 수 있다. 이 선거에서 여당인 공화당은 방대한 당 조직의 지지를 받으며 북한의 도발에 대응하는 국가 안전 보장 그리고 정국의 안정, 계속적인 경제 발전을 내걸고 선거전에 임했다. 다른 한편 야당인 신민당은 박 정권의 장기 집권과 부패의 방지, 향토예비군의 폐지, 대중 경제정책의 확립, 중앙

〈표2-6〉 제7대 대통령 선거에서의 지역별 득표율

(단위 : %)

선거	후보자	지 역						도시화			전국
		경기	충청	호남	영남	강원	제주	대도시	도시	군	
제7대 1071년	박정희	43.6	54.8	34.8	71.2	59.9	56.9	44.0	51.9	57.7	51.1
	김대중	55.3	43.1	62 3	27.9	38.8	41.8	55.4	46.7	40.3	43.5

(출처) 〈표2-2〉와 같음

정보부의 폐지, 대통령의 3선 금지 등을 주장하여 공화당에 대항하였다.[89] 그러나 선거 결과는 박정희의 3선을 신임하는 형태로 끝났다.

〈표2-6〉은 제7대 대통령 선거의 지역별 득표율을 정리한 것이다. 박정희는 6,342,828표를 획득하여 김대중에게 94만 표 이상 앞서는 득표로 승리하였다.[90] 박정희의 득표는 충청도, 경상도, 강원도, 제주도에서는 김대중의 득표를 상회하였으나 경기도, 전라도에서는 김대중에 크게 미치지 못하였다. 박정희는 경상도에서는 압도적인 강세를 보여 김대중보다 약 3.1배를 득표하였다. 그러나 경상도를 제외한 지역의 득표수의 합계는 김대중이 55만 표나 박정희의 득표를 상회하였다. 따라서 박정희는 경상도의 대량 득표가 없었다면 당선될 수 없었던 것이다. 특히 이것은 박정희가 지역 갈등을 자극하는 선거운동을 전개한 결과였으니, 그것이 박정희의 당선과 직결된 것이다. 또한 호남에서는 김대중이 62.3%의 득표율을 보여 박정희를 27.5%나 상회하여 출신 지역에서의 압도적인 강세를 보여주었다. 한편 영남지역에서는 박정희가 김대중에게 43.3%라는 큰 차이를 보이며 승리하고 있다.

이상의 분석으로 보았을 때 제7대 대통령의 지역별 득표율을 검토함에 있어서 지역주의가 표출되었다고 보아도 무방하다. 그러나 이것이 전부는 아니다. 대도시권에서는 박정희가 44.0%였으나 이에 비해 김대중은 55.4%의 득표율을 올렸다. 한편 시골인 군 지역에서는 박정희가 57.7%의 득표를 보인데 반해 김대중의 득표는 40.3%에 불과하여 17.4%의 격차를 보였다. 이러한 사실에 의거하여 제7대 대통령 선거에서는 여촌야도 현상이 여전히 나타나고 있다고 할 수 있다. 요컨대 제7대 대통령 선거에서는 지역주의와 여촌야대의 이중 현상이 나왔다고 할 수 있는 것이다.

권위주의 정권에서는 여촌야도 현상을 관찰할 수 있다고 하지만 제7대 대통령 선거까지의 대통령 선거 결과를 검토해 보면 명확한 형태로 여촌야도의 현상을 보인 것은 제5대 대통령 선거, 제7대 대통령 선거에 지나지 않았다고 할 수 있다. 제7대 대통령 선거 결과의 해석 차이로 인한 문제이지만 여촌야도 현상을 더 중시하는 견해와 지역주의 현상을 더 중시하는 견해가 대립된다. 권위주의 정권 시대에 특징적인 현상은 여촌야도 현상이었고 지역주의는 확인될 수 없다고 일반적으로 해석되고 있으나 〈표2-2〉~〈표2-6〉에 정리한 대통령 선거의 선거 결과를 검토해 보면 제6대 대통령 선거에서 지역주의의 맹아가 나타나고 제7대 대통령 선거에서는 지역주의가 나타났다는 견해가 성립될 수 있는 것이다.

　지역주의와 관련하여 제7대 대통령 선거에 있어서는 호남지역의 대표였던 김대중이 62.3% 득표를 하고 박정희가 영남지역에서 71.2%를 득표하고 있다는 것은 주목할 만한 사실이라 할 것이다. 이에 대해 제7대 대통령 선거 결과 지역적인 편차는 존재하였으나 지역주의라고 할 수 있을 정도로 강한 경향을 나타낸 것은 아니고 그것보다도 선거의 쟁점이 무엇이냐 또는 입후보자 자신의 개별적인 요인이 무엇이냐 하는 문제에서 발생한 것이라는 의견도 있다.[91] 이와 같은 견해는 지역주의 정권 시대에 지역주의가 존재하지 않았다는 전제하에서 지역적 편차의 원인을 찾아보는 것이 되려 본질을 잘못 보는 위험이 있다고 생각된다. 60%내지 70%의 득표율은 매우 높은 득표율이었다고 생각되며 확실히 지역주의와 관련된 현상으로 파악되어야 할 것이다.

　제8대에서부터 제11대 대통령 선거까지는 통일주체국민회의에 의한 간접선거의 형식으로 실시되었다. 그리고 제12대 대통령 선거는 대통령 선거인단에 의한 간접선거였다. 따라서 국민에 의한 직접선거가 부활한 것은 민주화 이후인 1987년 12월 16일에 실시된 제13대 대통령 선거부터였다.

제2절 제13대~제15대 대통령 선거와 지역주의의 형태

1. 제13대 대통령 선거와 지역주의

민주화 이후의 유권자 투표 행동의 특징은 지역주의였다. 지역주의란 특정 지역을 배타적인 지지기반으로 한 정당이 당해 지역 출신자에게 표를 몰아주는 구도를 말한다. 제13대 대통령 선거는 민주화 이후인 1987년 12월 16일에 실시되어 노태우가 8,282,738표를 획득하여 당선되었다.[92] 득표율은 노태우가 36.6%, 김영삼이 28.0%, 김대중이 27.0%, 김종필이 8.0%였다.

〈표2-7〉은 제13대 대통령 선거에서의 후보자별·지역별 득표율을 정리한 것이다. 제13대 대통령 선거에서 정부 여당계의 노태우는 출신 기반인

〈표2-7〉 제13대 대통령 선거에서의 지역별 득표율

(단위 : %)

선거	후보자	지역														
		전체	서울	부산	대구	인천	광주	경기	강원	충북	충남	전북	전남	경북	경남	제주
제13대	노태우	36.6	30.0	32.1	70.7	39.4	4.8	41.4	59.3	46.9	26.2	14.1	8.2	66.4	41.2	49.8
	김영삼	28.0	29.1	56.0	24.3	30.0	0.5	27.5	26.1	28.2	16.1	1.5	1.2	28.2	51.3	26.8
	김대중	27.0	32.6	9.1	2.6	21.3	94.4	22.3	8.8	11.0	12.4	83.5	90.3	2.4	4.5	18.6
	김종필	8.0	8.2	2.6	2.1	9.2	0.2	8.5	5.4	13.5	45.0	0.8	0.3	2.6	2.7	4.5

(출처) 『제13대 대통령 선거 총람』, 중앙선거관리위원회편
중앙선거관리위원회 홈페이지(http://www.nec.go.kr)

대구광역시, 경상북도에서 70.7%, 66.4%의 득표율을 보이고 있고 김영삼은 각각 24.3%, 28.2%의 득표율을 보였다. 따라서 노태우는 차점 당선자인 김영삼보다 2~3배의 득표를 한 것이다. 또 부산 출신인 김영삼은 부산광역시, 경상남도에서 56.0%와 51.3%의 득표를 하고 노태우는 32.1%. 41.2%를 획득하여 김영삼과 득표율에서 10~20%의 격차를 보이고 있다. 이들 지역에서 김대중과 김종필의 득표율은 모두 3% 미만이며 김대중이 부산광역시와 경상남도에서 각각 9.1%, 4.5%의 득표율을 보인 것이 약간 눈에 띄는 정도이다. 김대중이 이 두 권역에서 득표율이 약간 높은 것은 도시 지역에 거주하는 사람들이 진보적인 성향을 가졌기 때문으로 생각된다. 또한 김종필은 자기 지반인 충청도에서 착실히 표를 얻었다.

한편 광주광역시, 전라북도, 전라남도에서의 각 후보자의 득표율을 검토해 보면 김대중의 득표율은 광주광역시, 전라북도, 전라남도에서 각각 94.4%, 83.5%, 90.3%이라는 극단적으로 높은 득표율을 보였다. 이때 노태우의 득표율은 광주광역시, 전라북도, 전라남도에서 각각 4.8%, 14.1%, 8.2%, 김영삼의 득표율은 각각 0.5%, 1.5%, 1.2%, 김종필의 득표율은 각각 0.2%, 0.8%, 0.3%였다. 호남지역에 관한 한 노태우, 김영삼, 김종필의 3인의 득표율은 비교할 수 없을 정도로 저조한 결과였다. 득표율의 격차가 최대인 광주광역시의 경우 김대중의 득표율은 노태우의 득표율의 약 19.7배, 김영삼의 득표율의 약 189배, 김종필의 득표율의 약 472배라는 결과를 보여주고 있다. 호남지역 가운데 격차가 가장 낮은 전라북도의 경우에도 김대중의 득표율은 노태우의 투표율의 약 5.9배, 김영삼의 득표율보다 약 55.7배, 김종필의 득표율보다 약 104.4배라는 결과를 보이고 있어 전라북도에서도 극단의 지지 편차를 보이고 있다. 제13대 대통령 선거에서 지역주의가 표출된 것을 관찰할 수 있는 것이다.

2. 제14대 대통령 선거와 지역주의

제14대 대통령 선거는 1992년 12월 18일에 실시되었고 민주당의 김영삼이 유효투표수의 42.0%에 상당하는 9,977,332표를 얻어 승리하였다.[93] 대항마인 김대중은 800만 표가 넘는 지지를 얻었으나 190만 표 남짓한 격차로 패배하였다. 득표율은 김영삼이 42.0%, 김대중이 33.8%, 정주영이 16.3%였다.

〈표2-8〉은 제14대 대통령 선거에서의 후보자별, 지역별 득표율을 정리한 것이다. 김영삼으로서는 노태우의 유산을 계승하는 구도가 형성됨으로써 비 호남지역 연합이라고 할 수 있는 민주자유당의 결성이 승패를 갈랐다. 권위주의 정권 시대의 냄새를 풍겨 온 노태우의 후계자로 대통령 선거에 나선 것은 민주화의 상징인 김영삼의 이미지 전환을 의미하였다. 혁신세력의 지지가 이반할 위험이 있었으나 김대중에게 대항하기 위한 전략으로는 최선의 선택이었다.

〈표2-8〉 제14대 대통령 선거에서의 지역별 득표율

(단위 : %)

선거	후보자	지역															
		전체	서울	부산	대구	인천	광주	대전	경기	강원	충북	충남	전북	전남	경북	경남	제주
제14대	김영삼	42.0	36.4	73.3	59.6	37.3	2.1	35.2	36.3	41.5	38.3	36.9	5.7	4.2	64.7	72.3	40.0
	김대중	33.8	37.7	12.5	7.8	31.7	95.8	28.7	32.0	15.5	26.0	28.5	89.1	92.2	9.6	9.2	32.9
	정주영	16.3	18.0	6.3	19.4	21.4	1.2	23.3	23.1	34.1	23.9	25.2	3.2	2.1	15.7	11.5	16.1

(출처) 『제14대 대통령 선거 총람』, 중앙선거관리위원회편
중앙선거관리위원회 홈페이지(http://www.nec.go.kr)

선거 결과는 지역주의의 격화를 초래하였다. 김대중의 광주광역시, 전라북도, 전라남도에서의 득표율은 각기 95.8%, 89.1%, 92.2%였고 앞서 제13대 대통령 선거 때에 획득한 득표율보다도 각기 1.4%, 5.5%, 1.9% 상승하는 결과가 되었다. 이때 이들 지역에서의 김영삼의 득표율은 각기 2.1%, 5.7%, 4.2%, 정주영의 득표율은 1.2%, 3.2%, 2.1%였고 두 후보 공히 전라도에서 단 몇 %를 득표하는 데 불과하였다. 김대중의 광주광역시에서의 득표율은 김영삼의 약 45.6배, 정주영의 약 79.8배였다.

김대중이 전회인 제13대 대통령 선거에서 득표한 것과 비교할 때 광주광역시, 전라북도, 전라남도에서의 득표율은 1.4%, 5.6%, 1.9% 상승하고 있다. 선거는 횟수를 거듭할수록 약간의 득표의 신장을 기대할 수 있는 경향이 일반적이지만 제14대 대통령 선거에 있어서도 똑같은 효과가 나타나고 있다고 생각된다. 또한 제13대 대통령 선거에서 유력한 후보였던 노태우에게 투표했던 유권자들이 부동표로 변하여 김영삼과 정주영에게 흘러간 것으로 해석할 수도 있다.

한편 영남 정당의 지지를 받았던 김영삼은 대구광역시, 부산광역시, 경상북도, 경상남도에서 각기 59.6%, 73.3%, 64.7%, 72.3%라는 매우 높은 득표율을 보였다. 김대중의 득표율은 대구광역시, 부산광역시, 경상북도, 경상남도에서 각각 7.8%, 12.5%, 9.6%, 9.2%에 지나지 않았고 김영삼의 득표율과의 격차는 지역에 따라 각각 51.8%, 60.8%, 55.1%, 63.1%로 나타났다. 영남지역 가운데에서도 대구광역시, 경상북도에서의 김대중의 득표율은 다른 영남지역의 득표율보다 저조한 결과를 보이고 있는데 현대 재벌의 회장인 정주영이 출마하면서 일부 표가 정주영에게로 흘러갔기 때문으로 생각된다. 이상의 선거 결과를 평가하여 지역주의가 강화되었다고 일반적으로 설명하여 왔다.

3. 제15대 대통령 선거와 지역주의

제15대 대통령 선거는 1997년 12월 17일에 실시되어 김대중, 이회창, 이인제 3인이 실질적으로 경쟁한 선거였고 총 투표율은 역대 최저인 80.7%였다. 김대중이 유효투표 총수의 40.3%에 해당하는 10,326,275표를 얻어 당선되었다. 상대 후보의 득표율은 이회창이 38.7%, 이인제가 19.2%라는 결과로 끝났고 김대중과 이회창의 득표율 차는 1.6%에 불과한 접전이었다.

〈표2-9〉는 제15대 대통령 선거에서의 후보자별, 지역별 득표율을 정리한 것이다. 광주광역시, 전라북도, 전라남도에서의 김대중의 득표율은 각각 97.3%, 92.3%, 94.6%에 달하여 제13대 대통령 선거와 제14대 대통령 선거를 상회하는 기적적인 득표율을 과시하였다. 이 지역에서의 이회창의 득표율은 각각 1.7%, 4.5%, 3.2%, 이인제의 득표율은 0.7%, 2.1%, 1.4%였다.

〈표2-9〉 제15대 대통령 선거에서의 지역별 득표율

(단위 : %)

선거	후보자	지역																
		전체	서울	부산	대구	인천	광주	대전	울산	경기	강원	충북	충남	전북	전남	경북	경남	제주
제15대	김대중	40.3	44.9	15.3	12.5	38.5	97.3	45.0	15.4	39.3	23.8	37.4	48.3	92.3	94.6	13.7	11.0	40.6
	이회창	38.7	40.9	53.3	72.7	36.4	1.7	29.2	51.4	35.5	43.2	30.8	23.5	4.5	3.2	61.9	55.1	36.6
	이인제	19.2	12.8	29.8	13.1	23.0	0.7	24.1	26.7	23.6	30.9	29.4	26.1	2.1	1.4	21.8	31.3	20.5

(출처) 『제15대 대통령 선거 총람』, 중앙선거관리위원회편
중앙선거관리위원회 홈페이지(http://www.nec.go.kr)

호남지역에서의 김대중과 이회창의 득표율을 비교하면 광주광역시, 전라북도, 전라남도 지역에서 각각 57.2배, 20.5배, 29.6배나 득표한 것으로 계산된다. 이인제의 득표율과 김대중의 득표율을 비교하면 그 격차는 더욱더 확대된다. 즉 호남지역에서는 제13대 대통령 선거와 제14대 대통령 선거에 이어 극단적인 지역주의가 나타나고 있다고 분석할 수 있다.

한편 김대중의 득표율은 부산광역시, 대구광역시, 울산광역시, 경상북도, 경상남도에서 각각 15.3%, 12.5%, 15.4%, 13.7%, 11.0%였다. 이 지역에서의 이회창의 득표율은 53.3%, 72.7%, 51.4%, 61.9%, 55.1%였으며 이인제의 득표율은 29.8%, 13.1%, 26.7%, 21.8%, 31.3%였다. 영남 정당의 지지를받은 이회창은 영남지역에서 순조롭게 득표하였다. 한편 김대중도 영남지역에서 각 지역마다 10%를 넘는 득표를 한 것은 주목할만한 일이었다. 이회창의 득표율과 비교할 때 3.5~6배의 격차가 있지만 호남지역에서의 김대중과 이회창의 득표율의 격차와 비교하면 현격한 차이가 나는 것이다. 이회창의 득표율과 김대중의 득표율 격차는 부산광역시, 대구광역시, 울산광역시, 경상북도, 경상남도에서 각각 3.5배, 약 5.8배, 약 3.3배, 약4.5배, 약 5.0배나 되었다. 그러나 호남지역에서의 김대중과 이회창의 득표율 격차는 20~60배에 달한다.

다시 말해 이것은 지역주의만으로 모든 것이 설명되는 것은 아니다. 호남지역에서 김대중에게 표가 압도적으로 집중된 것은 영남지역에서의 이회창의 득표 편중과는 성질이 달랐다고 생각하지 않을 수 없다. 즉 김대중은 민주화 상징으로서의 카리스마가 있어 지역주의를 초월한 신화, 즉 김대중 신화를 형성하고 있었던 점이 작용하고 있는 것이다.

이상의 사실은 제13대~제15대 대통령 선거에서의 지역주의의 표출을 명확히 보여준 것이며 또 지역주의가 계속되고 있다는 것을 시사하는 것이다. 제13대 대통령 선거에서 충청 정당의 지지를 기반으로 출마한 김종필을 대신하는 인물이 없었기 때문에 제14대 대통령 선거에서 충청도 지역의 표는 부동표가 되고 말았다. 호남지역에서는 지역주의가 강화되었고 영남지역에서는 후보자의 개별적인 요인이 작용하여 지역주의는 현상 유지로 멈춘 것이 아닌가 짐작된다.

제3절 제16대 대통령 선거와 지역주의의 형태

제16대 대통령 선거는 투표 종료 직후 예상 결과가 발표되었으나 개표율이 90%를 넘기기 전까지도 실제 당선자를 알 수 없을 정도의 대접전이었다. 최종적으로 노무현이 57만 표라는 근소한 차이로 이회창을 누르고 당선되었다. 이로써 3김 시대는 끝나고 새 시대를 맞이하게 되었다.[94]

투표율은 제15대 대통령 선거의 80.6%보다 크게 하락하여 70.8%가 되었다. 이는 민주화 이후의 대통령 선거 투표율이 일관되게 저하되어 온 연장선상에 있는 것이었다. 투표율이 대폭 저하한 이유로서 첫째, 정치에 대한 무관심층이 증가한 것을 들 수 있다. 민주당과 한나라당을 불문하고 정치가들의 부정부패가 점차 표면화됨으로써 정치에 대한 불신이 깊어지고 정치에 대한 기대와 관심을 갖지 않게 되었다는 사실을 지적할 수 있다. 둘째, 투표일 전일 돌연히 정몽준이 노무현에 대한 지지를 철회함으로써 많은 부동표가 기권표로 변한 것을 들 수 있다.[95] 셋째, 과거의 대통령 선거 때보다 상대적으로 지역 지반이 공고하지 못한 후보자들이 나왔다는 것을 지적할 수 있다.

더욱이 제16대 대통령 선거에서는 노무현을 지지하는 젊은층이 인터넷을 통한 투표 독려에 고무되어 투표소로 나간 것이 승패를 좌우하였다. 다른 자극이 없었다면 투표소에 나가지 않았을 많은 젊은이들이 인터넷에서 전개된 투표 참여 운동에 호응하여 투표소에 나간 것이 승패를 결정하였던 것이다.

〈표2-10〉은 제16대 대통령 선거의 결과이다. 지역별로 득표율이 어떻게 달랐는가를 살펴보면 제16대 대통령 선거에서는 이회창이 민주당의 지반인 호남지역에서 전혀 득표하지 못하였으나 노무현은 한나라당의 지반인 영남지역에서 선전하였다. 지역주의는 여전히 잔존하고 있었으나 이전처럼 극단적인 격차는 나타나지 않았다는 평가가 가능하다.

제16대 대통령 선거의 지역별 투표 결과와 제15대 대통령 선거의 지역별 투표 결과를 비교해 보면 상이점이 있다는 것을 알 수 있다. 첫째, 한나라당의 지반인 영남지역에서 호남 정당(전에는 국민회의, 금번에는 민주당)을 주된 지지 기반으로 하는 후보자의 득표율이 제15대 대통령 선거 때는 경상북도, 경상남도, 부산광역시, 대구광역시에서 각각 13.7%, 11.0%, 15.3%,

〈표2-10〉 제16대 대통령 선거에서의 지역별 득표율

(단위 : %)

선거	후보자	지역															
		전체	서울	부산	대구	인천	광주	대전	울산	경기	강원	충북	충남	전북	전남	경북	경남	제주
제16대	노무현	48.9	51.3	29.9	18.7	49.8	95.2	55.1	35.3	50.7	41.5	50.4	52.2	91.6	93.4	21.7	27.1	56.1
	이회창	46.6	45.0	66.7	77.8	44.6	3.6	39.8	52.9	44.2	52.5	42.9	41.2	6.2	4.6	73.5	67.5	39.9

(출처) 『제16대 대통령 선거 총탐』, 중앙선거관리위원회편
중앙선거관리위원회 홈페이지(http://www.nec.go.kr)

12.5%였는데 반하여 제16대 대통령 선거에서는 21.7%, 27.1%, 29.9%, 18.7%로 대부분 20%를 넘고 있다는 사실을 지적할 수 있다. 둘째, 충청도 지역을 지반으로 하는 충청 정당인 자민련이 중립을 선언하였기 때문에 충청도 지역의 표가 부동표화하였다. 충청도 유권자의 표가 부동표화하였다는 사실에 주목하여 지역주의의 구도가 붕괴되었다고 지적하거나 약화되었다고 하는 지적도 나타났다.[96]

그러나 호남지역에서는 제15대 대통령 선거에서와 같이 호남 정당인 민주당의 노무현이 압승하였다. 제15대 대통령 선거에서는 전라북도, 전라남도, 광주광역시에서 각각 92.3%, 94.6%, 97.3%였던 데 반하여 제16대 대통령 선거에서는 91.6%, 93.4%, 95.2%의 득표율을 보여 모든 지역에서 90%를 넘는 득표율을 보이고 있다. 1~2%의 득표율 감소는 있었으나 이 약간의 감소를 가지고 지역주의가 약화되었다고 할 수는 없다. 득표율의 저하와 후보자 김대중의 카리스마에 기인한 결과라 보아야 할 것이다.

한편 영남 정당인 한나라당의 이회창은 영남지역에서 제15대 대통령 선거 때 획득한 득표율보다도 제16대 대통령 선거에서 좀더 높은 득표율을 보이고 있다. 〈표2-9〉와 〈표2-10〉을 참조하면 부산광역시에서는 53.3%가 66.7%로 13.4%나 증가하였고, 대구광역시에서는 72.7%가 77.8%로 5.1% 증가하였고, 경상북도에서는 61.9%가 73.5%로 11.6%나 증가하였으며 경상남도에서는 55.1%가 67.2%로 12.1%나 증가한 것을 알 수 있다. 다음 호남지역에서의 이회창의 득표율을 보면 전회의 대통령 선거에서 전라북도, 전라남도, 광주광역시에서 각각 4.5%, 3.2%, 1.7%였던 데 비하여 이번에는 약간 증가하여 6.2%, 4.6%, 3.6%의 득표율을 보이고 있다. 그러나 호남지역에서의 이회창의 득표율이 증가한 것을 지역주의의 변용이라 평가해서는 안 되고 1~2%는 오차 범위의 문제로서 상대 후보가 김대중이냐 노무현이냐 하는 후보자 자체에 기인하는 요인이라 파악하여야 할 것이다. 영남지역에서 이회창 후보의 표가 증가한 것은 앞서 대통령 선거에서 패배한 지역 대표로서의 이회창에 대한 기대 심리와 이번에야말로 당선시키고 싶다는 동정표가 이러한 결과를 낳은 것이라 생각된다. 이상의 검토를 통해 지역주의가 여전히 계속되고 있다고 파악하여야 할 것이며, 결코 지역주의가 변용된 것으로 볼 것이 아니다. 지역주의를 논구함에 있어 우리가 특별히 주목하는 것은 호남지역 사람들의 투표 행동에서 현상적으로 드러나는 특수성 부분이므로 영남지역이나 충청도 지역의 득표율의 편재화는 제2차적인 문제이다. 따라서 호남지역의 투표 행동에 특별히 주목한다는 것이 그들에게 지역주의의 정치적인 책임을 묻는 것이 되어서는 안 된다는 점을 또한 염두에 두어야 한다.

　실제 선거전에 있어서도 노무현은 선거 전략상 지역주의의 해소를 전면에 내세워서 투쟁해야 했다. 호남지역의 투표 행동에 있어서는 큰 변화가 없을 것이라고 예상했기 때문에 영남지역에서 어느 정도 표를 얻느냐에 승패의 열쇠가 달려 있었다. 민주당이 경상남도 출신의 노무현을 후보자로 선택한 이유도 영남지역 유권자의 지지 획득에 있었다. 승패를 가르는 것은 상대방 지반에서 어느 정도의 표를 얻는가, 그리고 부동표가 많은 수도권과 충청도에서 어느 정도의 표를 획득하는가에 달려 있었다. 즉 호남 정당인 민주당 후보자였던 노무현은 경상남도 출신이므로 경남지역에서의 득표는 어느 정도 예상했던 터라 주전장인 수도권에서 부동표를 어느 정도 획득하는가가 승패를 가르는 중요한 요소였다. 부동표에 관해서는 젊은층의 동향이 결정적인 요인이었다. 이회창은 3김三金 시대의 인물이 아니었으나 세대적으로는 3김과 같은 세대의 정치인으로 인식되어 젊은층의 지지를 받기에는 어려운 면이 있었다. 즉 젊은층에게 이회창은 구 정치인의 그림자를 드리우고 있는 인물로 보였던 것이다. 한편 노무현은 인권변호사라는 지명도가 있었고 또 국회에서 전두환의 부정을 들추어냈다는 영웅적 이미지가 국민의 잠재의식 속에 남아 만일 노무현이 대통령이 된다면 한국 정치는 바뀔 수 있다는 기대감을 주고 있었다. 이러한 기대감이 국민의 잠재의식, 특히 젊은 층의 잠재의식 속에 남아 있어 부동표 획득의 한 요인이 되었던 것이다.

이처럼 지역주의와 더불어 제16대 대통령 선거에 있어서 중요한 역할을 한 것은 젊은층의 인터넷을 활용한 독자적 활동이었다.

〈표2-11〉은 MBC와 코리아 리서치가 유권자 7만 명을 대상으로 실시한 출구 조사 결과에서 연령대별 득표율을 정리한 것이다. 〈표2-11〉을 참조하면 20대와 30대에서의 노무현의 득표율은 이회창의 득표율과 비교하면 약 25%의 큰 차를 보이고 있는 것을 알 수 있다. 40대에서는 양 후보의 득표율이 막상막하인데 50대에 가면 큰 차로 역전되고 있다. 60세 이상이 되면 그 차가 확대되어 약 1.8배에 달하고 있다. 그 결과로 알 수 있는 것은 노무현은 20대와 30대라는 비교적 젊은 유권자층으로부터 두터운 지지를 받았고,

〈표2-11〉 제16대 대통령 선거에서의 연령별 득표율 추계

(단위 : %)

	20대	30대	40대	50대	60세 이상
노무현	50.9	59.3	48.1	40.1	34.9
이회창	34.9	34.2	47.9	57.9	63.5

(출처) 小林英夫,「韓國의 大統領選擧와 政治變容」,『아시아太平洋討究』 제5호, 2003, 29~31쪽

이회창은 50대 이상의 장년층과 노년층의 폭넓은 지지를 받았다는 것을 알수 있다. 또한 동 조사에 따르면 대학 졸업 이상의 학력을 가진 유권자는 노무현을 지지하고 이회창은 50세 이상의 장년·노년층이 지지하는 경향을 보이고 있다는 결과가 나왔다.[97] 이 사실은 한국인의 정치 행동에 가장큰 영향을 준 것이 교육 수준과 연령이란 분석과 일치하는 것이다.[98] 한국에서는 교육 수준이 높고 연령이 낮을수록 민주적 경향이 강하고 반대로교육 수준이 낮고 연령이 높으면 민주적 성향이 낮아지는 것으로 알려지고있다. 이 같은 한국인의 성향이 권위주의 시대의 여촌야도 현상을 낳은 원인이 되었으며 제16대 대통령 선거에 있어서도 그것이 표출되었다고 말할수 있다. 따라서 노무현은 이회창보다도 민주적인 경향을 가진 후보라고국민들은 인식하고 있었던 것이 된다.

〈표2-12〉~〈표2-14〉는 한국 갤럽사가 선거 전에 실시한 여론조사의 결과다. 출신 지역에 따라 어떤 연령층이 어떤 후보를 지지하고 있는가를 나타

〈표2-12〉 영남 · 호남 이외의 지역의 연령별 지지율

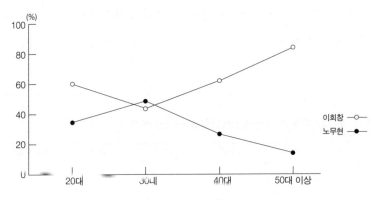

(출처) 『제16대 대통령 선거 투표 형태』, 한국갤럽, 2003, 300~301쪽

내고 있다. 영호남 이외의 지역 출신자에서는 〈표2-11〉에서 표시한 결과와 거의 똑같은 경향을 보여주고 있다. 그러나 호남지역 출신자에 있어서는 20대의 비율이 약간 높지만 모든 연령층이 노무현 후보에 대해 매우 높은

〈표2-13〉 호남지역의 연령별 지지율

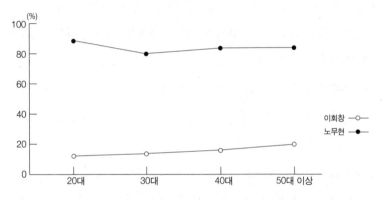

(출처) 『제16대 대통령 선거 투표 형태』, 한국갤럽, 2003, 300~301쪽

〈표2-14〉 영남지역의 연령별 지지율

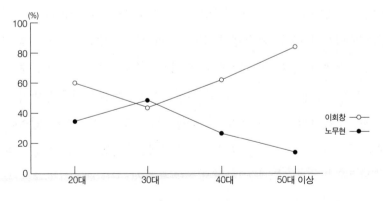

(출처) 『제16대 대통령 선거 투표 형태』, 한국갤럽, 2003, 300~301쪽

지지를 보이고 있다. 이 사실은 노무현의 출신지가 영남지역이기는 하지만 그가 호남지역 지반 정당의 후보라는 점에서 지역주의의 연장선상에 놓인 결과를 나타내고 있으며 호남지역의 특징을 명확히 보여주고 있다. 재미있는 일은 영남지역 출신자의 연령별 변화이다. 30대에서 노무현 후보와 이회창 후보의 지지율이 역전 현상을 일으키고 있는 것이다. 이 현상은 이 책이 지적하고자 하는 견해와 모순되는 것같이 보일지 모른다. 그러나 역전 현상에 관해서는 합리적인 설명이 가능하다. 1987년에 민주화를 달성하여 정변에 의하지 않고 정권이 교체된 때에 18세였던 청년은 제16대 대통령 선거 때 33세가 된다. 민주화 투쟁이라는 일종의 시민혁명을 겪은 연령층이다. 그들이 민주주의적이며 진보적이란 관념에 민감하게 반응하는 것은 당연한 결과라 할 수 있다.

결론적으로 제16대 대통령 선거에 있어서의 지역주의의 본질은 제13대 ~제15대 대통령 선거 때와 같이 변화하지 않았다. 물론 선행연구의 입장이라면 지역주의 변용이 일어났다고 파악할 수 있겠다. 그러나 지역주의의 표출은 정치적 작위로 인해 나타난 것이며 그 본질은 역사·문화적으로 양성되어 온 호남지역 사람들의 저항성이라는 심리에서 우러나온 것이지 지역주의의 변용이라고는 단정할 수 없다. 또한 제16대 대통령 선거의 특징으로서 인터넷이 선거 결과에 중대한 영향을 주었다는 것은 인정할 수 있다. 인터넷에 의한 사이버 공간의 형성에는 초고속 통신망 환경 정비가 중요한 전제조건이지만 기반 정비는 김대중 정권 시대에 이미 되어 있었다. 김대중 정권은 산업화 사회로부터 정보화 사회로의 전환을 목적으로 하여 정보 인프라의 확충, 정보통신산업의 전략적 육성, 정보 내용화의 촉진 등의 정책을 실시하여 IT 선진국의 기반을 구축하였다. 정치 주도의 인프라 정비와 동시에 한국이 IT 선진국으로 변모한 배경으로는 IMF 경제위기로 인해 대기업으로부터 유출된 우수 인재가 IT 벤처 기업을 창업하고 정부가 적극적으로 지원한 것이 중요한 요인이라고 지적할 수 있다.

최근까지 한국에서는 조·중·동(조선일보·중앙일보·동아일보)이라는 보수 성향의 신문들이 여론을 대표해 왔다. 좌익 세력은 조·중·동 등 대신문이 독재정권과 유착관계를 맺어 성장하여 왔다고 하여 수구언론이라 규정하고 논조가 편파적이라고 반발을 해 왔다. 수구언론에 대항하는 진보 세력은 일반시민의 모금으로 운영하는 한겨레신문이나 인터넷 언론을 창간하여 이들 보수 성향 신문에 대항하였다.[99] 그리고 인터넷 기반 정비의 진전으로 인터넷 인구가 급격하게 증가한 결과 제16대 대통령 선거에서 노무현 진영이 인터넷을 유용하게 활용하여 승리한 것이다. 역으로 말하면 이회창 진영은 인터넷을 과소평가하여 패배한 것이라 하여도 과언이 아니다. 그러므로 인터넷이란 요소 없이는 노무현의 당선은 불가능했던 것이다.

상징적인 사례를 든다면 투표일 오후 3시경 출구조사에서 노무현이 열세라는 정보가 노무현 진영에 알려지자 젊은층은 전자 메일로 다른 젊은층에게 투표하라고 호소하였다. 이 투표 호소가 성공하여 노무현이 역전승한 것으로 알려지고 있다.[100] 이 추측을 뒷받침하는 사실로서 한국의 유력 여론조사기관인 한국 갤럽의 당선자 예상이 어긋난 사실을 들 수 있다. 제13대부터 제15대까지 대통령 선거의 예상에 한 번도 틀린 일이 없었는데, 제16대 대통령 당선자 예측이 틀린 것이다. 한국 갤럽은 예상이 틀린 것을 사죄하고 조사를 오후 2시 30분에 종료한 것이 한 원인이라 분석하였다. 조사 종료 후 특정 후보자를 지지하는 계층이 인터넷이나 휴대전화를 사용하여 투표를 널리 권고한 사실을 정보에 반영하여 처리하지 못해 잘못된 예

측을 내놓게 된 것이라 보고하고 있는 것이다.[101]

대통령 선거에서 가장 크게 활약한 것은 노사모(노무현을 사랑하는 모임)라는 애칭의 자발적인 후원 단체였다. 노사모는 2000년 4월의 국회의원 선거 때 노무현이 낙선한 것을 계기로 생긴 단체였다. 상대 후보에 패전한 노무현을 지지하기 위하여 한 유지가 인터넷을 이용하여 팬클럽을 결성한 것이다. 노사모가 주목을 끈 것은 민주당의 대통령 후보 지명선거에서 이인제를 제치고 노무현이 대통령 후보로 선출될 때부터였다. 이때 노사모는 인터넷을 이용하여 일반 국민이 참가하는 국민선거인단에 많은 선거인을 보내게 하여 노무현이 예선에서 승리하는 데 크게 공헌하였다. 그리고 또 노무현을 지지하는 지원 네트워크로서 노하우(노무현 개인 홈페이지), 100만 서포터즈 사업단(민주당 공식 사이트)을 들 수 있다.[102]

인터넷 선거의 확대와 지역주의의 관련을 보면 인터넷의 보급에 의한 지역 대립이 가상공간에서 증폭된다는 예측도 있었으나, 실제로는 세대 간의 의견 상이가 현저히 나타난 것이다. 그 결과 인터넷의 보급에 의해 기존의 지역주의가 희석되는 대신 세대 간 격차가 확대되었다는 견해가 주류를 이루었다. 인터넷의 보급과 확대에 따라 정치 행동의 형태는 변화하였으나 지역주의가 본질적으로 변화하였다고 보는 것은 제16대 대통령 선거의 결과 분석만으로 단언하기 어려운 것이다.

제4절 제17대 대통령 선거와 지역주의의 형태

제17대 대통령 선거에서는 여야 공히 단일 후보자를 내는 데 실패하여 후보자 10명이 난립하는 상태가 되었다. 이는 역대 최대라 할 수 있는 난립 상태였으나 실제로는 1강 2중의 선거 구도였다. 보수진영·진보진영 쌍방이 단일후보를 내지 못한 이유는 양 진영 내의 각 세력이 다음 해 제18대 국회의원 총선거에 독자적인 지반과 세력을 확보하려고 했기 때문이다.

김대중과 노무현 정권이라는 2대에 걸친 진보 세력 정권 하에서 오히려 빈부의 격차가 확대되고 비정규직 고용이 증대하고 대학 졸업생이 취직난에 허덕이고 부동산 가격이 급등하는 등 사회경제 문제가 산적하여 국민들은 진보 정권의 경제 정책에 실망하게 되었다. 따라서 신 정권이 경기 회복이나 경제 활성화를 이루어 줄 것이라는 기대가 이명박 지지로 기울어진 주된 원인으로 추정되었다. 이명박은 선거전에서 현대건설 경영자 시절과 서울시장 시절에 갖가지 경제 프로젝트를 성공시킨 실적을 내세웠다. 선거 공약으로는 대한민국 747 정책을 내걸고 연 7%의 경제성장으로 5년 임기 동안에 300만 명을 고용하겠다고 공약하였고, 10년 이내에 1인당 국민소득 4만 불 시대를 실현하고, 10년 안에 세계 제7위의 경제 규모를 달성한다고 큰소리를 쳤다.

한편, 당시 여당계의 정동영 후보는 한반도 평화경제공동체 구상을 중점 선거공약으로 내걸고 민주·평화·개혁 세력의 결집을 호소하였다. 그러나 10월에 노무현과 김정일의 제2차 남북수뇌회담이 개최되었음에도 불구하고 북풍은 불지 않았다. 즉 과거 10년간에 걸친 대북 유화 정책으로 북한과 교류·협력한 것이 국민으로서는 특별한 의미를 갖지 않은데다가 북한의 핵 포기를 전제로 한 남북 교류·협력의 확대가 필요하다는 이명박의 주장과 차별화하는 데 실패하고 말았다. 이에 반해 대북한 강경파인 이회창과의 중간점에 이명박이 자리 잡는 데 성공하였다. 또한 유화파인 정동영은 이명박에 대한 네거티브 캠페인 중심의 선거전으로 일관하다가 이명박에 대한 명백한 쟁점 설정에 실패하였던 것이다.

선거전은 시종 이명박 우위의 상황에서 진행되었다. 투표일 일주일 전에 공표된 각종 여론조사 결과에서도 이명박이 압도적으로 우세하다는 것이 나타났다.[103] 이 시점에서 선거의 승패는 이미 결정된 것이나 마찬가지 상태가 되었다. 관심의 초점은 이명박이 과연 득표율 50%를 넘기느냐 아니냐, 그리고 정동영과 이회창이 얼마나 득표할 것인가, 이명박의 지역 간 득표율은 어떻게 될 것인가 하는 문제로 옮겨 가고 있었다. 그러나 이명박은 BBK 사건으로 인해 반대편으로부터의 네거티브 캠페인을 받아 그 밖의 여러 부정 의혹들과 함께 국회의 결의로 특검에 회부되었다.[104] 선거전 종반에 일어난 이러한 특별 사태가 선거 결과에 어떤 영향을 줄 것인지 이목이 집중되었다. 결국 특검은 이명박에게 면죄부를 안겨주는 것으로 결론 나고, 선거는 이명박의 압도적 승리로 막을 내렸다. 10년 만에 다시 여야의 정권 교체가 이루어진 것이다. 경제 재건을 바라던 국민의 소망이 만들어 낸 결과였다. 제17대 대통령 선거에는 몇 가지 주목할 만한 특징을 지적할 수 있다.

첫째, 투표율 저하를 들 수 있다. 총 유권자 수는 37,653,518명이었으나 총 투표자 수는 23,732,854명이었다.[105] 투표율이 63.0%로 역대 대통령 선거 중 가장 저조한 기록이었다. 투표율의 저하는 한국에 무당파층이 늘고 있다는 사실과 밀접한 관련이 있다고 분석되었다.

둘째, 과거 그 어느 선거 때보다도 많은 후보자가 난립한 선거였다. 보수·진보 양 진영에서 후보를 모두 냈을 뿐 아니라 보수·진보도 아닌 후보들이 다수 나와 전체 후보자가 10명이나 되었다.

〈표2-15〉 제17대 대통령 선거에서의 연령별 득표 추계

(단위 : %)

	20대	30대	40대	50대	60대 이상
이명박	28.1	29.0	40.3	43.8	41.5
정동영	30.4	31.9	28.0	32.0	30.7
이회창	16.4	14.9	11.7	10.2	11.3

(출처) TNS코리아가 12월 19일 오전6시~오후6시 전국 323개 투표소에서 실시한 출구 조사

셋째, 이명박과 차점 후보와의 득표차가 민주화 이래 가장 큰 격차를 보였다. 그 득표 차는 5,317,708(22.6%)로서 이렇게 큰 차로 당선된 때가 없었다.[106]

넷째, 이번 선거가 20년에 한 번 치러지는 특수한 선거였다는 점이다.

다섯째, 앞서의 선거에서는 세대 간 격차가 심했으나 이번에는 이명박이 대체로 전체 세대에 지지를 받아 당선되었다.

〈표2-15〉는 TNS 코리아가 실시한 출구 조사의 결과를 분석한 연령대별 득표율이다. 이명박은 20대에서 28.1%, 30대에서 29.0%의 지지를 얻었고 정동영은 20대에서 30.4%, 30대에서 31.9%의 지지를 얻었으나 이명박과 정동영의 득표율 차는 20대에서 2.3%, 30대에서 2.9%에 지나지 않았다. 제16대 대통령 선거 때의 20대, 30대의 극단적인 투표 행동은 찾아볼 수 없었던 것이다. 40대 이상이 되면 이명박과 정동영의 득표율의 격차가 10% 정도이고 나이가 높을수록 보수적 경향을 가진다는 일반적 경향과 합치하는 것이어서 이명박의 승리는 예견된 결과였다고 할 수 있다

여섯째, 지역주의의 표출 현상을 지적할 수 있다. 즉 역대 대통령 선거와 같이 호남지역에서 여당계인 정동영 후보에게 표가 집중되었다. 그러나 약

<표2-16> 제17대 대통령 선거에서의 지역별 득표율

(단위 : %)

선거	후보자	지역																
		전체	서울	부산	대구	인천	광주	대전	울산	경기	강원	충북	충남	전북	전남	경북	경남	제주
제17대	이명박	48.7	53.2	57.9	69.4	49.2	8.6	36.3	54.0	51.9	52.0	41.6	34.0	9.0	9.2	72.6	55.0	38.7
	정동영	26.1	24.5	13.5	6.0	23.8	79.8	23.6	13.6	23.6	18.9	23.8	21.1	81.6	78.7	6.8	12.4	32.7
	이회창	15.1	11.8	19.7	18.1	15.2	3.4	28.9	17.5	13.4	17.6	23.4	33.3	3.6	3.6	13.7	21.5	15.0

(출처) 『제17대 대통령 선거 총람』, 중앙선거관리위원회편
중앙선거관리위원회 홈페이지(http://www.nec.go.kr)

간의 지역주의의 변용이 보이기 때문에 제17대 대통령 선거에서 지역주의는 어떤 변용을 하였는가를 검토할 필요가 있다.

〈표2-16〉은 제17대 대통령 선거에서의 각 후보의 주요 지역별 득표율이다. 이번 선거에서 한나라당의 본래 지반인 영남지역에서 이명박의 득표율은 경상북도, 경상남도, 부산광역시, 대구광역시, 울산광역시에서 각각 72.6%, 55.0%, 57.9%, 69.4%, 54.0%였다. 본래는 한나라당이었으나 무소속으로 출마한 이회창의 이 지역에서의 득표율은 각각 13.7%, 21.5%, 19.7%, 18.1%, 17.5%였다. 제16대 대통령 선거 당시 이 지역에서 이회창의 득표율은 각각 73.5%, 67.5%, 66.7%, 77.8%, 52.9%였다. 이상에서 범 보수계의 득표율을 합산하여 보면 경상북도, 경상남도, 부산광역시, 대구광역시, 울산광역시에서 각각 86.3%, 76.5%, 77.6%, 87.5%, 71.5%라는 결과가 되므로 제17대 대통령 선거에서 보수계 득표율이 확대된 것을 알 수 있다. 득표율의 확대는 노무현 정권 및 여당 진보 세력이 행한 경제 정책에 대한 유권자의 불만을 나타낸 것이라 할 수 있다. 이회창의 경우는 충청도 지역의 득표에 기대하고 있었기 때문에 충청북도, 충청남도, 대전광역시에서 각각

23.4%, 33.3%, 28.9%의 득표율을 올렸다는 것은 이회창으로서는 순조롭게 득표한 것으로 평가되고 정동영과는 호각지세를 이루거나 10% 이상의 차를 냈던 것을 알 수 있다.

호남 정당의 후보자인 정동영의 경우는 전라북도, 전라남도, 광주광역시에서 득표율이 각각 81.6%, 78.7%, 79.8%였다. 한편 이 지역에서 이명박의 득표율은 각각 9.0%, 9.2 %, 8.6%였다. 이 득표율에 이회창의 이 지역에서의 득표율 3.6%, 3.6%, 3.4%를 더하면 12%~13%라는 득표율 수치가 나온다. 김대중과 노무현 때 90%가 넘었던 득표율과 비교하면 지역주의의 약화라 평가할 수도 있다. 그러나 김대중이 획득한 90% 이상이라는 득표율 자체가 이상한 것이었으니 80%라는 득표율도 매우 높은 득표율이다. 이명박이 호남지역에서 10% 가까운 득표율을 올릴 수 있었던 것은 국민의 경제 문제에 대한 기대감의 표출이었지 지역주의와는 별개 요인이라고 생각된다. 이 선거에 있어서 대구광역시를 유일한 예외로 한다면 특정 지역에서 60% 이상을 득표한 것은 호남지역에서의 정동영밖에 없었다.

따라서 이 사실을 합리적으로 분석하는 것이 중요하다. 이 사실로부터 현상적으로 지역주의의 성향을 보여주는 대표적인 지역이 호남지역이라는 데는 이의가 없을 것이다. 다만 호남지역 유권자의 투표 행동의 특수성을 띠게 된 원인을 심층 분석해 보는 것을 간과해서는 안 된다.

제3장
국회의원 총선거와
지역주의

역대 대통령 선거와 국회의원 선거의 결과를 분석하면 지역주의가 유권자의 정책 판단에 따라 작동하고 있는 것이 아니라 역사적으로 형성된 지역 간의 뿌리 깊은 대립에 의해 발동하는 것으로 파악되는 것이다. 즉 지역주의는 한국의 역사와 전통을 떠나서 제대로 파악할 수 없다고 생각할 수 있는 것이다.

제3장 국회의원 총선거와 지역주의

1945년에 일제의 식민지 지배에서 해방된 이후 2010년까지 한국에서는 18회에 걸쳐 국회의원 선거를 실시하였다. 지역주의와의 관련에서 살펴볼 때 권위주의 정권 시대는 여촌야도의 현상, 민주화 이후로는 지역주의 현상이 특징이었다고 지적하는 것이 일반적인 분석이다.

이 장에서는 1948년 5월 10일에 실시된 제1대 국회의원 선거로부터 2008년 4월 9일에 실시된 제18대 국회의원 총선거까지 모두 18회의 국회의원 선거를 시계열적으로 살펴봄으로써 여촌야도의 현상과 지역주의 현상이 어떤 형태로 나타나고 표출되었는가를 검토해 보기로 한다.

제1절 권위주의 정권 시대의 국회의원 총선거

1. 제1대 국회의원 총선거와 지역주의

제1대 국회의원 총선거는 1948년 5월 10일에 유엔임시한국위원회의 감시 하에 좌익계 여러 세력과 김구와 김규식 등의 민족주의자들이 선거에 불참하는 가운데 치러졌다. 유권자의 95% 이상이 투표에 참여하여 198명의 국회의원을 선출하였다. 국회의원의 정수가 200명이었으나 제주도의 두 선거구가 치안상의 문제로 1949년 5월 10에 선거를 실시하게 되어 198명의 국회의원을 선출한 것이다.[107] 최종적인 국회 구성은 무소속이 85석(의석 점유율: 42.5%), 대한독립촉성국민회가 55석(의석 점유율: 27.5%), 한국민주당이 29석(의석 점유율: 14.5%), 대동청년단이 12석(의석 점유율: 6.0%), 조선민족청년단이 6석(의석 점유율: 3.0%), 대한독립촉성농민총동맹이 2석(의석 점유율: 1.0%), 대한노동총연맹(의석 점유율: 0.5%), 조선민주당이 1석(의석 점유율: 0.5%), 기타 9석(의석 점유율: 4.5%)이었다. 한편 득표율은 무소속이 38.1%, 대한독립촉성국민회가 24.6%, 한국민주당이 12.7%, 대동청년단이 9.1%, 조선민족청년단이 2.1%, 대한노동총연맹 1.5%, 대한독립촉성농민총동맹이 0.7%, 조선민주당과 기타가 11.2%였다.[108]

　제1대 국회의원 총선거에서는 정당보다도 무소속 의원의 진출이 현저한 것이 특징이었다. 한국 국민으로서는 민주적인 선거가 처음 경험하는 일이어서 정당에 관한 지식이 없었고 엄밀한 의미에서 정당이라고 하는 것도 존재하지 않아 정당 정치 자체가 성립하고 있었다고 할 수 없는 상태였다. 그래서 무소속 입후보자가 난립하였고 정당이 아니라 개인에게 투표하는 경향이 강해 무소속 후보의 당선이 다수를 점했던 것이다. 따라서 제1대 국회의원 선거의 결과를 두고 지역주의의 문제를 검토하는 것은 적절하지 않다 할 것이다.

2. 제2대 국회의원 총선거와 지역주의

제2대 국회의원 총선거는 유엔 감시 하의 선거였으나 한국 정부가 주도하는 것으로는 처음으로 치러진 선거였다. 제1대 국회는 제헌국회였기 때문에 제1대 국회의원의 임기는 1950년 5월 31까지였다. 제2대 국회의원 총선거는 전회의 선거에 불참했던 진영까지 참가하였기 때문에 후보자가 더욱 난립하여 모두 2,209명이 입후보함으로써 경쟁률은 10.5 대 1이라고 하는, 역대 총선 중 가장 격렬한 선거를 치렀다.

선거 결과는 무소속이 127석(의석 점유율: 60.5%), 대한국민당 24석(의석 점유율: 11.4%), 민주국민당이 23석(의석 점유율: 11.0%), 국민회가 12석(의석 점유율: 5.7%), 대한청년단이 10석(의석 점유율: 4.8%), 일민구락부가 4석(의석 점유율: 1.9%), 대한노동총연맹이 2석(의석 점유율: 1.0%), 조선민주당이 2석(의석 점유율: 1.0%), 사회당 2석(의석 점유율: 1.0%), 대한부인회가 1석(의석 점유율: 0.5%), 애국단체연합회가 1석(의석 점유율: 0.5%), 중앙불교위원회(의석 점유율: 0.5%), 민족자주연맹이 1석(의석 점유율: 0.5%) 등이었다.

총선거의 결과는 총의석 210석 중 127석을 무소속 의원이 차지하여 여당계는 대한국민당, 국민회, 대한청년단, 일민구락부, 대한노동총연맹, 조선민주당, 대한부인회, 애국단체연합회, 중앙불교위원회의 57석에 지나지 않았으니, 이는 이승만 정권에 대한 국민의 부정적인 의식이 표출된 결과다. 한편 득표율은 무소속이 62.9%, 대한국민당이 9.7%, 민주국민당이 9.7%, 국민회가 6.9%, 대한청년단이 3.3%, 대한노동총연맹이 1.7%, 사회당이 1.3%, 일민구락부가 1.0%, 기타가 3.6%였다. 무소속 의원의 정치적 성격으로 말하면 모두가 반 이승만 세력이라 해도 상관이 없다. 그래서 선거 후

이승만은 정권 운용에 애를 먹게 된다. 그러나 제2대 국회의원 총선거에서
는 무소속이 과반수 이상을 점하고 있기 때문에 그 결과를 두고 지역주의
를 검토하기에는 적절하지 않다.

3. 제3대 국회의원 총선거와 지역주의

1950년 6월 25일 새벽, 돌연 북한군이 공격을 개시하여 6·25전쟁이 시작
되었다. 그러나 1953년 7월 27일에 유엔군 대표와 북한군 대표가 휴전협정
에 정식 조인함으로써 양군의 전투는 정지되었다. 6·25전쟁의 휴전 후인
1954년 5월 20일에 제3대 국회의원 총선거가 실시되었다. 이 총선거에서는
매수, 야당 후보의 등록 방해, 선거 운동 방해, 야당 지지자에 대한 투표 방
해, 유령투표, 대리투표, 투표함과 투표용지 바꿔치기 등 수단·방법을 가
리지 않는 부정선거가 횡행하였다.[109]

선거 결과는 총의석수 203석 중 자유당 114석(의석 점유율: 56.2%), 무소속
67석(의석 점유율: 33.4%), 민주국민당 15석(의석 점유율: 7.4%) 등이었다.

〈표3-1〉은 제3대 국회의원 총선거에서의 지역별 득표율을 정리한 것이

〈표3-1〉 제3대 국회의원 총선거에서의 지역별 득표율

(단위 : %)

선거	정당	지역						도시화			전국
		경기	충청	호남	영남	강원	제주	대도시	도시	군	
제3대 1954년	자유당	37.9	42.4	29.0	36.5	55.5	30.4	—	—	—	36.8
	민국당	7.7	3.2	14.2	7.2			—	—	—	7.9

(주) 민국당은 민주국민당을 의미
(출처) 大西裕, 「地域主義와 그 行方」, 『(新版)比較·選擧 政治』, 미네르바書房, 2004,
184쪽을 참고하여 필자 작성

다. 득표율은 자유당 36.8%, 민주국민당 7.9%였고 자유당이 민주국민당의 득표율보다 28.9%나 상회하고 있어 자유당이 압승한 선거였다. 지역별 득표율을 검토하면 경기도에서 자유당 37.9%, 민주국민당 7.7%, 충청도에서는 자유당 42.4%, 민주국민당 3.2%, 호남지역에서는 자유당 29.0%, 민주국민당 14.2%, 영남지역에서는 자유당 36.5%, 민주국민당 7.2%이어서 전국적으로 자유당이 국민의 지지를 얻은 것을 알 수 있다. 그러나 전국적으로 자유당과 민주국민당의 득표율 격차는 약 30% 전후인데 반해 호남지역만은 14.8%의 득표율 격차밖에 없다는 것이 특징적이며 호남지역이 다른 지역과 다른 투표 행위를 취할 경향을 내재하고 있다는 것을 알 수 있다.

4. 제4대 국회의원 총선거와 지역주의

여촌야도 현상이 표출되는 것은 제4대 국회의원 총선거부터였다고 통상 이해되고 있다. 1956년에 실시된 제3대 대통령 선거에서 이승만은 대통령에 당선되었으나 야당 세력에게 부대통령 자리를 내주어 이승만 정권은 이 상황을 전환하기 위한 헌법 개정을 시도하였다. 헌법 개정에 필요한 3분의

〈표3-2〉 제4대 국회의원 총선거에서의 지역별 득표율

(단위 : %)

선거	정당	지역						도시화			전국
		경기	충청	호남	영남	강원	제주	대도시	도시	군	
제4대 1958년	자유당	36.1	47.9	44.4	41.5	47.1	30.3	23.5	33.0	46.9	42.5
	민주당	43.9	35.6	33.8	30.9	16.1	16.6	57.3	44.9	28.2	41.9

(출처) 이갑윤, 『한국의 선거와 지역주의』, 오름, 1998, 31쪽을 참고하여 필자 작성

2 의석수 확보를 강제로 실행하기 위하여 제4대 국회의원 총선거에서는 부정선거와 야당 후보에 대한 선거 방해가 횡행하였다.

〈표3-2〉는 1958년 5월 2일에 실시된 제4대 국회의원 총선거에서의 지역별 득표율을 정리한 것이다. 제4대 국회의원 총선거에서는 자유당의 득표율은 42.5%, 민주당이 41.9%이어서 정당 간의 득표율 차는 0.6%에 지나지 않았다. 따라서 제4대 국회의원 총선거에서는 자유당과 민주당 간의 국민의 지지는 거의 동일하다고 해야 할 것이다. 그러나 각 정당의 획득 의석수는 자유당이 126석(의석 점유율: 54.1%)인데 비해 민주당이 76석(의석 점유율: 33.9%)에 불과하여 50석이나 격차를 보여 자유당이 득표율보다 획득 의석이 많은 것을 알 수 있다.

정권 유지를 위한 이승만의 야심 때문에 야당을 탄압하고 부정선거를 자행하였기 때문에 제4대 국회의원 총선거에서 공정한 선거가 보증되었다고 할 수 없고 민의가 제대로 반영되었다고 할 수 없었다. 그러나 제1공화국에서 실시된 국회의원 선거 중에서 제4대 국회의원 선거는 여당인 자유당과 야당인 민주당 간의 의원석 비율과 득표 비율의 격차가 가장 적었던 선거였다. 1954년 11월 29일에 공포된 사사오입 개헌을 계기로 민주국민당이 무소속과 합류하여 1955년 9월에 민주당을 결성하고 야당 진영이 독재적인 이승만 정권에 저항하는 통합된 대항축을 형성하였던 것이 득표율 격차가 최소한으로 줄어든 이유가 되었다.

지역별 득표율을 검토해 보면 경기도에서의 자유당 득표율이 36.1%, 민주당의 득표율이 43.9%이어서 야당인 민주당이 여당인 자유당을 7.8%나 상회하였다. 그러나 경기도를 제외한 기타 모든 지역에서는 자유당의 득표율이 민주당의 득표율을 10.6~31.0% 이상 상회하고 있다. 최대의 격차를 보인 곳은 강원도였다. 31.0%의 득표율을 보인 자유당이 민주당을 2배나 압도하고 있다. 제주도도 정당 간 투표율의 격차가 크고 자유당은 민주당의 약 1.5배의 표를 얻고 있다. 농촌 지역은 일반적으로 보수적인 투표 행동을 취하는 경향이 있기 때문에 그 결과가 타당하다고 평가할 수 있을 것이다.

호남지역의 득표율은 자유당 44.4%, 민주당 33.8%로서 자유당의 득표율이 10.6%나 상회하고 있다. 영남지역의 득표율도 자유당이 41.5%, 민주당이 30.9%로서 호남지역과 같이 자유당의 득표율이 10.6%나 웃돌고 있다. 따라서 지역주의에 관해서는 호남지역이나 영남지역이나 둘 다 근사한 투표 경향을 보여 전혀 지역 편중 경향을 발견할 수 없다. 그러나 대도시권과 지방(地域)의 득표율을 비교해 보면 뚜렷하게 다른 특징을 보여주고 있다. 대도시권에서는 자유당의 득표율이 23.5%, 민주당이 57.3%이어서 압도적으로 민주당이 우세하였으나 지방(군 지역)에서는 자유당의 득표율이 46.9%, 민주당의 득표율이 28.2%이어서 대도시와는 정반대의 결과를 보이고 있다. 대도시권보다 농촌 지역이 일반적으로 보수적인 경향을 보이는 것으로 알려지고 있는데 제4대 국회의원 총선거에서는 그런 점에서 상식적인 결과를 보이고 있는 것이다. 즉 여촌야도의 현상이 명확한 형태로 드러나고 있는 것이다.

5. 제5대 국회의원 총선거와 지역주의

1960년 4·19혁명 이후 제2공화국 헌법이 공포되어 의회 제도도 의원내 각제, 이원제 국회로 바뀌었다. 1960년 7월 29일 제5대 국회의원(민의원 의

〈표3-3〉 제5대 국회의원 총선거에서의 지역별 득표율

(단위 : %)

선거	정당	지역						도시화			전국
		경기	충청	호남	영남	강원	제주	대도시	도시	군	
제5대 1960년	민주당	46.5	40.1	45.3	40.2	34.1	13.7	60.7	54.8	36.5	41.9

(출처) 〈표3-2〉와 같음

원) 총선거와 제1대 참의원 의원 선거가 동시에 실시되었다. 이 선거는 이 승만의 자유당 정권이 붕괴된 후 신정권의 틀을 결정하는 선거였기 때문에 국내외의 관심이 집중되었다. 유권자의 관심이 높았던 것은 전국 평균 투표율이 82.6%였다는 것에 잘 나타나 있었다. 하원인 민의원에 1,562명, 상원인 참의원에 1,776명이 입후보하여 민의원이 약 6.5 대 1, 참의원이 약 3.5 대 1의 경쟁률을 보였다.[110]

〈표3-3〉은 제5대 국회의원 총선거에서의 지역별 득표율을 정리한 것이다. 제5대 국회의원 총선거는 1960년 4월 19에 일어난 4·19혁명과 제3차 헌법 개정(1960년 6월 15일)으로 인하여 제4대 국회의원의 임기가 단축되어 제5대 국회의원 총선거가 1960년 7월 29일에 실시되었다. 이승만 정권 시대에 야당이었던 민주당이 175석(의석 점유율: 75.1%)을 차지하여 압도적인 승리를 거두었으나 4·19혁명 이전에 여당이었던 자유당은 겨우 두 석을 차지하여 거의 소멸하게 되었다. 제5대 국회의원 총선거에서의 정당별 의석 획득 수는 제1공화국 당시에 야당이었던 민주당이 175석, 사회대중당이 4석, 자유당이 2석, 한국사회당이 1석, 통일당이 1석, 기타 단체가 1석이었고 나머지 49석이 무소속이었다. 특징적인 것은 무소속이 49석(의석 점유율: 21.1%)을 획득하였으나 득표율로는 46.8%를 점유하여 민주당의 득표율

41.7%를 5.1%나 상회하였다는 것이다.[111]

무소속 의원의 다수는 구 이승만 세력들이 자유당 간판으로는 선거에서 이길 수 없으므로 각 선거구에서 무소속으로 출마함으로써 결국 전국적으로 그들의 득표율을 올려 준 것이다. 이 때문에 전국 집계에서 득표율이 상승한 것이다. 4·19혁명 후에 결성된 많은 혁신계 야당도 선거에 참가하였으나 준비 부족으로 의석수를 늘리지 못했다. 준여당적인 존재였던 민주당과 무소속이 다수의 의석을 차지하고 동시에 혁신정당이 저조했던 이유는 이승만 정권 시대의 독재적인 정치에 저항하는 국민의 소리가 반영되었다고 할 수 없는 것이다. 또한 민주당은 41.7%의 득표율로 총의석의 75% 이상을 획득하고 있어 선거 전략의 승리였다고 평가할 수 있다.

지역별로 보면 제주도를 제외하고 전국 각 지역에서 약 40% 전후의 득표율을 보여 지역주의의 표출 현상은 찾아볼 수 없다. 그러나 대도시권에서의 민주당의 득표율에는 눈에 띄는 경향을 발견할 수 있다. 즉 대도시권의 득표율은 60.7%인데 반하여 지방(군 지역)에서의 득표율은 36.5%였으니 24.2%라는 큰 격차를 보여 민주당은 대도시권에서만 강했다는 것을 알 수 있다. 따라서 준여당적인 입장이었던 민주당이 압승하였다는 것을 가지고 여촌야도의 현상이나 지역주의를 검토의 대상으로 삼기에는 마땅치 않는 것이다.

6. 제6대 국회의원 총선거와 지역주의

'5·16군사혁명'으로 정권을 장악한 박정희는 기존의 정치제도를 바꾼 뒤 1963년 2월 26일에 민주공화당을 결성하여 정당 정치의 가면을 쓴 군사 독재를 시작하였다. 1963년 10월 15일 제5대 대통령 선거가 실시되어 박정희가 당선되었다. 박정희의 당선을 이어받아 제6대 국회의원 선거가 실시되었다. 제6대 국회의원 선거에서 한국 의회 사상 처음으로 실시된 비례대표 선출의원 44명의 선거도 동시에 실시되었다. 선거 결과는 집권 여당인 민주공화당이 110석을 획득하며 크게 승리하였다. 그러나 득표율은 33.5%로서 국민의 지지는 저조하였다.

각 정당이 획득한 의석수는 민주공화당이 지역구 88석, 전국구 22석으로 합계가 110석(의석 점유율: 62.8%), 민정당이 지역구 27석, 전국구 14석, 합계 41석(의석 점유율: 23.4%), 민주당이 지역구 8석, 전국구 5석, 합계 13석(의석 점유율: 7.4%), 민주자유당이 지역구 6석, 전국구 3석, 합계 9석(의석 점유율: 5.1%), 국민의 당은 지역구 2석(의석 점유율: 1.3%)만 당선이 되었을 뿐 전국구의 당선자는 없었다. 각 정당의 득표율은 민주공화당이 33.5%, 민정당이 20.1%, 민주당이 13.6%, 자유민주당이 8.0%, 국민의 당이 8.8%였다. 같은 경향은 1963년 5월 3일에 실시된 대통령 선거에서도 볼 수 있는데 국민의 군사정권에 대한 거부 반응이 그 요인이었다고 생각된다.

〈표3-4〉는 1963년 11월 26일에 실시된 제6대 국회의원 총선거에서의 지역별 득표율을 정리한 것이다. 경기도의 득표율은 민주공화당이 24.7%였

〈표3-4〉 제6대 국회의원 총선거에서의 지역별 득표율

(단위 : %)

선거	정당	지역						도시화				전국
		경기	충청	호남	영남	강원	제주	대도시	도시	시군	군	
제6대 1963년	민주공화당	24.7	32.5	32.6	38.7	31.7	41.7	27.0	33.8	35.1	34.6	33.5
	민정당	24.6	20.8	20.1	16.8	13.0	3.0	28.6	27.6	15.5	18.0	19.4

(출처) 〈표3-2〉와 같음

으나 민정당도 24.6%를 획득하여 0.1%의 근소한 차를 보였다. 그러나 기타 지역에서는 정당 간의 득표율의 차이가 11.7~38.7%였고 특히 제주도에서는 38.7%라고 하는 큰 차이를 보였다. 요컨대 여당인 민주공화당은 전국적으로 폭넓은 지지를 얻고 있는 것을 확인할 수 있다. 경기도에서 득표율이 야당과 비교하여 큰 격차가 생기지 않은 이유는 경기도는 수도 서울을 둘러싼 곳으로 군사쿠데타가 일어난 현장이었기 때문에 군사정권에 부정적인 경향이 표출된 결과였다고 생각된다. 기타 지역에서 민주공화당의 지지는 북한의 위협에 대항하기 위한 강국에의 길을 국민이 선택한 결과라고 할 수 있다.

또 호남지역에서 민주공화당의 득표율은 32.6%, 민정당의 득표율은 20.1%로서 민주공화당이 득표율로는 12.5% 차이로 더 많은 지지를 받고 있다. 한편 영남지역 득표율은 민주공화당 38.7%, 민정당 16.8%로 민주공화당이 21.9%를 상회하고 있다. 요컨대 호남지역과 영남지역 간에는 민주공화당 지지가 폭넓게 확대된 양상을 볼 수 있고 지역주의 현상이 나타나고 있지 않다는 것을 확인할 수 있다.

대도시권의 득표율은 민주공화당이 27.0%, 민정당이 28.6%로서 민정당의 득표율이 1.6% 상회하고 있다. 도시 지역의 득표율로서는 대도시권에서는 역전 현상이 나타나고 있는데 민주공화당이 33.8%, 민정당이 27.6%로서 민주공화당이 6.2% 상회하고 있다. 한편 군 지역의 득표율에서는 민주공화당이 34.6%, 민정당이 18.0%로서 민주공화당이 16.6%를 상회하여 압도적으로 강화된 사실을 알 수 있다. 시군의 득표율에 있어서도 민주공화당이 35.1%, 민정당이 15.5%로서 민주공화당이 19.6%나 상회하여 시군 지역에 있어서도 압도적인 강세에 변화가 없다. 즉 대도시권에서는 야당인 민정당의 지지가 여당인 민주공화당의 지지를 약간 상회하고 있으나 기타 지역에서는 민주공화당이 국민의 지지를 폭넓게 받고 있다는 것을 알 수 있다. 따라서 여촌야도 현상이 표출되고 있다고 생각할 수 있는 것이다.

7. 제7대 국회의원 총선거와 지역주의

제7대 국회의원 총선거의 선거 결과는 제6대 국회의원 총선거와 같이 집권 여당의 민주공화당이 대승리를 거두었다. 민주공화당은 129석을 차지하고 야당인 신민당은 45석을 차지하는 데 불과하였다. 그런데 이때 득표율은 민주공화당이 50.6%였던데 반하여 신민당은 47.8%를 점하여 2.8%의 격차밖에 나지 않았다. 그 밖에 대중당의 의석은 1석에 그쳐 제3공화국의 특징인 양대 정당제로 수렴되어 가는 경향을 나타내고 있다. 획득 의석은 민주공화당이 지역구 107석, 전국구 27석, 합계 129석(의석 점유율: 73.7%), 신민당 지역구 28석, 전국구 17의석, 합계 45석(의석 점유율: 25.7%), 대중당은 지역구에서만 1석(의석 점유율: 0.6%)을 차지하는 데 그쳤다.

〈표3-5〉는 1967년 6월 8일에 실시된 제7대 국회의원 총선거에서의 지역별 득표율을 정리한 것이다. 호남지역의 득표율은 민주공화당 56.7%, 신민

〈표3-5〉 제7대 국회의원 총선거에서의 지역별 득표율

(단위 : %)

선거	정당	지역						도시화				전국
		경기	충청	호남	영남	강원	제주	대도시	도시	시군	군	
제7대 1967년	민주공화당	43.9	58.1	52.4	50.5	54.2	56.0	36.5	46.7	50.6	55.8	50.6
	신민당	43.3	27.1	29.0	32.2	27.0	21.9	52.1	41.8	29.1	26.8	47.8

(출처) 〈표3-2〉와 같음

당 41.8%로서, 민주공화당이 득표율에서 14.9%를 상회하고 있다. 영남지역의 득표율은 민주공화당 50.5%, 신민당 32.2%로서 민주공화당이 득표율에서 18.3%나 웃돌고 있다. 양 지역 공히 민주공화당이 폭넓은 지지를 받았다는 양상을 볼 수가 있고 지역주의 현상은 두드러지게 표출되지 않았다는 점을 알 수 있다.

대도시권의 득표율은 민주공화당 36.5%, 신민당 52.1%로서 신민당이 민주공화당보다 15.6%나 높은 득표율을 나타내고 있다. 도시 지역의 득표율은 민주공화당 46.7%, 신민당 41.8%로서, 민주공화당이 신민당보다 득표율이 4.9% 상회하고 있다. 한편 지방의 군 지역 및 시군 지역의 득표율은 민주공화당이 각각 55.8%, 50.6%였던 데 반하여 신민당은 각각 26.8%, 29.1%로서 각각 29.0%, 21.5%나 공화당이 우세하다. 민주공화당은 대도시권에서는 약하고 농촌에서는 강하다는 구도를 보여주고 있고, 반대로 신민당은 대도시권에서 강하고 농촌지역에서는 약하다는 구도를 보여주고 있다. 요컨대 제7대 국회의원 총선거에 있어서 지역주의 성향보다 여촌야도의 현상이 명확한 형태로 표출되고 있다는 것을 확인할 수 있다.

8. 제8대 국회의원 총선거와 지역주의

1971년 5월 25일에 제8대 국회의원 총선거가 실시되었으나, 제3공화국의 여당이었던 민주공화당이 제6대 국회의원 총선거, 제7대 국회의원 총선거 때와 같이 의석수를 늘리지 못하고, 야당 신민당과 의석수와 표차는 줄어들었다. 군부 주도의 권위주의적 정권에 대한 국민의 반발이 나타났다고 생각되며 한국인의 사회적 성격인 저항성이 표출되고 있는 것이다.

제8대 국회의원 총선거는 지역구 153석, 전국구 51석 등 합계 204석을 놓고 선거전이 전개되었다. 선거 결과는 민주공화당이 지역구 86석, 전국구 27석, 합계 113석(의석 점유율: 55.4%), 신민당이 지역구 65석, 전국구 24석, 합계 89석(의석 점유율: 43.6%), 국민당은 지역구만 1석(의석 점유율: 0.5%), 민중당도 지역구만 1석(의석 점유율: 0.5%)이었다. 민주공화당의 의석 점유율로 비교해 볼 때 제6대 국회의원 총선거에서는 62.8%, 제7대 국회의원 총선거에서는 73.2%, 제8대 국회의원 총선거에서는 55.4%였다. 제8대 국회의원 총선거에서 여·야당의 의석수 격차가 가장 축소되고 있다는 것을 알 수 있다. 즉 군사혁명 직후에는 박정희 정권에 대한 기대감으로 민주공화당이 폭넓은 지지를 받았으나 제8대 국회의원 총선거에서는 박정희 정권에 대한 국민의 평가가 양극으로 갈라지는 양상을 보였다.

〈표3-6〉은 제8대 국회의원 총선거에서의 각 정당의 지역별 득표율을 정리한 것이다. 정당별 전국 득표율은 여당인 민주공화당이 47.8%인 데 반하여 야당 신민당은 44.4%를 획득하여 양당 간의 득표율 격차는 3.4%까지 축소되었다. 그러나 민주공화당은 경기도에서는 신민당에게 득표율이 7.4% 뒤졌으나 다른 모든 지역에서 신민당에 앞서가고 있었다. 호남지역의 득표율은 민주공화당이 50.4%, 신민당이 44.9%로서 민주공화당이 5.5% 상회하

〈표3-6〉 제8대 국회의원 총선거에서의 지역별 득표율

(단위 : %)

선거	정당	지역						도시화				전국
		경기	충청	호남	영남	강원	제주	대도시	도시	시군	군	
제8대 1971년	민주공화당	44.0	52.5	50.4	48.7	53.4	60.5	39.9	45.4	47.8	53.5	47.8
	신민당	51.4	38.6	44.9	43.0	35.5	34.1	58.0	50.8	43.6	37.5	44.4

(출처) 〈표3-2〉와 같음

고 있다. 영남지역에서는 민주공화당의 득표율이 48.7%인데 반해서 신민당은 43.0%여서 민주공화당이 5.7% 상회하고 있다. 양 지역 모두 같은 투표 행동을 보여 지역주의 현상을 파악할 수 없다.

대도시권의 득표율을 검토해 볼 때 민주공화당의 득표율은 39.9%인데 반해서 신민당의 득표율은 58.0%로서 신민당이 18.1%의 큰 차이로 승리하고 있다. 한국에서는 교육 수준이 높은 청년층에서는 민주적인 경향을 갖는다고 말하고 있으며, 이때 대도시권의 경우는 지방과 비교하여 교육 수준이 높고 민주적인 경향을 띠고 있기 때문에 대도시권에 거주하는 사람들은 박정희 정권에 대한 강한 불만을 표출하였다고 생각할 수 있다. 제8대 국회의원 총선거에서는 민주적 경향을 가진 야당 신민당의 지지율이 대도시권에서 매우 높았는데 이것은 여촌야도 현상의 전형적인 사례라 할 수 있다.

도시 지역에서 격차는 축소되어 5.4%가 되고, 시군 지역에서는 지지율이 역전하여 민주공화당이 4.2% 상회하고, 지방의 군 지역에서의 차는 확대되어 16.0%까지 격차가 벌어졌다. 요컨대 제8대 국회의원 총선거에서는 전형적인 여촌야도 현상을 보여주고 있는 것이다.

9. 제9대 국회의원 총선거와 지역주의

제8대 국회의원 총선거의 결과 충격을 받은 박정희 대통령은 1971년 12월 6일에 국가비상사태를 선언하였다. 그 후 제7차 헌법 개정이 실시되어 유신 체제가 발족하였다. 유신 체제 하에서 처음 실시된 국회의원 선거가 1973년 2월 27일의 제9대 국회의원 총선거였다. 여당인 민주공화당과 야당인 신민당의 득표율의 차이는 겨우 6.2%였으나 의석수 차는 94석으로 큰 격차가 났다. 득표율과 의석수의 괴리 현상이 일어난 이유는 유신헌법이 원인이었다. 국회의원 정족수의 1/3은 대통령이 추천한 명단에 의거하여 통일주체국민회의가 국회의원을 선출한다는 유신헌법 제40조 제1항·제2항 규정에 의거하여 73명이 추천되어 국회의원에 선출되었던 것이 원인이었다.

각 정당이 획득한 의석수는 민주공화당이 추천에 의한 73석을 더하여 146석 (의석 점유율: 66.6%), 신민당은 52석(의석 점유율: 23.7%), 민주통일당은 2석 (의석 점유율: 0.9%), 무소속은 19석(의석 점유율: 8.7%)이었다. 그러나 각 정당들의 득표율은 민주당이 38.7%, 신민당이 32.5%, 통일민주당이 10.2%, 무소속이 8.7%였고 무소속을 포함하여 야당 세력의 득표율의 합계는 61.3%나 되어 박정희 정권의 지지가 급속히 하락하고 있었다는 사실을 확인할 수 있다. 군사 쿠데타에 의해 정권을 장악한 이래 제6대 국회의원 총선거, 제7대 국회의원 총선거에서는 압도적인 국민의 지지를 받았으나 제8대 국회의원 총선거에서는 박정희 정권에 대한 비판이 대두하여 제9대 국회의원 총선에서는 실질상 국민 대다수의 지지를 상실하고 말았다.

〈표3-7〉은 제9대 국회의원 총선거에서의 지역별 각 정당의 득표율을 정

〈표3-7〉 제9대 국회의원 총선거에서의 지역별 득표율

(단위 : %)

선거	정당	지역						도시화				전국
		경기	충청	호남	영남	강원	제주	대도시	도시	시군	군	
제9대 1973년	공화당	37.0	07.0	30.7	36.7	40.9	35.0	34.0	37.3	40.8	37.6	38.7
	신민당	37.0	27.8	23.7	32.2	31.3	8.0	40.8	25.7	26.4	29.4	32.5

(출처) 〈표3-2〉와 같음

리한 것이다. 지역별 득표율을 검토하여 볼 때 큰 표밭이었던 경기도에서는 신민당과 공화당이 호각의 승부를 하고 있다는 것을 알 수 있다. 경기도 이외의 지역에서는 공화당이 집권 여당으로서의 강점을 발휘하여 신민당과 비교할 때 득표율에서 큰 차이를 보이며 앞서고 있다. 지역주의와 관련하여 주목하여야 할 것은 영남지역의 득표율이었다. 영남지역에서의 공화당의 득표율은 36.7%인데 반해서 신민당의 득표율은 32.2%였다. 4.5%의 격차밖에 보이지 않았다. 다른 지역의 격차와 비교해 볼 때 영남지역의 격차가 매우 작다는 것을 알 수가 있다. 영남지역은 박정희의 출신 지반이었음에도 불구하고 득표율의 격차가 작아진 것은 검토의 여지가 있는 과제다. 대도시권의 득표율은 공화당이 34.0%, 신민당이 40.8%였고 신민당의 득표율이 6.8% 상회하였다. 도시 지역에서, 시군 지역에서, 지방(군 지역)에서의 공화당과 신민당의 득표율의 격차를 살펴보면 각각 11.6%, 14.4%, 8.2%가 되고 공화당이 모든 지역에서 우세하다. 이상의 사실로 미루어 제9대 국회의원 총선거에서는 여촌야도 현상이 나타나고 있다고 얘기할 수 있다.

10. 제10대 국회의원 총선거와 지역주의

제10대 국회의원 총선거는 1978년 12월 12일에 실시되었으나 제9대 국회의원 총선거의 선거 결과에서의 이상 경향을 더욱 더 확대하는 것이었다. 즉 공화당의 득표율은 31.7%, 신민당의 득표율은 32.8%로서 신민당의 득표율이 1.1% 차이로 공화당을 웃도는 결과가 되었다. 그러나 통일주체국민회의의 의석을 더한다면 의석수는 반대로 공화당이 84석이나 더 많았다. 제10대 국회의원 총선거에서 각 당의 의석수는 공화당이 145석(의석 점

유율: 62.8%), 신민당이 61석(의석 점유율: 26.4%), 민주통일당이 3석(의석 점유율: 1.3%), 무소속이 22석(의석 점유율: 9.5%)이었다.[111] 공화당은 31.7%의 득표율로 의석 점유율은 62.8%에 상당하는 145의석을 획득함으로써 정당 민주주의의 근간을 흔드는 사태를 초래하였다. 이와 같은 의석수와 득표율의 괴리 현상은 선거제도의 모순에 기인한 것이었고 정당 정치의 붕괴를 조장하는 것이 되었다.[112]

〈표3-8〉은 제10대 국회의원 총선거에서의 각 정당의 지역별 득표율을 정리한 것이다. 제9대 국회의원 총선거에서는 공화당과 신민당이 호각의 승부를 한 경기도에서 공화당의 득표율은 29.8%였으나 신민당은 44.1%의 득표율을 획득하여 신민당이 득표율 14.3%까지 격차를 벌리며 승리하였다. 반면에 호남지역에서는 공화당이 31.7%의 득표율이었는데 신민당의 득표율은 26.0%에 불과하여 5.7%의 격차로 공화당이 승리하였다. 영남지역에서도 공화당의 득표율이 28.8%인데 반하여 신민당의 득표율은 27.8%였다. 건투하기는 하였으나 공화당이 득표율 1.0%의 근소한 차로 승리한 것이다. 두 지역 모두 같은 투표 행동을 취하고 있고 지역주의의 표출은 확인되지 않았다.

〈표3-8〉 제10대 국회의원 총선거에서의 지역별 득표율

(단위 : %)

선거	정당	지역						도시화				전국
		경기	충청	호남	영남	강원	제주	대도시	도시	시군	군	
제10대 1978년	공화당	29.8	38.1	31.7	28.8	37.7	23.4	27.1	26.8	30.1	36.9	31.7
	신민당	44.1	25.8	26.0	27.8	22.9	7.6	47.7	26.7	25.3	26.0	32.8

(출처) 〈표3-2〉와 같음

대도시권의 득표율을 검토해 본다면 공화당의 득표율이 27.1%, 신민당의 득표율이 47.7%로서 20.6%의 격차로 신민당이 승리하고 있다. 도시 지역의 득표율의 괴리는 거의 볼 수 없고 호각의 경쟁이었다고 생각해도 괜찮다. 지방 군 지역의 양당 득표율을 보면 공화당의 득표율은 36.9%, 신민당의 득표율은 26.0%로서 10.9%까지 큰 격차를 내면서 공화당이 승리하고 있다. 요컨대 공화당은 대도시권에서는 약했으나 지방의 군 지역에서는 강하고 신민당은 대도시권에서는 강하나 시골의 군 지역에서는 약했다고 하는 정반대의 경향을 나타내고 있는 것이다. 즉 제10대 국회의원 총선거에 있어서는 여촌야도의 현상이 명확한 형태로 표출되고 있다는 것을 확인할 수 있는 것이다.

11. 제11대 국회의원 총선거와 지역주의

1979년 10월 26일에 박정희 대통령 시해 사건이 일어나 1961년의 군사쿠데타 이후 18년에 걸쳐 계속된 박정희 정권 시대는 막을 내렸다. 박 대통령의 서거에 의하여 헌법의 규정에 따라 국무총리인 최규하가 제10대 대통령으로 취임하였다. 그런데 박 대통령 시해 사건으로부터 약 1개월 반 후인 12월 12일에 사건의 진상 규명을 명목으로 전두환이 숙군 쿠데타를 일으켜 군의 실권을 장악하였다. 숙군 쿠데타의 배경으로서는 유신 체제 말기에 국민의 울적한 불만이 박정희의 서거와 동시에 폭발하여 사회 혼란이 일어났다는 사실을 들 수가 있다. 정부는 계엄령을 선포하여 국내 질서의 유지를 도모하려 하였으나 사회 혼란은 더욱 확대되어 '광주사태'로 발전하였다. 1980년 10월 27일에 신헌법이 제정되고 전두환이 제12대 대통령에 취임하였다. 신헌법의 제정에 의하여 제10대 국회가 해산되고 기존의 정당을 해산하는 것으로써 새로운 정치 환경이 정비되었다. 국회는 전국 92개소의 선거구로부터 각 2명씩 의원을 선출하는 정수 184석의 지역구와 비례대표제로 전국에서 선출된 92석의 전국구로 구성된 일원제 국회였다.

신헌법 하에서 정비된 정치 상황에서 제11대 국회의원 총선거가 1981년 3월 25일에 실시되었다. 12개의 정당이 후보자를 내세우는 경쟁으로 격렬한 선거전이었으나 선거 결과는 민주정의당이 지역구 90석, 전국구 61석, 합계 151석(의석 점유율: 54.7%), 민주한국당이 지역구 57석, 전국구 24석, 합계 81석(의석 점유율: 29.4%), 한국국민당이 지역구 18석, 전국구 7석, 합계 25석(의석 점유율: 9.1%), 민권당은 지역구만 2석(의석 점유율: 0.7%), 민사당도 지역구만 2석(의석 점유율: 0.7%), 신정당도 지역구만 2석(의석 점유율: 0.7%), 민노당도 지역구만 1석(의석 점유율: 0.35%), 안민당도 지역구만 1석(의석 점유율: 0.35%), 무소속도 지역구만 11석(의석 점유율: 4.0%)였다. 선거 결과로 주목할 만한 점은 여당인 민주정의당이 전국 90개 선거구에서 압승하였다는 사실이다. 종래의 일반적인 경향인 여촌야도 현상, 즉 농촌 지역에서는 여당이 강하고 도시 지역에서는 야당이 강하다고 하는 현상이 이때 선거에서는 일변하여

〈표3-9〉 제11대 국회의원 총선거에서의 지역별 득표율

(단위 : %)

선거	정당	지역						도시화				전국
		경기	충청	호남	영남	강원	제주	대도시	도시	시군	군	
제11대 1981년	민정당	35.7	34.4	33.1	34.5	44.8	23.4	33.2	32.7	35.0	38.1	35.6
	민한당	23.3	19.0	21.3	19.0	21.1	18.8	24.3	24.5	18.0	19.4	21.6

(주) 민정당은 민주정의당, 민한당은 민주한국당을 의미
(출처) 〈표3-2〉와 같음

서울을 비롯한 대도시권에서도 농촌 지역과 똑같이 여당이 우위를 점하는 결과가 나타난 것이다.

〈표3-9〉는 제11대 국회의원 총선거에서의 지역별 득표율을 정리한 것이다. 대도시권의 득표율은 민주정의당이 33.2%, 민주한국당이 24.3%로서 민주정의당이 득표율에서 8.9% 상회하고 있다. 도시 지역과 시군 지역 그리고 군 지역의 득표율에서도 민주정의당이 각각 8.2%, 17.0%, 18.7%를 상회했고, 농촌 지역에서는 그 격차가 더욱 늘어나고 있다. 이 경향은 이전의 선거와 같이 대도시권에 서의 득표율에 큰 변화가 표출되었다고 하는 것이 특징이다. 지방별 득표율을 보더라도 민주정의당이 전국적으로 폭넓은 지지를 받고 있다는 것을 이해할 수 있다. 즉 제11대 국회의원 선거에서는 여촌야도의 현상도, 지역주의의 현상도 표출되지 않았던 것이 명백하다.

12. 제12대 국회의원 총선거와 지역주의

제12대 국회의원 총선거는 1985년 2월 12일에 실시되었다. 선거전에서 여당인 민주정의당은 정치적인 혼란을 피하기 위하여 안정적인 정권의 수립이 필요하다는 점을 유권자에게 호소하였고 야당 진영은 대통령 직접선거제도의 도입을 호소하였다. 전국 92개 선거구에서 각 2명씩을 선출하여 지방구 184석과 전국구 92석의 전체 276석을 둘러싼 선거전이었다. 선거결과는 민주정의당이 148석(의석 점유율: 53.6%)을 획득하여 제1당의 자리를 확보하였다. 신한민주당이 67석(의석 점유율: 24.3%)을 획득하여 제2당이 되었고 민주한국당은 35석(의석 점유율: 12.7%), 국민당은 20석(의석 점유율: 7.2%), 무소속 기타가 4석을 각각 획득하였다. 지역구와 전국구의 내역은 민주정의

<표3-10> 제12대 국회의원 총선거에서의 지역별 득표율

(단위 : %)

선거	정당	지역						도시화				전국
		경기	충청	호남	영남	강원	제주	대도시	도시	시군	군	
제12대 1985년	민정당	30.2	45.1	35.9	35.9	46.1	31.6	28.3	29.5	38.6	44.3	35.3
	신민당	38.1	20.5	24.8	25.3	11.1	5.6	39.8	34.9	22.6	15.4	29.3

(주) 민정당은 민주정의당, 신민당은 신한민주당을 의미
(출처) 〈표3-2〉와 같음

당이 지역구 87석, 전국구 61석, 신한민주당이 지역구 50석, 전국구 17석, 민주한국당이 지역구 26석, 전국구 9석, 국민당이 지역구 15석, 전국구 5석, 무소속 기타는지역구에서만 당선됐다.

〈표3-10〉은 제12대 국회의원 총선거에서의 각 정당 지역별 득표율을 정리한 것이다. 대도시권의 득표율은 민주정의당이 28.3%, 신한민주당이 39.8%로서 신한민주당의 득표율이 민주정의당의 득표율을 11.5% 상회하고 있다. 도시 지역에서도 같은 경향을 보여 신한민주당의 득표율이 민주정의당의 득표율을 5.4% 상회하였다. 그러나 시군 지역의 득표율은 민주정의당이 38.6%, 신한민주당이 22.6%로서 민주정의당의 득표율이 신한민주당의 득표율을 16.0%나 웃돌았고, 지방 군 지역의 득표율은 민주정의당이 44.3%, 신한민주당이 15.4%로서 민주정의당의 득표율은 신한민주당의 득표율보다 28.9%나 상회하여 약 3배의 표를 얻고 있다. 이처럼 12대 국회의원 총선거에서는 여촌야도의 현상이 명확히 표출되고 있다고 생각해도 좋다. 지역별 득표율을 검토해 보면 경기도에서는 신한민주당 득표율이 민주정의당 득표율을 7.9% 상회하고 있지만 다른 지역에서는 민주정의당 득표율이 신한민주당의 득표율을 상회하고 있다. 즉 제12대 국회의원 총선거에 있어서는 지역주의의 표출은 나타나지 않았다.

제2절 민주화 이후의 국회의원 총선거와 지역주의

1. 제13대 국회의원 총선거와 지역주의

제12대 국회의원 총선거까지의 국회의원 선거에서 제4대 국회의원 총선거, 제7대 국회의원 총선거, 제8대 국회의원 총선거, 제9대 국회의원 총선거, 제10대 국회의원 총선거, 제12대 국회의원 총선거에서는 명확한 형태로 여촌야도 현상을 관찰할 수 있었다. 그 밖에 제6대 국회의원 총선거의 결과에서는 어느 정도 여촌야도 현상의 표출이라고 판단하는 것이 가능하다. 그 외에 다섯 차례 국회의원 총선거에서는 여촌야도 현상이 확인되지 않는다. 또 호남지역과 영남지역 사이의 지역주의 현상을 확인하는 것은 전혀 가능하지 않다.

권위주의 정권 시대에는 여촌야도 현상이 주된 특징이었지만 1987년 민주화 이후로는 지역주의 표출이 특징이 되었다. 이 절에서는 국회의원 선거 결과 분석을 통해서 민주화 이후의 지역주의 표출에 관해서 검토하고 그 실태를 밝히려 한다. 1987년 민주화 이후에는 1988년 실시된 제13대 국회의원 총선거부터 2008년에 실시된 제18대 국회의원 총선거까지 6회의 국회의원 총선거가 실시되었다.

1987년에 실시된 제12대 국회의원 총선거 때에 야당이었던 신한민주당은 그 이후에 김대중이 주도하는 평화민주당과 김영삼이 주도하는 통일민주당으로 분열되었다. 게다가 김종필이 주도하는 신민주공화당이 새롭게 창당되어, 민주화 이전에는 여·야당의 양대 정당 대립의 구도였지만 이 시기에는 4당이 경합하는 체제로 변화하였다.

이러한 정치 현황 가운데 1988년 4월 26일에 제13대 국회의원 총선거가 실시되었다. 1987년 민주화 운동의 영향을 받아 야당 세력의 신장이 두드러졌던 것이 제13대 국회의원 총선거의 최대 특징이라고 할 수 있다. 제5공화국 당시 여당이었던 민주정의당의 득표율은 34.0%로서, 제11대 국회의원 총선거, 제12대 국회의원 총선거와 비교해서 득표율이 감소하고 있다. 한편 정통파 야당이라고 불렸던 평화민주당과 통일민주당의 득표율은 각각 19.3%, 23.8%를 획득하고 합계에 의하면 여당인 민주정의당을 능가해 42.1%를 획득한 셈이다. 게다가 신민주공화당도 15.6%의 득표율을 보여 국민의 야당권에 대한 기대가 컸던 것을 알 수 있는 선거 결과가 되었다. 요컨대 일당 지배 체제가 붕괴하여 야당권 우세의 정국 구도가 형성됨으로써 의회 정치의 활성화를 기대하게 되었던 것이다.[113]

〈표3-11〉은 제13대 국회의원 총선거에서의 각 정당의 지역별 의석수를 정리한 것이다. 각 정당이 획득한 의석수는 민주정의당이 지역구 87석, 전

〈표3-11〉 제13대 국회의원 총선거에서의 지역별 의석수(지역구)

(단위 : 명)

	수도권			충청도		호남			영남				강원도	제주도	전국
	서울	인천	경기	충북	충남	광주	전북	전남	부산	대구	경북	경남			
민정당	10	6	16	7	2	0	0	0	1	8	17	12	8	0	87
평민당	17	0	1	0	0	5	14	17	0	0	0	0	0	0	54
민주당	10	1	4	0	2	0	0	0	14	0	2	9	3	1	46
공화당	3	0	6	2	13	0	0	0	0	0	2	0	1	0	27
한겨레당	0	0	0	0	0	0	0	1	0	0	0	0	0	0	1
무소속	2	0	1	0	1	0	0	0	0	0	0	1	2	2	9

(주1) 민정당은 민주정의당, 평민당은 평화민주당, 민주당은 통일민주당,
　　　공화당은 신민주공화당, 한겨레당은 한겨레민주당을 의미
(주2) 의석수는 전국구의 의석을 제외한 지역구만의 숫자
(출처) 중앙선거관리위원회 홈페이지(http://www.nec.go.kr)

국구 38석, 합계 125석(의석 점유율: 41.8%), 평화민주당이 지역구 54석, 전국구 16석, 합계 70석(의석 점유율: 23.4%), 통일민주당이 지역구 46석, 전국구 13석, 합계 59석(의석 점유율: 19.7%), 신민주공화당이 지역구 27석, 전국구 8석, 합계 35석(의석 점유율: 11.7%), 한겨레민주당이 지역구만으로 1석(의석 점유율: 0.4%), 무소속도 지역구만 9석(의석 점유율: 3.0%)이라고 하는 결과였다. 각 정당의 득표율은 민주정의당이 34.0%, 통일민주당이 23.8%, 평화민주당이 19.3%, 신민주공화당이 15.6%, 한겨레민주당이 1.3%, 무소속이 4.8%였다. 제13대 국회의원 총선거에서 통일민주당은 23.8%의 득표율을 획득하여 59석밖에 획득하지 못한 데 반하여 평화민주당은 19.3%의 득표율로 70석을 획득하였다는 사실에 주목할 일이다. 이와 같은 현상이 생긴 이유는 지역주의 때문이었다.

호남지역에서는 평화민주당이 압도적으로 강세를 보였으며 지역구의 정원 37석 가운데 36석을 획득하여 다른 정당의 추종을 불허하고 있다. 게다가 호남지역에서 당선한 한겨레민주당 의원은 선거 후에 평화민주당에 입당함으로써 평화민주당이 호남지역의 전 의석을 독점하였다. 이 결과는 지역주의의 표출을 명확히 나타내는 결과라고 할 수 있다. 또 김영삼이 거느린 통일민주당은 김영삼의 출신지인 부산광역시에서 압도적인 강세를 보여 정원 15석 가운데 14석을 차지하였고 경상남도에서도 정원 22석 가운데 9석을 차지하였다. 본래 영남지역은 민주정의당의 지반이었으나 통일민주당이 많은 의석을 획득한 것은 큰 의미를 가지고 있다. 즉 민주화 후에 김대중과 김영삼이 갈라짐으로써 민주 대 비민주의 대립구도가 붕괴한 것을 시사하는 것이다.

〈표3-12〉는 제13대 국회의원 총선거에서의 각 정당의 지방별 득표율을

〈표3-12〉 제13대 국회의원 총선거에서의 지역별 득표율

(단위 : %)

	수도권			충청도		호남			영남				강원도	제주도	전국
	서울	인천	경기	충북	충남	광주	전북	전남	부산	대구	경북	경남			
민정당	26.2	37.5	36.1	43.7	30.2	9.7	28.8	22.9	32.1	48.2	51.0	40.2	43.6	36.0	34.0
민주당	23.4	28.3	22.9	16.0	15.0	0.4	1.3	0.8	54.3	28.4	24.5	36.9	21.6	27.1	23.8
평민당	27.0	14.1	15.9	1.4	3.8	88.6	61.5	67.9	1.9	0.7	0.9	1.0	4.0	6.0	19.3
공화당	16.1	15.5	18.2	33.3	46.5	0.6	2.5	1.3	6.8	13.2	16.0	10.3	20.2	3.4	15.6

(주) 민정당은 민주정의당, 평민당은 평화민주당, 민주당은 통일민주당, 공화당은 신민주공화당을 의미
(출처) 大西裕, 「地域主義와 그 行方」, 『(新版)比較・選擧 政治』, 미네르바書房, 2004,
98쪽을 이용하여 필자 작성

정리한 것이다. 다당화 현상이 일어났기 때문에 대도시권에서는 여당이 승리하고 농촌 지역에서는 야당이 승리하는 구도가 소멸하고 말았다. 호남지역에서는 김대중이 이끄는 평화민주당이 69.1%의 높은 득표율을 보임으로써 민주정의당의 득표율 22.8%를 46.3%나 상회하고 있다. 더욱이 주목할 점은 같은 야당 세력이지만 김영삼이 거느리는 통일민주당, 김종필이 거느리는 신민주공화당의 호남지역 득표율은 각각 0.9%, 1.6%였고 이는 여당인 민주정의당과 비교해도 극도로 저조한 득표율이라는 점이다. 평화민주당은 호남지역에서 민주정의당의 3배, 통일민주당의 77배, 신민주공화당의 43배라고 하는 경이적인 득표를 하고 있다. 민주화의 상징으로서의 김대중이 신화화神話化 과정을 밟고 있다는 사실을 보여주고 있다.

김영삼이 이끄는 통일민주당은 김영삼의 출신지인 영남지역에서 37.1%의 득표율을 보였고 김대중이 이끄는 평화민주당은 1.2%의 득표율을 보였다. 즉 통일민주당은 평화민주당의 31배의 득표율을 차지하였다는 계산이 나온다. 김종필이 이끄는 신민주공화당도 영남지역에서는 11.1%의 득표율밖에 차지하지 못하였으나 김종필의 지반인 충청도에서는 42.1%를 획

득하여 압도적인 강세를 보였다. 한편 여당인 민주정의당은 전국적으로 고른 지지를 얻었으나 영남 정당으로서의 존재감을 나타내면서 경상남도에서 많은 지지를 획득하고 있다. 제13대 국회의원 총선거에서는 두 영남 정당과 호남 정당, 충청 정당이라고 하는 4대 정당이 경합하였기 때문에 영남 지역의 득표가 분열 현상을 일으키고 민주정의당도 통일민주당도 일방적으로 득표를 하는 것이 불가능해졌다. 제13대 국회의원 총선거에서의 지역별 득표율을 검토한 결과 지역주의가 명백한 행태로 표출되었다는 것을 알 수 있다.

2. 제14대 국회의원 총선거와 지역주의

제14대 국회의원 총선거는 1992년 3월 24일에 실시되었다. 제14대 국회의원 총선거를 총괄하면 다음과 같은 분석이 나온다. 1990년 1월에 민주정의당, 통일민주당, 신민주공화당이 합당하여 발족한 민주자유당은 당내의 내분이 심각하였고 부동산 가격의 폭등이나 물가의 앙등 등의 경제 문제에 대한 대응에 실패하였다는 이유 때문에 기대만큼의 지지를 얻지 못하였다. 한편 야당 진영은 매우 건투한 결과를 나타냈다.

〈표3-13〉은 제14대 국회의원 총선거에서의 각 정당의 지역별 의석수를 정리한 것이다. 각 정당의 획득 의석수는 민주자유당이 지역구 116석, 전국구 33석, 합계 149석(의석 점유율: 49.8%), 민주당이 지역구 75석, 전국구 22석, 합계 97석(의석 점유율: 32.4%), 통일민주당이 지역구 24석, 전국구 7석, 합계 31석(의석 점유율: 10.4%), 신정치개혁당은 지역구에서만 1석(의석 점유율: 0.3%), 무소속도 지역구만 21석(의석 점유율: 7.0%)이었다. 또한 정당별 득표율

<표3-13> 제14대 국회의원 총선거에서의 지역별 의석수(지역구)

(단위 : 명)

	수도권			충청도			호남			영남				강원도	제주도	전국
	서울	인천	경기	대전	충북	충남	광주	전북	전남	부산	대구	경북	경남			
민자당	16	5	18	1	6	7	0	2	0	15	8	14	16	8	0	116
민주당	25	1	8	2	1	1	6	12	19	0	0	0	0	0	0	75
국민당	2	0	5	0	2	4	0	0	0	0	2	2	3	4	0	24
신정당	1	0	0	0	0	0	0	0	0	0	0	0	0	0	0	1
무소속	0	1	0	2	0	2	0	0	0	1	1	5	4	2	3	21

(주1) 민자당은 민주자유당, 민주당은 통일민주당, 국민당은 통일국민당, 신정당은 신정치개혁당을 의미
(주2) 의석수은 전국구의 의석을 제외한 지역구만의 숫자
(출처) 金浩鎭 著 · 李健雨 譯 『韓國政治의 硏究』, 三一書房, 1993, 242쪽
중앙선거관리위원회 홈페이지(http://www.nec.go.kr)

은 민주자유당이 38.5%, 민주당이 29.2%, 통일국민당이 17.4%, 신정치개혁당이 1.8%, 공명민주당이 0.1%, 민중당이 1.5%, 무소속이 11.5%였다. 여당인 민주자유당은 선거 전 194석에서 149석으로 의석수가 크게 줄어들어 무소속의 입당으로 가까스로 과반수를 확보하였다.

민주자유당은 영남지역에서는 압도적인 힘을 발휘하여 다수의 의석을 획득하였으나 야당인 민주당은 영남지역에서 단 1석도 획득하지 못하였다. 한편 호남지역에서는 민주자유당이 전라북도에서 2석을 획득한 데 그치고 광주광역시 전라남도에서는 단 한 석도 획득하지 못하였다. 이에 대하여 야당 민주당은 호남지역의 전 의석인 39석 중 37석을 획득하여 압도적인 승리를 거두었다. 즉 획득 의석의 지역에 의한 편재화 현상인 지역주의의 표출이 명확히 드러난 것이다.

〈표3-14〉는 제14대 국회의원 총선거에서의 각 정당의 지역별 득표율을 정리한 것이다. 지역별로 합산하여 검토하면 민주자유당은 수도권, 충청도, 영남지역, 강원도, 제주도에서 각각 35.5%, 40.1%, 48.5%, 38.8%, 34.1%

<표3-14> 제14대 국회의원 총선거에서의 지역별 득표율

(단위 : %)

	수도권			충청도			호남			영남				강원도	제주도	전국
	서울	인천	경기	대전	충북	충남	광주	전북	전남	부산	대구	경북	경남			
민자당	34.8	34.3	37.1	27.6	44.6	43.4	9.1	31.8	25.2	51.8	46.9	49.0	45.6	38.8	34.1	38.5
민주당	37.2	30.7	31.8	25.5	23.8	20.1	76.4	55.0	61.6	19.4	11.8	6.8	8.7	11.7	19.9	29.2
국민당	19.1	20.4	19.6	21.3	21.5	16.0	3.9	4.8	5.0	10.2	28.6	17.7	20.4	31.9	0.0	17.4

(주) 민자당은 민주자유당, 국민당은 통일국민당을 의미
(출처) 大西裕, 「地域主義와 그 行方」, 『(新版)比較・選擧 政治』, 미네르바書房, 2004,
198쪽을 이용하여 필자 작성
중앙선거관리위원회 홈페이지(http://www.nec.go.kr)

의 득표율을 보였다. 민주당의 득표율과의 격차는 약 20~30%였으니 압도적인 지지를 얻은 것이다. 그러나 수도권에서는 민주자유당이 35.5%의 득표율밖에 얻지 못하여 민주당과의 득표율 격차는 0.7%에 지나지 않았다. 다시 호남지역에서는 민주자유당이 24.4%의 득표율을 올린 데 반하여 민주당은 62.1%의 득표율을 올려 37.7%라고 하는 큰 격차를 드러냈다. 한편 영남지역 민주당의 득표율은 11.8%에 그쳐 민주자유당의 득표율 48.5%와 비교하면 36.7%라는 큰 격차를 나타냈다. 이 같은 결과에서 제14대 국회의원 총선거에서 지역주의의 표출을 명확히 드러낸 것을 알 수 있다.

3. 제15대 국회의원 총선거와 지역주의

전술한 바와 같이 1992년 3월에 실시된 제14대 국회의원 총선거에서 지역주의가 표출되었다는 사실을 확인하였다. 그리고 동년 12월에 실시된 제14대 대통령 선거에서는 극단적인 지역주의가 표출되었다는 것을 알았다. 제14대 대통령 선거에 이어서 실시된 국정 선거인 제15대 국회의원 총선거

〈표3-15〉 제15대 국회의원 총선거에서의 지역별 의석수(지역구)

(단위 : 명)

| | 수도권 | | | 충청도 | | | 호남 | | | 영남 | | | | 강원도 | 제주도 | 전국 |
	서울	인천	경기	대전	충북	충남	광주	전북	전남	부산	대구	경북	경남			
신한당	27	9	18	0	2	1	0	1	0	21	2	11	17	9	3	121
국민회	18	2	10	0	0	0	6	13	17	0	0	0	0	0	0	66
자민련	0	0	5	7	5	12	0	0	0	0	8	2	0	2	0	41
민주당	1	0	3	0	0	0	0	0	0	0	0	1	2	2	0	9
무소속	1	0	2	0	1	0	0	0	0	0	3	5	4	0	0	16

(주1) 신한당은 신한국당, 국민회는 새정치국민회의, 자민련은 자유민주연합, 민주당은 통합민주당을 의미
(주2) 의석수는 전국구의 의석을 제외한 지역구만의 숫자
(출처)「대한민국의 제15대 국회의원 총선거에 관하여」,『코리아 리포트』, 자치체국제화협회편,1996,
자료에 의거하여 필자 작성
중앙선거관리위원회 홈페이지(http://www.nec.go.kr)

에서는 지역주의의 양태가 어떻게 변화하였는가가 주목된 선거였다. 이 선거는 또 신한국당, 새정치국민회의, 자유민주연합, 통합민주당 등 유력 4정당의 싸움이었다. 지역주의의 관점에서 보면 신한국당은 영남 정당, 새정치국민회의는 호남 정당, 자유민주연합은 충청 정당으로 자리매김할 수 있었다. 따라서 신한국당, 새정치국민회의, 자유민주연합이 각 지역에서 획득하는 의석수와 득표율의 양태가 주목되는 것이다.

〈표3-15〉는 제15대 국회의원 총선거에서의 각 정당의 지역별 의석수를 정리한 것이다. 각 정당이 획득한 의석수는 신한국당이 지역구 121석, 전국구 18석, 합계 139석(의석 점유율: 46.5%), 새정치국민회의가 지역구 66석, 전국구 13석, 합계 79석(의석 점유율: 26.4%), 자유민주연합이 지역구 41석, 전국구 9석, 합계 50석(의석 점유율: 16.7%), 통합민주당이 지역구 9석, 전국구 6석, 합계 15석(의석 점유율: 5.0%), 무소속이 지역구에서만 16석(의석 점유율: 5.3%)이라는 결과가 나왔다. 각 정당의 득표율은 신한국당이 34.5%, 새정치국민회의

〈표3-16〉 제15대 국회의원 총선거에서의 지역별 득표율

(단위 : %)

	수도권			충청도			호남			영남				강원도	제주도	전국
	서울	인천	경기	대전	충북	충남	광주	전북	전남	부산	대구	경북	경남			
신한당	36.5	38.2	33.2	21.4	31.5	28.9	7.5	23.4	17.7	55.8	24.5	34.9	46.5	37.3	37.2	34.5
국민회	35.2	29.5	27.4	11.4	8.9	6.1	86.2	63.7	71.0	6.4	1.4	1.6	4.2	6.7	29.4	25.3
민주당	13.5	11.0	13.9	12.6	8.9	7.9	2.0	5.8	1.3	18.8	4.0	6.9	14.7	14.5	2.0	16.2
자민련	11.3	14.5	18.6	49.8	39.4	51.2	0.8	0.5	0.8	5.5	35.8	20.6	4.7	23.6	1.2	11.2

(주1) 신한당은 신한국당, 국민회는 새정치국민회의, 민주당은 통합민주당, 자민련은 자유민주연합을 의미
(출처) 大西裕, 「地域主義와 그 行方」, 『(新版)比較・選擧 政治』, 미네르바書房, 2004,
199쪽을 이용하여 필자 작성
중앙선거관리위원회 홈페이지(http://www.nec.go.kr)

가 25.3%, 자유민주연합이 16.2%, 통합민주당이 11.2%라고 하는 결과였다.

영남 정당인 신한국당은 영남지역에서 압도적인 강세를 보이고 있는데 반하여 새정치국민회의는 1석도 획득하지 못하였다. 그러나 새정치국민회의는 호남지역에서 의원정수 37의석 중 36의석을 획득하여 타 정당이 전혀 접근하지 못하게 하는 결과를 나타냈다. 이러한 사실은 제15대 국회의원 총선거에서 지역주의가 표출되었다는 것을 분명히 보여준 것이다.

〈표3-16〉은 제15대 국회의원 총선거에서의 각 정당의 지역별 득표율을 정리한 것이다. 영남 정당인 신한국당은 영남지역의 부산광역시, 대구광역시, 경상북도, 경상남도에서 각각 55.8%, 24.5%, 34.9%, 46.5%의 득표율을 보여주었다. 호남 정당이라고 할 수 있는 새정치국민회의는 호남지역의 광주광역시, 전라북도, 전라남도에서 각각 86.2%, 63.7%, 71.0%를 획득하여 압도적인 강세를 보였다. 자유민주연합은 충청 정당이라고 할 수 있는데 대전광역시, 충청북도, 충청남도에서 각각 49.8%, 39.4%, 51.2%의 득표율을 획득하여 충청 정당이라고 하는 존재감을 나타내 주었다.

신한국당, 새정치국민회의, 자유민주연합이 지역정당으로서 각 지반의 지역에서 강세를 발휘하고 있으나 특징적인 것은 새정치국민회의가 호남 지역에서 획득한 득표율과 신한국당과 자유민주연합이 자기 지반에서 획득한 득표율을 비교해 보면 매우 큰 격차가 있다는 것이다. 지역주의는 영남지역과 호남지역 간의 갈등으로서 이해되고 있었으나 그 양적인 측면의 정도는 호남지역에 강하게 표출되고 있다는 사실을 확인할 수 있는 것이다. 그러나 지역주의를 문제시할 때는 단순히 양적인 측면만을 주목해서는 안 된다는 점을 염두에 두고 바라보아야 할 것이다.

4. 제16대 국회의원 총선거와 지역주의

제16대 국회의원 총선거는 김대중 정권 하의 2000년 4월 13일에 실시되어 김대중 정권의 성과를 묻는 중간선거의 성격을 띠었다. 2001년 1월에는 새정치국민회의가 개편되어 새천년민주당이 성립되고 선거전은 야당인 한나라당과 여당인 새천년민주당의 보혁 대결 양상을 보였지만 한나라당의 승리로 끝났다.

〈표3-17〉은 제16대 국회의원 총선거에서의 각 정당이 지역별로 획득한 의석수를 정리한 것이다. 각 정당별로 획득한 의석수는 한나라당이 지역구 112석, 전국구 21석, 합계 133석(의석 점유율: 48.7%), 새천년민주당이 지역구 96석, 전국구 19석, 합계 115석(의석 점유율: 42.1%), 자유민주연합이 지역구 12석, 전국구 5석, 합계 17석(의석 점유율: 6.2%), 민주국민당이 지역구 1서, 전국구 1석, 합계 2석(의석 점유율: 0.7%), 신한국당은 지역구만 1석(의석 점유율: 0.3%), 무소속도 지역구만 5석(의석 점유율: 1.8%)이라는 결과였다. 각 정당의

〈표3-17〉 제16대 국회의원 총선거에서의 지역별 의석수(지역구)

(단위 : 명)

	수도권			충청도			호남			영남					강원도	제주도	전국
	서울	인천	경기	대전	충북	충남	광주	전북	전남	부산	대구	울산	경북	경남			
한나라	17	5	18	1	3	0	0	0	0	17	11	4	16	16	3	1	112
민주당	28	6	22	2	2	4	5	9	11	0	0	0	0	0	5	2	96
자민련	0	0	1	3	2	6	0	0	0	0	0	0	0	0	0	0	12
민국당	0	0	0	0	0	0	0	0	0	0	0	0	0	0	1	0	1
한국당	0	0	0	0	0	1	0	0	0	0	0	0	0	0	0	0	1
무소속	0	0	0	0	0	0	1	1	2	0	0	1	0	0	0	0	5

(주1) 한나라는 한나라당, 민주당은 새천년민주당, 자민련은 자유민주연합,
민국당은 민주국민당, 한국당은 신한국당을 의미
(주2) 의석수는 전국구의 의석을 제외한 지역구만의 숫자
(출처) 大西裕,「地域主義와 그 行方」,『(新版)比較・選擧 政治』, 미네르바書房, 2004,
199쪽을 이용하여 필자 작성
중앙선거관리위원회 홈페이지(http://www.nec.go.kr)

득표율은 한나라당이 39.0%, 새천년민주당이 35.9%, 자유민주연합이 9.8%, 민주국민당이 3.7%, 신한국당이 0.4%, 무소속이 9.4%라는 결과였다.

제16대 국회의원 총선거에서도 제13대 국회의원 총선거, 제14대 국회의원 총선거, 제15대 국회의원 총선거에서도 똑같은 구도를 표출하였다. 한나라당은 영남지역에서 무소속 1석을 제외한 전 의석을 획득하였고 다른 정당이 뿌리를 내릴 여지를 전혀 주지 않았다. 호남지역에서도 동일하게 무소속 당선자를 제외하면 새천년민주당이 남은 전 의석을 획득하고 있다. 영남지역에서는 한나라당으로부터 공인을 얻지 않으면 무소속으로 선거전을 치르는 길밖에 없고 다른 정당으로 당적을 옮겨 출마해도 당선 가능성이 없었다. 반대로 호남지역에서도 새천년민주당으로 출마하지 않으면 당선은 거의 불가능했다. 결국 지역주의는 변화 없이 계속 유지되는 모습으로 파악된다.

〈표3-18〉 제16대 국회의원 총선거에서의 지역별 득표율

(단위 : %)

	수도권			충청도			호남			영남					강원도	제주도	전국
	서울	인천	경기	대전	충북	충남	광주	전북	전남	부산	대구	울산	경북	경남			
한나라	43.3	41.7	39.1	23.3	30.6	17.4	3.3	3.6	4.1	60.3	62.9	41.7	52.5	53.7	38.6	44.2	39.0
민주당	45.1	40.6	40.9	28.5	31.3	30.0	69.9	65.4	66.4	15.0	10.9	9.6	14.7	11.8	36.5	49.4	35.9
자민련	4.7	12.1	12.4	34.3	29.5	39.2	0.3	3.4	1.6	1.6	10.2	3.1	14.0	3.3	10.2	0.6	9.8
민국당	1.3	1.2	1.6	0.9	0.7	1.1	0.4	0.2	0.5	14.9	6.2	4.0	10.1	6.3	6.5	0.4	3.7
한국당	0.1	※	0.1	0.9	1.8	6.5	※	※	※	0.1	0.0	※	0.3	0.2	0.2	※	0.4
무소속	1.6	3.2	4.7	9.9	7.1	4.9	26.1	27.4	27.5	1.6	7.5	24.4	8.4	21.9	8.1	5.3	9.4

(주1) 한나라는 한나라당, 민주당은 새천년민주당, 자민련은 자유민주연합, 민국당은 민주국민당,
한국당은 신한국당을 의미
(주2) ※은 신한국당이 후보자를 출마하지 않은 지역
(주3) 득표율은 유효득표율에서 차지하는 정당의 득표수의 합계 프로테이지
(출처) 중앙선거관리위원회 홈페이지(http://www.nec.go.kr)

〈표3-18〉은 제16대 국회의원 총선거에서의 각 정당의 지역별 득표율을 정리한 것이다. 제16대 국회의원 총선거에도 지역주의의 관점에서 보면 한나라당은 영남 정당, 새천년민주당은 호남 정당, 자유민주연합은 충청 정당이라 할 수 있었다. 영남 정당인 한나라당의 영남지역에서의 득표율은 부산광역시 60.3%, 대구광역시 62.9%, 울산광역시 41.7%, 경상북도 52.5%, 경상남도 53.7%라는 결과를 나타냈다. 호남 정당인 새천년민주당의 호남지역에서의 득표율은 광주광역시 69.9%, 전라북도 65.4%, 전라남도 66.4%이고 한나라당과 자유민주연합은 불과 몇 % 득표율만을 획득할 수밖에 없는 실정과 비교하면 심각한 지역주의 표출을 확인할 수 있다. 자유민주연합도 충청 정당으로 자리매김하는 것이 가능하였고 충청도 지역에서의 득표율은 대전광역시 34.3%, 충청북도 29.5%, 충청남도 39.2%였다. 여기서도 수치상으로 한나라당이 영남지역에서 표출하는 지역 편중은 새천년민

주당이 호남지역에서 보였던 지역 편중과는 약간 달라서 지역 편중의 강도가 약하다고 지적할 수 있다. 그러나 실제로 지역주의의 질적인 측면에서 결과론적으로 호남지역은 여전히 열세를 면치 못하고 있었다.

지역 정당의 성격에 따라 각각의 지역에서의 특표율 편재화의 강도 차이는 있지만 지역주의는 제16대 국회의원 총선거에서도 명확한 형태로 표출되고 있다는 것을 확인할 수 있다. 나아가 제15대 국회의원 총선거에서 확인되었던 것처럼 호남지역의 득표율에 근본적인 변화가 없었다. 즉 호남지역 투표율 추이가 지역주의의 문제점을 극명하게 보여주고 있음을 확인할 수 있는 것이다. 그러나 우리의 근본적인 관심은 그러한 현상이 드러나게 되는 지역주의의 본질적인 이유를 찾는 데 있음을 유념해야 한다.

5. 제17대 국회의원 총선거와 지역주의

한나라당과 새천년민주당이 중심이 되어 제출한 노무현 대통령 탄핵 소추안이 압도적 다수로 2004년 3월 12일에 가결 성립되어 한국 헌정사상 처음으로 대통령의 직무 권한이 정지되었다. 대통령의 탄핵 소추는 야당 세력의 정치적인 당리당략으로서, 탄핵 소추 결정에 대해 국민은 극렬히 반발하고 한나라당의 지지율은 급락하였다. 한편 노무현 대통령을 지지하는 세력이 새천년민주당으로부터 분열되어 결당한 열린우리당(이하 우리당으로 표기)의 지지율은 급상승하였다.

제17대 국회의원 총선거는 노무현 대통령 탄핵 시비를 둘러싸고 2004년 4월 15일에 실시되었다. 결과적으로 선거 전에 49석이었던 우리당이 지역구 129석, 전국구 23석, 합계 152석(의석 점유율: 50.8%)을 획득하는 대약진을

〈표3-19〉 제17대 국회의원 총선거에서의 지역별 의석수(지역구)

(단위 : 명)

	수도권			충청도			호남			영남					강원도	제주도	전국
	서울	인천	경기	대전	충북	충남	광주	전북	전남	부산	대구	울산	경북	경남			
우리당	32	9	35	6	8	5	7	11	7	1	0	1	0	2	2	3	129
한나라	16	3	14	0	0	1	0	0	0	17	12	3	14	14	6	0	100
민주당	0	0	0	0	0	0	0	0	5	0	0	0	0	0	0	0	5
민노당	0	0	0	0	0	0	0	0	0	0	0	1	0	1	0	0	2
자민련	0	0	0	0	0	4	0	0	0	0	0	0	0	0	0	0	4
국민	0	0	0	0	0	0	0	0	0	0	0	1	0	0	0	0	1
무소속	0	0	0	0	0	0	0	0	1	0	0	0	1	0	0	0	2

(주1) 우리당은 열린우리당, 한나라는 한나라당, 민주당은 새천년민주당,
민노당은 민주노동당, 자민련은 자유민주연합, 국민은 국민통합21을 의미
(주2) 의석수는 전국구의 의석을 제외한 지역구만의 숫자
(출처) 중앙선거관리위원회 홈페이지(http://www.nec.go.kr)

이루어 제1당의 자리를 확보했지만 한나라당은 지역구 100석, 전국구 21석, 합계 121석(의석 점유율: 40.6%)을 획득하는 데 그쳐 선거 전의 의석이었던 137석에 훨씬 미치지 못하였다. 그나마 국민들의 탄핵 소추에 대한 강한 반발의 결과로 강력한 역풍 가운데 선거전을 치렀던 것에 비해서는 한나라당은 박근혜 대표의 개인적인 인기의 도움을 받아 의석수의 격감을 모면하였다. 한편 탄핵 소추에 찬성하는 입장에 섰던 새천년민주당은 국민의 반발을 정면으로 받아 지역구 5석, 전국구 4석, 합계 9석(의석 점유율: 3.0%)을 획득하는 데 그쳐 선거 이전의 61석 중에서 52석을 잃고 말았다.

〈표3-19〉는 제17대 국회의원 총선거에서의 각 정당의 지역별 지역구 의석수를 표시한 것이다. 우리당은 수도권, 충청도 지역, 호남지역, 제주도에서 많은 의석수를 획득하였지만 영남지역에서는 3석을 획득하는데 그쳤다. 한편 한나라당은 수도권과 영남지역만으로도 93석을 획득하였는데, 지

<표3-20> 제17대 국회의원 총선거에서의 지역별 득표율

	수도권			충청도			호남			영남					강원도	제주도	전국
	서울	인천	경기	대전	충북	충남	광주	전북	전남	부산	대구	울산	경북	경남			
우리당	42.8	44.8	45.7	45.8	50.5	38.9	54.0	64.6	46.9	38.9	26.7	28.1	25.8	34.4	38.8	49.4	41.9
한나라	41.3	38.9	40.7	22.4	32.6	15.8	0.1	0.1	0.8	52.5	62.4	36.3	54.6	47.7	43.3	40.2	37.9
민주당	9.8	5.2	6.7	3.3	1.0	3.6	36.4	18.7	38.4	0.8	1.8	0.7	0.4	0.6	6.4	3.8	7.9
민노당	3.4	7.4	4.1	1.5	3.3	2.2	5.6	4.6	2.6	2.9	2.5	18.0	3.4	8.4	4.2	3.4	4.3
자민련	0.7	0.6	0.7	22.1	9.2	33.7	0.4	0.1	0.6	0.3	0.5	0.8	0.6	0.6	0.2	0.6	2.6

(주1) 우리당은 열린우리당, 한나라는 한나라당, 민주당은 새천년민주당,
민노당은 민주노동당, 자민련은 자유민주연합을 의미
(주2) 지역별 득표율은 지역구의 정당별 득표율
(출처) 중앙선거관리위원회 홈페이지(http://www.nec.go.kr)

역구에서 획득한 의석수 93%가 양 지역에서 획득한 의석수였다. 수도권은 2대 정당이 의석수를 가지고 서로 경합하는 구도를 보였으나 그 경향은 민주화 이후의 국회의원 선거에 있어서와 마찬가지였다. 그러나 호남지역과 영남지역의 정당 간 지역 대립은 점점 더 심각해졌다. 제17대 국회의원 총선거에서는 한나라당이 영남 정당으로서 기능하고 우리당은 호남 정당으로서 기능했다. 지역주의의 영향력이 현재화하는 가운데 대통령 탄핵 사건이 노무현을 지지하는 호남의 우리당과 노무현에 반대하는 한나라당이라는 대립 구도를 만들어 냈다.

〈표3-20〉은 제17대 국회의원 총선거에서의 각 정당의 지역별 득표율을 정리한 것이다. 호남지역에서 우리당의 득표율은 광주광역시가 54.0%, 전라북도가 64.6%, 전라남도가 46.9%, 새천년민주당의 득표율은 광주광역시가 36.4%, 전라북도가 18.7%, 전라남도가 38.4%이고 우리당과 새천년민주당의 득표율을 합하면 광주광역시가 90.4%, 전라북도가 83.3%, 전라남도

가 85.3%가 되어 호남 정당이 압도적으로 힘을 발휘하고 있다는 것을 알 수 있다. 우리당은 새천년민주당으로부터 분열된 정당이기 때문에 호남 정당으로 자리매김을 할 수 있었다. 한편 호남지역의 한나라당 득표율은 광주광역시가 0.1%, 전라북도가 0.1%, 전라남도가 0.8%로서 이 지역 유권자의 1% 미만이 지지하고 있었다.

영남지역에서 우리당의 득표율은 부산광역시가 38.9%, 대구광역시가 26.7%, 울산광역시가 28.1%, 경상북도가 25.8%, 경상남도가 34.4%였다. 우리당은 새천년민주당으로부터 분리된 정당이었으므로 영남지역에서의 득표율은 전국 평균 득표율에 비해서는 낮은 득표율이지만 비교적 높은 득표율을 보여주었다. 우리당이 영남지역에서의 득표율을 신장하여 건투했다고 하는 선거 결과는 제17대 국회의원 총선거가 대통령 탄핵을 시비의 쟁점으로 했기 때문에 선거 결과에 특수성이 있음을 시사하는 것이다. 새천년민주당의 영남지역에 있어서의 득표율은 부산광역시가 0.8%, 대구광역시가 1.8%, 울산광역시가 0.7%, 경상북도가 0.4%, 경상남도가 0.6%라는 결과를 나타낸 것도 이 선거가 대통령 탄핵 시비를 다투는 선거라는 것을 나타내고 있다. 한편 영남 정당인 한나라당의 득표율은 부산광역시 52.5%, 대구광역시 62.4%, 울산광역시 36.3%, 경상북도 54.6%, 경상남도 47.7%를 기록하여 대 역풍의 선거 속에서도 영남지역에서의 존재감을 보여준 결과였다고 말할 수 있다.

제17대 국회의원 총선거에서는 대통령 탄핵 시비가 정치 쟁점으로서 급부상했던 특수 사정을 내포한 선거였기 때문에 지역주의가 변형된 결과를 보여주었다. 그러나 호남지역의 투표 행동의 특이성에 근본적인 변화가 없고, 그것이 영남 정당인 한나라당의 호남지역에서의 득표율에 명확한 형태

로 나타나고 있다. 또한 탄핵 시비라는 극단적인 쟁점 앞에서도 영남지역
은 견고한 영남 정당 지지의 기본 골격을 유지하고 있다는, 지역주의의 표
출 현상을 여실히 확인할 수 있는 것이다.

6. 제18대 국회의원 총선거와 지역주의

제18대 국회의원 총선거는 이명박이 2008년 2월 25일에 제17대 대통령
에 취임한 직후인 4월 9일에 실시되었다. 대통령 선거와 국회의원 총선거
가 서로 근접하게 실시된 것은 임기가 다른 것에 기인하여 20년에 한번 찾
아오는 현상이었다. 제18대 국회의원 총선거에 대통령 선거의 영향이 어떠
한 형태로 표출되었는가를 검토하는 것도 중요한 논점이다. 투표율은
46.0%였고 이는 역대 총선거 가운데에서 최저를 기록하는 저조한 투표율
이었다.

〈표3-21〉은 제18대 국회의원 총선거에서의 각 정당의 지역별 획득 의석
수를 정리한 것이다. 한나라당이 지역구 131석, 전국구 22석, 합계 153석(의
석 점유율: 51.2%)를 획득하고 통합민주당은 지역구 66석, 전국구 15석, 합계
81석(의석 점유율: 27.1%), 자유선진당은 지역구 14석, 전국구 4석, 합계 18석
(의석 점유율: 6.0%), 친박연대는 지역구 6석, 전국구 8석, 합계 14석(의석 점유율:
4.7%), 민주노동당은 지역구 2석, 전국구 3석, 합계 5석(의석 점유율: 1.7%), 창
조한국당은 지역구 1석, 전국구 2석, 합계 3석(의석 점유율: 1.0%), 무소속은 지
역구 25석이라는 결과다.

영남지역에서의 한나라당의 획득 의석수는 부산광역시가 11석, 대구광
역시가 8석, 울산광역시가 5석, 경상북도가 9석, 경상남도가 13석인 데 반

해 통합민주당은 부산광역시에서 1석과 경상남도에서 1석 합계 2석을 획득하는 데 그치고 말았다. 한편 호남지역에서 한나라당은 1석도 획득하지 못한 데 반해 통합민주당은 정원 8석인 광주광역시에서 7석, 정원 11석인 전라북도에서 9석, 정원 12석인 전라남도에서 9석이나 획득하였다. 즉 호남지역에서 의석을 획득한 정당은 통합민주당뿐이고 다른 호남지역의 의석은 무소속이었다.

〈표3-22〉는 제18대 국회의원 총선거에서의 지역별 각 정당 득표율을 정리한 것이다. 각 정당의 득표율은 한나라당이 37.5%, 통합민주당이 25.7%, 친박연대가 13.2%, 자유선진당이 6.8%, 민주노동당이 5.7%, 창조한국당이 3.8%, 진보신당이 2.9%라는 결과였다. 영남지역에서의 한나라당의 득표율은 부산광역시가 43.5%, 대구광역시가 46.6%, 울산광역시가 42.9%, 경상북도가 53.5%, 경상남도가 45.0%였고, 친박연대의 득표율은 부산광역시가

〈표3-21〉 제18대 국회의원 총선거에서의 지역별 의석수(지역구)

(단위 : 명)

	수도권			충청도			호남			영남					강원도	제주도	전국
	서울	인천	경기	대전	충북	충남	광주	전북	전남	부산	대구	울산	경북	경남			
한나라	40	9	32	0	1	0	0	0	0	11	8	5	9	13	3	0	131
민주당	7	2	17	1	6	1	7	9	9	1	0	0	0	1	2	3	66
선진당	0	0	0	5	1	8	0	0	0	0	0	0	0	0	0	0	14
친박련	0	0	1	0	0	0	0	0	0	1	3	0	1	0	0	0	6
민노당	0	0	0	0	0	0	0	0	0	0	0	0	2	0	0	0	2
한국당	1	0	0	0	0	0	0	0	0	0	0	0	0	0	0	0	1
무소속	0	1	1	0	0	1	1	2	3	5	1	1	5	1	3	0	25

(주1) 한나라는 한나라당, 민주당은 통합민주당, 선진당은 자유선진당, 친박련은 친박연대, 민노당은 민주노동당, 한국당은 창조한국당을 의미
(주2) 의석수는 전국구의 의석을 제외한 지역구만의 숫자
(출처) 중앙선거관리위원회 홈페이지(http://www.nec.go.kr)

22.6%, 대구광역시가 32.7%, 울산광역시가 18.7%, 경상북도가 23.6%, 경상남도가 18.0%였다. 한나라당과 한나라당으로부터 분리된 친박연대는 지지하는 계층과 지역이 비슷한 경향을 가지는 정당이었기 때문에 영남지역의 득표율 합계를 계산해 보면 부산광역시에서는 66.1%, 대구광역시에서는 79.3%, 울산광역시에서는 61.6%, 경상북도에서는 77.1%, 경상남도에서는 63.0%라는 결과였다. 한편 호남 정당이라고 생각되는 통합민주당이 영남지역에서 얻은 득표율은 부산광역시에서는 12.7%, 대구광역시에서는 4.9%, 울산광역시에서는 9.3%, 경상북도에서는 5.6%, 경상남도에서는 10.5%에 지나지 않아 한나라당과 친박연대親朴連帶의 득표율과는 극단적인 격차를 보였다.

호남지역에서의 통합민주당의 득표율은 광주광역시가 70.4%, 전라북도가 64.3%, 전라남도가 66.9%였던 것에 반하여 한나라당의 득표율은 광주

〈표3-22〉 제18대 국회의원 총선거에서의 지역별 득표율

(단위 : %)

| | 수도권 | | | 충청도 | | | 호남 | | | 영남 | | | | | 강원도 | 제주도 | 전국 |
	서울	인천	경기	대전	충북	충남	광주	전북	전남	부산	대구	울산	경북	경남			
한나라	40.2	39.7	40.9	24.8	34.0	27.1	5.9	9.3	6.4	43.5	46.6	42.9	53.5	45.0	45.5	32.4	37.5
민주당	28.3	24.6	26.4	18.6	23.9	13.5	70.4	64.3	66.9	12.7	4.9	9.3	5.6	10.5	18.6	30.2	25.7
선진당	10.4	10.9	11.4	8.7	12.3	7.2	1.3	2.3	1.8	22.6	32.7	18.7	23.6	18.0	12.3	12.3	13.2
친박련	4.8	6.1	4.7	34.8	13.7	37.8	0.9	1.6	1.1	5.2	4.0	3.4	2.9	4.2	6.3	4.2	6.8
민노당	3.8	5.8	4.8	3.9	5.7	4.7	9.4	7.4	10.1	5.3	3.2	14.2	4.1	10.6	5.9	9.9	5.7
한국당	4.6	4.4	4.4	3.7	3.4	2.5	3.9	2.9	2.3	3.8	2.9	3.5	2.4	3.4	3.7	5.0	3.8
진보당	4.0	3.2	3.3	2.0	2.0	1.7	2.6	2.4	1.6	2.8	2.3	4.5	1.8	3.0	2.3	2.3	2.9

(주1) 한나라는 한나라당, 민주당은 통합민주당, 친박련은 친박연대, 선진당은 자유선진당, 민노당은 민주노동당, 한국당은 창조한국당, 진보당은 진보신당을 의미
(주2) 지역별 득표율은 지역구의 정당별 득표율
(출처) 중앙선거관리위원회 홈페이지(http://www.nec.go.kr)

광역시에서는 5.9%, 전라북도에서는 9.3%, 전라남도에서는 6.4%였고 친박연대의 득표율은 광주광역시가 1.3%, 전라북도가 2.3%, 전라남도가 1.8%에 불과하여 한나라당보다도 더욱 저조한 득표율을 보였다. 요컨대 제18대 국회의원 총선거에서 각 정당이 획득한 의석수 및 득표율을 검토해 보면 지역주의의 문제가 해소되어 가는 것을 보기 어려운 것이다.

제3절 국회의원 총선거와 지역주의

여촌야도 현상은 1952년 제2대 대통령 선거부터 서서히 나타나기 시작해 1958년 제4대 국회의원 총선거부터 본격화되었고, 제12대 국회의원 총선거까지 계속된다고 인식되고 있다. 여촌야도 현상은 도시 지역에서는 야당이 강하고 농촌 지역에서는 여당이 우세하다고 하기보다는, 야당의 득표율이 농촌 지역보다 도시 지역이 높고 여당의 득표율이 도시 지역보다도 농촌 지역이 높다는 현상이라고 파악하는 것도 가능하다.

〈표3-2〉부터 〈표3-10〉까지의 도표에서 파악할 수 있는 것은 어떠한 정당도 도시 지역 및 농촌 지역 쌍방에서 50%를 넘을 정도로 큰 폭으로 득표를 하는 것은 가능하지 않다는 사실이다. 게다가 대도시권을 예외로 하고 일반 도시 지역에서도 야당보다 여당의 득표율이 높은 경우가 많다는 사실이다. 도시 지역과 농촌 지역의 정당 지지에 차이가 발생하는 것은 선거의 주된 쟁점으로 민주 대 비민주의 대립을 적극적으로 제기했는가 안 했는가에 달려 있다고 생각된다.

여촌야도 현상이 일어난 이유로 정부 여당의 동원을 강조하는 견해가 있다.[114] 이 견해에 의하면 상대적으로 근대화가 지연된 농촌에서는 행정력을 동원해 선거에 간섭하기 용이했고 관권선거가 되기 쉬웠기 때문에 농촌의 유권자는 여당 지지로 동원되기 쉬웠다. 그러나 근대화가 잘 된 도시 지역에서는 개인이 자주적으로 판단해서 투표하게 되므로 상대적으로 야당에 대한 지지가 높았다는 것이다.[115] 자금 면으로 생각해도 권위주의 정권 시대에 여당은 야당과 비교할 수 없을 정도로 많은 자금을 선거에 사용했다고 생각되고 매수의 실태에 관해서는 당연 분명치 않았으나 투표자를 매수하는 행위는 일상적이었고 방대한 자금이 권력 유지를 위하여 사용되었다고 생각된다. 그러나 자금이 있으면 당연히 매수가 쉬운 것이 아니라 매수에는 인적 네트워크의 구축이 필요불가결한 조건이었다. 자금은 혈액이고 인적 네트워크는 혈관인 것처럼 모세혈관까지 혈액이 흐르지 않으면 조직은 죽는 것이다. 집권 정당이 농촌 지역에서 득표를 많이 하는 데는 합리적인 이유가 있었고, 농촌 지역은 도시 지역과 비교해서 인간관계가 짙어서 사회생활 가운데 이미 다양한 네트워크가 성립되어 있었기 때문이다. 따라서 여당동원론與黨動員論에 타당성이 있다고 생각한다.

이갑윤은 한국인의 정치적인 경향과 태도에 최고의 영향을 주는 것은 교육 수준과 연령이라고 지적하고 있다.[116] 그리고 직업, 수입, 성별, 거주지, 종교 등의 사회경제적인 변수는 거의 통계적으로 유효한 영향을 주지 않는다고 지적하고 있다. 교육 수준이 높고 연령이 낮을수록 일반적으로 정치에 관심이 높고 자유 그리고 기본적인 인권 존중 등 민주적 성향을 갖는다고 보고 그와는 반대로 교육 수준이 낮고 연령이 높으면 높을수록 민주적 성향이 낮아진다는 것이다. 그리고 혁신적인 가치관을 가진 사람들이 도시 지역에 많이 살고 있고, 농촌 지역에는 비교적 보수적인 가치관을 가진 사람들이 많이 살고 있는 것이다.

도시에 거주하는 사람들이 혁신적인 경향을 갖게 되는 것은 정보량의 차이와 교육 수준의 차이 때문이라고 생각한다. 도시에 거주하고 고등교육을 받은 사람은 시대의 최첨단의 지혜와 세상 정보를 취득하는 기회를 갖고 있고 정보량의 증가는 분석 능력을 심화시키기도 한다. 따라서 현 시점의 문제점과 모순점을 이해하고 그 변혁을 바라면서 혁신적인 경향을 가지는 것이라고 생각된다. 그 경향은 일본의 투표 행동에서도 보이는 것처럼 보수적이라고 생각되는 자민당은 지방의 농촌 지역에서 비교적 힘을 발휘하고 한편으로 혁신적이라고 생각되는 민주당은 대도시권에서 비교적 많은 지지를 받고 있다.

또 여촌야도 현상이 일어난 원인으로, 농촌 지역의 이익을 강조하는 견해가 있다.[117] 농촌 지역에 거주하는 유권자로서 대체로 여당을 지지하는 쪽이 지역에 유리하다고 생각한다는 견해다. 지역 발전이 늦어진 농촌 지역에서는 집권 여당을 지지함으로써 집권 여당이 그 지지에 보답하는 것에 지역 발전을 기대하는 것이 현실적이었다. 그러나 국회의원 선거에서는 타당성을 가지는 견해라고 생각되지만 대통령 선거를 분석할 때는 이 견해가 문제점을 안고 있다고 생각되는 것이다.[118]

한편 여당이 아니라 야당 또는 야당적 세력에 의하여 동원되었다는 야당 동원론을 주장하는 견해도 있다.[119] 정권 획득을 목적으로 하는 야당 세력은 민주화를 주장하는 것 이외에는 정권 획득의 전망이 서지 않기 때문에 본래는 민주적인 생각이 없었더라도 민주화를 주장하게 되고 민주화를 강조하면 민주화에 반응하는 젊은층과 고학년층의 표를 얻는 데 유리하게 작용한다고 주장한다. 야당은 민주화를 주장함으로써 자기에게 유리한 정치

공간을 만들어 내고 유권자를 동원하는 데 성공하고 도시 지역 유권자의 표를 획득하였으나 농촌 지역에서는 민주화보다도 다른 가치를 공유하고 있기 때문에 농촌 지역의 지지 획득에는 실패하였다는 것이다.[120] 여당이나 야당이나 공히 자기 권력 확대에 지지자의 동원을 시도하는 것은 당연한 일이므로 이 견해도 타당성을 가졌다고 생각된다. 또한 일본학계에서도 전통적인 가치와 근대적 가치의 차이가 대립의 축이 되어 여촌야도 현상을 발생시켰다고 생각하는 것이 통설이다.[121]

민주화 이후의 제13대 국회의원 총선거부터 제18대 국회의원 총선거(2008년)까지의 결과인 〈표3-11〉~〈표3-22〉를 참조하면 지역주의가 여전히 해소되지 않은 것을 알 수 있다. 특히 대통령 선거의 경우는 후보자 개인의 인기에 의존하는 요인도 작용하기 때문에 득표율에 변동이 일어나기 마련인데 이것은 지역주의 문제가 아직도 대통령 선거에 뚜렷이 나타나고 있다는 것을 의미한다. 따라서 역대 대통령 선거와 국회의원 선거의 결과를 분석하면 지역주의가 유권자의 정책 판단에 따라 작동하고 있는 것이 아니라 역사적으로 형성된 지역 간의 뿌리 깊은 대립에 의해 발동하는 것으로 파악되는 것이다. 즉 지역주의는 한국의 역사와 전통을 떠나서 제대로 파악할 수 없다고 생각할 수 있는 것이다. 그래서 제4장 이후에서는 2010년 5월에 실시한 지역주의에 관한 의식조사의 결과를 가지고 경제적 요인 분석, 정치적 요인 분석, 사회 문화적 요인 분석 등 다각적인 분석을 시도하여 지역주의의 요인을 실증적으로 구명해 보기로 한다.

제4장
지역주의의
정치경제적 요인

지역 대립의 원인으로 특기할 사항은 국민의 과반수가 선거 때 정치인들이 지역 대립 감정을 부추겼다고 생각하고 있다는 것이다. 지역주의가 권력 획득의 도구로 이용되어 온 측면은 인정한다 하더라도 지역감정과 같은 인간의 정신 활동과 밀접하게 관련되는 사항에 관해서는 지역 갈등의 존재가 전제되는 것이다. 지역 갈등이 존재하지 않는데 이것을 정치적으로 이용한다는 것은 불가능한 일이라 할 것이다. 필자는 정치의식 조사의 결과 대부분의 한국인이 지역 대립이 지금도 존재한다고 인식한다는 것을 알았고, 그것이 다양한 형태로 지역 대립을 부추기고 있다는 것을 확인하였다.

제4장 지역주의의 정치경제적 요인

제1절 지역주의의 경제적 요인

이 절에서는 경제적인 측면과 관련된 지역 대립에 관한 조사 결과를 분석하여, 경제 분야에 관한 인식 및 태도를 검토함으로써 지역주의의 경제적 요인을 조사해 본다. 앞서 이 책의 서장 제2절에서 정리한 것처럼 역대정부의 차별적인 경제 발전 정책이 지역주의의 원인이라는 유력한 견해가있다. 이 견해는 권위주의 정권 시대에 영남지역이 우대되었기 때문에 호남지역과 영남지역의 경제 격차가 발생한 것이며, 그것이 민주화 이후 지역주의로 표출된 것이라고 주장을 근거로 하고 있다. 이 견해는 지역주의문제를 분석하는 데 있어서 중요한 관점을 제공하는 것이며, 이 책에서는저자의 독자적인 조사를 기초로 하여 지역주의의 경제적 요인론을 실증적으로 검토해 보기로 한다.

지금까지 한국의 경제 발전 정책에 있어서 특정 지역을 우대하여 차별적으로 시행하였는가 하는 질문에 대해서 전체의 82.6%에 해당하는 응답자가 "그렇게 생각한다"고 대답했고 특정 지역의 우대는 없었다고 대답한 사람은 17.4%에 불과하였다. 10명 중 8명 이상이라는 대다수가 지역 발전정책은 차별적으로 행해졌다고 믿고 있는 것이다. 즉 정부가 차별적인 경제 발전 정책을 채택한 것이 지역주의의 원인이라고 국민의 대다수가 생각하고 있는 것이다.

지역별로 상세히 검토하면 경제 발전 정책에 있어서 특정 지역을 우대하고 차별적으로 시행했다고 대답한 사람은 서울·경기도·인천 지역이 78.0%, 부산·경상남도 지역이 73.0%, 대구·경상북도 지역이 66.0%, 광주·전라남도 지역이 99.0%, 전주·전라북도 지역이 92.0%, 대전·충청도 지역이 100.0%, 강원도 지역이 78.0%, 제주도 지역이 58.0%였다. 광주·전라남도에서는 99.9%라는, 조사 대상 거의 전원이 차별적 지역 발전 정책이 실재했다고 대답하고 있고 전주·전라북도에서도 92.0%의 응답자가 지역 발전은 차별적으로 행해졌다고 강하게 느끼고 있는 것이다. 호남지역 전체로서는 96.7%의 사람들이 그동안 차별적인 경제 발전이 진행되었다고 생각하고 있어서 전국 평균치를 14.1%나 상회하는 높은 수치를 나타내고 있다. 즉 호남지역에서는 거의 전체 응답자가 차별적인 경제 발전이 진행되었다고 생각하고 있는 것이다.

한편 부산·경상남도에서도 정부의 경제 발전 정책이 특정 지역을 우대하고 차별적으로 진행되었다고 생각하는 사람이 73.0%이나 되었고 대구·경상북도에서는 66.0%였다. 그러나 차별적인 경제 발전이 행해지지 않았다고 생각하는 사람도 부산·경상남도에서 27.0%, 대구·경상북도에서 34.0%에 달해 다른 지역과 비교해서 높은 수준을 나타내고 있음을 알 수 있다. 영남지역과 호남지역을 비교 검토하면 영남지역의 응답자 가운데 70.7%가 지금까지 경제 발전 정책에 있어서 특정 지역을 우대하고 차별적으로 시행되었다고 생각하느냐는 질문에 대해서 차별적 경제 정책이 행해졌다고 응답하는가 하면, 호남지역에서는 96.7%라는 대다수의 사람이 정부의 경제 정책은 차별적으로 시행했다고 응답하고 있는 것이다. 여기서 차별적 경제 정책의 존재를 인정하고 있는 사람의 비율은 영호남 양 지역이 26.0%의 큰 격차를 보이고 있다. 즉 영남지역과 비교하면 호남지역의 응답자가 경제 발전 정책에 있어서 특정 지역을 우대하고 차별적으로 실시되었다고 하는 인식이 강한 것을 알 수 있다.(〈표4-1〉과 〈표4-3〉 참조)

그러나 제주도에서는 조금 다른 결과를 나타내고 있다. 제주도 지역의 응답자 중에서 지역 발전은 차별적이었다고 대답한 사람이 58.0%에 지나지 않았다. 전국 평균치와 대조하면 24.6%나 낮은 수준이었고, 타 지역과

〈표4-1〉 경제발전에서의 지역 차별에 대한 의식

(단위 : 건, %)

		사례 수	그렇게 생각한다	그렇게 생각하지 않는다.
전체		1,000	82.6	17.4
지역	서울 · 경기도 · 인천	200	78.0	22.0
	부산 · 경상남도	200	73.0	27.0
	대구 · 경상북도	100	66.0	34.0
	광주 · 전라남도	200	99.0	1.0
	전주 · 전라북도	100	92.0	8.0
	대전 · 충청도	100	100.0	0.0
	강원도	50	78.0	22.0
	제주도	50	58.0	42.0
영 · 호남구분	영남	300	70.7	29.3
	호남	300	96.7	3.3
	기타	400	81.0	19.0

(출처) 2010년 5월에 실시한 정치의식 조사의 결과에 의거하여 필자 작성

비교해서 상대적으로 낮은 수치를 나타내고 있는 것이다. 두 번째로 낮은 수치를 나타내고 있는 곳이 대구·경상북도인데 여기에서도 66.0%이고 전국 평균치보다 16.6%나 낮은 수치를 보여주고 있다.

제주도는 한반도 본토에서 떨어진 지리적 특수성 때문에 경제 발전 영향을 받기 어려운 환경에 있었다는 지리적 조건, 제주도 특유의 문화를 형성해 온 역사적 경위도 있고 해서 이러한 결과를 나타낸 것이라고 생각된다. 다시 말해 본토, 즉 육지와 제주도의 사회 문화적 전통의 차이 때문에 발생한 결과라고 할 수 있어 지역주의를 연구하는 데서 있어서는 예외로 해야 할 것이다. 제주도에서만 다른 지역과 다른 경향을 나타내는 것은 다양한 설문의 해답에서도 추리할 수 있기 때문이다.

충청도 지역에서는 경제 발전 정책에서 지역 차별이 있었다고 생각하는 사람이 100%를 나타내고 있고, 우대된 지역이 서울·경기도·인천 지역이라고 대답한 사람이 22.0%, 영남지역이라고 대답한 사람은 78.0%였고, 그 밖의 다른 지역을 우대했다고 생각하는 사람은 전혀 없었다. 즉 충청도 지역 사람들은 호남지역 사람들과 유사한 인식을 가지고 있다는 것을 알 수가 있다. 이 사실은 지역주의의 원인이 차별적인 경제 정책 때문이라고 하는 견해에 의문을 던지고 있다는 증거를 제공한다. 민주화 이후에 실시된 다섯 차례 대통령 선거 결과를 검토해 보면 호남지역과 영남지역의 득표율의 편재화는 현저하지만 충청도 지역과 영남지역의 득표율은 각 후보자에게 균등하게 분산되어 있는 것이다.

〈표6-7〉~〈표6-11〉에서 밝혀져 있는 바와 같이 호남지역과 충청도 지역은 인구, 국내총생산, 사업상 수, 종입원 수, 부가가치액 등등에 있어서 거의 동일하다고 생각할 수 있다. 따라서 지역주의의 원인이 차별적인 경제

정책 때문이라고 하는 견해는 동일한 경제 조건에 있음에도 불구하고 충청도 지역에서는 지역주의 현상이 심각하게 표출되지 않는 이유를 설명할 수 없는 것이다.

〈표4-2〉 특정 지역이 우대되었다고 생각한 이유

회답례		사례수
중요한 경제산업이 선행투자되었기 때문	· · · · · · · · · · · ·	174
대통령 당선자의 출신지역을 먼저 지원했기 때문	· · · · · · · · · · ·	108
도로가 정비되었기 때문	· · · · · · · · · ·	76
공업단지가 조성되었기 때문	· · · · · · · · · ·	71
수도권을 제일 발전시켰기 때문	· · · · · · · · · ·	71
그 지역출신의 고급관료가 많았기 때문	· · · · · · · · · ·	31
많은 기업을 우선적으로 유치하였기 때문	· · · · · · · · · ·	31
고속도로가 정비되었기 때문	· · · · · · · · · ·	28
인재등용에 있어 특정 지역 출신자를 우대하는 경향	· · · · · · · · · ·	28
권력자 중심의 경제정책에 원인이 있다	· · · · · · · · · ·	24
문화산업이 발전하였기 때문	· · · · · · · · · ·	20
KTX를 우선적으로 정비하였기 때문	· · · · · · · · · ·	19
주요정부기관이 집중하고 있기 때문	· · · · · · · · · ·	17
관광지개발이 순조롭게 추진되었기 때문	· · · · · · · · · ·	16
정치가가 지역감정을 조장하였기 때문	· · · · · · · · · ·	16
일자리가 증가하였기 때문	· · · · · · · · · ·	16
여산투입이 집중하였기 때문	· · · · · · · · · ·	15
교육산업이 발전되었기 때문	· · · · · · · · · ·	14
대기업의 유치를 우선하였기 때문	· · · · · · · · · ·	14
힘이 있는 국회의원의 지역이 발전	· · · · · · · · · ·	12
철도시설이 정비되어 있기 때문	· · · · · · · · · ·	12
보도기관이 지역갈등을 조장하고 있다	· · · · · · · · · ·	12
행정복합도시건설의 특혜를 받고 있다	· · · · · · · · · ·	11

(출처) 2010년 5월에 실시한 정치의식 조사의 결과에 의거하여 필자 작성

〈표4-2〉에 표시된 조사 결과에서 특정 지역이 우대되었다고 생각하는 이유의 일부분을 발견할 수 있다. 경제 발전 정책이 특정 지역을 우대하고 차별적으로 진행되었다고 대답한 사례가 826건인 데, 그렇게 생각하고 있는 이유를 개별 청취한 결과 다양한 응답군#을 형성했다. 대형 경제 산업이 영남에 우선 투자되어 발전이 촉진되었다고 한 대답이 21.2%로 가장 많았고, 대통령의 출신 지역이 우대되어 가장 발전하였다고 대답한 것이 두 번째로 많았다. 다음으로 도로가 정비되었기 때문이라고 대답한 것이 9.2%, 공업단지 조성이 많았기 때문이라는 대답이 8.6%, 수도권을 제일 발전시켰기 때문이라는 대답이 8.6%였다.

한편, 경제 발전 정책에서 특정 지역이 우대받았거나 차별받지 않았다고 대답한 사례 174건에 대해 그렇게 생각하고 있는 이유를 개별 청취한 결과 특징적인 경향을 나타내고 있다. '모든 지역이 균등하게 발전했다'고 대답한 것이 75.3%로 가장 많았고 '지역의 특색에 따라 발전했다'는 대답도 10.3%로 나타났다. 구체적인 대답을 산업, 삶의 질, 교통, 행정정책, 환경, 지역의 특성, 경제, 언론 보도로 분류해서 분석한 결과 경제 발전 정책에 있어 특정 지역이 우대되어 차별적으로 행해졌다고 대답한 응답자가 가장 많은 이유로 산업 분야를 지적하고 있었고 그다음이 정치, 교통의 순서였다. 한편 차별이 행해지지 않았다고 대답한 응답자의 대부분은 최대의 이유로 지역 특성을 지적하고 있다.

경제 발전 정책에서 특정 지역을 우대하고 차별적으로 행해졌다고 대답한 사례 826건에 대하여 어느 지역이 경제 발전과 관련하여 우대되었는가 하는 질문을 한 결과로 매우 흥미로운 정보를 얻을 수 있었다. 영남지역이 우대받았다고 대답한 사람은 59.9%로 가장 많았고 두 번째로 많기로는 서울·경기도·인천지역(수도권)이 25.7%였다. 좀더 세밀하게, 지역별로 우대 지역이라고 한 대답을 검토해 보면 서울·경기도·인천 지역, 광주·전라남도 지역, 전주·전라북도 지역, 대전·충청도 지역, 제주도 지역에서는 영남지역이 가장 우대받았다고 대답했고 부산·경상남도 지역에서는 서울·경기도·인천 지역이 최고로 혜택을 받았다고 대답했다. 그리고 대구·경상북도 지역에서는 호남 지역이 가장 우대받았다고 대답한 경우가 상대적으로 많았다.

실제 경제 지수로 판단하면 수도권과 영남지역의 발전은 다른 지역과 비교해서 큰 격차가 있는 것이 사실이다. 따라서 서울·경기도·인천 지역, 광주·전라남도 지역, 전주·전라북도 지역, 대전·충청도 지역, 제주 지역에서는 영남지역이 최고로 우대를 받았다고 대답한 것은 합리적이었다. 또 부산·경상남도 지역에서는 서울·경기도·인천 지역이 가장 혜택을 받았다고 대답한 것도, 부산·경상남도 지역이 서울·경기도·인천 지역 다음으로 경제 규모가 큰 지역이었기 때문에 서울·경기도·인천 지역을 라이벌로 보고 이러한 감각을 갖는 것도 합리적이었다고 말할 수 있다.

그러나, 대구·경상북도 지역에서 호남지역이 가장 우대받았다고 생각하고 있는 사람은 34.8%이고, 서울·경기도·인천 지역이 가장 우대받았다고 생각하고 있는 사람은 33.3%로 1.5%의 차이밖에 나지 않았는데, 1.5%의 격차는 오차 범위 이내도 사실상 같은 수준으로 볼 수 있다. 대구·경상북도 지역에서 호남지역이 경제 정책 면에서 가장 우대받았다고 생각하는 사람이 수도권과 같은 정도인 34.8%로 높은 것은 경이적인 결과라고 할 수 있다. 호남지역이 경제적 정책 면에서 우대받았다고 생각하는 사람의 비율은 서울·경기도·인천 지역에서 7.1%, 부산·경상남도 지역에서 8.9%, 강

원도 지역에서 7.7%, 제주 지역에서 3.4%, 대전·충청도 지역, 광주·전라남
도 지역, 전주·전라북도 지역에서는 0%인 것에 반해 대구·경상북도 지역
에서는 34.8%라는 극단적인 격차를 보이고 있는 것이다. 이러한 수치의 상
당 부분은 김대중·노무현 정부 시절의 정책에 대한 대구·경상북도 지역의
반발심이 반영된 것이라는 추측이 가능하다.

　아무튼 대구·경상북도 지역에서 호남지역이 가장 우대받았다고 대답한
것은 지역주의 문제를 생각할 때 극히 중요한 결과라는 것을 알 수 있다.
영남지역과 호남지역에서의 응답을 분석해 보면 영남지역에서는 서울·경
기도·인천 지역이 가장 우대받았다고 대답하는 비율이 높았고, 호남지역
에서는 영남 지역이 가장 우대받았다고 대답한 비율이 높았다. 즉 본인이
거주하고 있는 지역보다도 경제 발전을 하고 있는 지역에 대해서 차별적으
로 대우받고 있다고 생각하는 경향을 나타낸 것이다. 이 사실은 한국인의
사회적 성격인 경쟁성을 입증하는 것이다.(〈표4-3〉 참조)

　지역 간의 경제적인 격차에 관해서 수도권을 제외하고 응답자가 거주하
고 있는 지역과 타 지역을 비교했을 때 과거에 비해 경제적 격차가 커졌다
고 생각하는지 아닌지에 관해 질문해 보았다. 이에 관한 응답은 과거에 비
해서 경제적 격차에는 변화가 없다는 대답이 전체 45.9%, 과거에 비해 경
제적 격차는 어느 정도 좁아졌다고 대답한 사람이 25.7%, 과거에 비해서
경제적 격차가 조금 넓어졌다고 하는 대답이 19.4%, 과거에 비해 경제적
격차가 굉장히 넓어졌다고 대답한 사람이 5.3%, 과거에 비해 경제적 격차
가 좁아졌다고 대답한 사람은 3.7%였다. 지역별로 보면, 대전·충청도 지
역의 응답자가 타 지역의 응답자와 비교해 볼 때 과거에 비해서 경제적 격
차는 좁아졌다고 응답한 것이 가장 낮은 7.0%에 지나지 않았다. 대전·충

〈표4-3〉 경제 개발에 관련된 우대 지역

(단위 : 건, %)

		사례수	서울	경기	강원	충청	영남	호남	제주
전체		826	25.7	4.2	0.8	2.9	59.9	6.2	0.2
지역	서울·경기도·인천	156	16.0	4.5	1.9	7.7	62.2	7.1	0.6
	부산·경상남도	146	50.0	4.8	0.0	6.8	28.8	8.9	0.7
	대구·경상북도	66	33.3	3.0	1.5	3.0	24.2	34.8	0.0
	광주·전라남도	198	14.1	2.0	0.0	0.0	83.8	0.0	0.0
	전주·전라북도	92	18.5	6.5	1.1	0.0	73.9	0.0	0.0
	대전·충청도	100	22.0	0.0	0.0	0.0	78.0	0.0	0.0
	강원도	39	35.9	17.9	2.6	0.0	35.9	7.7	0.0
	제주도	29	37.9	6.9	3.4	0.0	48.3	3.4	0.0
영·호남구분	영남	212	44.8	4.2	0.5	5.7	27.4	17.0	0.5
	호남	290	15.5	3.4	0.3	0.0	80.7	0.0	0.0
	기타	324	22.2	4.9	1.5	3.7	62.7	4.6	0.3

(출처) 2010년 5월에 실시한 정치의식 조사의 결과에 의거하여 필자 작성

청도 지역의 대다수 사람들은 과거에 비해 경제적 격차가 대체로 넓어졌다고 생각하고 있는 것을 알 수 있다.

1990년 이후 경제 지표를 정리한 〈표6-7〉~〈표6-11〉를 보면 알 수 있듯이 지역 경제는 전국적으로 발전하고 있지만 수도권과 영남지역의 신장률과 비교할 때 수도권과 영남지역의 신장률이 큰 데 반해 호남지역과 대전·충청도 지역의 신장률은 비교적 저조하다.(제6장 제1절 참조)

즉 대전·충청도 지역의 사람들의 대답은 실제 경제 지표를 그대로 반영한 것이다. 호남지역에서 과거보다 경제적 격차는 좁아졌다고 대답한 사람은 25.3%이고 4명 중 1명이 과거에 비해 경제적 격차는 낮아졌다고 대답했다. 1997년에 실시한 대통령 선거에서 김대중이 염원하던 당선에 성공한 이후 지역 격차의 평준화라는 명목으로 호남지역의 인프라 정비에 힘을 쏟

〈표4-4〉 서울을 제외한 지역간 경제적 격차의 증감 인식

(단위 : 건, %)

		사례수	매우 축소	어느 정도 축소	격차에 변화가 없다	조금 늘었다	매우 늘었다	축소했다	변화 없다	늘었다
전체		1,000	3.7	25.7	45.9	19.4	5.3	29.4	45.9	24.7
지역	서울·경기도·인천	200	4.5	36.0	50.0	6.5	3.0	40.5	50.0	9.5
	부산·경상남도	200	4.5	33.0	45.0	15.0	2.5	37.5	45.0	17.5
	대구·경상북도	100	8.0	27.0	41.0	20.0	4.0	35.0	41.0	24.0
	광주·전라남도	200	2.5	19.0	52.0	17.0	9.5	21.5	52.0	26.5
	전주·전라북도	100	3.0	30.0	44.0	16.0	7.0	33.0	44.0	23.0
	대전·충청도	100	0.0	7.0	28.0	65.0	0.0	7.0	28.0	65.0
	강원도	50	2.0	22.0	36.0	24.0	16.0	24.0	36.0	40.0
	제주도	50	4.0	12.0	68.0	8.0	8.0	16.0	68.0	16.0
영·호남 구분	영남	300	5.7	31.0	43.7	16.7	3.0	36.7	43.7	19.7
	호남	300	2.7	22.7	49.3	16.7	8.7	25.3	49.3	25.3
	기타	400	3.0	24.0	45.0	23.5	4.5	27.0	45.0	28.0

(주) 「축소」는 「매우 축소」와 「어느 정도 축소」의 합계,
「늘었다」는 「조금 늘어났다」와 「매우 늘어났다」의 합계
(출처) 2010년 5월에 실시한 정치의식 조사의 결과에 의거하여 필자 작성

아 호남지역의 도로, 철도, 항만, 문화시설 등이 급속하게 정비되었다. 눈에 보이는 형태의 개발이 늘어난 결과로 경제적 격차가 줄어들었다고 대답하는 사람이 25.3%인 수치를 나타내고 있다.(〈표4-4〉 참조)

〈표4-5〉에서는 지역 간의 경제 격차에 관해서 '자신이 거주하는 지역과 타 지역을 비교했을 때 과거에 비해 경제적 격차가 확대됐는가 축소됐는가.' 라고 질문한 결과와 2010년 6월 2일에 실시된 지방선거에서 지지 정당과 어떠한 상관관계가 존재하는가에 관하여 분석해 보았다. 정당은 한나라당, 민주당, 기타 정당(자유선진당, 민주노동당, 창조한국당, 친박연대, 진보신당, 국민참여당), 아니다·회답 없음으로 분류했다.

〈표4-5〉 지지하는 정당별로 본 과거대비 경제적인 격차

(단위 : 건, %)

			과거대비 경제적 격차					전체
			매우 축소	어느 정도 축소	격차에 변화없음	조금 줄어 들었다	매우 늘어났다	
지지정당	한나라당	사례수	13	81	121	52	9	276
		횡의 비율	4.7%	29.3%	43.8%	18.8%	3.3%	
		종의 비율	35.1%	31.5%	26.4%	26.8%	17.0%	
		전체 비율	1.3%	8.1%	12.1%	5.2%	0.9%	
	민주당	사례수	11	67	155	46	24	303
		횡의 비율	3.6%	22.1%	51.2%	15.2%	7.9%	
		종의 비율	29.7%	26.1%	33.8%	23.7%	45.3%	
		전체 비율	1.1%	6.7%	15.5%	4.6%	2.4%	
	기타의 정당	사례수	5	33	52	53	8	151
		횡의 비율	3.3%	21.9%	34.4%	35.1%	5.3%	
		종의 비율	13.5%	12.8%	11.3%	27.3%	15.1%	
		전체 비율	0.5%	3.3%	5.2%	5.3%	0.8%	
	없음/ 회답없음	사례수	8	76	131	43	12	270
		횡의 비율	3.0%	28.1%	48.5%	15.9%	4.4%	
		종의 비율	21.6%	29.6%	28.5%	22.2%	22.6%	
		전체 비율	0.8%	7.6%	13.1%	4.3%	1.2%	
전체		사례수	37	257	459	194	53	1,000

(주) Chi-Square(12)=42.625 : p〈0.01
(출처) 2010년 5월에 실시한 정치의식 조사의 결과에 의거하여 필자 작성

한나라당을 지지한다고 하는 응답자(276명)를 보면 과거에 비해 경제적 격차에 변화가 없다고 대답한 사람이 43.8%, 경제적 격차가 어느 정도 줄어들었다고 대답한 사람이 29.3%, 경제적 격차가 조금 넓어졌다고 대답한 사람은 18.8%, 경제적 격차가 굉장히 좁아졌다고 대답한 사람이 4.7%, 경제적 격차가 굉장히 넓어졌다고 대답한 사람은 3.3%이다. 한편 민주당을 지지한다고 대답한 사람(303명) 중에는 경제적 격차에 변화가 없다고 대답한

사람은 51.2%, 경제 격차가 어느 정도 줄어들었다고 대답한 사람이 22.1%, 경제적 격차가 조금 넓어졌다고 대답한 사람이 15.2%, 경제적 격차가 굉장히 좁아졌다고 대답한 사람은 7.9%, 경제적 격차가 굉장히 넓어졌다고 대답한 사람은 3.6%였다.

기타의 정당을 지지한다고 대답한 사람이 151명이었는데 그 중에서 과거에 비해 경제적 격차에 변화가 없다고 대답한 사람이 34.4%로 가장 많았고, 경제적 격차가 조금 넓어졌다고 대답한 사람이 35.1%, 경제적 격차가 어느 정도 좁아졌다고 대답한 사람이 21.9%, 경제적 격차가 굉장히 넓어졌다고 대답한 사람이 5.3%, 경제적 격차가 굉장히 좁아졌다고 대답한 사람이 3.3%였다. 지지하는 정당이 없거나 회답을 하지 않은 무응답자 270명 중에서는 경제적 격차에는 변화가 없다고 대답한 사람이 48.5%, 경제적 격차가 어느 정도 줄어들었다고 대답한 사람이 28.1%, 경제적 격차가 조금 넓어졌다고 대답한 사람이 15.9%, 경제적 격차가 굉장히 넓어졌다고 대답한 사람이 4.4%, 경제적 격차가 굉장히 줄어들었다고 대답한 사람이 3.0%였다.

전체적으로는 과거에 비해서 경제적 격차에는 변화가 없다는 대답이 가장 많이 나왔으나, 한나라당을 지지한다고 대답한 응답자는 상대적으로 과거에 비해 경제적 격차가 어느 정도 줄어들었다고 생각하고 있는 응답자가 많았다. 그리고 민주당 또는 기타 정당을 지지한다고 대답한 응답자는 과거에 비해 경제적 격차가 조금 넓어졌다 또는 과거에 비해 경제적 격차는 매우 넓어졌다고 한 대답이 상대적으로 많았다.(〈표4-5〉 참조)

다음으로 영남지역에 거주하는 사람으로서 호남지역이 경제 개발에 있어서 우대되었다고 대답한 사람과 호남지역에 거주하는 사람으로서 영남지역이 경제 개발에 있어서 우대되었다고 대답한 사람을 비교해 분석해 보았다. 그 결과 영남지역에 거주하고 있는 사람 가운데에서 호남지역이 경제 개발에 있어서 우대받았다고 대답한 사람 36명 중 가장 높은 44.4%의 응답자가 과거에 비해 경제적 격차에 변화가 없다고 대답하였고, 경제적 격차가 조금 넓어졌다고 대답한 사람이 27.8%, 경제적 격차는 어느 정도 줄어들었다고 대답한 사람이 19.4%, 경제적 격차는 굉장히 축소되었다고 대답한 사람이 8.3%였다.

한편 호남지역에 거주하고 있는 사람으로서 영남지역이 경제 개발에 있어 우대되었다고 대답한 사람이 234명인데, 그 중에서 가장 높은 50.0%가 과거에 비해 경제적 격차에는 변화가 없다고 대답하였다. 경제적 격차가 어느 정도 축소되었다고 대답한 사람은 21.4%, 경제적 격차가 조금 넓어졌다고 대답한 사람이 17.1%, 경제적 격차가 굉장히 넓어졌다고 대답한 사람이 8.1%, 경제적 격차가 굉장히 줄어들었다고 대답한 사람은 3.4%였다. 즉 영남지역에 거주하고 있는 사람 중에서 호남지역이 경제 개발에 있어 우대되었다고 대답하는 사람보다, 호남지역에 거주하고 있는 사람 중에서 영남지역이 경제 발전에 있어서 우대되었다고 대답하는 쪽이 경제적인 격차가

〈표4-6〉 영·호남거주자 가운데 상대 지역의 우대와 경제적 격차

(단위 : 건, %)

	사례수	매우 축소	어느 정도 축소	격차에 변화 없음	조금 늘어 났다	매우 늘어 났다	축소	이상 없음	늘어 났다
영남지역에 거주& 호남지역에 우대	36	8.3	19.4	44.4	27.8	0.0	27.8	44.4	27.8
호남지역에 거주& 영남지역에 우대	234	3.4	21.4	50.0	17.1	8.1	24.8	50.0	25.2

(출처) 2010년 5월에 실시한 정치의식 조사의 결과에 의거하여 필자 작성

상당히 크다고 느끼고 있다는 것을 알 수 있는 것이다.((표4-6)참조)

'국가의 경제 발전 정책이 어떻게 되어야 하는가.' 하는 설문에 대해서 가장 많은 62.4%의 사람이 지역 균형 발전이라는 관점에서 다양한 지역에 균등한 개발 투자가 있어야 한다고 대답하였다. 지금까지 발전이 지체된 지역에 우선해서 집중 투자해야만 한다는 대답은 21.5%, 국가 전체 관점에서 투자 효과가 높은 지역을 우선해서 투자해야 한다는 대답이 16.1%였다.

종합적으로 보면 대부분의 응답자가 경제 발전을 위한 정책 지원이 특정 지역에 집중되었거나 우대되었다고 생각하고 있었고 특히 영남지역과 수도권이 우대되었다는 인식이 있는 것을 알 수 있었다. 게다가 타 지역과 비교해서 호남지역의 응답자들은 경제 분야에 있어서 소외의식을 강하게 가지고 있었고 여전히 소외의식이 계속되고 있다는 것이 조사 결과로부터 얻어낸 결론이다. 그러나 '이와 같은 경제적 측면에서 경제 발전이 늦어진 사실로써 지역 간 대립과 갈등 문제를 모두 설명할 수 있는가.' 라고 묻는다면 선뜻 대답하기 어렵다. 따라서 다음 절에서는 지역주의의 정치적 요인을 분석하기로 한다.

제2절 지역주의의 정치적 요인

이 절에서는 지역주의의 정치적 요인에 관한 설문에 어떤 회답이 나왔는가를 검토하기로 한다. 정치 문제에 관한 관심도에 대해서는 '그다지 관심이 없다'(37.2%), '보통이다'(28.4%), '어느 정도 관심이 있다'(22.0%), '전혀 관심이 없다'(8.0%), '굉장히 관심이 많다'(4.4%)라는 순으로 응답이 나왔다. 정치 문제에 '전혀 관심이 없다', '그다지 관심이 없다' 고 대답한 응답자는 전체 응답자의 45.2%에 달하고, 조사 대상자의 약 반수가 정치 문제에 관심이 없다고 대답하고 있다. 영남지역과 호남지역에서의 정치 문제에 관한 관심도를 보면 영남지역에서는 22.0%, 호남지역에서는 28.0%로 나타나고 있고, 호남지역 쪽이 영남지역보다 정치 문제에 관심이 약간 높은 것을 알 수 있다.(〈표4-7〉참조)

정치문제에 관한 정보 획득 수단을 묻는 설문에 대해서는 텔레비전·방송(69.3%), 인터넷(12.4%), 신문(10.2%), 친구·지인(5.2%), 가족·친척(2.9%)의 순서였다. 즉 정치문제에 관한 정보를 어떠한 수단을 통해서 획득하고 있는가에 관해서는 일반적인 대중매체에 의한 것이 압도적으로 많았고 친구·지인, 가족·친척 등의 인간관계를 통해서 정보를 획득한다는 대답은 상당히 적었다.

영남지역과 호남지역을 비교해 보면 영남지역에서는 텔레비전·방송(71.0%), 인터넷(15.0%), 신문(9.7%), 친구·지인(3.3%), 가족·친척(1.0%)의 순서였지만 호남지역에서는 텔레비전·방송(66.3%), 인터넷(13.7%), 친구·지인

〈표4-7〉 정치문제에 관한 관심도

(단위 : 건, %)

		사례수	전혀 없다	별로 없다	보통 이다	어느정도 있다	매우 많다	관심 없다	보통 이다	관심 있다
전체		1,000	8.0	37.2	28.4	22.0	4.4	45.2	28.4	26.4
영·호남 구분	영남	300	14.0	37.3	26.7	18.7	3.3	51.3	26.7	22.0
	호남	300	6.3	37.0	28.7	24.0	4.0	43.3	28.7	28.0
	기타	400	4.8	37.3	29.5	23.0	5.5	42.0	29.5	28.5

(주) 「관심없다」는 「전혀 관심없다」와 「별로 관심 없다」의 합계, 「관심 있다」는 「어느 정도 관심있다」와 「매우 관심있다」의 합계
(출처) 2010년 5월에 실시한 정치의식조사의 결과에 의거하여 필자 작성

<표4-8> 정치 관련 정보 획득의 매체

(단위 : 건, %)

		사례수	신문	텔레비전 방송	인터넷	친구/지인	가족/친척
전체		1,000	10.2	69.3	12.4	5.2	2.9
영·호남구분	영남	300	9.7	71.0	15.0	3.3	1.0
	호남	300	6.0	66.3	13.7	11.0	3.0
	기타	400	13.8	70.3	9.5	2.3	4.3

(출처) 2010년 5월에 실시한 정치의식 조사의 결과에 의거하여 필자 작성

(11.0%), 신문(6.0%), 가족·친척(3.0%)의 순서였다. 친구·지인, 가족·친척이라고 대답한 것을 합하면 호남지역이 14.0%, 영남지역이 4.3%였는데 영남지역에 비해서 호남지역 사람들은 대인관계를 통해서 얻은 정치 관련 정보량이 상대적으로 많다는 것을 알 수 있다. 이는 영남지역에 비해 호남지역의 인간관계가 농밀하고 공동체성이 강한 것을 나타내고 있는 것이다. (〈표4-8〉참조)

정치문제에 관한 관심의 정도에 따라서 어떠한 수단으로 정치 문제에 관한 정보를 입수하고 있는가를 조사해 보았다. 정치문제에 '관심이 없다' 고 대답한 응답자(452명)들 중에 텔레비전·방송에 의해서 정보를 얻고 있다고 대답한 비율이 가장 많았고, 76.1%가 텔레비전·방송에 의해서 정보를 얻었다고 대답했다. 계속해서 인터넷(11.3%), 신문(4.9%), 친구·지인(4.9%), 가족·친척(2.9%)의 순으로 응답했다. 한편 정치 문제에 '관심이 있다' 고 대답한 응답자(246명) 중에서는 텔레비전·방송을 통해서 정보를 얻고 있다고 대답한 비율이 58.3%로서 가장 많았으나 앞의 경우에 비해 상대적으로 낮아졌다. 계속해서 신문(18.6%), 인터넷(12.1%), 친구·지인(7.6%), 가족·친척(3.4%)를 통해서 정보를 입수하고 있다고 대답했다.

이상의 분석을 통해 텔레비전·방송을 통해서 정치 관련 정보를 얻고 있는 사람들이 가장 많다는 점이 명확하게 되었다. 텔레비전·방송 이외의 매체에 관해서 검토해 보면 정치 문제에 관심이 있는 사람과 없는 사람에서는 정보의 입수 매체에 차이가 보였다. 정치 문제에 관심을 가지고 있지 않은 사람은 인터넷을 통해서 정보를 얻고 있는 것에 반해서, 정치 문제에 관심을 가지고 있는 사람들은 인쇄 매체인 신문을 통해서 적극적으로 정보를 얻고 있고 또 대인 관계를 통해서도 정보를 얻고 있다.

정보 입수 경로가 텔레비전·방송, 인터넷이라고 대답한 응답자는 정치에 관심을 가지고 있지 않은 사람에서는 87.1%에 달하여 정치에 관심이 있는 사람에서의 비율 70.4%를 16.7%나 상회하고 있다. 즉 정치에 관심을 가지고 있지 않은 사람은 비교적 쉬운 방법으로 정보를 입수하고 있는 데 반해 정치에 관심이 있는 사람은 정보 수집을 위해 적극적으로 행동하고 있다는 것을 알 수 있다. 특히 신문을 통해 정보를 얻고 있는 사람의 비율은 정치에 관심이 있는 사람은 18.6%인데 반해 정치에 관심이 없는 사람은 4.9%에 지나지 않아 그 격차는 13.7%에 이르렀다. 정치에 관심이 있는 사람은 인쇄 매체뿐만 아닌 인적 정보원으로부터도 적극적으로 정보를 얻으려고 노력하고 있는 모습이 보이고, 정치에 대한 적극적인 자세를 나타내고 있는 것이다.(〈표4-9〉참조)

정치적인 성향이 보수, 혁신 중에 어느 쪽에 가까운가를 묻는 설문에 대해서 전체에 41.4%의 응답자가 중도라고 대답했다. 다음으로 응답자가 많은 것은 중도보수(21.1%), 중도혁신(17.7%), 보수(11.3%), 혁신(8.5%) 순이었고 전체적으로 혁신과 보수, 그리고 중도가 균형 있게 분포하고 있다.

지역별로 검토를 더해 보면 모든 지역에서 중도라고 하는 대답이 가장

<표4-9> 정치문제에 대한 관심도별 정보 획득 수단

(단위 : 건, %)

	사례수	신문	텔레비전 방송	인터넷	친구/지인	가족/친척
정치문제에 관심 없다	452	4.9	76.1	11.3	4.9	2.9
정치문제에 관심 있다	264	18.6	58.3	12.1	7.6	3.4

(출처) 2010년 5월에 실시한 정치의식 조사의 결과에 의거 필자 작성

많았다. 서울·경기도·인천(29.5%), 부산·경상남도(21.0%), 대구·경상북도 (15.0%), 대전·충청도(25.0%), 강원도(22.0%), 제주도(26.0%)의 응답자 중에서 '중도보수'라고 대답한 사람에 비해 광주·전라남도(16.0%), 전주·전라북 도(14.0%)에서 중도보수라고 대답한 사람은 상대적으로 낮은 수치를 나타 냈다. 반대로 중도혁신이라고 대답한 사람은 서울·경기도·인천(11.0%), 부 산·경상남도(12.0%), 대구·경상북도(18.0%), 대전·충청도(17.0%), 강원도 (20.0%), 제주도(16.0%) 지역에 비해 광주·전라남도 (27.0%), 전주·전라북도 (24.0%) 지역이 상대적으로 높은 결과를 나타내고 있다.

보수 혹은 중도보수라고 대답한 사람의 합계를 비교해 보면 이 경향은 한층 명확한 형태를 표출한다. 보수 또는 중도보수라고 대답한 사람의 합 계는 서울·경기도·인천(36.5%), 부산·경상남도(35.0%), 대구·경상북도 (31.0%), 대전·충청도(48.0%), 강원도(36.0%), 제주도(30.0%) 지역과 광주·전라 남도(26.5%), 전주·전라북도(16.0%) 지역이 명확한 격차를 보였다. 즉 호남지 역 사람들은 타 지역 사람들보다도 상대적으로 자신을 보수적이 아니라고 생각하고 있다는 것이다.

한편 자신의 정치 성향이 혁신 또는 중도혁신이라고 대답한 사람의 합계 를 비교해 보면 서울·경기도·인천(20.5%), 부산·경상남도(21.0%), 대구·경

상북도(25.0%), 대전·충청도(19.0%), 강원도(26.0%), 제주도(22.0%) 지역에 비해 광주·전라남도(38.5%), 전주·전라북도(34.0%)이 상대적으로 높은 것을 알 수 있었다. 요컨대 호남지역 사람들은 타 지역 사람보다 스스로를 혁신적이라고 인식하고 있는 것이다. 영남지역과 호남지역에 초점을 맞추어 정리해 보면 영남지역은 중도보수적인 성향, 호남지역은 중도혁신적인 성향이 상대적으로 강하다는 것을 알 수 있다.

직업별로 보면 모든 직종에 있어서 중도라는 대답이 가장 많았지만 자영업·블루칼라(판매서비스업, 기능직·작업직) 계층·주부·무직의 사람들 중에 중도보수라는 대답이 비교적 많았고, 화이트칼라(고급기술직, 경영·관리직, 고급전문직) 계층과 학생은 중도혁신의 비율이 비교적 높은 경향을 나타내고 있다. 저학력의 사람은 보수적인 경향을 나타내고 고학력의 사람은 혁신적인 경향을 나타내고 있다는 것으로 일반적으로 알고 있지만, 정치의식 조사에 있어서도 그러한 경향이 명확한 형태로 나타나고 있다.(〈표4-10〉 참조)

정치 문제에 관한 관심도에 따라 정치적 성향을 조사해 보면 정치 문제에 관심이 없다고 대답한 응답자(452명) 중에서 32.7%가 보수, 46.0%가 중도, 21.2%가 혁신이라고 대답했다. 한편, 정치 문제에 관심이 있다고 대답한 응답자(264명) 중에서 38.3%가 보수, 25.0%가 중도, 36.8%가 혁신이라고 대답했다. 정치 문제에 관심이 없다고 대답한 사람은 자신의 정치적 성향을 중도라고 대답한 비율이 높고, 정치적 문제에 관심이 있다고 대답한 사람들의 경우는 자신의 정치적 성향을 보수 또는 혁신이라고 대답하고, 자신의 정치적인 입장을 명확하게 인식하고 있다는 것을 알 수 있다. 이러한 결과를 나타낸 이유는, 정치에 관심을 가지고 있는 사람은 일상적으로 사회문제에 관심을 가지고, 한국 사회의 현재 문제점을 파악하고 자신의 주

(단위 : 건, %)

		사례수	보수	중도보수	중도	중도혁신	혁신
전국		1,000	11.3	21.1	41.4	17.7	8.5
지역	서울·경기도·인천	200	7.0	29.5	43.0	11.0	9.5
	부산·경상남도	200	14.0	21.0	44.0	12.0	9.0
	대구·경상북도	100	16.0	15.0	44.0	18.0	7.0
	광주·전라남도	200	10.5	16.0	35.0	27.0	11.5
	전주·전라북도	100	2.0	14.0	50.0	24.0	10.0
	대전·충청도	100	23.0	25.0	33.0	17.0	2.0
	강원도	50	14.0	22.0	38.0	20.0	6.0
	제주도	50	4.0	26.0	48.0	16.0	6.0
직업	자영업	197	15.2	24.9	36.5	17.8	5.6
	블루칼라	208	9.6	22.1	40.4	15.9	5.6
	화이트칼라	230	6.5	17.4	44.3	23.9	7.8
	전업주부	225	12.0	20.9	49.3	12.9	4.9
	학생	90	10.0	13.3	37.8	21.1	17.8
	무직	50	24.0	34.0	22.0	12.0	8.0
영·호남구분	영남	300	14.7	19.0	44.0	14.0	8.3
	호남	300	7.7	15.3	40.0	26.0	11.0
	기타	400	11.5	27.0	40.5	14.3	6.8

(출처) 2010년 5월에 실시한 정치의식조사의 결과에 의거하여 필자 작성

의주장을 구체적으로 형성하고 있다고 생각하고 있기 때문에, 보수 또는 혁신의 입장을 명확하게 주장하고 있다고 생각하고 있다.(〈표4-11〉참조)

한국의 민주화 수준에 관한 설문의 결과를 보면, '과거에 비해 어느 정도 민주화되었다'(47.8%), '과거에 비해 변한 것은 없다'(27.0%), '과거에 비해 상당히 민주화 되었다'(17.7%), '과거에 비해 민주화 수준이 낮아졌다'(7.5%)의 순으로 응답했다. 지역별로 보면, 과거에 비해 상당히 민주화되었다고 생각하고 있는 사람은 서울·경기도·인천, 부산·경상남도, 대구·경

〈표4-11〉 정치문제의 관심도에 상응한 정치적 성향

(단위 : 건, %)

	사례수	보수	중도	혁신
정치문제에 관심 없다	452	32.7	46.0	21.2
정치문제에 관심 있다	264	38.3	25.0	36.7

(출처) 2010년 5월에 실시한 정치의식 조사의 결과에 의거하여 필자 작성

상북도, 강원도, 제주도에서 각각 25.0%, 17.0%, 18.0%, 28.0%, 52.0%이었지만, 대전·충청도에서는 6.0%, 광주·전라남도 10.0%, 전주·전라북도 9.0%이었다. 후자의 지역에서 과거에 비해 상당히 민주화되었다고 생각하고 있는 사람의 비율이 전자의 지역과 비교해서 극히 낮은 수준을 나타내고 있는 것이다.

과거에 비해 상당히 민주화되었다고 생각하고 있는 사람과 과거에 비해 어느 정도 민주화되었다고 생각하는 사람의 합계를 보면, 서울·경기도·인천, 부산·경상남도, 대구·경상북도, 강원도, 제주도에서 각각 71.5%, 74.5%, 65.0%, 74.0%, 88.0%라는 높은 수준을 나타내고 있다. 반면에 대전·충청도 50.0%, 광주·전라남도 51.5%, 전주·전라북도 64.0%이고, 이는 타 지역과 비교해 보면 상대적으로 낮은 수준을 나타내고 있는 것이다.

특징적인 것은 제주지역은 다른 지역과 비교하면 '과거에 비해 상당히 민주화되었다' 고 대답한 사람이 52.0%나 되어 가장 높은 비율을 보이고 있다는 것이다. 게다가, 원적(元籍; 아버지의 고향)이 제주지역인 응답자들도 '과거에 비해 상당히 민주화되었다' 는 대답이 52.0%나 되어 높은 비율을 나타내고 있는 것을 알 수 있다. 제주지역 출신자들의 경우 민주화 수준에 관한 평가가 타 지역과 비교해서 상당히 긍정적이라는 것을 알 수 있다.

그에 반해 전주·전라북도는 과거에 비해 오히려 민주화의 수준이 낮아졌다고 대답한 사람이 다른 지역보다 상대적으로 높은 결과를 나타내고 있다. 즉 호남지역 사람들은 전통적으로 진보적인 성향을 가지고 있기 때문

〈표4-12〉 대한민국의 민주화 수준

(단위 : 건, %)

		사례수	과거보다 민주화	과거에 비하여 어느정도 민주화	과거에 비하여 변한 것이 없다	과거에 비하여 민주화 수준이 저하
전체		1,000	17.7	47.8	27.0	7.5
지역	서울 · 경기도 · 인천	200	25.0	46.5	27.5	1.0
	부산 · 경상남도	200	17.0	57.5	19.5	6.0
	대구 · 경상북도	100	18.0	47.0	27.0	8.0
	광주 · 전라남도	200	10.0	41.5	33.5	15.0
	전주 · 전라북도	100	9.0	55.0	25.0	11.0
	대전 · 충청도	100	6.0	44.0	46.0	4.0
	강원도	50	28.0	46.0	16.0	10.0
	제주도	50	52.0	36.0	6.0	6.0
원적	서울	42	26.2	45.2	23.8	4.8
	경기도 · 인천	41	29.3	39.0	29.3	2.4
	강원도	51	31.4	47.1	15.7	5.9
	대전 · 충청도	153	9.8	52.3	34.6	3.3
	부산 · 대구 · 경상	294	19.4	52.0	22.4	6.1
	광주 · 전라도	353	10.2	45.9	32.3	11.6
	제주도	50	50.0	38.0	6.0	6.0
	북조선/기타	16	31.3	31.3	25.0	12.5
영 · 호남구분	영남	300	17.3	54.0	22.0	6.7
	호남	300	9.7	46.0	30.7	13.7
	기타	400	24.0	44.5	28.0	3.5

(출처) 2010년 5월에 실시한 정치의식 조사의 결과에 의거하여 필자 작성

에 민주화에 대한 기대감이 다른 지역보다도 높아 그 불만을 노정하고 있다고 생각되는 것이다.(〈표4-12〉참조)

다음으로 개인의 정치적 성향의 차이와 민주화 수준에 대한 평가 사이에 어떤 관계가 있는가를 분석해 보았다. 보수적인 성향을 가지고 있다고 한 응답자(324명) 중에서 64.8%가 과거에 비해 민주화되었다고 생각하였고, 30.6%가 과거에 비해 변한 것이 없다, 4.6%가 과거에 비해 민주화의 수준이 낮아졌다고 대답했다. 한편 혁신적인 성향을 가지고 있다는 응답자(262명) 중에서 65.7%가 과거에 비해 민주화되었다고 생각하였고, 21.0%가 과거에 비해 변한 것이 없다. 13.4%가 과거에 비해 민주화의 수준이 낮아졌다고 대답했다. 보수적인 성향을 가진 사람들 가운데 과거에 비해 민주화의 수준이 낮아졌다고 대답한 사람의 비율이 4.6%였다. 이에 반해 혁신적인 성향을 가진 사람 가운데 과거에 비해 민주화 수준이 낮아졌다고 대답한 비율은 13.4%로서 8.8%나 격차를 나타내고 있다. 보수적인 성향을 가지고 있는 사람에 비해 혁신적인 성향을 가지고 있는 사람이 민주화 수준에 관해 비교적 엄격한 평가를 하고 있다는 것을 알 수 있다.(〈표4-13〉참조)

선거에서 후보를 선택할 때 후보자의 소속 정당과 출신지가 어느 정도

〈표4-13〉 정치적 성향별 민주화 수준에 대한 평가

(단위 : 건, %)

	사례수	과거에 비하여 매우 민주화 되었다	과거에 비하여 변화한 것 없다	과거에 비하여 민주화의 수준이 낮아졌다
보수	324	64.8	30.6	4.6
혁신	262	65.6	21.0	13.4

(출처) 2010년 5월에 실시한 정치의식 조사의 결과에 의거하여 필자 작성

영향을 주고 있는가에 관해 조사한 결과, '어느 정도 영향을 주었다' 는 대답이 전체의 41.8%에 달하여 가장 높은 비율을 나타냈다. 이어 '보통이다' (27.4%), '그다지 영향을 주지 않았다' (18.2%), '굉장히 영향을 주었다' 가 (8.8%), '전혀 영향을 주지 않았다' (3.8%)라는 순으로 대답하고 있다. 응답자의 약 반수인 50.6%가 '영향을 주었다' 고 대답하고 있다. 지역별로 응답을 정리해 보면, 굉장히 영향을 주었다는 대답과 어느 정도 영향을 주었다는 대답의 합계가 호남지역에서는 53.3%, 영남지역에서는 49.1%, 기타지역에서는 49.8%로서 호남지역이 약간 높은 수준을 나타내고 있다. 반대로 전혀 영향을 주지 않았다고 대답한 사람과 그다지 영향을 주지 않았다고 대답한 사람의 합계는 영남지역에서 22.7%, 호남지역에서 21.0%, 기타지역에서 22.3%였다. 그 결과는 지역을 불문하고 국민의 약 8할의 사람이 후보자의 출신지는 투표 행동에 어떤 형태로든 영향을 주고 있다고 생각하고 있는 것을 알 수 있는 것이다.(〈표4-14〉참조)

각 후보에 관한 평가에 그다지 차가 없을 경우에 '정당·출신지·공약 세 가지 중에서 가장 중요한 선택 기준은 무엇인가' 라는 설문에 대해서는 '공약 이 가장 중요하다' 고 응답한 대답자가 55.5%로 가장 많았고 '정당' 이라고 한 응답은 28.0%, '출신지·연고지' 라는 대답은 16.5%에 지나지 않았다. 이로써 정당과 출신지가 후보 선택에 영향을 주지만, '공약' 이 선거에 있어서 후보자 선택에 최대의 요인이라는 것을 알 수 있었다.

2007년에 대통령 선거 때에 어떤 후보를 지지했는가 하는 설문에 대해서는 이명박이라고 대답한 응답자가 전체의 35.3%로 가장 높았고 정동영은 27.7%였다. 지역별로 보면 이명박을 지지한 유권자의 비율은 서울·경기도·인천 42.5%, 부산·경상남도 50.5%, 대구·경상북도 54.0%, 광주·전라

(단위 : 건, %)

		사례수	전혀 영향을 주지 않는다	그렇게 영향을 주지 않는다	보통이다	어느 정도 영향을 준다	매우 영향을 준다
전체		1,000	3.8	18.2	27.4	41.8	8.8
지역	서울	100	4.0	19.0	22.0	51.0	4.0
	부산	100	3.0	10.0	34.0	52.0	1.0
	대구	50	4.0	18.0	30.0	42.0	6.0
	광주	100	1.0	21.0	31.0	41.0	6.0
	대전	50	0.0	4.0	30.0	66.0	0.0
	경기/인천	100	8.0	24.0	28.0	31.0	9.0
	충청	50	0.0	14.0	22.0	58.0	6.0
	전주/전북	100	7.0	15.0	34.0	37.0	7.0
	전남	100	2.0	17.0	12.0	45.0	24.0
	경북	50	8.0	24.0	30.0	30.0	8.0
	경남	100	5.0	23.0	21.0	34.0	17.0
	강원	50	2.0	20.0	30.0	36.0	12.0
	제주	50	2.0	26.0	42.0	22.0	8.0
영·호남 구분	영남	300	4.7	18.0	28.3	40.7	8.3
	호남	300	3.3	17.7	25.7	41.0	12.3
	기타	400	3.5	18.8	28.0	43.3	6.5

(출처) 2010년 5월에 실시한 정치의식 조사의 결과에 의거하여 필자 작성

남도 4.0%, 전주·전라북도 1.0%, 대전·충청도 55.0%, 강원도 38.0%, 제주도에서 60.0%를 득표한 것에 반해, 정동영을 지지한 유권자의 비율은 서울·경기도·인천 18.0%, 부산·경상남도 9.0%, 대구·경상북도 11.0%, 광주·전라남도 60.0%, 전주·전라북도 64.0%, 대전·충청도 19.0%, 강원도 8.0%, 제주도에서 10.0% 각각 득표했다. 광주·전라남도, 전주·전라북도를 제외한 지역에 있어서는 이명박의 지지율이 후보자 중에서 가장 높은

수치를 나타내고 있다.

그러나 광주·전라남도에 있어서 정동영을 지지한 사람의 비율은 60.0%인 것에 반해 정동영에 이어 지지율이 높았던 이인제까지도 8.5%에 불과하여 정동영과는 51.5%라는 큰 격차를 나타내고, 다른 후보자들은 이명박이 4.0%, 권영길이 4.5%, 문국현이 5.0%, 이회창이 1.0%라는 대답을 얻었다. 게다가 전주·전라북도에서 정동영을 지지한 사람의 비율은 64.0%였지만 다른 후보는 광주·전라남도의 경우, 대통령 당선자인 이명박까지도 후보자 중 제5위의 지지밖에 얻지 못하였다. 영남지역과 호남지역의 비교를 시도해 보면 영남지역에서는 이명박이 51.7%, 정동영은 9.7%의 지지율을 나타낸 반면 호남지역에서는 정동영이 61.3%, 이명박은 3.0%였고 영남

〈표4-15〉 2007년 대통령 선거에서의 후보 지지율

(단위 : 건, %)

		사례수	정동영	이명박	권영길	이인제	문국현	이회창	기타	투표권무	기권/불투표
전체		1,000	27.7	35.3	2.4	2.9	3.5	7.0	1.3	4.7	15.2
지역	서울·경기도·인천	200	18.0	42.5	2.0	3.0	4.0	7.0	0.5	5.0	18.0
	부산·경상남도	200	9.0	50.5	3.0	0.0	4.0	12.5	0.5	5.5	15.0
	대구·경상북도	100	11.0	54.0	2.0	0.0	3.0	6.0	0.0	5.0	19.0
	광주·전라남도	200	60.0	4.0	4.5	8.5	5.0	1.0	2.0	3.5	11.5
	전주·전라북도	100	64.0	1.0	0.0	2.0	3.0	3.0	5.0	5.0	17.0
	대전·충청도	100	19.0	55.0	0.0	1.0	0.0	4.0	1.0	7.0	13.0
	강원도	50	8.0	38.0	4.0	2.0	6.0	20.0	2.0	2.0	18.0
	제주도	50	10.0	60.0	2.0	4.0	0.0	12.0	0.0	2.0	10.0
영·호남구분	영남	300	9.7	51.7	2.7	0.0	3.7	10.3	0.3	5.3	16.3
	호남	300	61.3	3.0	3.0	6.3	4.3	1.7	3.0	4.0	13.3
	기타	400	16.0	47.3	1.8	2.5	2.8	8.5	0.8	4.8	15.8

(출처) 2010년 5월에 실시한 정치의식 조사의 결과에 의거하여 필자 작성

지역과 호남지역 사이에 지지율의 차가 컸다. (〈표4-15〉참조)

지역주의의 표출은 2008년도에 실시되었던 제18대 국회의원 총선거에서 정당 지지(정당명부식 비례대표)에 대한 설문에서도 나타나고 있다. 한나라당을 지지했다고 대답한 사람이 전체 35.5%, 통합민주당을 지지했다고 대답한 사람이 28.1%를 나타내고 있다. 한나라당을 지지했다고 대답한 사람을 지역별로 보면 서울·경기도·인천 44.5%, 부산·경상남도 52.0%, 대구·경상북도 52.0%, 광주·전라남도 2.5%, 전주·전라북도 0.0%, 대전·충청도 50.0%, 강원도 50.0%, 제주도 60.0%였다.

한편 통합민주당을 지지했다고 대답한 사람은 서울·경기도·인천 18.0%, 부산·경상남도 8.5%, 대구·경상북도 9.0%, 광주·전라남도 65.0%, 전주·전라북도 67.0%, 대전·충청도 6.0%, 강원도 10.0%, 제주도 22.0%였다. 서울·경기도·인천, 부산·경상남도, 대구·경상북도, 대전·충청도, 강원도, 제주도 각 지역에서는 한나라당이 지지를 폭넓게 모은 것에 반해 광주·전라남도, 전주·전라북도에서 한나라당을 지지하고 있는 비율은 각각 2.5%, 0.0%라는 극단적으로 낮은 수치였다. 한편 통합민주당을 지지한 사람은 광주·전라남도, 전주·전라북도에서 각각 65.0%, 67.0%였고 한나라당을 지지한 사람과의 격차는 수십 배에 달하였다. 서울·경기도·인천, 부산·경상남도, 대구·경상북도, 대전·충청도, 강원도, 제주도의 각 지역에서 한나라당을 지지한 사람은 통합민주당을 지지하는 사람의 약 2.5배부터 8배 정도였다. 이상의 결과는 지역주의가 심화되어 호남지역이 고립되고 있다는 사실과 그럴수록 호남지역의 투표 행동의 편재화가 심해지고 있다는 지역주의의 특수한 측면을 잘 보여주고 있다.

〈표4-16〉부터 광주·전라남도, 전주·전라북도를 제외한 지역에 있어서

는 한나라당이 강세를 보인 것에 반해 광주·전라남도, 전주·전라북도에 있어서는 통합민주당이 압도적인 지지를 모으고 있는 모습을 알았지만 영남지역 전역과 호남지역 전역을 비교하면, 영남지역에서는 한나라당이 52.0%, 통합민주당이 8.7%의 지지율을 보인 것에 반해 호남지역에서는 통합민주당에 65.7%, 한나라당이 1.7%의 지지율을 나타내고 있다.

이러한 조사 결과는 통합민주당이 호남지역의 지역 정당이었고 한나라당이 영남지역에 지역 정당이라는 것을 여실히 나타내는 것이고 지역에 의

〈표4-16〉 제18대 국회의원 총선거에서의 정당 지지율

(단위 : 건, %)

		사례수	통합 민주당	한나라 당	자유 선진당	민주 노동당	창조 한국당	친박 연대	진보 신당	기타 정당	투표권 무	기권/ 불투표
전체		1,000	28.1	35.5	3.5	6.7	1.5	1.7	0.6	1.6	4.0	16.8
지역	서울· 경기도· 인천	200	18.0	44.5	2.0	4.5	3.0	0.5	0.5	0.5	3.5	23.0
	부산· 경상남도	200	8.5	52.0	1.0	9.5	0.0	5.5	0.5	2.0	6.0	15.0
	대구· 경상북도	100	9.0	52.0	0.0	6.0	0.0	2.0	1.0	2.0	4.0	24.0
	광주· 전라남도	200	65.0	2.5	0.5	9.0	3.5	0.5	0.5	0.5	3.5	14.5
	전주· 전라북도	100	67.0	0.0	0.0	4.0	1.0	1.0	1.0	4.0	3.0	19.0
	대전· 충청도	100	6.0	50.0	25.0	3.0	0.0	0.0	0.0	0.0	7.0	9.0
	강원도	50	10.0	50.0	6.0	8.0	2.0	0.0	0.0	8.0	0.0	16.0
	제주도	50	22.0	60.0	0.0	8.0	0.0	2.0	2.0	0.0	0.0	6.0
영·호남 구분	영남	300	8.7	52.0	0.7	8.3	0.0	4.3	0.7	2.0	5.3	18.0
	호남	300	65.7	1.7	0.3	7.3	2.7	0.7	0.7	1.7	3.3	16.0
	기타	400	14.5	48.5	8.0	5.0	1.8	0.5	0.5	1.3	3.5	16.5

(출처) 2010년 5월에 실시한 정치의식 조사의 결과에 의거하여 필자 작성

존하는 지지의 편재와 현상을 확인할 수 있다. 대통령 선거뿐만 아니라 국회의원 총선거에 있어서도 지역주의가 명확히 표출되고 있는데 이것은 지역주의가 선거의 성격과 관계 없이 표출되는 현상이라는 것을 알 수 있다.(〈표4-16〉참조)

각 당의 획득 의석수는, 총의석 245석 중에서 한나라당이 131석, 통합민주당이 66석, 자유선진당이 14석, 친박연대가 6석, 민주노동당이 2석, 창조한국당이 1석, 무소속이 25석이었다. 지역별 의석 획득률을 비교해 보면 수도권에서는 한나라당이 81석을 획득하여 제1당의 자리를 확보했고, 민주당은 16석, 기타 정당은 2석을 유지했다. 호남지역에서는 정수 31석 중에서 통합민주당이 25석을 차지하여 제1당이 되었지만 기타 정당의 당선자는 없고 무소속이 6석을 획득한 데 지나지 않았다.

한편 영남지역에서는 정수 68석 중에서 한나라당이 46석을 차지하였고 통합민주당은 부산광역시와 경상남도에서 각각 1석을 차지하였을 뿐 한나라당의 분파인 친박연대가 5석, 무소속이 13석이라는 결과였다. 제18대 국회의원 총선거에서 각 정당이 획득한 의석수를 비교해 봐도 이번 정치의식 조사 결과와 같아서 심각한 지역주의가 표출되고 있는 것을 확인할 수 있다.(〈표3-21〉참조)

게다가 이회창이 이끄는 자유선진당은 이회창의 지반인 충청남도, 대전광역시에서 상대적으로 강력한 강세를 발휘했고, 정원 총수 24석 중에서 14석이나 차지하고 있다. 반면에 충청북도에서는 한나라당이 1석, 자유선진당이 1석인데 반해 통합민주당은 6석을 차지한다는 특징적인 결과를 나타내고 있다. 자유선진당은 충청도 지역 이외에서는 의석을 차지하지 못하여 지역 정당의 한계를 벗어나지 못하였다.

이번 정치의식 조사는 2010년 5월 1일부터 28일까지 약 1개월간에 실시된 것이다. 지역주의가 전국지방선거에 미치는 영향을 조사할 목적으로 2010년 6월 2일에 실시된 통일 지방선거에 대한 의식 조사도 동시에 실시하였다. 시장과 도지사의 선거에서 후보자를 선택하는 데 과연 어느 정당의 후보자를 지지하고 있는가를 알아보았다. 그 결과 전체 응답자 중에서 30.3%의 사람이 통합민주당의 후보자를 지지한다고 대답했고 27.6%가 한나라당의 후보자를 지지한다고 대답했다. 통합민주당을 지지하는 사람의 비율이 한나라당을 지지한 사람들보다 2.7% 상회한 결과를 얻었다. 계속해서 자유선진당이 6.1%, 민주노동당이 4.7%, 친박연대가 1.8%, 국민참여당이 1.4%, 창조한국당이 0.6%, 진보신당이 0.5%라는 결과였다. 그러나 지지하는 정당이 없다, 또는 모르겠다는 응답도 각 연령층 전체로 27.0%에 달하였고, 한국에 있어서도 무당파층이 확대되고 있다는 사실을 확인할 수 있었다. 특히 저연령층이 될수록 무당파층이 확대되고 있는 모습을 보였다. 즉 30대, 20대에서도 무당파층이 상당히 많았고, 만19~24세에서는 무당파층이 50.0%에 달하고 있었다.

지방선거에 있어서의 정당 지지율도 지역에 따라 큰 차를 보이고 있다. 서울·경기도·인천, 부산·경상남도, 대구·경상북도, 대전·충청도, 강원도, 제주도에서는 한나라당을 지지하는 비율은 각각 39.5%, 48.0%, 36.0%, 29.0%, 32.0%, 32.0%인 데 반해, 광주·전라남도, 전주·전라북도의 경우에는 1.5%, 1.0%에 지나지 않았다. 한편, 통합민주당을 지지하는 비율은 서울·경기도·인천, 부산·경상남도, 대구·경상북도, 대전·충청도, 강원도, 제주도에서 각각 28.5%, 7.5%, 12.0%, 14.0%, 14.0%, 34.0%인 데 반해, 광주·전라남도, 전주·전라북도에서의 지지율은 각각 62.5%, 56.0%로 높아서, 한나라당과 정반대의 결과를 보이고 있다.

요컨대 2007년에 실시한 제17대 대통령 선거와 2008년에 실시한 제18대 국회의원 총선거는 일관되게 서울·경기도·인천, 부산·경상남도, 대구·

〈표4-17〉 2010년 6월 2일 전국지방선거에서의 정당 지지의 의향

(단위 : 건, %)

		사례수	한나라당	민주당	자유선진당	민주노동당	창조한국당	친박연대	진보신당	국민참여당	무/회답무
전체		1,000	27.6	30.3	6.1	4.7	0.6	1.8	0.5	1.4	27.0
연령	만19~24세	90	12.2	24.4	3.3	7.8	0.0	0.0	1.1	1.1	50.0
	만25~29세	106	24.5	33.0	3.8	2.8	0.9	0.0	0.9	1.9	32.1
	만30~34세	74	18.9	28.4	5.4	6.8	1.4	1.4	0.0	4.1	33.8
	만35~39세	134	23.9	35.1	7.5	4.5	0.7	1.5	0.0	1.5	25.4
	만40~44세	118	28.8	28.8	5.9	5.1	1.7	2.5	0.0	0.8	26.3
	만45~49세	102	22.5	28.4	7.8	7.8	1.0	2.0	2.0	2.9	25.5
	만50~54세	106	34.0	27.4	5.7	3.8	0.0	4.7	0.9	1.9	21.7
	만55~59세	64	32.8	31.3	7.8	1.6	0.0	1.6	0.0	0.0	25.0
	만60~64세	132	36.4	31.8	8.3	3.8	0.0	0.8	0.0	0.0	18.9
	만65세이상	74	41.9	32.4	4.1	2.7	0.0	4.1	0.0	0.0	14.9
지역	서울·경기도·인천	200	39.5	28.5	3.0	4.5	2.0	1.5	0.5	0.0	20.5
	부산·경상남도	200	48.0	7.5	1.0	8.0	0.0	4.0	0.0	1.0	30.5
	대구·경상북도	100	36.0	12.0	1.0	1.0	1.0	2.0	0.0	1.0	46.0
	광주·전라남도	200	1.5	62.5	1.5	7.5	0.0	0.5	0.0	3.0	23.0
	전주·전라북도	100	1.0	56.0	0.0	0.0	1.0	0.0	2.0	2.0	38.0
	대전·충청도	100	29.0	14.0	44.0	2.0	0.0	0.0	0.0	0.0	11.0
	강원도	50	32.0	14.0	8.0	4.0	0.0	0.0	0.0	4.0	30.0
	제주도	50	32.0	34.0	2.0	4.0	0.0	0.0	2.0	2.0	24.0
영·호남 구분	영남	300	44.0	9.0	1.0	5.7	0.3	3.3	0.0	1.0	35.7
	호남	300	1.3	60.3	1.0	5.0	0.3	0.3	1.0	2.7	28.0
	기타	400	35.0	23.8	13.8	3.8	1.0	1.8	0.5	0.8	19.8

(출처) 2010년 5월에 실시한 정치의식 조사의 결과에 의거하여 필자 작성

경상북도, 대전·충청도, 강원도, 제주도에서는 한나라당을 지지한다는 대답이 가장 많았지만, 광주·전라남도, 전주·전라북도에서는 통합민주당을 지지한다고 대답한 응답자가 많았다. 영남지역과 호남지역에서도 대통령 선거 및 국회의원 선거와 같은 경향을 보였다. 즉 영남지역은 한나라당, 호남지역은 통합민주당을 지지하는 경향이 현저하였다.

그 결과로써 이 시기에는 지방선거에서도 지역주의가 유권자의 투표 행동에 심각한 영향을 미치고 있다는 것을 알 수 있는 것이다. 또 연령층별 정당 지지는 49세 이하가 통합민주당을 지지하고 50세 이상이 한나라당을 지지하는 경향을 보였다. 일반적으로 연령이 낮은층은 진보적인 경향을 나타내고, 연령이 높아지면 보수적인 경향을 나타내는 것으로 알려져 있는데, 이번 정치의식 조사에서도 같은 결과를 얻은 것이다.(〈표4-17〉참조)

후보자 선택에 가장 중요한 기준으로 작용한 '정당', '출신지·연고지', '공약' 과는 별도로, 2007년에 실시한 제17대 대통령 선거에서의 후보자 지지율, 2008년에 실시한 제18대 국회의원 총선거에서의 정당 지지율, 2010년에 실시한 전국지방선거에 있어서 정당 지지율을 각각 검토하기 위한 자료를 작성하였다.

〈표4-18〉은 2007년에 실시한 제17대 대통령 선거에서, 후보자 선택의 기준으로 '정당', '출신지·연고지', '공약' 중 어느 것을 가장 중시하였는가에 관해 정리한 것이다. 후보자 선택의 기준으로 '정당' 이라고 대답한 사람(280명) 중에서, 이명박을 지지했다고 대답한 사람은 38.6%, 정동영을 지지했다는 사람은 33.2%였다. '출신지·연고지' 를 후보 선택의 기준으로 하여 지지를 했다고 한 사람(165명) 중에서는, 정동영을 지지했다는 사람이 36.4%, 이명박을 지지했다는 사람이 35.2%로서 근사한 경향을 나타내고

〈표4-18〉 후보자 선택 조건과 2007년 대통령 선거에서의 지지후보와의 관계

(단위 : 건, %)

			2007년 대통령 선거시의 지지후보									전체
			정동영	이명박	권영길	이인제	문국현	이회창	기타	투표권무	기권/불투표	
후보선택의 중요조건	정당	사례수	93	108	4	9	2	20	1	14	29	280
		횡의 비율	33.2%	38.6%	1.4%	3.2%	0.7%	7.1%	0.4%	5.0%	10.4%	
		종의 비율	33.6%	30.6%	16.7%	31.0%	5.7%	28.6%	7.7%	29.8%	19.1%	
		전체 비율	9.3%	10.8%	0.4%	0.9%	0.2%	2.0%	0.1%	1.4%	2.9%	
	출신지/연고지	사례수	60	58	3	9	2	7	6	2	18	165
		횡의 비율	36.4%	35.2%	1.8%	5.5%	1.2%	4.2%	3.6%	1.2%	10.9%	
		종의 비율	21.7%	16.4%	12.5%	31.0%	5.7%	10.0%	46.2%	4.3%	11.8%	
		전체 비율	6.0%	5.8%	0.3%	0.9%	0.2%	0.7%	0.6%	0.2%	1.8%	
	공약	사례수	124	187	17	11	31	43	6	31	105	555
		횡의 비율	22.3%	33.7%	3.1%	2.0%	5.6%	7.7%	1.1%	5.6%	18.9%	
		종의 비율	44.8%	53.0%	70.8%	37.9%	88.6%	61.4%	46.2%	66.0%	69.1%	
		전체 비율	12.4%	18.7%	1.7%	1.1%	3.1%	4.3%	0.6%	3.1%	10.5%	
전체			277	353	24	29	35	70	13	47	152	1,000

(주) Chi-Square(16)=65.807: $p < 0.01$
(출처) 2010년 5월에 실시한 정치의식 조사의 결과에 의거 필자 작성

있다.

'공약'이 후보자 선택의 중요 조건이라고 대답한 사람(555명) 중에서는, 이명박을 지지한 사람이 33.7%, 정동영을 지지한 사람이 22.3%였다. 기권·불투표라고 대답한 사람은 표본수의 18.9%였지만, 후보자 선택의 기준으로 '정당'이라 대답한 사람의 비율은 19.1%, '출신지·연고지'라고 대답한 사람의 비율은 11.8%인 데 반해, 후보자 선택의 기준으로 '공약'이라고 대답한 사람은 69.1%로 달하여 상당히 높은 수치를 나타내고 있다.

후보자 선택의 중요한 기준이 '정당', '공약'이라고 대답한 응답자는 이

명박을 지지하는 사람이 많았고, '출신지·연고지'라고 대답한 응답자의 다수가 정동영을 지지하였다. '공약'이 후보자 선택의 중요한 조건이라고 대답한 사람 중에서는 기권·불투표한 사람들이 다수 보이고, 후보자의 '공약'이 투표율에 영향을 주는 가능성이 크다는 것을 시사하고 있다.(〈표 4-18〉참조)

〈표4-19〉는 2008년에 실시된 제18대 국회의원 총선거에서의 지지 정당과 후보 선택 기준과의 관계를 정리한 것이다. 후보자 선택의 기준으로 정당이라고 대답한 응답자(280명) 중에서 41.4%가 한나라당을 지지했고 통합

〈표4-19〉 후보자 선택 조건과 2008년 국회의원 선거에서의 지지정당과의 관계

(단위 : 건, %)

			2008년 국회의원 선거시의 지지정당					전체
			통합민주당	한나라당	기타 정당	투표권무	기권/불투표	
후보선택의 중요조건	정당	사례수	89	116	26	11	38	280
		횡의 비율	31.8%	41.4%	9.3%	3.9%	13.6%	
		종의 비율	31.7%	32.7%	16.7%	27.5%	22.6%	
		전체 비율	8.9%	11.6%	2.6%	1.1%	3.8%	
	출신지/연고지	사례수	49	62	29	4	21	165
		횡의 비율	29.7%	37.6%	17.6%	2.4%	12.7%	
		종의 비율	17.4%	17.5%	18.6%	10.0%	12.5%	
		전체 비율	4.9%	6.2%	2.9%	0.4%	2.1%	
	공약	사례수	143	177	101	25	109	555
		횡의 비율	25.8%	31.9%	18.2%	4.5%	19.6%	
		종의 비율	50.9%	49.9%	64.7%	62.5%	64.9%	
		전체 비율	14.3%	17.7%	10.1%	2.5%	10.9%	·
전체			281	355	156	40	168	1,000

(주) Chi-Square(16)=65.807: p〈0.01
(출처) 2010년 5월에 실시한 정치의식 조사의 결과에 의거 필자 작성

민주당을 지지하고 있다고 대답한 사람의 비율은 31.8%였다. 후보자 선택의 기준으로 출신지·연고지라고 한 사람(165명) 중에서 한나라당을 지지하고 있는 사람은 37.6%, 통합민주당을 지지하고 있는 사람은 25.8%였고 후보자 선택의 기준으로 출신지·연고지라고 한 사람 중에서 한나라당을 지지하고 있는 사람의 비율은 통합민주당을 지지하고 있는 사람보다도 11.8% 높은 수치를 나타내고 있다. 2007년에 실시된 제17대 대통령 선거에서 호남지역을 지반으로 하는 통합민주당의 정동영 쪽이 영남지역을 지반으로 하는 이명박보다도 출신지를 선택 기준으로 하는 사람의 비율이 높았음에도 불구하고, 2008년에 실시된 제18대 국회의원 총선거에서는 반대의 경향을 보이고 있다.(〈표4-18〉 참조)

　대통령 선거의 경우는 영남지역과 호남지역의 대립이 전면으로 부각된 경향이 있지만, 국회의원 선거의 경우는 복수의 선거구에서 다수의 후보자들이 선거전을 벌이기 때문에 후보자의 개별성이 상쇄됨으로써 이러한 역전 현상이 나타났다고 생각할 수 있다. 조사 결과는 영남지역의 지역성으로 후보자 본인보다도 정당과 조직 등의 공적인 요소를 중요시하는 경향이 있는 것에 반해, 호남지역의 경우는 사적인 요소를 중요시하는 경향을 가진다는 것을 시사한다. '공약'이 후보자 선택 기준이라고 대답한 사람(555명) 중에서 31.9%가 한나라당을 지지했고 25.8%가 통합민주당을 지지하였다. 후보 선택 기준으로 '공약'이 중요하다고 대답한 사람 중에서는 19.6%의 사람이 기권했다고 대답했다. 그래서 다른 중요 조건에 비해 정당에 대한 지지율 쪽이 높다.

　이상의 분석 결과에서 응답자들은 선거에서 '공약'을 기준으로 후보자를 선택한다고 말하면서 실제로는 선거를 기권하거나 부동층을 형성하는 경우가 상대적으로 많았다. 실제로는 정당과 출신지의 요인 쪽이 선택 시에 큰 영향을 주고 있는 것이다.(〈표4-19〉 참조)

2010년 6월 2일에 실시된 전국 지방선거 때에 지지하는 정당과 후보자 선택 기준에 관하여 얻은 해답을 교차 분석한 결과 후보자 선택의 기준으로 '정당'이라고 대답한 응답자(280명) 중에서 37.1%가 한나라당을 지지하고 민주당은 35.4%의 사람이 지지한 것을 알 수 있었다. 그와 달리 '출신지·연고지'가 후보자 선택의 기준이라고 대답한 사람(165명) 중에서 한나라당을 지지한다고 대답한 사람은 29.1%, 민주당을 지지한다고 대답한 사

〈표4-20〉 후보자 선택 조건과 2010년 지방선거에서의 지지정당과의 관계

(단위 : 건, %)

			2010년의 지방선거에 있어서의 지지정당				전체
			한나라당	민주당	기타정당	무/회답 무	
후보선택의 중요조건	정당	사례수	104	99	28	49	280
		횡의 비율	37.1%	35.4%	10.0%	17.5%	
		종의 비율	37.7%	32.7%	18.5%	18.1%	
		전체 비율	10.4%	9.9%	2.8%	4.9%	
	출신지/연고지	사례수	48	54	20	43	165
		횡의 비율	29.1%	32.7%	12.1%	26.1%	
		종의 비율	17.4%	17.8%	13.2%	15.9%	
		전체 비율	4.8%	5.4%	2.0%	4.3%	
	공약	사례수	124	150	103	178	555
		횡의 비율	22.3%	27.0%	18.6%	32.1%	
		종의 비율	44.9%	49.5%	68.2%	65.9%	
		전체 비율	12.4%	15.0%	10.3%	17.8%	
전체			276	303	151	270	1,000

(주) Chi-Square(6)=44.467: p〈0.01
(출처) 2010년 5월에 실시한 정치의식 조사의 결과에 의거 필자 작성

람은 32.7%였다. '공약'을 기준으로 후보자를 선택했다고 대답한 사람(555명) 중에서 민주당을 지지한다고 한 사람은 27.0%, 한나라당을 지지한다고 대답한 사람은 22.3%였다. 따라서 민주당을 지지한다고 한 사람이 한나라당보다 4.7%를 많았다.

이번 조사 결과에 의거하여 전국지방선거 결과를 예측해 보면 '정당'을 후보자 선택의 기준으로 생각하고 있는 사람은 주로 한나라당을 지지하고 '출신지·연고지'를 중요 조건으로 보는 사람은 주로 민주당을 지지한다고 예측할 수 있을 것이다.(〈표4-20〉참조)

한나라당, 민주당, 자유선진당, 민주노동당의 정당 이미지에 관한 설문을 해 보았다. 〈표4-21〉은 한나라당, 민주당, 자유선진당, 민주노동당에 있어 각 정당의 이미지에 가장 가깝다고 유권자가 느끼고 있는 비율을 정리

〈표4-21〉 정당의 이미지

(단위 : %)

	한나라	민주당	자유선진당	민주노동당	무
안정감이 있는 정당	58.2	30.4	6.4	5.0	0.0
개혁성향이 있는 정당	25.2	40.2	13.6	21.0	0.0
미국과의 동맹을 중시하는 정당	67.7	20.9	7.9	3.5	0.0
중산층과 서민층을 대변하는 정당	23.1	40.8	9.8	26.2	0.1
남북문제의 관리 및 해결능력이 있는 정당	41.9	46.5	7.5	4.0	0.1
지역의 균형발전에 관하여 정책이 정돈된 정당	36.4	38.6	13.2	11.7	0.1
도덕적이며 청렴한 정당	19.1	29.4	23.0	28.4	0.1
경제성장에 관한 정책의 비중이 큰 정당	58.7	26.2	9.0	6.0	0.1
복리후생과 분배 정책에 비중을 두는 정당	32.3	39.7	11.6	16.3	0.1
기득권층을 대변하는 정당	58.1	23.1	9.4	9.3	0.1

(출처) 2010년 5월에 실시한 정치의식 조사의 결과에 의거 필자 작성

한 것이다. 정당 이미지로 안정감이 있는 정당, 개혁 성향이 있는 정당, 미국과의 동맹관계를 중시하는 정당, 중산층과 서민층을 대변하는 정당, 남북관계 관리 및 해결 능력이 있는 정당, 지역의 균등 발전에 관한 정책을 정리하고 있는 정당, 도덕적으로 청결한 정당, 경제 성장 정책의 비중이 큰 정당, 복리후생과 분배 정책에 비중을 두고 있는 정당, 기득권층을 대변하고 있는 정당이라는 정당 이미지를 설정했다.

안정감 있는 정당, 미국과의 동맹 관계를 중시하는 정당, 경제 성장에 관한 정책의 비중이 큰 정당, 기득권층을 대변하는 정당이라는 이미지에 가장 가까운 정당으로 한나라당을 지적한 비율이 가장 많았다. 한편, 개혁 성향이 있는 정당, 중산층과 서민층을 대변하는 정당, 남북관계 관리 및 해결 능력이 있는 정당, 지역의 균등 발전에 관한 정책을 가지고 있는 정당, 도덕적으로 청결한 정당, 복리후생과 분배 정책에 비중을 두고 있는 정당이라는 정당 이미지에 가까운 정당으로는 민주당을 들었다.

유권자가 안정감 있는 정당이라고 생각하는 정당으로는 한나라당이 다른 정당을 크게 따돌리며 선택되었고, 그 다음으로 안정감 있는 정당이라 선택한 민주당과 비교해서 약 2배의 격차가 있다. 미국과의 동맹관계를 중시하는 정당으로서의 이미지는 압도적으로 한나라당이 강하여 민주당의 약 3배의 유권자로부터 선택을 받고 있다. 그러나 한나라당은 도덕적으로 청결한 정당이라는 정당 이미지와는 거리가 멀어서 민주당, 민주노동당, 자유선진당에 이어서 최하위였다.

한국 사회에서 특정 지역 사람들 사이에 지역 대립과 지역 갈등이 지금도 존재한다고 생각하는가 하는 설문에 대해 응답자의 82.3%가 존재한다고 대답하고, 존재하지 않는다고 대답한 사람이 8.2%에 지나지 않았다. 그러므로 사실상 한국인의 8할 이상의 사람이 지역감정과 지역 갈등은 존재한다고 생각하고 있는 것을 알 수 있다.

연령별로 보면 만30~34세 87.8%, 만35~39세 84.3%, 만40~44세 83.1%, 만45~49세 88.2%, 만50~54세 84.0%, 만55~59세 82.8%, 만60~64세 81.8% 등이었고 각각 8할을 넘는 높은 수준을 나타내고 있다. 한편 만19~24세, 만25~29세의 젊은 연령층에서는 각각 75.6%, 76.4%로 약간 낮은 수치를 나타내고 있지만, 20대의 젊은층에서도 7할이 넘는 젊은이가 지역감정이 존재한다고 대답하고 있어 지역 갈등의 심각한 현실을 나타내고 있다.

특징적인 것은 만50~54세의 연령층에 11.3%의 사람이 지역감정이 존재하지 않는다고 대답하고 있는 것이다. 만50~54세의 연령층의 사람은 1979년에 박 대통령의 암살을 시작으로 국내가 혼돈한 시대에 학생이었던 세대였고 심각한 지역주의의 선례를 경험해 온 세대이기도 하다. 따라서 2002년, 2007년의 대통령 선거에서 표출된 지역주의를 지역주의의 변용 또는 약화라고 파악하는 경향이 있고 지역주의를 소멸시켜야 된다는 생각을 함축한 수치라는 것을 생각할 수 있다.

지역별로 보면 모든 지역에서 지역 대립과 지역 갈등이 존재한다는 응답이 상당히 높은 비율을 나타내고 있다. 대전·충청도에서는 99.9%의 사람이 지역 대립은 존재한다고 대답했고, 존재하지 않는다고 대답한 사람의 비율은 0%, 잘 모르겠다고 대답한 사람의 비율은 1.0%에 지나지 않았다. 충청도 지역에서 지역 대립의 문제가 심각화하고 있는 이유는 세종시 문제가 배경에 깔려 있다고 생각된다. 한국인의 사회적 성격인 공동체 의식이 강화되어 온 충청도 지역에서는 지역 대립의 피해자라고 하는 인식이 공유되고 있다. 충청도 지역 전체가 우리공동체로서 인식된 공동체성의 반작용으로 저항성이 강화되어 지역 대립의 존재를 인정하고 받아들이는 데 이르고 있다. 따라서 세종시 문제가 일어나지 않았다고 하면 99.9%보다는 약간 낮은 수치를 나타냈을 것이라고 생각한다.

또한 광주·전라남도, 전주·전라북도에서 지역 대립과 지역 갈등이 존재한다는 응답은 각각 93.5%, 92.0%로서, 대전·충청도, 광주·전라남도, 전주·전라북도 등 세 지역에서는 90%가 넘는 사람이 지역 대립은 존재한다고 생각하고 있다. 이 조사 결과는 대통령 선거 및 국회의원 선거의 결과 분석과 부합하는 것으로 전라도의 투표 행동의 특수성으로 드러나는 지역주의의 본질에는 자기 자신을 제외한 지역주의에 대한 대응적 성격이 있음을 시사하는 것이다.

반면에 대구·경상북도(58.0%), 제주도(50.0%) 지역에 있어서는 지역 대립 감정이 존재한다고 대답한 사람의 비율이 50%대에 머물러 비교적 낮은 수치를 나타냈다. 영남지역과 호남지역을 비교해 보면 영남지역에서는 68.3%, 호남지역에서는 93.0%가 지역주의가 존재한다고 대답했고, 존재하지 않는다고 생각하고 있는 사람의 비율은 영남지역에서는 18.7%, 호남지역에서는 4.0%였다. 호남지역에 거주하고 있는 응답자 쪽이 영남지역에 거주하고 있는 응답자에 비해 지역 대립의 존재를 적극적으로 인식하고 있다. 양지역에 있어서 존재한다고 대답한 비율의 격차는 24.7%이고 기타 지역과의 격차가 8.2%인 것을 보면 두 지역에서 분명히 높은 수준을 나타내고 있다는 것을 알 수 있다. 이때 이 두 지역에서의 지역주의 존재감의 격차에 대한 정확한 이해가 필요하다. 호남지역은 역사적으로 피해자 인식을 양성해 왔기 때문에 피해자 쪽이 훨씬 강하게 차별을 느끼는 것이므로 호남지역의 수치가 영남지역보다도 높은 수치를 나타내는 것이 합리적인 결과라 할 수 있다.

대구·경상북도와 제주도에서 지역 대립이 존재한다고 대답한 사람의
비율이 58.0%, 50.0%로 극단적으로 낮은 결과를 나타내고 있다. 제주도에

〈표4-22〉 지역 대립이나 갈등문제가 존재하는가에 대한 의견

(단위 : 건, %)

		사례수	존재한다	존재하지 않는다	잘모르겠다
전체		1,000	82.3	8.2	9.8
연령	만19~24세	90	75.6	10.0	14.4
	만25~29세	106	76.4	10.4	13.2
	만30~34세	74	87.8	5.4	6.8
	만35~39세	134	84.3	6.7	9.0
	만40~44세	118	83.1	9.3	7.6
	만45~49세	102	88.2	8.8	2.9
	만50~54세	106	84.0	11.3	4.7
	만55~59세	64	82.8	4.7	12.5
	만60~64세	132	81.8	5.3	12.9
	만65세이상	74	78.4	9.5	12.2
지역	서울 · 경기도 · 인천	200	87.0	3.5	9.5
	부산 · 경상남도	200	73.5	18.0	8.5
	대구 · 경상북도	100	58.0	20.0	22.0
	광주 · 전라남도	200	93.5	4.0	2.5
	전주 · 전라북도	100	92.0	4.0	4.0
	대전 · 충청도	100	99.0	0.0	1.0
	강원도	50	82.0	4.0	14.0
	제주도	50	50.0	10.0	40.0
영 · 호남 구분	영남	300	68.3	18.7	13.0
	호남	300	93.0	4.0	3.0
	기타	400	84.8	3.5	11.8

(출처) 2010년 5월에 실시한 정치의식 조사의 결과에 의거 필자 작성

관해서는 도서(섬)라는 특수성 때문에 선거에서도 다른 지역과 다른 투표 행동을 취하는 경향이 있고 이번 설문에 대한 대답도 같은 맥락에서 해석할 수 있다. 그러나 대구·경상북도 지역의 대답이 특수하다는 것은 앞으로 해명해야 할 과제일 것이다. (〈표4-22〉참조)

지역 대립과 지역 갈등이 존재한다고 대답한 응답자에게 '어느 지역간의 지역 대립과 갈등 문제가 존재한다고 생각하는가?' 라고 재차 질문한 설문에 대해 응답자(823명)의 91.0%가 영남지역과 호남지역 간의 지역 대립이 존재한다고 대답했다. 다음으로 '갈등 문제가 어느 정도 심각한가?' 라는 설문에 대해서는 조금 심각하다(50.8%), 굉장히 심각하다(19.6%), 그저그렇다(17.7%), 그다지 심각하지 않다(11.2%), 전혀 심각하지 않다(0.7%)는 순서로 응답했다. 전국 평균으로 70.4%의 응답자가 심각하다고 인식하고 있는 것을 알 수 있다. 지역 대립이 심각하다고 생각하고 있는 사람의 지역적 분포를 검토해 보면 각각 강원도 92.7%, 대전·충청도 84.9%, 제주도 84.0%, 대구·경상북도 77.6%, 전주·전라북도 68.5%, 광주·전라남도 66.4%, 서울·경기도·인천 66.0%, 부산·경상남도 60.5%였다.

다른 지역에 비해 강원도의 응답자 중에서 지역 대립이 심각하다고 대답한 비율이 92.7%라는 높은 수준을 나타냈다. 지역 대립이 심각하다고 생각하고 있는 비율이 많은 지역은 강원도를 시작으로 대전·충청도 84.8%, 제주도가 84.0%이고 지역 대립의 당사자인 호남지역과 영남지역에서는 심각하다고 생각하는 비율이 상대적으로 매우 낮은 결과를 보이고 있다. 부산·경상남도 60.5%, 광주·전라남도 66.3%, 전주·전라북도 68.5%, 대구·경상북도 77.6%이고 가장 낮은 수치를 나타낸 곳이 부산·경상남도였는데 강원도에 비해 32.2%나 낮은 수치를 나타내고 있다.

또 호남지역과 영남지역에 초점을 맞추어 검토해 보면 호남지역에서는 67.0%, 영남지역에서는 65.4%의 사람이 지역 대립은 심각하다고 생각하고 있다. 호남지역과 영남지역 이외의 지역에서는 76.1%의 사람이 심각하다고 생각하고 있는 것에 반해 약 10% 정도 낮은 수치를 나타내고 있는 것이다. 특징적인 것은 각종의 선거 결과로 가장 두드러진 투표 행동을 나타내는 호남지역의 18.6%의 사람이 지역 대립은 심각하지 않다고 생각하고 있다는 점이다. 이는 호남지역에서 자신들의 투표 행동이 지역주의에 따른 것이 아니라 그 밖의 요인에 따른 것이라고 인식하는 사람들이 상대적으로 많은 사정을 반영한 결과라고 할 수 있다.

지역 대립의 심각도에 대한 인식을 검토할 때에는 전국에서 사람이 모이고 다양한 지역의 사람이 잡거하는 공간이라는 이유 때문에 수도권은 평가의 대상에서 제외하는 것이 타당하다고 생각한다. 그 밖의 지역을 살펴보면 지역 대립의 당사자라고 생각되는 지역에서는 지역 대립에 대한 자각도가 낮고 방관자적인 입장에 있는 지역 사람들의 경우는 반대로 지역 대립의 심각성을 강하게 인식하고 있다고 말할 수 있다.

민주화 이후 각종 선거의 결과에서 드러나고 있는 지역주의의 당사자인 호남지역과 영남지역 사람들은 지역주의를 당연한 결과로 받아들이고 있다. 이것은 당해 지역의 문화환경 중에 지역주의가 확고한 자리를 잡고 있다는 것을 의미한다. 따라서 지역주의를 분석할 때 정태적인 분석만으로는 안 된다는 것과 동역학적인 고찰이 필요하다는 것을 시사하는 것이라 할 것이다.(〈표4-23〉참조)

특정 지역과 그 지역의 사람들 사이에 존재하는 지역 갈등 문제에 관해서 일상생활 중에서 어느 정도 관심을 가지고 있는가 하는 설문에 대해 전

〈표4-23〉 지역 대립의 심각도에 대한 인식

(단위 : 건, %)

		사례수	매우 심각	조금 심각	그렇고 그렇다	그리 심각하지 않다	전혀 심각하지 않다	심각하다	그렇고 그렇다	심각하지 않다
	전체	823	19.6	50.8	17.7	11.2	0.7	70.4	17.7	11.9
지역	서울 · 경기도 · 인천	174	8.0	58.0	24.7	9.2	0.0	66.1	24.7	9.2
	부산 · 경상남도	147	8.8	51.7	26.5	10.9	2.0	60.5	26.5	12.9
	대구 · 경상북도	58	20.7	56.9	13.8	8.6	0.0	77.6	13.8	8.6
	광주 · 전라남도	187	22.5	43.9	15.5	16.6	1.6	66.3	15.5	18.2
	전주 · 전라북도	92	19.6	48.9	12.0	19.6	0.0	68.5	12.0	19.6
	대전 · 충청도	99	39.4	45.5	10.1	5.1	0.0	84.8	10.1	5.1
	강원도	41	43.9	48.8	7.3	0.0	0.0	92.7	7.3	0.0
	제주도	25	20.0	64.0	12.0	4.0	0.0	84.0	12.0	4.0
영 · 호남 구분	영남	205	12.2	53.2	22.9	10.2	1.5	65.4	22.9	11.7
	호남	279	21.5	45.5	14.3	17.6	1.1	67.0	14.3	18.6
	기타	339	22.4	53.7	17.4	6.5	0.0	76.1	17.4	6.5

(출처) 「심각」은 「매우 심각」과 「조금 심각」의 합계,
「심각하지 않다」는 「그리 심각하지 않다」와 「전혀 심각하지 않다」의 합계
(출처) 2010년 5월에 실시한 정치의식 조사의 결과에 의거하여 필자 작성

체 41.9%의 응답자가 '보통이다'라고 대답하고, '그다지 관심이 없다' (25.4%), '어느 정도 관심이 있다'(23.1%), '전혀 관심이 없다'(6.9%), '굉장히 관심이 있다'(2.7%)라는 순으로 대답했다. 지역별로 보면 강원지역의 응답자의 46.0%가 관심이 있다고 대답했고 관심의 정도가 다른 지역과 비교해서 가장 높았다. 학력별로는 대학에 재학하고 있는 학생의 응답자가 가장 관심의 정도가 낮다고 대답했다.(〈표4-24〉 참조)

그 밖에 동(영남)과 서(호남)의 지역 간에 존재하고 있는 지역 대립이 언제부터 시작되었는가 하는 설문에 대해서 제3·제4공화국(박정희) 시대라는 대

<표4-24> 지역 대립과 지역 갈등에 대한 관심도

(단위 : 건, %)

		사례수	매우 관심이 있다	어느 정도 관심 있다	보통 이다	그리 관심이 없다	전혀 관심 없다	관심 있다	보통 이다	관심 없다
전체		1,000	2.7	23.1	41.9	25.4	6.9	25.8	41.9	32.3
지역	서울 · 경기도 · 인천	200	1.5	22.5	38.0	36.5	1.5	24.0	38.0	38.0
	부산 · 경상남도	200	1.5	23.5	37.0	21.5	16.5	25.0	37.0	38.0
	대구 · 경상북도	100	0.0	26.0	44.0	19.0	11.0	26.0	44.0	30.0
	광주 · 전라남도	200	3.5	25.5	38.0	27.5	5.5	29.0	38.0	33.0
	전주 · 전라북도	100	7.0	24.0	39.0	24.0	6.0	31.0	39.0	30.0
	대전 · 충청도	100	1.0	12.0	59.0	27.0	1.0	13.0	59.0	28.0
	강원도	50	10.0	36.0	34.0	16.0	4.0	46.0	34.0	20.0
	제주도	50	2.0	16.0	68.0	10.0	4.0	18.0	68.0	14.0
영 · 호남 구분	중졸이하	132	1.5	18.9	47.7	22.0	9.8	20.5	47.7	31.8
	고졸	416	2.6	23.3	43.8	25.2	5.0	26.0	43.8	30.3
	대학재학	90	0.0	17.8	25.6	38.9	17.8	17.8	25.6	56.7
	대졸(대학원)이상	362	3.9	25.7	41.7	23.5	5.2	29.6	41.7	28.7

(주) 「관심있다」는 「매우 관심 있다」와 「어느 정도 관심 있다」의 합계,
「관심 없다」는 「그리 관심 없다」와 「전혀 관심 없다」의 합계
(출처) 2010년 5월에 실시한 정치의식 조사의 결과에 의거하여 필자 작성

답이 38.3%로 가장 높고, 제5공화국(전두환) 시대가 21.8%, 고려 및 조선 시대가 18.8%, 제1 · 제2공화국(이승만) 시대가 8.4%라고 대답하고 있다. 지역 갈등 문제에 관해서 국민의 7할에 가까운 사람이 지역주의는 권위주의 정권 시대에 시작되었다고 인식하고 있었다. 또 고려 및 조선 시대부터 시작하였다고 생각하는 사람이 약 2할 정도 있다는 사실은 중요한 의미를 갖는 것으로 역사적으로 형성된 지역 갈등 문제의 심각성을 나타내고 있는 것이다. 지역 대립이 어느 시대부터 심각해졌다고 생각하고 있는가 하는 설문에 대한 응답은 제5공화국(전두환) 시대라고 한 응답이 30.4%로 가장 높았

고, 그다음으로는 국민의 정부(김대중) 시대가 20.8%, 제3·4공화국(박정희) 시대가 14.6%, 문민정부(김영삼) 시대가 12.9% 순으로 나타났다. 즉 민주화 이전부터 지역 갈등은 존재했다고 국민 대다수가 생각하고 있다는 것을 알 수 있다. 지역 갈등을 일으킨 원인은 무엇인가 하는 설문에 대해서는 전체 51.4%의 응답자가 선거 때가 되면 정치인들이 지역 대립 감정을 몹시 부추긴다고 대답했고, 그다음으로는 경제와 관련해서 지역 간의 불균등 정책이 있었다고 대답한 사람이 21.4%, 정부의 고위관리직의 인사에 지역 차별이 있었다고 대답한 사람이 18.2%, 언론기관에 의해 지역 갈등의 편파적인 보도 및 조장이 있었다고 대답한 사람이 5.6%였다. 이러한 대답은 지역주의에 관한 선행연구에 의해 많이 지적되어 온 사항들이다.

지역 대립의 원인으로 특기할 사항은 국민의 과반수가 선거 때 정치인들이 지역 대립 감정을 부추겼다고 생각하고 있다는 것이다. 지역주의가 권력 획득의 도구로 이용되어 온 측면은 인정한다 하더라도 지역감정과 같은 인간의 정신 활동과 밀접하게 관련되는 사항에 관해서는 지역 갈등의 존재가 전제되는 것이다. 지역 갈등이 존재하지 않는데 이것을 정치적으로 이용한다는 것은 불가능한 일이라 할 것이다. 필자는 정치의식 조사의 결과 대부분의 한국인이 지역 대립이 지금도 존재한다고 인식한다는 것을 알았고, 그것이 다양한 형태로 지역 대립을 부추기고 있다는 것을 확인하였다.

이와 같이 지역 대립과 갈등을 정치적으로 이용하고 있다고 한다면 지역 갈등의 역사적인 원류를 찾는 것도 중요한 작업이며, 사회 문화적 측면에서 지역주의가 어떠한 영향을 받고 있는가를 검토하는 것도 중요한 일이다. 따라서 제5장에서는 지역주의의 사회 문화적 요인을, 조사 결과를 토대로 파악하기로 한다.

제5장
지역주의의
사회 문화적 요인

실제로 한국의 지역주의 사회 문화적 요인의 조사 결과를 보면 영호남 두 지역 시민의 의사 결정은 정치가에 대한 이미지, 사회 불안을 조장하는 정치인의 언설과 매스컴의 보도라는 세 가지 요소가 복잡하게 얽혀 시민이 상대 지역에 대하여 부정적인 이미지를 형성하기에 이르렀다고 파악할 수 있다. … 한국의 정치 문화적 특성인 우리공동체라는 귀속조직의 특징을 검토해 보면 한국 사회의 지역주의란 표면적으로는 경제적 이권을 둘러싼 지역 대립처럼 보이지만 깊이 살펴보면 한국 사회의 전통적인 권력 획득을 둘러싼 정치사상의 문화를 배경으로 하여 생긴 경쟁 사회 현상이라고 이해되는 것이다.

제5장 지역주의의 사회 문화적 요인

제1절 지역주의의 사회 문화적 요인

앞의 제4장 지역주의의 정치·경제적 요인 분석에 이어서 제5장에서는 사회 문화적인 측면에서의 지역 대립 감정에 관한 현실을 파악함으로써 지역 주민의 인식과 태도를 분석하기로 한다. 필자는 금번 정치의식 조사에서 지역주의의 사회 문화적 요인을 파악하기 위하여 유권자가 느끼고 있는 영남지역과 호남지역 출신자에 대한 호감도를 최초로 조사하였다. 그리고 그것을 위한 조사 방법으로서는 보가다스의 사회적 거리 척도(social distance scale)를 사용하였다. 여기서 말하는 보가다스의 사회적 거리 척도는 인종이나 주민과 같은 다양한 사회집단에 내재하는 사회적 거리(social distance)를 측정할 때 이용하는 척도법을 의미한다.

정치의식 조사에 있어서는 호감도 조사를 위하여 아래와 같은 설문 항목을 설정하였다. 1) 경상도(전라도) 출신자가 같은 마을에 사는 것은 싫다. 2) 경상도(전라도) 출신자가 이웃집에 살고 있는 것은 싫다. 3) 경상도(전라도) 출신자가가 친구가 되는 것은 싫다. 4) 경상도(전라도) 출신자가 가족의 한 사람이 되는 것은 싫다. 5) 경상도(전라도) 출신자와 결혼하는 것은 싫다 등의 다섯 가지 질문에 대하여 '예'라고 대답하면 1점, '아니다'라고 대답하면 0점을 매겨서 합계 점수를 산출하였다. 점수가 낮으면 낮을수록 경상도(전라도) 출신자에 대한 호감도가 높다고 판단할 수 있다.

구체적인 조사 내용을 파악하기에 앞서서 먼저 지역 간 주민의 우호의식을 조사한 결과를 보면 경상도 출신자에 대하여 매우 우호적이라고 느끼고 있는 사람(5항목의 합계 점수가 0점인 사람)은 전체의 93.3%, 우호적이라고 느끼는 사람(5항목의 합계 점수가 1점 또는 2점인 사람)은 3.6%, 비우호적이라 느끼고 있는 사람(5항목의 합계 점수가 3점 또는 4점인 사람)은 1.3%, 매우 비우호적이라고 느끼고 있는 사람(5항목의 합계 5점인 사람)은 1.8%였다. 한편 전라도 출신자에 대해 매우 비우호적이라고 느끼는 사람(5항목의 합계 점수가 0점인 사람)은 전체의 87.4%, 우호적이라고 느끼는 사람(5항목의 합계 점수가 1점 또는 2점인 사람)은 4.8%, 비우호적이라고 느끼는 사람(5항목의 합계 점수가 3점 또는 4점인 사람)은 2.9%, 매우 비우호적이라고 느끼는 사람(5항목의 합계 점수가 5점인 사람)은 4.9%였다. 영호남 두 지역에서 0점을 얻은 사람의 비율은 경상도 출신자에 대하여 매우 우호적이라고 느낀 사람(0점을 얻은 비율)이 93.3%, 전라도 출신자에 대하여 매우 우호적이라고 느낀 사람(0점을 얻은 비율)은 87.4%로서 경상도 출신자에 대하여 우호적이라 느낀 사람은 5.9% 더 많았다. (〈표5-1〉, 〈표5-2〉 참조)

이상과 같은 결과는 국민 전체로 볼 때 전라도 출신자보다도, 경상도 출신자에 대해서 좀더 우호적으로 느끼고 있다는 것을 나타내는 것이다. 또 두 지역에서 경상도 출신에 대해서 상당히 비우호적이라고 느끼고 있는 사람(5점을 획득한 비율)은 1.8%, 전라도 출신자에 대해서 상당히 비우호적이라고 느끼고 있는 사람(5점을 획득한 비율)은 4.9%로서, 전라도 출신에 대해서 상당히 비우호적이라고 느끼고 있는 사람 쪽이 3.1% 더 높은 수치를 나타내고 있는 것이다. 즉 이상의 분석 결과로 볼 때 전라도 출신자에 대해서보다 경상도 출신자에 대해서 상대적으로 우호적이라고 느끼고 있다는 것을 알 수 있다. 동시에 한국인은 대체로 경상도 출신자에 대해서 우호적이라고 느끼고, 전라도 출신자에 대해서는 비우호적이라고 느끼고 있다는 결론을 낼 수 있다.

두 번째로 해답자의 연령별 분포를 검토해 보면 모든 연령에서 90% 이상의 사람들이 경상도 출신자들에 대해서 상당히 우호적이라고 느끼고 있다. 즉 경상도 출신자에 대해서는 전반적으로 우호적이라고 느끼고 있다는 경향을 파악할 수 있다. 그러나 전라도 출신자들에 대해서는 35세 이상의 연령에 있어서 매우 우호적이라고 느끼고 있는 사람이 90% 이상인 경우가 없었다. 게다가 전라도 출신자는 비우호적이라고 느끼고 있는 사람은 경상도의 경우보다도 확실히 높고, 전라도 출신자에 대해서 상당히 비우호적이라고 느끼고 있는 경향도 확인할 수 있다. 즉 모든 연령층에 있어서 경상도 출신자에 대해서보다 전라도 출신자에 대해서 비우호적이라고 느끼고 있다는 경향을 파악할 수 있다.

세 번째로 지역별로 검토해 보면 경상도 출신자에 대해서는 전국적으로 우호적이라고 느끼는 경향을 파악할 수 있다. 전라도 출신자에 대해 상당히 비우호적이라고 느끼는 비율은 강원도 12.0%, 대구·경상북도 11.0%, 부산·경상남도 9.5%, 충청도가 6.0%라는 결과로서 경상도 출신자의 경우와 비교해서 상당히 높은 수치를 나타내고 있다. 즉 강원도, 대구·경상북도, 부산·경상남도, 충청도에서는 전라도 출신자에 대해서 비우호적이라고 느끼고 있는 사람이 상당히 많다는 것을 알 수 있는 것이다.

영남지역과 호남지역에 한정하여 이 문제를 검토해 보면, 경상도 출신자에 대해서 우호적으로 느끼고 있는 사람은 호남지역에서 91.7%, 영남지역에서는 95.3%인데 반해서 전라도 출신자에 대해서 우호적이라고 느끼고 있는 사람은 호남지역에서 99.0%, 영남지역에서 77.3%였다. 즉 호남지역 사람들은 호남지역 출신자, 영남지역 출신자 쌍방에 대해서 우호적으로 느끼고 있지만 영남지역 사람들은 영남지역 출신자들에 대해서 우호적인 감정을 품고 호남지역의 출신자에 대해서는 우호적인 감정을 가지고 있지 않다는 경향을 보이고 있는 것이다. (〈표5-1〉 및 〈표5-2〉 참조)

경상도(전라도) 출신자에 대해서 가지고 있는 이미지에 관해서 '전혀 그렇게 생각하지 않는다', '그렇게 생각하지 않는다', '그저 그렇다', '그렇다', '굉장히 그렇다'라고 하는 5점 척도를 설정해서 여덟 가지 질문을 해보았다. 질문에 대한 회답을 기초로 해서 경상도(전라도) 출신자에 대해 가지고 있는 긍정적인 감정, 부정적인 감정의 정도를 조사했다.

8개 질문 항목은 다음과 같다. ① 경상도(전라도) 출신자들은 친절하다. ② 경상도(전라도) 출신자는 신뢰할 수 있다. ③ 경상도(전라도) 출신자들은 남을 잘 도와준다. ④ 경상도(전라도) 출신자들은 다른 지역의 사람들과도 협조적이다. ⑤ 경상도(전라도) 출신자들은 사람을 잘 속인다. ⑥ 경상도(전라도) 출신자들은 자기중심적이다. ⑦ 경상도(전라도) 출신자들은 자기들끼리 뭉친다. ⑧ 경상도(전라도) 출신자들은 난폭하다.

이들 질문에 대한 답을 ①부터 ④까지는 '전혀 그렇게 생각하지 않는다'는 대답에 0점, '그렇게 생각하지 않는다'에 대해서는 25점, '그저그렇다'에 50점, '그렇게 생각한다'에 75점, '매우 그렇게 생각한다'에 100점을 주

〈표5-1〉 경상도 출신자에 대한 호감도

(단위 : 건, %)

		사례수	매우 우호적	우호적	비우호적	매우 비우호적
전체		1,000	93.3	3.6	1.3	1.8
지역	서울 · 경기도 · 인천	200	90.5	4.5	3.0	2.0
	부산 · 경상남도	200	94.5	1.0	0.0	4.5
	대구 · 경상북도	100	97.0	2.0	0.0	1.0
	광주 · 전라남도	200	89.5	7.5	1.5	1.5
	전주 · 전라북도	100	96.0	4.0	0.0	0.0
	대전 · 충청도	100	99.0	0.0	0.0	1.0
	강원도	50	90.0	6.0	4.0	0.0
	제주도	50	94.0	2.0	4.0	0.0
연령	만19~24세	90	93.3	2.2	0.0	4.4
	만25~29세	106	98.1	0.9	0.0	0.9
	만30~34세	74	93.2	2.7	1.4	2.7
	만35~39세	134	93.3	3.7	1.5	1.5
	만40~44세	118	91.5	5.1	0.8	2.5
	만45~49세	102	92.2	4.9	2.9	0.0
	만50~54세	106	95.3	3.8	0.0	0.9
	만55~59세	64	92.2	4.7	0.0	3.1
	만60~64세	132	90.2	4.5	3.0	2.3
	만65세이상	74	94.6	2.7	2.7	0.0
영 · 호남 구분	영남	300	95.3	1.3	0.0	3.3
	호남	300	91.7	6.3	1.0	1.0
	기타	400	93.0	3.3	2.5	1.3

(주) 「매우우호적」(0점), 「우호적」(1, 2점), 「비우호적」(3, 4점), 「매우 비우호적」(5점)
(출처) 2010년 5월에 실시한 정치의식 조사의 결과에 의거하여 필자 작성

었고 ⑤부터 ⑧까지는 거꾸로 '전혀 그렇게 생각하지 않는다'에 100점, '그렇게 생각하지 않는다'에 75점, '그저그렇다'에 50점, '그렇게 생각한다'에 25점, '매우 그렇게 생각한다'에 0점을 주었다. 그렇게 계산한 합계

점수를 가지고 경상도 출신자와 전라도 출신자의 점수에 의미 있는 차이가 있는가 없는가를 조사하기 위해 t-검증을 했다.[122] 각기 두 지역으로부터 나온 수치의 경상도 지역 평균치는 57.9점, 전라도 지역의 평균치는 54.5점

〈표5-2〉 전라도 출신자에 대한 호감도

(단위 : 건, %)

		사례수	매우 우호적	우호적	비우호적	매우 비우호적
전체		1,000	87.4	4.8	2.9	4.9
지역	서울 · 경기도 · 인천	200	87.5	7.0	3.5	2.0
	부산 · 경상남도	200	76.0	9.0	5.5	9.5
	대구 · 경상북도	100	80.0	6.0	3.0	11.0
	광주 · 전라남도	200	99.5	0.0	0.0	0.5
	전주 · 전라북도	100	98.0	1.0	0.0	1.0
	대전 · 충청도	100	91.0	3.0	0.0	6.0
	강원도	50	70.0	8.0	10.0	12.0
	제주도	50	88.0	4.0	6.0	2.0
연령	만19~24세	90	90.0	3.3	0.0	6.7
	만25~29세	106	93.4	2.8	0.0	3.8
	만30~34세	74	93.2	4.1	0.0	2.7
	만35~39세	134	86.6	2.2	4.5	6.7
	만40~44세	118	86.4	7.6	1.7	4.2
	만45~49세	102	86.3	6.9	3.9	2.9
	만50~54세	106	87.7	6.6	1.9	3.8
	만55~59세	64	79.7	9.4	3.1	7.8
	만60~64세	132	85.6	4.5	6.1	3.8
	만65세이상	74	83.8	1.4	6.8	8.1
영 · 호남 구분	영남	300	77.3	8.0	4.7	10.0
	호남	300	99.0	0.3	0.0	0.7
	기타	400	86.3	5.8	3.0	1.3

(주)「매우우호적」(0점), 「우호적」(1, 2점), 「비우호적」(3, 4점), 「매우 비우호적」(5점)
(출처) 2010년 5월에 실시한 정치의식 조사의 결과에 의거하여 필자 작성

이었다. 경상도 출신자 쪽이 전라도 출신자 쪽보다 높은 수치를 나타내고 있는 것이다. 이것이 의미하는 바는 전라도 출신보다 경상도 출신자에 대해서 긍정적 감정의 강도가 강하게 나오고 있다는 것이다.

경상도 출신자에 대한 수치에 지역 편차가 나타나는지 않는지를 조사하기 위해 분산분석(Analysis of Variance)의 방법을 사용했다.[123] 경상도 출신자에 대한 긍정적 감정의 강도를 지역별로 보면 광주·전라남도 54.0점, 강원도 54.3점, 대전·충청도 54.7점, 전주·전라북도 54.8점, 서울·경기도·인천 55.5점, 제주도 55.6점이 되어 평균치보다 낮은 수치를 산출한 반면 대구·경상북도 63.5점, 부산·경상남도 65.8점으로 평균치보다 높은 수치가 산출되었다. 전라도 출신자에 대한 점수에 주목해 보면 강원도 47.6점, 대전·충청도 51.5점, 부산·경상남도 52.9점, 서울·경기도·인천 53.3점, 대구·경상북도 53.6점, 제주도 53.8점으로 평균치보다 낮은 수치가 나타났

〈표5-3〉 경상도, 전라도 출신자에 대한 긍정적 감정 수준

(점수 : 평균치/단위 : 점)

지역	경상도 출신자	전라도 출신자
서울 · 경기도 · 인천	55.5	53.3
부산 · 경상남도	65.8	52.9
대구 · 경상북도	63.5	53.6
광주 · 전라남도	54.0	59.7
전주 · 전라북도	54.8	57.3
대전 · 충청도	54.7	51.5
강원도	54.3	47.6
제주도	55.6	53.8
	F=25.220, p=0.000	F=9.943, p=0.000

(주) F : F 통계량, p : 유의확률
(유의수준와 비교하여 그 수치가 작은 경우, 차가 있다고 판단한다. 일반적인 유의수준은 0.05)
(출처) 2010년 5월에 실시한 정치의식 조사의 결과에 의거하여 필자 작성

다. 그러나 전주·전라북도 57.3점, 광주·전라남도 59.7점으로 호남지역에서는 평균치보다도 높은 수치를 나타내고 있는 것이다.(〈표5-3〉 참조)

이상의 분석 결과로 볼 때 부산·경상남도, 대구·경상북도 지역의 응답자는 전라도 출신자에 대해서 다른 지역 출신자에 비하여 부정적 감정을 가지고 있다는 사실을 확인할 수 있고 전주·전라북도, 광주·전라남도 지역의 응답자는 경상도 출신자에 대해서 다른 지역 출신자에 비해서 부정적 감정을 가지고 있다는 것을 알 수 있었다.

분석 결과로 알 수 있는 사실은 영남지역 및 호남지역에 거주하고 있는 사람들은 다른 지역에 비해 서로 비호의적이고 부정적 감정을 가지고 있다는 것이었다. 게다가 광주·전라남도와 전주·전라북도에서는 전라도 출신자에 대하여 가진 긍정적 감정의 강도가 매우 낮은 데 반하여, 부산·경상남도, 대구·경상북도에서는 경상도 출신자에 대하여 긍정적 감정의 강도가 상당히 강하게 나타나 있는 것이다. 즉 호남지역 사람들보다 영남지역 사람들이 상대적으로 배타적이라는 것을 알 수 있다. 이러한 결과치는 투표 행동에서의 편재성의 강도와는 반비례하는 것으로, 지역주의에 대한 원인을 탐구하는 데 유념해야 할 대목이라고 할 수 있다.

경상도 출신자들과 전라도 출신자들에 대해서 긍정적 감정의 강도와 지지 정당과의 관계를 조사하기 위하여 분산분석을 실시하였다. 〈표5-4〉는 분산분석의 결과를 정리한 것이다. 경상도 출신자에 대한 긍정적인 감정 강도의 격차와 지지 정당과의 상관관계를 비교해 보면 한나라당을 지지하는 사람의 경상도 출신자에 대한 긍정적 감정 강도는 62.2점, 전라도 출신자에 대한 긍정적 감정 강도는 51.2점이며 한나라당을 지지하는 응답자의 수치는 다른 정당을 지지하는 응답자의 수치에 비해 높고, 민주당을 지지

<표5-4> 지지정당별, 경상도 전라도 출신자에 대한 긍정적 감정 강도

(단위 : 점)

지지하는 정당	경상도 출신자	전라도 출신자
전체	57.9	54.5
한나라당	62.2	51.2
민주당	54.4	58.0
기타 정당	55.4	52.5
회답 없음	58.7	55.0
	F=23.185, p〈0.01	F=15.805, p〈0.01

(주) F : F 통계량, p : 유의확률
(유의수준와 비교하여 그 수치가 작은 경우, 차가 있다고 판단한다. 일반적인 유의수준은 0.05)
(출처) 2010년 5월에 실시한 정치의식 조사의 결과에 의거하여 필자 작성

하는 응답자의 수치가 가장 낮다는 것을 알 수 있다.

한편 전라도 출신자에 대해 긍정적 감정 강도의 격차와 지지 정당과의 관계를 조사해 보면 민주당을 지지하는 사람의 경상도 출신자에 대한 긍정적 감정의 강도는 54.4점, 전라도 출신자에 대한 긍정적 감정의 강도는 58.0점로서 민주당을 지지하는 응답자의 점수 쪽이 타 정당을 지지하는 응답자의 점수에 비해 높고 한나라당을 지지하는 점수는 가장 낮은 것을 알 수 있다. 즉 한나라당을 지지하는 응답자는 경상도 출신자에 대해서 긍정적 감정을 가지고 있고 전라도 출신자에 대해서는 부정적 감정을 가지고 있다고 말할 수 있다. 또 민주당을 지지하는 회답자는 전라도 출신자에 대해서 긍정적 감정을 가지고 경상도 출신자에 대해서는 부정적 감정을 가지고 있다는 것을 알 수 있다.(〈표5-4〉참조)

경상도 출신에 대한 이미지와 전라도 출신자에 대한 이미지와의 사이에 어떠한 상관관계가 있는가에 대한 분석을 해 보았다. 경상도 출신자에 대해서 느끼고 있는 친절도를 기준으로 하여 전라도 출신자에 대해 느끼고

있는 친절도를 비교해 보면, 경상도 출신자는 불친절하다고 대답한 사람 (124명) 중에 11.3%가 전라도 출신자는 불친절하다고 대답했고, 전라도 출신자에 대해 그저그렇다고 대답한 사람은 37.9%, 전라도 출신자에 대해 친절하다고 대답한 사람은 50.8%였다. 경상도 출신자에 대한 친절도는 그럭저럭 친절하다고 대답한 사람(568명) 중에 4.4%는 전라도 출신자에 대해서 불친절하다고 느끼고 있었다. 전라도 출신자는 그럭저럭 친절하다고 대답한 사람은 57.2%, 친절하다고 대답한 사람은 38.4%이었다. 경상도 출신자는 친절하다고 대답한 사람(308명) 중에 8.1%가 전라도 출신자에 대해 불친절하다고 느끼고 있는 것이다. 또, 전라도 출신자에 대해 그저그렇다고 느끼고 있는 사람은 23.1%, 전라도 출신자에 대해 친절하다고 느끼고 있는 사람은 68.8%였다.

요컨대 경상도 출신자에 대해 불친절하다고 느끼고 있는 응답자는, 전라도 출신자에 대해서도 불친절하다고 느끼고 있고, 그저그렇다고 대답한 평균치와 비교해 보면 비교적 높은 경향을 보이고 있다. 한편, 경상도 출신자에 대해 친절하다고 느끼고 있는 회답자는, 전라도 출신자에 대해서도 친절하다고 대답하고, 평균치와 비교해 보면 상대적으로 높은 비율을 나타내고 있다. 이상의 분석으로 볼 때, 친절도에 관해서는 경상도 출신자와 전라도 출신자 간에는 큰 격차는 발견할 수 없는 것이다. (〈표5-5〉참조)

경상도 출신자와 전라도 출신자에 대해 느끼는 신뢰도에 관하여 조사 결과를 기초로 분석해 보았다. 경상도 출신자에 대해서 신뢰할 수 없다고 대답한 사람(85명) 중에서 13.9%가 전라도 출신자에 대해서도 신뢰할 수 없다고 대답하고, 그저그렇다고 대답한 사람은 49.0%, 신뢰할 수 있다고 대답한 사람은 25.9%였다. 경상도 출신자의 신뢰도에 관하여 그저그렇다고 대

〈표5-5〉 경상도와 전라도 출신자에 대해 가진 이미지(친절도)

(단위 : 건, %)

			전라도 출신자는 친절하다			전체
			아니다	그저그렇다	그렇다	
경상도 출신자는 친절하다	아니다	사례수	14	47	63	124
		횡의 비율	11.3%	37.9%	50.8%	100.0%
		종의 비율	21.9%	10.6%	12.8%	12.4%
		전체 비율	1.4%	4.7%	6.3%	12.4%
	그저그렇다	사례수	25	325	218	568
		횡의 비율	4.4%	57.2%	38.4%	100.0%
		종의 비율	39.1%	73.4%	44.2%	56.8%
		전체 비율	2.5%	32.5%	21.8%	56.8%
	그렇다	사례수	25	71	212	308
		횡의 비율	8.1%	23.1%	68.8%	100.0%
		종의 비율	39.1%	16.0%	43.0%	30.8%
		전체 비율	2.5%	7.1%	21.2%	30.8%
전체		사례수	64	443	493	1,000

(주) Chi-Square(4)=101.156 : p〈0.01
(출처) 2010년 5월에 실시한 정치의식 조사의 결과에 의거하여 필자 작성

답한 사람(490명) 중에 11.8%의 사람이 전라도 출신자에 대해 신뢰할 수 없다고 대답하고, 그저그렇다고 대답한 사람은 61.8%, 신뢰할 수 있다고 대답한 사람은 26.3%였다. 경상도 출신자의 신뢰도에 관하여 경상도 사람은 신뢰할 수 있다고 대답한 사람(425명) 중에 20.0%의 사람이 전라도 출신자에 대해 신뢰할 수 없다고 대답하고, 그저그렇다고 대답한 사람은 41.6%, 신뢰할 수 있다고 대답한 사람은 38.4%였다.

이상의 분석 결과를 정리하면, 친절도와 같이 경상도 출신자와 전라도 출신자에 대한 신뢰도의 격차도 별로 크지 않다는 것을 밝힐 수 있다.(〈표5-6 참조〉)

〈표5-6〉 경상도와 전라도 출신자가 갖고 있는 이미지(신뢰도)

(단위 : 건, %)

			전라도 출신자는 신뢰할 수 있다			전체
			아니다	그저그렇다	그렇다	
경상도 출신자는 신뢰할 수 있다	아니다	사례수	21	42	22	85
		횡의 비율	24.7%	49.4%	25.9%	100.0%
		종의 비율	12.8%	8.0%	7.0%	8.5%
		전체 비율	2.1%	4.2%	2.2%	8.5%
	그저그렇다	사례수	58	303	129	490
		횡의 비율	11.8%	61.8%	26.3%	100.0%
		종의 비율	35.4%	58.0%	41.1%	49.0%
		전체 비율	5.8%	30.3%	12.9%	49.0%
	그렇다	사례수	85	177	163	425
		횡의 비율	20.0%	41.6%	38.4%	100.0%
		종의 비율	51.8%	33.9%	51.9%	42.5%
		전체 비율	8.5%	17.7%	16.3%	42.5%
전체		사례수	164	522	314	1,000

(주) Chi-Square(4)=42.451: $p < 0.01$
(출처) 2010년 5월에 실시한 정치의식 조사의 결과에 의거하여 필자 작성

　　같은 방법을 이용해, 경상도 출신자와 전라도 출신자에 대해 가지고 있는 이미지를 분석한 결과를 정리한 것이 〈표5-7〉이다. 경상도 출신자와 전라도 출신자에 대해 가지고 있는 이미지를 '사람을 잘 돕는다', '타 지역 사람들과 협조적이다', '사람을 잘 속인다', '자기중심적이다', '자기들끼리 뭉친다', '난폭하다' 라는 질문 항목으로 설문화하여 조사를 실시했다.

　　조사 결과로부터 의미 있는 차이는 검출하지 못하였다. 경상도 출신자에 대해서 '그저그렇다' 라고 대답한 회답자는 전라도 출신자에 대해서도 '그저그렇다' 라는 대답이 많았고, '그렇게 생각하지 않는다' 라고 한 대답과 '그렇게 생각한다' 라는 대답과의 비율은 전체적으로 같은 수준을 나타

〈표5-7〉 경상도와 전라도 출신자에 대해 갖고 있는 이미지

(단위 : 건)

		전라도 출신자는 남을 잘 돕는다			전체
		아니다	그저그렇다	그렇다	
경상도 출신자는 남을 잘 돕는다	아니다	27	56	52	135
	그저그렇다	38	363	153	554
	그렇다	36	100	175	311
전체		101	519	380	1,000

		전라도 출신자는 타지역 사람과 협조적이다			전체
		아니다	그저그렇다	그렇다	
경상도 출신자는 타지역 사람과도 협조적이다	아나다	36	70	47	153
	그저그렇다	85	295	141	521
	그렇다	55	108	163	326
전체		176	473	351	1,000

		전라도 출신자는 남을 잘 속인다			전체
		아니다	그저그렇다	그렇다	
경상도 출신자는 남을 잘 속인다	아니다	288	152	110	550
	그저그렇다	79	253	56	388
	그렇다	14	24	24	62
전체		381	429	190	1,000

		전라도 출신자는 자기중심적이다			전체
		아니다	그저그렇다	그렇다	
경상도 출신자는 자기중심적이다	아니다	245	105	102	452
	그저그렇다	75	262	72	409
	그렇다	32	66	41	139
전체		352	433	215	1,000

		전라도 출신자는 자기들끼리 뭉친다			전체
		아니다	그저그렇다	그렇다	
경상도 출신자는 자기들끼리 뭉친다	아니다	143	71	140	354
	그저그렇다	47	198	189	434
	그렇다	40	43	129	212
전체		230	312	458	1,000

		전라도 출신자는 난폭하다			전체
		아니다	그저그렇다	그렇다	
경상도 출신자는 난폭하다	아니다	280	106	59	445
	그저그렇다	97	303	55	455
	그렇다	23	49	28	100
전체		400	458	142	1,000

(출처) 2010년 5월에 실시한 정치의식 조사의 결과에 의거하여 필자 작성

내고 있었다.(《표5-7》참조)

경상도 출신자에 대해 가지고 있는 이미지를 형성하는 데 가장 큰 영향을 준 요인에 대해 조사해 보았다. 그 결과 전체 66.1%의 회답자가 경상도 출신자를 직접 만나서 경험했다고 대답했고, 신문·방송 등 매스컴으로 알았다는 대답이 22.1%, 양친 또는 친척으로부터 알았다는 대답이 10.9%라는 순서였다. 이어서 학교 선생님 0.7%, 주위 사람들 0.1%, 지역 대립 감정에 대한 선입견 0.1%라는 차례였다. 한편 전라도 출신자에 대해 같은 질문을 한 결과 전체 70.9%의 응답자가 전라도 출신자를 직접 만나서 경험했다고 대답했고 신문·방송 등 매스컴으로 알았다는 대답이 15.7%, 양친 또는 친척에게 들었다는 대답이 11.9%의 순서였다. 이어서 학교 선생님 1.0%, 주위 사람들 0.3%, 지역 대립 감정에 대한 선입견 0.1%라는 결과를 얻었다.

다음으로 경상도와 전라도 출신자의 사회적 관계에 관해서 '절대 된다', '된다', '그저그렇다', '안 된다', '절대 안 된다' 라는 5점 척도를 가지고 비교 분석해 보았다. 질문 항목으로 이하의 5항목을 설정했다. ① 경상도(전라도) 출신자와 연애 관계가 가능하다. ② 직장 동료로서도 좋다. ③ 친구가 되고 싶다. ④ 어린이 및 형제에게 같이 노는 것을 금지한다. ⑤ 서로 아는 사람이 되고 싶지 않다. 이상의 항목에 답변한 내용에 대한 점수 계산은 질문 항목 ①~③에 관해서는 '절대 할 수 없다' 를 0점, '할 수 없다' 를 25점, '그저그렇다' 를 50점, '할 수 있다' 를 75점, '절대 할 수 있다' 를 100점으로 설정해서 계산했다. 또 질문 항목 ④~⑤에 관해서는 '절대 할 수 없다' 를 100점, '할 수 없다' 를 75점, '그저그렇다' 를 50점, '할 수 있다' 를 25점, '절대 할 수 있다' 를 0점으로 설정해서 점수를 계산했다.

이상의 방법을 사용해서 계산한 결과를 가지고 경상도 출신자와 전라도 출신자의 가치에 의미 있는 차이가 있는지 없는지를 조사하기 위해 t-검증을 했다. 그 결과 각각의 지역에서 얻은 점수의 평균치는 경상도가 73.5점, 전라도가 71.8점으로서 경상도 출신자 쪽이 전라도 출신자에 비해 점수가 높은 것을 알 수 있었다. 이어 경상도 출신자의 사회적 관계에 관해서 산출한 점수에 지역 격차가 발생하는지 여부를 조사하기 위해 분산분석(ANOVA)를 실시했다. 그 결과 지역별로 보면 대전·충청도 지역은 58.1점, 제주도 지역은 66.2점, 강원도 지역은 67.9점으로서 평균치보다 낮은 점수를 나타냈다. 그러나 전주·전라북도 지역은 73.9점, 광주·전라남도 지역은 74.4점, 서울·경기도 지역은 75.2점, 부산·경상남도 지역은 78.7점, 대구·경상북도 지역은 78.9점으로서 평균치보다 높은 점수를 나타냈다.

이어 전라도 출신자들의 사회적 관계에 관해서 산출한 점수에 분산분석을 실시한 결과, 대전·충청도 지역은 56.8점, 강원도 지역은 60.3점, 제주도 지역은 66.3점, 대구·경상북도 지역은 67.7점, 부산·경상남도 지역은 69.0점으로 평균치보다도 낮은 점수가 나타났다. 한편, 서울·인천·경기도 지역은 74.5점, 광주·전라남도 지역은 80.9점, 전주·전라북도 지역은 81.3점으로 평균치보다도 높은 점수를 나타냈다. (〈표5-8〉 참조)

이상의 결과를 종합적으로 고찰해 보면 응답자는 호남지역 출신자보다는 영남지역 출신자 쪽이 상대에 대한 긍정적 감정을 가지고 있다는 것을 알 수 있었다. 서울·경기지역을 제외하고 충청도·강원도 지역에 있어서도 호남지역 출신자에 대해서는 호의적인 감정을 가지고 있지 않았다. 또 한국 사회에서는 호남지역 출신자가 사회적으로 극단적인 배척을 받고 있다는 경향을 발견할 수 없지만, 호남지역 출신자는 영남지역 출신자에 대

<표5-8> 경상도 · 전라도 출신자에 대한 사회적 관계의 점수(평균치)

(단위 : 점)

지역	경상도 출신	전라도 출신
서울 · 경기도 · 인천	75.2	74.5
부산 · 경상남도	78.7	69.0
대구 · 경상북도	78.9	67.7
광주 · 전라남도	74.4	80.9
전주 · 전라북도	73.9	81.3
대전 · 충청도	58.1	56.8
강원도	67.9	60.3
제주도	66.2	66.3
	F=30.213, p=0.000	F=36.736, p=0.000

(주) F : F-통계량, p : 유의확률
(유의수준와 비교하여 그 수치가 작은 경우, 차가 있다고 판단한다. 일반적인 유의수준은 0.05)
(출처) 2010년 5월에 실시한 정치의식 조사의 결과에 의거하여 필자 작성

해서 상당히 호의적인 경향을 나타내고 개방적인 태도를 보이는 데 반해, 영남지역 출신자는 호남지역 출신자에 대해서 배타적이고 폐쇄적인 경향을 나타내고 있다는 것을 알 수 있다. 한편, 대전 · 충청도 지역의 사람들은 영남지역 및 호남지역의 양 지역에 대해서 배타적이고 비우호적이었다. (〈표5-8〉 참조)

경상도 출신자와 전라도 출신자 간의 사회적 관계에 관하여 산출한 점수를 가지고 지지 정당에 의존하는 격차의 발생을 분산분석해 보았다. 경상도 출신자에 대한 사회적 관계 점수를 지지 정당별로 검토해 보면 기타 정당을 지지한다고 대답한 응답자의 긍정적 강도 점수는 한나라당과 민주당을 지지한다고 대답한 응답자에 비해 낮고, 한나라당과 민주당을 지지한다는 응답자의 긍정적 강도의 점수에는 큰 격차가 보이지 않았다.

한편 전라도 출신자에 대해 사회적 관계 점수의 차를 지지하는 정당별로

〈표5-9〉 지지정당별, 경상도 전라도 출신에 대한 사회적 관계(평균치)

(단위 : 점)

지역	경상도 출신	전라도 출신
전체	73.4	71.8
한나라당	73.9	65.4
민주당	74.1	79.5
기타 정당	69.0	66.8
무 또는 /회답무	74.7	72.3
	F=5.663, p〈0.01	F=41.433, p〈0.01

(주) F : F-통계량, p : 유의확률
(유의수준와 비교하여 그 수치가 작은 경우, 차가 있다고 판단한다. 일반적인 유의수준은 0.05)
(출처) 2010년 5월에 실시한 정치의식 조사의 결과에 의거하여 필자 작성

살펴보면 민주당을 지지한다고 대답한 응답자의 긍정적인 강도 점수는 기타 정당을 지지한다는 응답자에 비해 높고, 한나라당을 지지한다는 응답자의 긍정적 강도 점수는 가장 낮다는 결과를 얻었다. 요컨대 기타 정당을 지지한다고 대답한 응답자는 경상도 출신자에게 부정적 감정을 가지고 있고, 민주당을 지지한다고 대답한 응답자는 전라도 출신자에 긍정적 감정을 가지고 있다고 말할 수 있었다.(〈표5-9〉참조)

경상도 출신자에 대한 사회적 관계 관련 응답과 전라도 출신자에 대한 사회적 관계 관련 응답 사이에 어떤 연관성이 있는가를 분석해 보았다. 먼저 경상도 출신자와 연인관계가 될 수 있는가에 대한 질문에 응답을 분석해 볼 때 경상도 출신자와 연인관계가 될 수 없다고 대답한 응답자(23명) 중 14.7%가 전라도 출신자와도 연인관계가 될 수 없다고 대답했고, 34.8%가 가능하기도 하고 불가능하기도 하다고 대답하였다. 그리고 47.8%가 연인관계가 될 수 있다고 대답했다.

경상도 출신자들과 연인관계가 가능한가를 물었을 때 그저그렇다고 대

답한 응답자(223명) 중에 5.8%는 전라도 출신자와는 연인관계가 될 수 없다고 대답하고, 가능하기도 하고 불가능하기도 하다, 즉 그저그렇다고 한 대답은 57.8%였고, 36.3%가 연인관계가 될 수 있다고 대답했다. 경상도 출신자와 연인관계가 될 수 있다고 대답한 응답자(754명) 중 5.3%는 전라도 출신자와 연인관계를 맺을 수 없다고 대답했고, 9.5%가 가능하기도 하고 불가능하기도 하다고 대답하여 85.1%가 할 수 있다고 대답했다.

이상의 분석 결과로 판단할 때 경상도 출신자들과 연인관계가 될 수 없다고 대답한 사람, 가능하기도 하고 불가능하기도 하다고 대답한 사람은 전라도 출신자와도 연인관계가 될 수 없다고 대답했거나 가능하기도 하고 불가능하기도 하다고 대답한 비율이 전체에 비해 높은 경향을 나타내고 있다. 즉 경상도 출신자와의 연인관계 가능성이 보통 이하인 응답자는 전라도 출신자에 대해서도 같은 태도를 취하고 있다고 판단할 수 있는 것이다.(〈표5-10〉참조)

다음으로 직장의 동료로서 적절한가 아닌가 하는 질문 항목에 대해서 경상도 출신자에 대한 의견과 전라도 출신자에 대한 의견 간에 어떠한 차이가 나타나는가를 분석해 보았다. 그 결과 경상도 출신자에 대해서 같은 직장 동료로 적절하지 않다고 대답한 회답자가 모두 23명인데 그 중에서 47.8%는 전라도 출신자에 대해서도 역시 직장의 동료로 적절하지 않다고 대답했고, 그저그렇다고 대답한 사람이 30.4%, 같은 직장의 동료로 만족한다고 대답한 사람이 21.7%였다.

그런데 이번에는 경상도 출신자에 대해서 같은 직장의 동료로서 적절한가 아닌가를 물었다. 그랬더니 그저그렇다고 대답한 사람이 195명이었는데 그 중에서 8.2%는 전라도 출신자를 같은 직장 동료로 적합지 않다고 대

〈표5-10〉 경상도와 전라도 출신자에 사회적 관계(연인관계)

(단위 : 건, %)

			전라도 출신자와 연인관계가 가능하다			전체
			아니다	그저그렇다	상관없다	
경상도 출신자와 연인관계가 가능하다	아니다	사례수	4	8	11	23
		횡의 비율	17.4%	34.8%	47.8%	100.0%
		종의 비율	7.0%	3.8%	1.5%	2.3%
		전체 비율	0.4%	0.8%	1.1%	2.3%
	그저그렇다	사례수	13	129	81	223
		횡의 비율	5.8%	57.8%	36.3%	100.0%
		종의 비율	22.8%	61.7%	11.0%	22.3%
		전체 비율	1.3%	12.9%	8.1%	22.3%
	상관없다	사례수	40	72	642	754
		횡의 비율	5.3%	9.5%	85.1%	100.0%
		종의 비율	70.2%	34.4%	87.5%	75.4%
		전체 비율	4.0%	7.2%	64.2%	75.4%
전체		사례수	57	209	734	1,000

(주) Chi-Square(4)=257.976: p〈0.01
(출처) 2010년 5월에 실시한 정치의식 조사의 결과에 의거하여 필자 작성

답하였다. 같은 직장 동료로 일하는데 그저그렇다고 대답한 사람이 53.3%, 같은 직장 동료로 일할 수 있다고 대답한 사람이 38.5%였다. 경상도 출신자와 같은 직장의 동료로 할 수 있다고 대답한 사람이 782명이었는데 그 중에 4.3%는 전라도 출신자를 같은 직장의 동료로 할 수 없다고 대답하고, 같은 직장의 동료로 일하는 것은 그저그렇다고 대답한 사람은 13.2%, 같은 직장의 동료로 만족한다고 대답한 사람은 82.5%에 달했다.

　이상의 결과로부터, 경상도 출신자가 같은 직장의 동료로서 좋은가라는 질문에 보통 이하의 대답을 한 회답자는 전라도 출신자에 대해서도 보통 이하의 대답을 하는 경우가 비교적 많았다. 한편 경상도 출신자가 같은 직

장의 동료로서 좋다고 대답한 회답자는 전라도 출신자에 대해서도 직장의 동료로서 좋다고 대답을 하고 있다. 즉 경상도 출신자에게 부정적 감정을 가지고 있는 사람은 전라도 출신자에 대해서도 부정적이고, 경상도 출신자에 긍정적 감정을 가지고 있는 사람은 전라도 출신자에 대해서도 긍정적이었다는 것이다.(〈표5-11〉 참조)

계속해서 직장의 동료관계에 대한 태도를 조사하는 것과 같은 방법으로 경상도 출신자, 전라도 출신자와 '친구가 되고 싶다', '어린이와 형제들에게 놀지 말라고 금지한다', '아는 사람으로 지내고 싶지 않다' 라는 사회적 관계에 관한 질문에 대한 대답을 분석해 보았다. 경상도 출신자에 부정적

〈표5-11〉 경상도와 전라도 출신자에 대한 사회적 관계(직장동료)

(단위 : 건, %)

| | | | 전라도 출신자와 같은 직장동료 좋다 | | | 전체 |
			아니다	그저그렇다	상관없다	
경상도 출신자와 같은 직장동료 좋다	아니다	사례수	11	7	5	23
		횡의 비율	47.8%	30.4%	21.7%	100.0%
		종의 비율	18.0%	3.3%	0.7%	2.3%
		전체 비율	1.1%	0.7%	0.5%	2.3%
	그저그렇다	사례수	16	104	75	195
		횡의 비율	8.2%	53.3%	38.5%	100.0%
		종의 비율	26.2%	48.6%	10.3%	19.5%
		전체 비율	1.6%	10.4%	7.5%	19.5%
	상관없다	사례수	34	103	645	782
		횡의 비율	4.3%	13.2%	82.5%	100.0%
		종의 비율	55.7%	48.1%	89.0%	78.2%
		전체 비율	3.4%	10.3%	64.5%	78.2%
전체		사례수	61	214	725	1,000

(주) Chi-Square(4)=239.621: p 〈0.01
(출처) 2010년 5월에 실시한 정치의식 조사의 결과에 의거하여 필자 작성

감정을 가지고 있는 사람은 전라도 출신자에 대해서도 부정적 감정을 가지고 있었고, 경상도 출신자에 긍정적 감정을 가지고 있는 사람은 전라도 출신자에 대해서도 긍정적 감정을 가지고 있었다. 이상의 분석 결과는 경상도 출신자, 전라도 출신자에 대한 사회적 관계에 있어서 차이가 발생한다기보다도 그 사람 자신의 특성에 의해 사회적 관계에 대한 인식의 차이가 발생한다는 것을 의미하는 것이다.(〈표5-12〉 참조)

경상도와 전라도에 있어 지역 갈등의 심각도가 어느 정도인가에 관한 질

〈표5-12〉 경상도와 전라도 출신자에 대한 사회적 관계

(단위 : 건)

		전라도 출신자와 친구가 되고 싶다			전체
		절대 안 된다	상관 없다	사귀고 싶다	
경상도 출신자와 친구가 되고 싶다	절대 안된다	19	17	16	52
	상관 없다	34	168	117	319
	사귀고 싶다	50	125	454	629
전체		103	310	587	1,000
		자기 자식이나 형제에게 전라도 출신자와 사귀는 것을 금지한다			전체
		절대 안 된다	상관 없다	사귀고 싶다	
자기 자식이나 형제에게 경상도 출신자와 노는 것을 금지한다	절대 안된다	707	66	16	789
	상관 없다	48	95	11	154
	사귀고 싶다	17	10	30	57
전체		772	171	57	1,000
		전라도 출신자와 사귀고 싶지 않다			전체
		절대 안 된다	상관 없다	사귀고 싶다	
경상도 출신자와 사귀고 싶지 않다	절대 안된다	736	52	20	808
	상관 없다	30	118	5	153
	사귀고 싶다	5	12	22	39
전체		771	182	47	1,000

(출처) 2010년 5월에 실시한 정치의식 조사의 결과에 의거하여 필자 작성

문에 대해서, 전체 71.9%의 회답자가 존재하지만 심각하지는 않다고 대답했다. 또 심각하기 때문에 무언가 해결책을 강구하지 않으면 안 된다고 답한 사람이 21.8%, 지역 갈등은 존재하지 않는다고 답한 사람이 6.3%였다. 연령별로 보면, 만34세 이하의 연령층과 비교해 만35세 이상의 연령층에서 양 지역 간의 대립과 갈등은 심각하기 때문에 해결을 강구하지 않으면 안 된다고 대답한 사람이 높은 비율을 나타내고 있었다. 지역별로 보면 해결책을 강구하지 않으면 안 된다고 한 대답은 대전·충청도 지역 40.0%, 광주·전라남도 지역 34.0%, 전주·전라북도 지역 31.0%로서 높은 비율을 나타내고 있지만 부산·경상남도 지역은 9.0%로 가장 낮은 수준을 나타내고 있다.

영남지역 및 호남지역에 초점을 맞춰 보면 어떻게든 해결책을 강구하지 않으면 안 된다는 대답이, 영남지역에서는 9.7%인 데 반해, 호남지역에서는 33.0%에 달하고 있다. 이것을 보면, 영남지역보다도 호남지역 쪽이 지역 갈등 문제를 심각하게 받아들이고 있고, 지역 갈등 해결에도 적극적인 자세를 나타내고 있음을 알 수 있다. (〈표5-13〉 참조)

양 지역에 존재하는 지역 갈등의 원인에 대해 조사하기 위해, 네 가지 설문 항목을 마련했다. ① 양 지역 갈등의 원인은 경상도 출신자의 성격 때문이다. ② 양 지역 갈등의 원인은 전라도 출신자의 성격 때문이다. ③ 양 지역 갈등의 원인은 불공평한 지역 발전 정책 탓이다. ④ 양 지역 갈등의 원인은 정치권의 선동 때문이다. 이상의 질문에 대해 '전혀 그렇게 생각하지 않는다'를 0점, '그렇게 생각하지 않는다'를 25점, '그저그렇다'를 50점, '그렇게 생각한다'를 75점, '매우 그렇게 생각한다'를 100점으로 정하고 분석해 보았다.

〈표5-13〉 경상도와 전라도간의 지역 갈등 심각도

(단위 : 건, %)

		사례수	전혀없다	심각하지 않다	연구해야 한다
전체		1,000	6.3	71.9	21.8
연령	만19~24세	90	12.2	74.4	13.3
	만25~29세	106	12.3	68.9	18.9
	만30~34세	74	5.4	83.8	10.8
	만35~39세	134	5.2	69.4	25.4
	만40~44세	118	5.1	70.3	24.6
	만45~49세	102	4.9	69.6	25.5
	만50~54세	106	4.7	72.6	22.6
	만55~59세	64	3.1	71.9	25.0
	만60~64세	132	3.8	73.5	22.7
	만65세이상	74	6.8	67.6	25.7
지역	서울 · 경기도 · 인천	200	5.0	84.5	10.5
	부산 · 경상남도	200	10.0	81.0	9.0
	대구 · 경상북도	100	15.0	74.0	11.0
	광주 · 전라남도	200	3.5	62.5	34.0
	전주 · 전라북도	100	1.0	68.0	31.0
	대전 · 충청도	100	3.0	57.0	40.0
	강원도	50	10.0	50.0	40.0
	제주도	50	4.0	78.0	18.0
영 · 호남 구분	영남	300	11.7	78.7	9.7
	호남	300	2.7	64.3	33.0
	기타	400	5.0	72.5	22.5

(출처) 2010년 5월에 실시한 정치의식 조사의 결과에 의거하여 필자 작성

그 결과 지역 갈등 원인은 정치권의 선동 때문이라는 항목의 점수가 73.8점으로 가장 많았고, 불공평한 지역 발전 정책 탓이라고 대답한 것이 65.2점, 전라도 출신자의 성격 때문이라고 한 것이 37.7점, 경상도 출신자의 성격 때문이라고 한 답이 36.0점이었다. 영남지역, 호남지역의 대답을

비교해 보면 영남지역에서는 전라도 출신자의 성격으로 인한 것이라는 대답이 많았지만, 호남지역에서는 불공평한 지역 발전 정책 때문이라고 한 대답과 정치권의 선동 때문이라고 한 대답이 많았다. 이 조사 결과는 양 지역의 응답자 사이에 지역 갈등의 원인에 대한 견해에 큰 차이가 있다는 것을 나타내고 있다.(〈표5-14〉참조)

한국에서 지역 갈등의 문제 인식에 관해 다음과 같은 설문으로 조사를 해 보았다. 설문 항목은 다음과 같다. ① 기성세대 간의 문제다. ② 중고생에도 문제가 있다. ③ 주로 정치인들의 문제다. ④ 주로 사회 엘리트들 간의 문제다. ⑤ 국민 전체의 문제다. 이에 대해 '전혀 그렇게 생각하지 않는다'를 0점, '그렇게 생각하지 않는다'를 25점, '그저그렇다'를 50점, '그렇게 생각한다'를 75점, '매우 그렇게 생각한다'를 100점으로 정하고 분석해 보았다.

지역 갈등은 주로 정치인들의 문제라는 항목의 점수가 75.8점으로 가장 높았고 기성세대 간의 문제라고 대답한 사람이 66.9점, 주로 사회 엘리트

〈표5-14〉 경상도와 전라도 간에 존재하는 지역 갈등의 원인

(단위 : 점)

	경상도 출신자의 성격 때문	전라도 출신자의 성격 때문	불공평한 지역발전 정책 때문	정치권의 선동 때문
전체	36.0	37.7	65.2	73.8
영남	32.4	41.1	58.3	73.6
호남	33.2	28.3	74.8	80.8
	t=-0.396, p=0.692	t=6.673, p=0.000	t=-8.712, p=0.000	t=-4.069, p=0.000

(주) t : t-통계량, p : 유의확률
(유의수준과 비교하여 그 수치 작은 경우, 차가 있다고 판단한다. 일반적인 유의수준은 0.05)
(출처) 2010년 5월에 실시한 정치의식 조사의 결과에 의거하여 필자 작성

들의 문제라고 생각하는 사람이 54.9점, 국민 전체의 문제라고 대답한 사람이 51.0점, 중고생에도 문제가 있다고 한 사람이 30.8점이라는 결과였다. 지역별로 보면, 광주·전라남도 지역, 부산·경상남도 지역, 대구·경상북도 지역, 전주·전라북도 지역에서는 주로 정치가들의 문제라고 하는 대답이 많았고 대전·충청도 지역에서는 중고생에게도 문제가 있다고 한 대답이 상대적으로 많았다.(〈표5-15〉참조)

한국 전체를 수도권(서울·경기도·인천), 강원도 지역, 충청도 지역, 영남지역(부산·대구·울산·경상도), 호남지역(광주·전라도), 제주도 지역 등 여섯 지역으로 구분하고, 지역 및 그 지역 출신자에 대한 호감도를, '굉장히 싫다'는 0점, '싫어하는 편이다'는 25점, '그저그렇다'는 50점, '좋아하는 편이다'

〈표5-15〉 지역 갈등 문제에 관한 의견

(단위 : 점)

	기성세대의 문제다	중고생에게도 있는 문제다	주로 정치가 들의 문제다	주로 사회의 엘리트들의 문제다	국민 전체에 관한 문제다
전체	66.9	30.8	75.8	54.9	51.0
서울·경기도·인천	70.8	29.4	76.9	52.4	54.9
부산·경상남도	70.8	23.6	79.9	58.3	48.4
대구·경상북도	66.3	25.5	78.8	56.5	48.3
광주·전라남도	68.1	27.0	81.1	54.5	51.0
전주·전라북도	62.8	33.3	77.3	56.8	48.0
대전·충청도	57.5	51.3	59.3	49.8	54.0
강원도	61.0	38.0	72.0	61.0	56.0
제주도	64.5	38.0	61.5	50.0	46.5
	F=6.218 p=0.000	F=19.832 p=0.000	F=14.394 p=0.000	F=2.652 p=0.010	F=2.508 p=0.015

(주) t : t-통계량, p : 유의확률
(유의수준과 비교하여 그 수치 작은 경우, 차가 있다고 판단한다. 일반적인 유의수준은 0.05)
(출처) 2010년 5월에 실시한 정치의식 조사의 결과에 의거하여 필자 작성

〈표5-16〉 지역에 대한 호감도

(단위 : 점)

		수도권	강원도	충청도	영남지역	호남지역	제주도
전체		62.7	62.2	62.1	59.1	58.8	60.7
영·호남 구분	영남	59.0	61.3	60.3	71.5	50.3	58.0
	호남	63.1	60.9	61.3	51.8	72.5	64.3
	기타	65.1	63.9	64.1	55.1	54.9	60.1

(출처) 2010년 5월에 실시한 정치의식 조사의 결과에 의거하여 필자 작성

는 75점, '굉장히 좋아한다' 는 100점으로 점수를 설정해 분석했다.

분석 결과는 수도권이 62.7점, 강원도 지역이 62.2점, 충청도 지역이 62.1점, 제주도 지역의 60.7점, 영남지역이 59.1점, 호남지역이 58.8점이었다. 영남지역과 호남지역 간에만 초점을 맞추어 검토해 보면, 영남지역의 응답자는 호남지역에 대해서 50.3점, 호남지역의 응답자는 영남지역에 대해 51.8점이었고 상대 지역에 대한 호감도는 타 지역에 비해 낮은 편이었다고 대답할 수 있다.(〈표5-16〉 참조)

다음은 응답자에게, 자신의 출신지를 남들에게 말할 때에 어느 정도 자랑스럽게 생각하고 있는가 하는 질문을 던져 보았다. 그 결과 전체의 50.3%의 응답자는 특별한 감정이 없다고 대답하고 있고, 매우 자랑스럽다고 생각하는 응답은 24.4%, 조금 자랑스럽다고 대답한 응답자는 19.2%, 자기 고향을 숨기고 특정 지역을 말하고 있다는 응답자는 3.7%, 숨기고 싶지만 고향이기 때문에 숨기지 않았다고 대답한 사람이 2.4%였다.

지역별로 보면 제주도 지역 사람들은 자신의 출신지에 대해 자랑스럽다고 대답하는 사람이 다른 지역에 비해 매우 많았다. 제주도 지역은 섬 지역으로서 전통적으로 육지의 문화와는 전혀 다른 독자적인 문화를 형성해 온

지역이고, 조선 왕조의 중심부로부터 거리가 멀고 중앙의 간섭을 그다지 받지 않았기 때문에, 제주도 지역 사람들은 독자성이 강하고 자존심도 강한 성격을 가지고 있었다. 따라서 자신의 고향에 대해 자부심이 강해 조사 결과에 있어서 출신지를 자랑스럽게 생각하는 비율이 상당히 높은 수치를 나타낸 것으로 보여 합리적이라 생각한다.

대전·충청도 지역의 응답자는 특징적인 조사 결과를 나타내고 있다. 즉 굉장히 자랑스럽다고 대답한 사람이 33.0%에 이르고 있어 다른 지역과 비교하면 높은 수준을 나타내고 있다. 그러나 자신의 고향을 숨기고 특정 지역을 말하는 사람도 32.0%로 높았다. 즉 평균치의 10배의 사람이 자신의 고향을 숨겨 특정한 지역이라고 대답한다는 것이었다. 이처럼 응답의 양극화 현상을 표출하고 있는 지역은 대전·충청도 지역 이외에는 없고, 지역주의에 있어 대전·충청도 지역의 미묘한 입장을 시사하는 결과라고 할 수 있다. 즉 영남지역과 호남지역 간의 지역 갈등 사이에 낀 협곡이 충청도 지역이어서 그 입장이 흔들리고 있다는 사실을 말해 주는 것이다.(〈표5-17〉참조)

다음으로 전국을 수도권(서울·경기도·인천), 강원도 지역, 충청도 지역, 영남지역(부산·대구·울산·경상도), 호남지역(광주·전라도), 제주도 지역으로 구분하고, 보통 살기 편하다고 생각하고 어른이 되어 일을 하면서 혼자 가족과 함께 살고 싶은 지역이 어디냐고 묻고 세 군데를 꼽아 달라고 했다.

그 결과 제1위는 31.9%의 수도권, 2위가 영남지역(20.7%), 3위가 호남지역(18.1%), 4위가 충청도 지역(12.0%), 5위가 제주도 지역(8.7%), 6위가 강원도 지역(8.6%) 순이었다. 그러나 현재 자신이 살고 있는 지역에서 살고 싶다고 대답한 사람이 가장 많았다. 제1위부터 제3위까지의 응답을 정리해 보면 수도권이 77.9%, 충청도 지역이 56.6%, 강원도 지역이 47.3%, 제주도 지역이

<표5-17> 출신지(고향)를 남에게 말할 때의 태도

(단위 : 점)

		사례수	매우 자부심을 느낀다	조금 자랑스럽다	특별한 느낌이 없이 말한다	숨기고 싶으나 고향 이기 때문에 그냥 말한다	진짜 고향 대신 다른 지방을 말한다
전체		1,000	24.4	19.2	50.3	2.4	3.7
지역	서울 · 경기도 · 인천	200	14.0	12.5	69.5	4.0	0.0
	부산 · 경상남도	200	24.5	28.0	46.5	1.0	0.0
	대구 · 경상북도	100	21.0	17.0	60.0	2.0	0.0
	광주 · 전라남도	200	17.5	21.0	55.5	4.0	2.0
	전주 · 전라북도	100	29.0	19.0	50.0	2.0	0.0
	대전 · 충청도	100	33.0	17.0	17.0	1.0	32.0
	강원도	50	32.0	14.0	52.0	0.0	2.0
	제주도	50	66.0	18.0	14.0	2.0	0.0

(출처) 2010년 5월에 실시한 정치의식 조사의 결과에 의거하여 필자 작성

43.3%, 영남지역이 39.9%, 호남지역이 34.8% 순으로 자신이 현재 살고 있는 지역을 미래에도 살고 싶은 지역으로 선택한 것이다.

지역 대립과 지역 갈등이 형성된 원인에 관해 일곱 가지 설문을 설정하여, '전혀 그렇게 생각하지 않는다'를 0점, '그렇게 생각하지 않는다'를 25점, '그저그렇다'를 50점, '그렇게 생각한다'를 75점, '매우 그렇게 생각한다'를 100점으로 계산하고 분석했다. 일곱 가지 설문은 다음과 같다.

지역주의는 ① 특정 지역 출신자들이 서로 지역 출신자의 인성과 성격에 대해 편견을 가지고 있기 때문이다. ② 1960년대 이후, 정부가 추진한 경제 개발 정책에 있어 호남지역을 소외하였기 때문이다. ③ 정당과 정치인들이 선거 때마다 지역 갈등을 조장했기 때문이다. ④ 오랫동안 영남지역 출신 대통령이 나와 권력을 독점하고 호남지역 출신자를 소외시켰기 때문이다. ⑤ 신문과 방송 등의 매스컴이 특정 지역 출신자에 대해 잘못된 보도를 하

여 지역 갈등을 부추겼기 때문이다. ⑥ 영·호남의 지역 갈등은 삼국 시대, 고려 시대, 조선 시대에도 있었던 것으로, 역사 전통에 기인한 것이다. ⑦ 학교와 사회에서 지역 갈등을 극복하기 위해 교육적인 노력을 하지 않았기 때문이다.

이상의 설문에 대한 회답을 분석한 결과 정당과 정치인들이 선거할 때마다 지역 갈등을 부추기고 이를 이용해왔기 때문이라고 한 대답은 74.7점, 1960년 대 이후 정부가 시행한 경제 발전 정책에 있어서 호남지역을 소외시켰기 때문이라고 한 대답은 67.1점, 신문이나 방송 등의 매스컴이 특정 지역 출신자에 대해 잘못된 보도를 하여 지역 갈등을 선동했기 때문이라고 한 대답은 66.9점, 오랫동안 영남지역 출신 대통령이 나와 권력을 독점하고 호남지역 출신자를 소외시켰기 때문이라고 한 대답은 66.3점, 특정 지역 출신자들이 서로 지역 출신자들의 인간성과 성격에 편견을 가지고 있기 때문이라고 한 대답은 63.2점, 학교와 사회기관에서 지역 갈등을 극복하기 위해 교육적인 노력을 하지 않았기 때문이라는 대답은 54.1점, 영·호남의 지역 갈등은 삼국 시대, 고려 시대, 조선 시대를 거쳐 오며 역사 전통이라는 대답은 53.5점이었다.

영남지역과 호남지역 간의 실례를 비교해 보면 오랫동안 영남지역 출신 대통령이 나와 권력을 독점하고 호남지역 출신자를 소외시켰기 때문이라는 견해에 대해서, 영남지역의 응답자는 59.8%이고 다른 견해와 비교해서 낮은 점수를 나타냈지만 호남지역의 응답자는 같은 견해에 대해 80.4점을 주어 가장 높은 점수를 나타냈다.(〈표5-18〉 참조)

지역 갈등의 해결책으로 12가지의 해결책(〈표5-19〉 참조)을 제시하고 어느 해결책이 효과적이라고 생각하는가에 관해 설문을 했다. '크게 기여한

〈표5-18〉 지역갈등의 형성원인

(단위 : 점)

		견해①	견해②	견해③	견해④	견해⑤	견해⑥	견해⑦
전 체		63.2	67.1	74.7	66.3	66.9	53.5	54.1
영·호남 구분	영남	61.9	60.4	74.8	59.8	67.3	51.0	50.7
	호남	62.3	77.6	82.7	80.4	71.9	58.5	58.6
	기타	64.8	64.2	68.7	60.6	62.8	51.7	53.3

(출처) 2010년 5월에 실시한 정치의식 조사의 결과에 의거하여 필자 작성

다', '조금 기여한다', '기여하지 않는다', '알 수 없다' 라는 네 가지의 응답을 받았는데, 이 가운데 '기여한다' 와 '조금 기여한다' 라는 대답의 응답률을 하였다.

매스컴(텔레비전·신문)의 지역 갈등에 관한 보도 자세 개선이라는 대답이 80.7%로 가장 효과적인 해결책으로 들었다. 지역 간 개발 투자의 개선이 80.1%, 후진 지역에 대해 정부 주도의 적극적인 개발이 필요하다는 응답이 78.7%, 양 지역 간의 교류를 활발하게 하고 자매관계 및 문화·학술회의를 적극적으로 개최해야 한다가 78.3%, 지역 간 경제적 격차를 해결하기 위한 정책이 78.0%, 혈연·지역·학연을 중요시하는 사회적인 분위기 개선이 77.1%, 지역적인 균형을 배려한 고위 공직자의 임명이 69.4%, 행정구역의 개편이 62.5%, 정당제도의 개선이 62.5%, 국회의원 선거제도 개선이 56.7%, 대통령 선거제도의 개선이 55.4%, 표준화 교육의 강화가 38.7%였다.

지역별로 보면 서울·인천·경기도 지역, 전주·전라북도 지역에서는 해결책 ⑦을 가장 효과적이라고 대답했고, 광주·전라남도, 제주도 지역에서는 해결책 ⑧, 부산·경상남도, 대구·경상북도 지역에서는 해결책 ⑩, 대전·충청도 지역에서는 해결책 ①, 강원도 지역에서는 해결책 ⑧, ⑩, ⑫를

(단위 : %)

번호	해결책	
①	지역의 균형을 고려한 고위공직자의 임명	69.4
②	행정구역의 개편	62.5
③	대통령 선거제도의 개선	55.4
④	국회의원 선거제도의 개선	56.7
⑤	정당제도의 개선	62.5
⑥	지역간 경제 격차를 해결하기 위한 정책	80.1
⑦	지역간 경제 격차 해결을 위한 개발투자의 개선	78.0
⑧	미개발 지역에 대한 정부주도의 적극적 개발	78.7
⑨	표준어 교육의 강화	38.7
⑩	매스컴(텔레비전 · 신문)의 지역갈등에 관한 보도자세의 개선	80.7
⑪	혈연 · 지연 · 학연을 중시하는 사회적 분위기의 개선	77.1
⑫	양 지역간의 교류를 활성화하는 자매관계 및 문화 · 학술행사의 적극적 개최	78.3

(출처) 2010년 5월에 실시한 정치의식 조사의 결과에 의거하여 필자 작성

가장 효과적인 방법이라고 대답했다. 한편 영남지역과 호남지역에 한정해서 보면 영남지역에서는 ⑩을 가장 효과적인 해결책이라고 생각하고 있는 것에 반해, 호남지역에서는 ⑦을 각각 가장 효과적인 방법이라고 생각하고 있었다.

즉 영남지역에서는 매스컴의 지역 갈등에 관한 보도 자세 개선을 가장 효과적인 해결책이라고 생각하고 있는 데 반해, 호남지역에서는 지역 간의 개발 투자의 개선을 가장 효과적인 방법이라고 생각하고 있었다. 또한 호남지역에서는 해결책 ⑥의 지역 간 경제적 격차를 해결하기 위한 정책, 해결책 ⑧의 후진 지역에 대한 정부 주도의 적극적인 개발을 들고 있는 사람의 비율도 해결책 ⑦과 같은 정도의 수치를 나타내고 있다. 요컨대 호남지역의 사람들은 호남지역의 경제 발전과 영·호남 간 경제 격차의 개선이야

말로 지역 갈등의 해소에 효과적인 방안이라고 생각하고 있는 사람이 가장 많이 나타났다.(〈표5-20〉참조)

영남지역과 호남지역의 지역 갈등은 이명박 정권에 들어서 어느 정도 해소되었다고 생각하느냐 하는 설문에 대해 전체 65.5%가 '이전과 같다'고 대답했고, 13.4%가 '해소된 편이다', 12.8%가 '이전보다 지역 갈등이 심한 편이다', 5.9%가 '이전보다 상당히 심해졌다', 2.4%가 '상당히 해소된 편이다' 라고 대답했다.

지역별로 보면 타 지역에 비해 광주·전라남도 지역, 전주·전라북도 지역에서는 이전보다 심해졌다고 한 대답이 높은 수치를 나타냈다. 영남지역과 호남지역의 응답을 비교해 보아도 영남지역보다도 호남지역에서 이전

〈표5-20〉 지역 갈등 해결책의 효율성

(단위 : %)

		해결책											
		①	②	③	④	⑤	⑥	⑦	⑧	⑨	⑩	⑪	⑫
전체		69.4	62.5	55.4	56.7	62.5	78.0	80.1	78.7	38.7	80.7	77.1	78.3
지역	서울·경기도·인천	68.5	69.5	63.5	64.5	67.0	89.0	92.0	88.5	46.5	86.5	85.0	85.5
	부산·경상남도	59.5	62.5	60.5	58.0	62.0	72.0	69.5	67.0	43.0	76.0	71.0	75.0
	대구·경상북도	59.0	37.0	32.0	40.0	45.0	61.0	65.0	58.0	28.0	73.0	66.0	68.0
	광주·전라남도	80.0	62.5	59.0	64.0	72.0	87.5	90.5	92.5	26.5	86.0	85.5	75.5
	전주·전라북도	76.0	59.0	65.0	60.0	60.0	80.0	82.0	77.0	28.0	79.0	72.0	80.0
	대전·충청도	89.0	80.0	43.0	40.0	61.0	76.0	77.0	78.0	57.0	84.0	78.0	87.0
	강원도	68.0	62.0	52.0	58.0	56.0	70.0	74.0	82.0	46.0	82.0	78.0	82.0
	제주도	40.0	58.0	44.0	50.0	58.0	62.0	72.0	74.0	38.0	66.0	66.0	70.0
영·호남 구분	영남	59.3	54.0	51.0	52.0	56.3	68.3	68.0	64.0	38.0	75.0	69.3	72.7
	호남	78.7	61.3	61.0	62.7	68.0	85.0	87.7	87.3	27.0	83.7	81.0	77.0
	기타	70.0	69.8	54.5	55.8	63.0	80.0	83.5	83.3	48.0	82.8	80.0	83.5

(출처) 2010년 5월에 실시한 정치의식 조사의 결과에 의거하여 필자 작성

보다 심해졌다고 대답한 응답이 높은 비율을 나타내는 것을 알 수 있다.(〈표5-21〉참조)

영호남 두 지역 간의 갈등이 언젠가는 해결될 것이라고 보는지 그 가능성에 관한 질문을 해 보았다. 전체 73.1%의 응답자가 상당히 어렵지만 해결이 가능할 것이라고 대답했고, 이제부터 5년 이내에는 상당한 정도로 해결 가능하다고 한 대답한 응답자가 15.9%를 나타낸 반면, 전혀 해결의 가능성이 보이지 않는다고 한 대답도 11.0%에 이르고 있다. 지역별로 보면 광주·전라남도 지역의 응답자들이 다른 지역에 비교해서 전혀 해결의 가능성이 보이지 않는다고 대답한 비율이 높은 경향을 나타내고 있다. 영남

〈표5-21〉 이명박 정권에서의 지역 갈등 해소도

(단위 : 명, %)

		사례수	제법 해소된 편이다	해소된 편이다	이전과 변화한 것없다	이전보 다 더 심하다	이전보 다 심하다	해소된 편이다	이전과 변화 없다	심해 졌다
	전체	1,000	2.4	13.4	65.5	12.8	5.9	15.8	65.5	18.7
지역	서울 · 경기도 · 인천	200	4.5	25.0	68.0	1.0	1.5	21.5	70.0	8.5
	부산 · 경상남도	200	4.0	17.5	70.0	7.5	1.0	21.5	70.0	8.5
	대구 · 경상북도	100	1.0	16.0	73.0	7.0	3.0	17.0	73.0	10.0
	광주 · 전라남도	200	0.5	2.5	53.5	32.5	11.0	3.0	53.5	43.5
	전주 · 전라북도	100	2.0	5.0	58.0	17.0	18.0	7.0	58.0	35.0
	대전 · 충청도	100	0.0	5.0	73.0	19.0	3.0	5.0	73.0	22.0
	강원도	50	4.0	16.0	64.0	4.0	12.0	20.0	64.0	16.0
	제주도	50	2.0	20.0	72.0	2.0	4.0	22.0	72.0	6.0
영 · 호남 구분	영남	300	3.0	17.0	71.0	7.3	1.7	20.0	71.0	9.0
	호남	300	1.0	3.3	55.0	27.3	13.3	4.3	55.0	40.7
	기타	400	3.0	18.3	69.3	6.0	3.5	21.3	69.3	9.5

(주)「해소된 편이다」는「제법 해소된 편이다」는「해소된 편이다」의 합계,
「심해졌다」는「이전보다 심하다」와「이전보다 더 심하다」를 합계한 것
(출처) 2010년 5월에 실시한 정치의식 조사의 결과에 의거하여 필자 작성

지역과 호남지역을 비교해 보면 지금부터 5년 이내에는 상당한 정도 해결 가능하다고 한 대답은 영남지역에서는 19.0%, 호남지역에서는 8.3%를 나타내고 있다. 전혀 해결의 가능성이 보이지 않는다는 대답은 영남지역에서는 6.7%, 호남지역에서는 18.3%를 나타내고 있다. 두 지역 간 지역 갈등의 해결 가능성에 대해 영남지역은 낙관적인 반면 호남지역에서는 부정적으로 생각하고 있다는 것을 조사 결과로 알 수 있다.(〈표5-22〉참조)

이상의 분석으로 보면 한국의 지역주의의 사회 문화적 요인은 두 가지의 측면으로 분석할 수 있다. 첫 번째는 표면적인 문제로서, 양 지역 간에 있어서 호감도와 신뢰도가 없고 그 결과 상대 지역에 대해 상호 부정적인 이미지가 고정화됨으로써 상호 불신의 관계를 형성하고 있다는 것이다. 두

〈표5-22〉 영호남 간 지역 갈등의 해결 가능성

(단위 : 명, %)

		사례수	5년 안에 꼭 해결된다	어렵지만 해결된다	해결될 가능성 전혀 없다
전체		1,000	15.9	73.1	11.0
지역	서울 · 경기도 · 인천	200	24.5	70.5	5.0
	부산 · 경상남도	200	19.0	77.0	4.0
	대구 · 경상북도	100	19.0	69.0	12.0
	광주 · 전라남도	200	10.5	67.5	22.0
	전주 · 전라북도	100	4.0	85.0	11.0
	대전 · 충청도	100	17.0	72.0	11.0
	강원도	50	4.0	82.0	14.0
	제주도	50	18.0	68.0	14.0
영 · 호남 구분	영남	300	19.0	74.3	6.7
	호남	300	8.3	73.3	18.3
	기타	400	19.3	72.0	8.8

(출처) 2010년 5월에 실시한 정치의식 조사의 결과에 의거하여 필자 작성

번째는 두 지역의 사람들이 갖고 있는 불신의 구조가 고착화됨에 있어 그 반동으로 스스로 자기 지역에 대해 강한 귀속의식을 형성하고 있다고 생각하는 견해이다.

특히 두 번째 요인의 결과 한국 특유의 귀속의식을 의미하는 우리공동체 의식이 강화되고 있다고 생각한다. 우리공동체의 개념은 한국 사회 특유의 사회 문화적 배경을 가지고 있어 귀속 조직을 설명하는 데 있어서는 유효한 언어이지만, 일본의 한국 정치에 관한 연구 분야에 있어서는 아직 일반적으로 사용하고 있는 언어가 아니다. 따라서 이하에서는 상기의 정치의식 조사 분석에 의거하여 사회 문화적 요인의 결과를 검토한 뒤 이론적 틀에 의거하여 지역주의를 형성한 개념인 동시에 지역주의의 산물로서 강화된 우리공동체의 본질이 무엇인가를 검토하기로 한다.

제2절 지역주의와 한국의 정치 문화

이 절에서는 한국의 지역주의의 문화적 요인을 형성하는 우리공동체의 성질을 논하기 전에 정치학에 있어서의 정치 문화에 관한 일반적 이론과 논의를 파악하기로 한다. 이를 위하여 첫째, 문화와 시민의식에 관한 이론적 틀을 파악한다. 둘째, 정치와 시민의식에 관한 일반적 이론의 내용을 개략적으로 소개한다. 마지막으로 한국 특유의 정치 문화적 요인인 우리공동체의 성질을 상세히 파악하기로 한다.

1. 문화와 시민의식

　인간 내부의 정신적 심리적 작용으로서의 의식과 문화와의 관계를 문화인류학적 관점에서 검토해 보면 인간은 자연환경에 적응하면서 그것을 한편으로 개척해 감으로써 문명화된 사회를 발전시킨다. 그리고 그러한 사회 속에서 인간은 상호작용에 의하여 삶의 틀을 형성해 가는데 그것을 문화라고 할 수 있다. 인간은 생존을 영구적으로 유지하기 위하여 능동적인 적응 체계로서의 환경에 적응하려고 한다. 자연환경은 인간에게 있어 개척의 대상이며 동시에 숙명적으로 공존 대상이지만, 이에 반해 사회 환경은 인간이 적응해야 할 대상이자 동시에 문화인 것이다. 인간은 자연환경과 사회 환경의 쌍방으로부터 여러 가지 자극을 수용하면서 생존하고 그에 대응하는 반응으로서의 정신적 자극을 경험한다.

　우리들이 문화유산이란 말을 사용할 때 위대한 인류 문명의 유형·무형의 문화유산을 의미한다. 그런데 문화유산은 민족 고유의 정체성을 갖고 있으며 문화유산 속에는 공동체의식이 내포되어 있다. 이것은 생활환경이 변화함에 따라서 생성·소멸·변용하는 과정을 거치면서 민족의 가치관과 생활양식을 형성하여 온 정신적 산물이라 할 수 있다. 따라서 문화권의 상이는 당해 문화권에 살고 있는 사람들의 상이임과 동시에 정신 구조의 다양성이 문화적 상이를 만들어 낸다.

　미국의 사회학자 제프 쿠울터(Jeff Coulter)[124]는, 감정은 선천적인 생리 반응이 아니라 특정한 공동체의 문화 신념, 가치관, 그리고 도덕 체계에 의해 결정되는 것인데 그것이 신념·판단·기대·내용 등의 형태로 나타나 수치심이나 죄악감을 경험할 수 있는 능력은 문화적 지식과 추론의 인습이 개입되는 것이라고 생각했다. 따라서 해석 체계인 문화적 신념, 가치관, 도덕적 체계가 변용하면 똑같은 자극을 받더라도 반응이 다르게 나타나는 것이다.[125] 감정을 문화적인 관점에서 해석하면 동양과 서양의 인사 방법이 다르다는 것도 문화적으로 구성된 의미와 해석 체계에 의하는 것으로 생각할 수 있다.

그리고 사회구성주의 사회학자들은 사회 문화 의식을 사회 문화적으로 규정된 의미·해석 체계 안에 적극적으로 집어 넣어 오랫동안 학습하는 과정으로 보고 있다. 그러나 이 사실은 사회 문화적으로 형성된 의미와 해석 체계 속에서 능동적으로 학습된 의식이 변화되지 않는다고 할 수 없다. 사회 문화적으로 학습된 의미·해석 체계가 변용하면 그에 따라 의식과 해석도 변화한다. 예를 들어 한국 사회의 민족적 정신을 '한' 恨이라 해석하는데 그러한 권위주의적 패배의식이 2002년의 월드컵 축구시합에서의 약동적인 응원 문화를 통하여 '흥' 興이라는 긍정적인 의식으로 변화하고 있다는 매스컴의 반응에서도 알 수 있듯이 동일문화권 안에서도 그 문화적 의식은 시대상황 여하에 따라 그 해석 체계가 달라지는 것이다. 이와 같이 사회구성주의자가 문화적으로 개념화한 의식은 생리적인 반응이 아니라 어떤 상황에 대한 능동적인 학습에 의하여 사회 문화적으로 만들어진 인지적 반응인 것이다. 의식이란 사회 구성원끼리의 상호작용에 의하여 공유·합의된 사회적 반응인 동시에 문화적인 반응이며 문화 의식의 개념이라 할 수 있다.

문화 의식이 사회 구성원끼리의 상호작용에 의하여 공유되고 합의된 사회 문화적 반응이라면 '사회'와 '공유와 합의'라는 두 개의 의미가 함축되고 있다. 전자는 어떤 특정 집단이나 또는 특정 공동체로서 지역적 특수성을 가진 것이므로 동일한 의식의 특수성을 의미하며 후자는 사회 구성원

간의 상호작용으로 공유·합의된 의식의 보편성을 의미한다. 또한 사회 구성원 간의 상호작용은 일종의 집단적 의식의 교류이며 문화와 집단적 의식의 상관관계와 보편성을 내포하고 있다.

　인간은 죽으면 누구든지 슬프다. 이것은 죽음에 대한 감정의 보편적인 형태라고 생각하는데 이것은 슬픔이라는 정서(emotion)라 할 수 있다. 그러나 동양 문화권에서는 죽음은 현세에 있어서의 종말이기는 하지만 영원 불멸의 내세로 가는 과정라고 생각한다. 일본은 신도神道의 나라이지만 죽음에 관해서는 불교적 의식이 지배적이어서 일본인의 많은 가정이 불교의식으로 장례식을 치르고 있어 죽은 이를 공양하며 죽음을 수용하는 의식은 슬픔과 엄숙성을 내재화하였다. 그러나 한국에서의 장례식과 제사에서는 죽은 이를 슬픔뿐만 아니라 동시에 기쁨으로서 저승에 보낸다는 인식을 바탕으로 한 장례문화를 갖고 있다. 이와 같이 각 민족은 민족 나름의 정서가 있는데 오랫동안 관습에 의해 그것이 보편적인 감성이 된 동시에 그 안에 문화적으로 특수한 의식을 내포하고 있다. 이것은 서로 다른 의식의 의미체계로 인한 감정이라 할 수 있다. 따라서 인간의 죽음을 받아들이는 경우에도 보편성과 특수성이 동시에 있다는 것을 알 수 있고 그 문화의식은 보편성과 특수성을 동시에 내재화하고 있다는 것을 알 수 있다. 그리고 그 의식의 특수성은 민족적 정서로 표현되는 것이다.

　일반적인 의식의 인지적 요소는 생활의 만족도와 관련이 있어서 의식의 지적인 측면을 반영한다고 주장한 학자가 왓슨(J.B.Watson)[126]이다. 그는 의식 요소를 긍정적 의식과 부정적 의식으로 구별하여 의식의 유형을 분류하였다. 왓슨에 의하면 우리들이 느끼는 즐거움, 애성, 행복 능는 생믹 밍ᄊ (긍정적 감정)이며 이를 통하여 인간은 삶의 기쁨을 느끼며 타인과의 건설적

〈표5-23〉 의식의 유형화에 의한 정적 정서와 부적 정서

의식 유형		의식 지향	감정 표출 형태
정적 정서 (긍정적 감정)	내향적	충동적 심경 수반 -충동적 행동이 자기 내부에 나타난다	행복, 희망, 흥분, 강함, 유연
	외향적	충동적 행동 수반 -충동적 행동이 자기 외부에 나타난다	기쁨, 정열적, 활기, 흥미진진, 힘이난다, 조심, 쾌락, 자만
부적 정서 (부정적 감정)	내향적	충동적 심경수반 -충동적인 행동이 자기 내부에 나타난다	슬픔, 고독, 죄악감, 수치심. 열등감, 불안, 과민, 상처
	외향적	충동적 행동수반 -충동적 행동이 자기 외부에 표출	공포, 반항, 신경질적, 적대적, 공격적

(출처) 필자 작성

인 관계를 촉진할 수 있으나 그와는 반대로 공포, 분노, 슬픔과 같은 부적負的 정서(부정적 감정)는 개인의 행복을 쇠퇴시켜 타인과의 비건설적인 인간관계를 형성한다고 주장하였다.[127]

또한 에크만(P.Ekman)과 프라이에센(Friesen)은 얼굴 표정을 찍은 사진을 보고 행복(happiness), 경악(surprise), 슬픔(sadness), 공포(fear), 혐오(disgust), 분노(disgust)라고 하는 여섯 가지 감정을 나타내는 특정한 안근顔筋의 움직임을 비교 연구한 결과 이것은 어느 문화를 막론하고 서로 일치하고 있다는 것을 발견하였다. 즉 인간의 기본적인 감정은 안면에 나타나는데 그것을 실험을 통해 보편적으로 해석할 수 있다는 것을 증명해 냈다. 플르치크(Plutchik)는 기존의 여섯 가지 감정 유형에다 기대(anticipation)와 수용(acceptance)을 더하여 모두 여덟 가지 종류의 의식 유형을 제안하였다. 한편 월보트(Wallbott)와 슈리오(Scherer)는 27개 국가에서 행한 정신적 경험의 보편성과 특수성을 증명하는 연구에 있어서 기쁨, 공포, 슬픔, 혐오, 수치심, 죄악감이라는 감정이 매우 유의미적으로 나라별로 다르다는 사실을 밝혀 냈다.[128]

요컨대 문화는 인간의 감정 경험도 포함하고 있는 것이며 개개인이 일상 생활을 영위하는 문화 환경 속에서 자극과 반응, 그리고 표출에 관련되는 인간의 정신적·심리적 활동을 조직화하고 있는데 그 의미를 체계화하는 과정이 문화와 의식과 연계하여 주는 관계인 것이다. 그런 의미에서 한국의 지역주의의 문화적 성격은 영호남 두 지역 간의 호감도와 신뢰성이 두 지역의 시민 상호간 부정적인 감정에 의해 판단되어 파괴되고 있는 것이다. 그리하여 이와 같이 서로 다른 지역을 부정적으로 보는 문화와 시민의식의 형성이라는 측면에서 보면 한국의 지역주의는 정치학에서 문화와 시민의식의 관계인데 이를 연구하는 기존의 이론과 관련하여 파악해 보는 것도 유익하고 가능하다 할 것이다.

2. 정치와 시민의식

한국의 지역주의의 사회 문화적 요인을 정치와 시민의식에 관한 이론과 관련하여 검토해 보면 다음과 같이 파악할 수 있다. 정치와 의식의 상관관계가 학문적인 관심사가 되어 등장한 것은 그렇게 오랜 과거의 일이 아니다. 이것은 정치적 행위자로서의 시민이 이성적이면서 동시에 편협한 관념을 갖고 있기 때문에 비이성적이면서 비합리적인 감성의 요소인 인간의 내면적인 정서 및 의식과는 무관하다는 인식이 일반적이었다. 제임스 브라이스는 이상적인 민주시민을 다음과 같이 해설하였다. 바람직한 투표자란 어떤 사람인가 하는 질문에 대한 답이다.

그(민주시민)는 현명하면서 애국수의석이어야 히며 공평무사해야 한다. 그의 유일한 바람은 모든 쟁점에 대하여 어느 쪽이 정당한가를 아는 것이고 입후보자들 가운데 최선의 인물이 누구인가를 가려내는 것이다. 그의 상식도 자국의 헌법에 관한 지식에 도움을 주어야 한다. 그래서 자기 앞에 주어진 문제 가운데 어느 것이 정당한가를 현명하게 가려내는 능력을 가져야 한다. 또한 그가 선거 투표소로 가는 열의를 가져야 할 것이다.

이 말은 고전적 정치이론의 전제가 되는 시민상을 정식화한 것이다.[129] 그러나 이에 대해 앞서 말한 G. 월라스는 다음과 같은 의문을 제출하였다. 즉 그는 충동(impulse), 본능(instinct), 성향(disposition)에 따라 행동하는 존재로서의 인간의 현실적 모습을 지적하면서 인간성을 고찰하지 않은 정치 문제 연구에 문제가 있다고 비판하였다.[130]

오늘의 정치학에 있어서 정치심리학은 독자적인 학문적 영역을 형성하여 의식을 정치와 분리하지 않는다. 의식은 정치학에서 정치 커뮤니케이션 분야에서 의식의 역할을 연구하고 있다. 정치에서의 의식의 기능과 역할은 의식의 유형화에 의한 정당과 이익집단에 대한 호감도의 긍정과 부정을 평가 기준으로 하여 계량적 연구의 척도로 활용되고 있다.

1960년대 미국의 선거에서의 유권자의 성향을 연구한 미시건대학의 캠벨(A. Cambell) 팀은 정당 일체감 또는 정당의 동일성(party identification)은 심리적 성향이며 장기간에 걸친 특정 정당에 대한 감정적 애착 또는 귀속의식이라고 규정하였다.[131]

이와 같이 정치의 사회화를 통하여 형성된 감정적 애착심(affective attachment)은 정치적 편견이나 정치적 관용, 그리고 지지하고 있는 정당의 이념적 갈등과 대립되는 집단 간의 혐오감이나 친근감과 밀접히 관련되어 있는 것이다. 이것이 미국의 국가 정체성을 형성하는 정당의 일체감이나 당파 의식(partisanship)에 영향을 미치고 있다고 파악하고 있다.

감정이 이성적 정치 판단을 방해할 가능성이 있다고 하는 논점을 제시한 피스크(Fiske)와 테일러(Taylor)의 연구는 의식이 정치의 이성적 판단력을 망각하게 하는 왜곡된 현상을 발생시킨다고 파악하고, 의식이 형성되는 학습 과정에서 의식 반응이 기억되어 강한 선입견을 형성함으로써 부정적인 의식 반응을 초래하여 상세한 정보는 망각하게 한다고 하였다.[132] 예를 들면 정치 캠페인에 있어서의 의식 유발적인 이미지 판매, 자극적인 정치 발언, 비방과 중상 등등은 정치에의 부정적인 의식을 형성한다.

마르쿠스(Marcus)와 맥큔(Mackuen)은 그레이(J.A. Gray)의 성격심리학의 신경과학 이론인 행동 접근과 행동 억제의 체계를 응용하여 정치 환경의 변화에 대한 인간의 행동 성향을 연구하였다. 그들은 의식은 인간이 정치 환경에 적응하기 위한 인간 활동의 일종이며 이성적 능력을 배후에서 지탱하여 그 장점을 최대화하는 촉매로서 작용하는 것이라 하였다.[133] 이러한 의식은 정적 정동으로 나타나며 정적 경험을 함으로써 관성적인 정치 활동을 유발한다고 하는 감정적 지성이론(affective intelligence theory)을 널리 전파하였다. 감정적 지성이론에 의하면 정적 행동 성향은 정적正的 정서情緒와 결합된 성향 체계(disposition system)와 부적 정서와 결합된 감시 체계(surveillance system)로 분류할 수 있다.

정적 정서 체계는 유권자가 정치적 커뮤니케이션 과정에서 정당 및 정치인에게 긍정적인 감정으로서의 기쁨, 희망, 자랑 등을 느끼게 되면 정치 정체성이나 이념적 성향과 같은 기존의 선입관에 의하여 관행적인 투표 행동을 행하게 된다고 하였다. 그러나 반대로 부적 정서의 체계는 유권자가 분노, 슬픔, 공포, 걱정 등의 부정적 감정을 경험함으로써 기존의 관성적인 정치 행동보다는 감시 체계가 작용하여 정치 환경을 탐색하고자 하는 동기를 유발하여 정당 및 정치인에 대한 이성적 판단에 의하여 적극적으로 참가하고자 한다는 것이다.

선거 홍보의 예를 들어 생각해 보면 공포나 우려를 경험하면 감시 체계가 작용하므로 선거 캠페인에 대한 관심이 증대하여 적극적으로 선거 정보를 수집하려고 하는 경향을 나타낸다. 그러나 마르쿠스 이론은 그레이의 BAS/BIS 이론 모델에 있어서의 불안과 공포의 기능을 과도하게 강조하고 있다. 개별적이며 다양한 의식의 경험을 부정과 긍정으로 유형화하여 정적 정서의 유형을 감동(enthusiasm)으로 규정하고 부적 정서의 유형을 공포(Fear)와 불안(anxiety)으로 규정하여 정서의 개별성을 분류하고 있으나 부적 정서에 기인하는 정치적 성향을 지나치게 강조한다는 단점을 갖고 있다. 요컨대 의식이 정치적 판단이나 의사 결정 또는 행동에 미치는 영향을 이론화하여 검증하는 데 너무 중점을 두어 정치의식을 유발하는 선행 변수에 관한 논의가 부족하다는 결과를 초래하고 있는 것이다.

그러나 어떤 시점에서의 인간의 감정이 개개의 사람의 상황에 따라 그 인지적 해석에 의존한다는 가정 하에서 반복되는 일상적 경험은 정동적正動的 반응을 거듭 유발한다. 정동적 반응은 독립적으로 무작위로 일어나는 것이 아니라 환경에 대한 인지적 평가에 의해 일어나는 것이다. 이와 같은 평가에 의한 정동적 경험은 개인의 행동을 예측하는 주요한 변수가 될 수 있다고 하는 의식 유발 가능성과 관련하여 주목을 받고 있는 개별 의식의 인지 평가 이론은 정치 커뮤니케이션의 분야에서 빈번히 언급되고 있는 모델이다. 정치의식을 유발하는 요인에 초점을 맞추어 인지 평가적 유발 요인을 더하여 의식의 매개효과를 분석하는 것이 인지 평가 이론의 요점이다. 이와 같은 인지 평가 이론은 정치적 현상에 대한 개인의 특정한 인지 평가에 의하여 특정한 의식을 경험하고 그에 따라 특정한 정치적 행동이 유발된다고 보고 있다.

인지 평가적 정치의식 연구의 선구적인 업적으로 볼 수 있는 것은 코너버(P. J. Conover)와 펠드만(Feldman)이 1987년에 실시한 국정 지지율에 관한 연구라 할 수 있다. 이 연구는 유권자들이 정부의 경제 정책 실패의 결과로 경제 상황이 악화되었다고 생각하여 그로 인한 분노 때문에 정부의 국정 전반에 관한 지지율이 떨어졌다는 사실이 밝혀졌다.

한편 경제 상황의 악화가 국제 경제의 악화로 인한 것이라 생각하는 유권자는 분노의 감정보다도 걱정의 감정이 유발되어 국정 지지율에 영향을 주지 않는다는 분석 결과가 나왔다. 즉 정치 환경에 대한 책임의 근거를 어디에서 찾느냐에 따라 분노의 감정과 걱정의 감정이 차별적으로 유발되어 유발된 감정에 따라 정치적 의사 결정에도 차별적으로 영향을 미친다는 점을 이론화할 뿐 아니라 통계 자료를 통해 검증하여 정치심리학의 연구 영역에 인지 평가 이론의 원형을 제시하였던 것이다.[134] 정치의식 연구에 있어서 인지 평가 이론은 정치가의 이미지 평가, 사회·정치적 불안 요소와 의식의 상관관계, 매스컴과 정치의식의 상관관계를 추구하기 위한 중요한 이론으로 평가된다.

실제로 한국의 지역주의의 사회 문화적 요인의 조사 결과를 보면 영호남 두 지역 시민의 의사 결정은 정치가에 대한 이미지, 사회 불안을 조장하는 정치인의 언설과 매스컴의 보도라는 세 가지 요소가 복잡하게 얽혀 시민이 상대 지역에 대하여 부정적인 이미지를 형성하기에 이르렀다고 파악할 수 있다. 즉 한국의 지역주의에서 정치와 시민의식은 같은 지역에 속한 시민이 같은 환경 속에서 같은 정보에 의하여 같은 감정을 품고 같은 의식을 형성하기에 이르렀다고 생각된다. 그렇게 되면 결국 같은 지역 정치인의 언설을 믿고 그 정치인과 정당을 지지하는 형태로 행동을 취하는 것은 어떤 의미로는 하나의 귀속집단의 집단 행동 역시 바로 그 우리공동체라는 개념에 가까운 부분이 있는 것이다.

따라서 다음 절에서는 문화 정치와 시민의식 그리고 일반이론과 관련된 한국 특유의 우리공동체라는 귀속집단의 특징을 구체적으로 검토해 보기로 한다. 그에 앞서 한국의 정치 문화의 이론적 배경을 개략적으로 검토한 후 우리공동체의 성격과 구조를 검토하기로 한다.

3. 지역주의와 한국 특유의 정치 문화이론

한국 정치의 전통과 병행하여 형성되어 온 것은 한국의 정치 문화적 측면이다. 한국의 정치 문화는 한국 정치의 연속면 그 자체이기 때문에 쉽게 변하기 어렵고 한국 정치의 전통과 병행하여 형성된 한국 정치를 규정하여 왔다.[135] 외래문화의 수용과 거부의 반복 과정을 통하여 문화는 긴 역사 속에서 집적된 다양체를 형성하여 여러 가지 외적 요인에 의해 변화하지만 정치 문화와 같은 인간의 감성이나 사고에 관계된 분야에서는 쉽게 변화하지 않는다. 따라서 정치 문화적 측면도 지역주의 발생의 중요한 요인의 하나라 생각된다.

한국의 정치 문화를 분석하기 위해서는 먼저 문화의 정의를 확립하지 않으면 안 된다. 역사적으로는 문화에 대한 여러 가지 정의가 내려져 왔으나 문화에 대해 처음으로 명확한 정의를 내린 사람은 영국의 에드워드 테일러 (1832~1917)였다. 그는 1871년에 출판된 저작 『원시문화』에서 문화 또는 문명이란 넓은 민족지적인 의미에서는 지식, 신앙, 예술, 도덕, 법률, 관습 등 인간이 사회 구성원으로서 획득한 능력과 습성의 복합적인 전체라고 정의하고 문화를 구체적·실체적으로 파악하려 했다.[136] 1930년 이후부터 추상적인 정의가 출현했다. 미국의 문화인류학자 크라이드 크락혼은 1952년에, 문화란 근본적으로 하나의 형태나 디자인 또는 양식이므로 그것은 인간의 구체적 행동으로부터의 추상이며 그 행동 자체가 아니라고 정의하였다. 그후 문화에 대한 이해는 기호론적·상징주의적 경향을 갖고 오늘에 이르렀다.

이와 같이 문화의 정의에는 크게 실체적인 정의와 추상적인 정의가 존재한다. 정치 문화를 검토하는 데 있어서는 어디까지나 실체에 근거를 두어야 한다. 왜냐하면 정치란 인간 행위의 집적에 불과하므로 추상적인 논의는 현실정치의 실태 해명에 도움이 되지 않기 때문이다. 실체적 정의에 의하면 문화란 외면적인 내지 내면적인 생활양식의 체계이며 살기 위한 공부이다.[137] 요컨대 문화란 살기 위해 필요한 여러 가지 공부의 집합체이며 개개의 살기 위한 공부가 무수히 집적된 유기체적인 구조를 형성한 것이라 할 수 있다. 이때 개개의 살기 위한 공부를 문화 요소라 부른다. 즉 문화는 문화 요소라는 무수한 모자이크 조각의 집합체인 모자이크 그림에 비유할 수 있다.[138] 문화를 시스템으로 파악하기 위해서는 문화의 경계를 가상적으로 설정할 필요가 있고 모자이크 조각은 모자이크 그림의 특정한 위치의 구성 요소로서만 의미를 가지므로 다른 모자이크와 호환성이 없는 것으로 생각하고 모자이크 조각 자체가 기능성을 구비하여 전체로서의 구조성을 담보한다. 이렇게 이해해야 문화는 일종의 유기체로서 파악할 수 있다. 가령 외부 환경으로부터의 작용으로 인한 자극에 대해 변화하였다고 하면 변화한 일부분으로 변화한 부위를 수복하는 반작용 방향을 움직여서 자극과 변화가 상호작용을 일으키는 것이다.

그렇다면 한국 문화를 규정하고 있는 근간적 개념은 무엇인가. 일본이 '수치의 문화'라고 한다면 한국은 '우리 문화'라고 생각할 수 있다. 이 사실은 이미 여러 책이나 논문에서 지적되고 있는 것이어서 특별히 새로운 지적이 아니지만 필자는 다음과 같이 한국 '우리 문화'의 특징을 분석하고자 한다.

한국인의 의식 속에 구축된 '우리' 의식이야말로 한국 사회에서의 '우리'를 기본 단위로 하는 사회 구조를 형성하여 한국인에게 특이한 성향으로서의 공동체를 양성한 것이다. 즉 혈연, 지연, 학연의 네트워크가 형성되었다고 생각한다. 그리고 주자학이라는 중국 송대宋代의 유교사상이 한국인이 잠재적으로 갖고 있던 의식에 상승적으로 작용하여 '우리' 의식을 확고한 사회적 성격으로 만들어냈던 것이다. 우리 의식의 형성에 따라 경쟁성과 공동체성 그리고 거기에 부수하는 저항성이 만들어진 것으로 본다. 더욱이 주자학이 민중 속으로 침투하면서 도덕 지향성과 권위주의적 성향이 강화되었다. '우리 의식'과 '우리' 의식을 공유하는 사회 구조인 우리공동체 구조 그리고 이를 강화한 배경으로서의 주자학적 성향이야말로 한국 사회의 근간을 형성하고 있는 것이다. 그러나 우리공동체 구조가 특수 구조이기 때문에 한국인이나 한국인 사회를 남들이 이해 곤란한 사회로 만들고 있다. 인간은 자기 자신에게 고착되 사고법을 가지고 항상 보편성을 가진 것으로 인식하는 성향이 있기 때문에 자기의 사고법과 다른 타자의 사고법에 대하여서는 이물감異物을 느끼고 상호 불협화음을 일으키기 마련이다.

본서에서는 '우리'를 기본 단위로 하는 사회 구조를 우리공동체 구조라 부르기로 하고 구조 내부에 공유한 의식을 '우리공동체 의식'이라 부르기로 한다.

제3절 우리공동체의 개념과 구조

한국어로 '우리'라고 하는 말은 일본 말로 'われわれ'(我等 또는 吾等)를 의미한다. 한국의 사회 구조는 자기를 중심으로 한 가족이 우리의 최소 구조를 형성하고 최소 구조의 외연을 친척들이 둘러싸고 또 그 주위에는 친구·지인 등이 배치되어 동심원적 구조를 형성하고 있다. 비유적으로 설명하면 우리공동체 구조는 케이크와 같은 다층 구조를 형성하고 있다고 생각되는데 이 케이크의 각층의 경계는 고무풍선과 같이 신축성 있게 확대·축

〈표5-24〉「우리 공동체」구조의 개념도

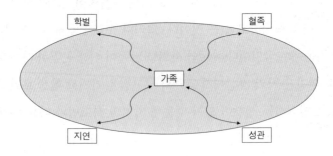

(출처) 저자 작성

소하는 유구조柔構造를 형성하여 그 구조가 아메바와 같이 자유자재로 형태를 바꿔 가는 것이 특징이다.

한국 사회에서는 '우리'를 중심으로 모든 행동이 규정되며 모든 가치판단이 '우리'의 입장에서 주로 이루어진다. 문화 전통이라는 것은 가지가지 요소를 흡수하여 긴 역사의 파도에 씻기면서 형성되는 것이며 우리라는 문화적 특징을 갖게 된 원인은 문화 전통적인 요인, 사회 경제적인 요인 등 여러 가지 요인이 있다고 생각한다.

한국인이 '우리'라는 표현을 사용할 때는 최소 구조인 가족을 의미하는 경우도 있고, 가족을 표현할 때 '우리집'이라는 경우도 있다. 우리집이라고 할 때는 집은 물론 주거, 가옥, 가정, 가문 등을 의미한다. 경우에 따라서는 연인과 둘만을 '우리'라고 하는 것을 당연시한다. 이 경우 애정을 매개로 한 정신적인 유대가 우리공동체 의식의 본체를 형성하고 있는 것이다. 그러나 반대로 우리공동체의 최대 구조는 한국 국민 전체가 되어 한국이란 나라는 '우리나라', 즉 '우리의 나라'가 된다. 물론 북한을 포함하여 '우리'라고 이해하는 것도 가능하고 '우리 민족', 즉 '우리들의 민족'이라고 표현하는 것도 경우에 따라 가능하다. 그리고 최소 구조와 최대 구조의 중간 구조도 무수하게 생각할 수 있는데, 자기가 처한 위치 상황에 따라 자유자재로 변태한다. 예컨대 성관, 학벌, 규벌閨閥, 지역벌地域閥 등이 다차원적으로 작용하여 다원적인 우리공동체 구조를 형성한다. '우리'가 의미하는 범위는 다양하며 다층 구조를 형성하는 우리공동체 구조라고 하는 한국 사회 특유의 구조를 이룩하는 것이다.

우리공동체라는 이름의 공동체는 '정'情을 근간으로 한 강한 유대로 결합되어 있으나 공동체 내부에서는 엄격한 도덕 규범이 준수되고 있다. 따라서 공동체성은 매우 한정적인 성격을 띤 것으로 우리공동체 구조의 중핵에 위치하는 '가족'이 무엇보다도 우선된다. 또한 우리공동체의 중핵으로부터 주변의 외부 구조로 가면 갈수록 공동체 의식은 희박해진다. 요컨대 우리의 영역은 문맥에 따라 자유자재로 변화하는 것이어서 우리공동체는 자기 이익 유도형의 의식 구조가 아니냐는 지적도 가능하다. 또 우리공동체 의식이 문화 전통 가운데 형성된 이유는 지배층의 가혹한 수탈로부터 자기 몸을 지키기 위한 민중의 고육지책으로서의 지혜였다고도 생각할 수 있다.

한국의 사회학자인 최재석崔在錫은 한국인의 사회적 성격에 관하여 분석하는 가운데 한국 사회에는 그 근간에 한국적 가족주의가 있다고 지적하면서 1) 사회 구성 단위는 '집'이다. 2) '집'은 어떤 사회 집단보다도 중시된다. 3) 개인은 이 '집'으로부터 독립할 수 없다. 4) 집안의 인간관계는 자유평등한 것이 아니며 항상 상하의 신분 질서에 의해 규정된다. 5) 이러한 인간이 단지 가족 내부만이 아니라 가족 외의 외부 사회에도 확대된 사회 조직 형태를 한국적 가족주의라고 부르고 있다.[139] 최재석의 주장은 한국적 가족주의의 개념은 경직된 조직 형태로 파악할 것이 아니라 외부 자극에 대응하여 언제든지 신축자재로 확대·축소하는 구조체로 우리공동체 구조의 개념을 이해하는 데 그 의의가 있다 할 것이다.

한국 사회가 우리공동체 구조를 형성하게 된 원천은 조선 왕조 시대의 사회 체제에서 찾아볼 수 있다. 당쟁으로 나날을 보낸 관료들은 자기 일족의 이익 추구에 모든 정력을 소모하고 본래적으로는 국민을 보호해야 할 국가가 국민으로부터 수탈하는 일에만 몰두하여 온 조선 왕조 시대의 역사가 있고 일제 식민지화된 뒤에는 일본 총독부의 뜻을 의식하여 생활하지 않으면 안 되었던 역사가 있어 생활의 지혜로서 독특한 우리공동체 의식을 갖게 되었고 이것을 토대로 신축자재로 확대·축소하는 구조체로서의 우리공동체가 형성되었던 것이다.

이하에서 우리공동체 구조와 우리공동체 의식이란 개념을 축軸으로 한 한국의 전통적인 정치 문화의 특성을 추출해 보기로 한다. 한국의 전통문화는 한국 정치의 연속면 그 자체이며 쉽사리 변화할 수 없고 한국 정치의 전통과 병행하여 형성되어 사회를 규정하여 왔다.[140] 문화는 긴 역사의 집적이며 여러 가지 요인으로 말미암아 변화하기는 하지만 인간의 감성이나 사고에 관련되는 분야에서는 쉽사리 변화한다고 생각할 수 없다. 이 사실이야말로 우리공동체 구조를 이해하는 데 있어서 가장 중요한 관점이라 생각한다.

한국에서 토착문화를 지키고 육성해 온 주체는 지배층의 수탈에 의해 핍박 받은 일반 민중이었다. 한국인이 가진 공동체성이나 그 반작용으로서의 저항성은 일반 민중 속에서 양성되고 유지되어 온 특징이라고 할 수 있다. 지배층의 수탈에서 자기 생활을 방어하기 위한 생활의 지혜가 한국인의 공동체성이었다고 할 수 있는데, 이 공동체성은 조선 시대로부터 일제 식민지 시대에 걸쳐서 수백 년 간 한국인의 독특한 사회적 성격을 형성하였고 그 결과로 한국인의 사회 구조가 우리공동체 구조로 변용하고 강화되었던 것이다. 우리공동체 구조가 형성됨에 따라 우리공동체의 외부에 대하여 '남', 즉 '타인'이라고 인식하는 저항성이 사회적 성격으로 형성되었다. 한국은 유학의 영향을 짙게 받은 나라이다. 유학 중에서도 특히 주자학이 조선 500년간 계속하여 국학으로서 신봉되어 주자학 이외의 사상은 이단으로 탄압의 대상이 되었다. 주자학은 군자의 도를 닦아야 하는 학문이며 군자의 길을 닦기 위해서는 이理에 적합한 생활을 해야 했다. '이' 란 본래 도덕성을 의미하였다. 주자학이 주장하는 덕목으로 효孝, 제悌, 충忠, 신信, 성誠 등을 지적할 수 있으나 그 중에서도 '효' 를 특히 존중하고 '효' 란 양친에 대한 효행을 의미하였다. 부모가 살아 계실 때는 양친의 몸과 마음의 건강에 신경을 써야 하며 부모가 돌아가시면 좋은 자리에 모셔드려야 한다. 그리고 정기적으로 제사를 차려 선조의 영혼을 위로하는 것이 '효' 에 충실한 생활이라고 여겼다.

그리고 가족이 생활에 어려움을 겪으면 부모가 걱정하시므로 형제자매가 서로 돕는 것이 당연한 행위라고 생각한다. 다시 말하면 일족 속에 경제적으로 어려움을 겪는 사람이 있으면 돕는 것이 당연하고 '이' 에도 맞는 행위이라고 생각하는 것이다.

이러한 정서를 배경으로 전통적인 한국 사회에서는 증여 행위가 일반적인 도덕적 행위로 인식되었다. 그 이유는 우리공동체 의식을 공유한 우리 공동체 구성원이라는 인식이 그 근간에 있기 때문이다. 주자학적 사고 방식에 의하면 윗사람이 아랫사람에게 증여 행위를 하는 것은 당연한 의무이며 그것이 한국 사회에서 공통적으로 용인되어 왔기 때문이다. 조선 왕조 시대 양반에게 가장 중시된 생활 신조는 '봉제사奉祭祀, 접빈객接賓客' (제사를 받들고 손님을 대접하는 것)이었다. 조상에 대한 제사를 게을리해서는 안 되고 손님을 접대하는 것이 가장 중요한 일이었다. 방문객은 빈손으로 찾아가서는 안 되며 선물을 들고 방문하는 것이 예의였다. 떠날 때는 다시 선물로 토산품을 받는 것이 오늘날까지도 일상 풍경이 되고 있다.

예를 들면 류희춘柳希春의 『미암일기』眉巖日記에는 10년간 2,788회나 선물을 받았고 1,053회나 선물을 보냈다는 기록이 남아 있다.[141] 10년간 3,841

회나 선물을 주고받아 거의 매일 선물을 주고받았다는 계산이 나온다. 이 사실을 두고 이 일기의 저자가 선물을 주고받는 것을 특별히 좋아했다고 보는 것은 무리다. 양반의 생활신조로서 '봉제사 접빈객'의 전통이 일반적인 현상이었다고 보는 것이 훨씬 설득력을 갖는다. 따라서 '봉제사 접빈객'의 행동 양식은 유교적 예절에서 비롯된 것으로 이해하는 것이 타당하다 할 것이다.

증여가 인간사회에서 하는 기능이 무엇인가를 밝힌 마르셀 모오스(Marcel Mauss)는 그의 『증여론』에서 "우리들의 도덕이나 생활 자체의 상당한 부분은 항상 의무와 자유가 혼효된 증답제贈答制의 분위기 그 자체 속에 정체하고 있다. 시장가치밖에 없는 것이 많지만 물건이란 시장가치 이외에도 감정적인 가치를 갖고 있다. 우리들의 도덕은 항상 상업적인 물건만이 아니다. 우리들 사이에는 지금도 과거의 습속을 지지하는 사람들이나 계급이 존재한다. 또 우리들 거의 전부가 적어도 1년에 어떤 시기 또는 어떤 기회에 그런 습속에 굴복하는 것이다."고 설명하고 있다.[142]

그리고 또 마르셀 모오스는 증여란 지배와 복종의 관계를 만들어 내어 집단의 유대를 강화한다고 지적하였다. 보통 증여로 인해 형성된 지배와 복종의 인간관계를 은고주의恩顧主義라고 부르고 있다. 그런 점에서 한국사회에서 은고주의가 명확한 형태로 나타난 것을 확인할 수 있다. 오랜 역사 속에서 배양되어 온 은고주의의 전통은 우리공동체 구조를 강화하는 역할을 담당하여 왔다. 한국에서는 오늘날에도 선물로 현금을 주고받는 것은 일상적인 행위이며 넓은 의미의 뇌물수수 행위라 할 수 있다. 그러나 증여 행위 일반을 악으로 규정하는 것은 부적절하고 증여 행위가 인간관계의 윤활제 역할을 하고 있다는 측면을 간과하여서는 안 될 것이다.

동심원적인 우리공동체 구조는 때로 외부 자극에 대응하여 신축자재로 확대·축소한다. 한국인은 '우리'라고 인식하는 범위 안에서만 공동체 의식을 공유하며 공동체를 유지하는 유대가 '정'이다. 따라서 때와 장소에 따라서 공동체 의식을 공유하는 범위가 다르며 각 공동체의 내부에는 원리적으로 개인이 존중되는 평등 공간을 형성하여 공고한 공동체 의식이 양성되고 있는 것이다. 그러나 공동체의 외부에 대해서는 '남', 즉 타인이라고 생각하는 강한 저항성을 보이기 때문에 자기 방위와 우리공동체 내부의 안녕 질서를 유지하기 위해서 우리공동체 구성원은 서로 단결하여 공조한다. 공동체성을 강조하면 강조할수록 그 반작용으로 저항성을 조장하는 결과가 된다. 즉 상황 여하에 따라 우리공동체가 어떻게 개념 설정되느냐가 최대의 열쇠가 되어 공동체의 틀이 개념 설정 여하에 따라 '남', 즉 타인에 대한 저항성의 강도도 달라지는 것이다.

　　커뮤니케이션의 상황이나 장소에 따라 '우리'가 의미하는 범위나 정도가 달라지기 때문에, 시공간의 상황을 한국인은 본능적으로 파악하는 능력을 갖는다. 한국인 상호간의 커뮤니케이션에서는 여러 가지 변화에 따라 상황을 정확히 파악하여 의사가 소통되고 있다. 그러나 이방인과는 커뮤니케이션 자체는 성립되지만 이방인으로서는 매우 이해하기 어려운 상황이 나타날 가능성이 있는 것이다. 서로 이야기하는 가운데서도 '우리'라는 표현이 자주 나타나지만 자유자재로 확대·축소하는 '우리'의 개념 파악에 이방인은 어려움을 겪는 것이다. 왜냐하면 현재 화제가 되고 있는 우리공동체 안에 자기가 포함되어 있는지 아닌지 하는 판단이 인간관계의 형성에 중요하기 때문이다. 요컨대 한국 사회에서는 주위의 공기를 읽을 수 있는가 없는가 하는 것이 인간관계의 형성에서 중요한 열쇠가 되는 것이다.

에드워드 홀(E.T. Hall)은 『문화를 넘어서』라는 책에서 콘텍스트의 높고 낮음을 나타내는 지표를 제안하였다.[143] 콘텍스트라 함은 커뮤니케이션의 발신과 수신에 있어서 문맥, 즉 사건이나 사항의 배후에 있는 사정이나 맥락의 전후 관련을 어느 정도 중시하는가 하는 지표를 말한다. 에드워드 홀에 의하면 콘텍스트란 "어떤 사건에 관한 정보와 그 사건의 의미와 밀접히 관련된" 개념을 말한다. 즉 높은 콘텍스트 문화에서의 정보 전달에서는 발신자와 수신자가 정보나 사회 통념을 공유하고 있으므로 발신자의 미묘한 동작에 대해서도 반응하여 발신자의 진의를 정확히 파악할 능력을 갖고 있다. 그러나 낮은 콘텍스트 문화의 사회에서 발신자는 수신자에 대하여 많은 정보를 제공하지 않으면 발신자의 진의를 수신자에게 전달할 수 없다. 요컨대 고高 콘텍스트 문화의 사회에서는 애매한 표현이라도 수신자는 발신자의 의도를 알 수 있으며 주위의 공기를 읽지 못하는 것은 고高 콘텍스트 사회에서 치명상이 된다.

에드워드 홀의 조사 결과(1990년)에 의하면 가장 콘텍스트가 높은 것은 일본인이었고 다음이 중국인 그리고 한국인, 아프리칸-아메리칸, 네이티브-아메리칸, 아랍인, 그리스인, 라틴계 사람들, 이탈리아인, 영국인, 프랑스인, 미국인, 스칸디나비아인, 독일인, 독일계 스위스인의 순서였다고 한다.[144] 이 사실은 일본 사회나 한국 사회에서는 장소나 공기를 읽는 것이 매우 중요하다는 실생활 감각과 부합하는 것이다.

우리공동체 의식을 이해하기 위해서는 또한 '정'의 개념을 이해하는 것이 중요하다. 한국에서는 '정이 들었다'(일본 말로는 '정이 깊어졌다')는 표현을 자주 쓴다. 정이야말로 공동체 내부에 존재하는 공통의 정신적 유대이기 때문이다. 우리공동체가 지배층이나 '남', 즉 타인에게 수탈을 당하면 우리공동체 내부는 단결하여 남에 대하여 저항성을 드러내는 것이다. 이것이 역사적으로는 여러 가지 당파 싸움이나 지역 갈등 또는 농민 반란이란 형태로 나타났다고 생각한다. 요컨대 정情이 전화하여 한恨이 형성되는 것이다.

'한' 의 의식구조는 계층에 따라 양분된다. 지배층인 군주나 양반들은 지배계층 나름의 한이 있고 지배자에 의하여 수탈당하고 인권을 무시당한 사회의 하층에 사는 서민들도 그들 나름의 '한' 이 있다. 지배계층의 '한' 은 갈등과 공포에서 유래하는 것이 많고 주술이나 물리적인 해결 방법에 의하여 해결하려는 것이 그들의 대책이었다. 한편 서민의 '한' 은 숙명과 동의어로서 생존에 대한 태도와 환상적인 이상에서 그 원류를 발견할 수 있다. 숙명에 대하여 체념과 타협함으로써 '한' 으로부터 해탈하려고 몸부림치고 미래에 희망과 보람을 발견하려고 하는 것이 흔히 있는 상태였다. 그 한의 정념을 노래한 것이 한국 특유의 민속 예능인 '판소리' 였다. 바꾸어 말하면 판소리는 한민족의 한의 표출의 총체라 해도 과언이 아니며, 조선 왕조 시대 후기의 서민층에서 발생한 연창演唱 예능이었다고 할 수 있고, 서민생활의 정념을 생생하게 소리하고 있는 민속 예능이라 할 수 있다.[145]

그러므로 판소리는 한국 민족의 정신 구조를 분석하는 데 귀중한 자료라 할 수 있다. 판소리는 한 줄기 희망을 믿고 살아온 서민의 '한' 의 정념을 표현한 한 방법이기도 하였다. 한글소설 「춘향전」을 판소리 〈춘향전〉으로 각색한 신재효申在孝를 비롯하여 지금까지 판소리를 노래한 소리꾼들은 일반 시민들로부터 천시되어 온 신분의 사람들이었다.[146] 그들은 자기들이 품은 불평불만의 감정을 예술 영역에서 토로하여 기염을 도로히는 것으로밖에 자기 '한' 을 납득시킬 방법이 없었던 것이다. 한의 정념을 노래한 것이 지배층과의 갈등을 빚어낸 저항성, 반항성, 풍자성 등이 여러 가지 장면에서 표출하는 계기가 되고 있다.

여기서 주의할 것은 '한'은 단순한 '원한'이 아니라 어디까지나 '정'이 형태를 바꾸어 '한'으로 전화한 정념情念이었다는 점이다. 따라서 '한'은 '정인'에 대한 추모의 마음이나 '그리움'이라는 성격을 가진 미래 지향성을 내포하고 있다. 한국에서 복수심을 나타내는 정은 통상 원한怨恨, 원통怨痛, 원망怨望 등으로 표현된다. 그래서 '한'과는 별개의 단어로 사용되는 것이다. 한의 정념은 이와 하나가 되려고 하는 합일의 방향을 가진 것이다. 그래서 동시에 그것이 불가능하다는 것을 인식하고 있다는 점에서 한탄인 것이다.[147] '한'은 동경이란 뜻을 가지고 미래 지향적인 성격을 가지는 고로 한국인의 상승 지향성과도 관계가 있는 것이다. 우리공동체의 근간을 이루고 있는 정은 한으로 전화하여 한이 한국인의 정신 구조의 중핵을 형성하는 이유가 된다. 정을 근간으로 한 우리공동체는 공동체성의 반작용으로서 저항성을 낳는 것이다.

그렇다면 왜 공동체성의 반작용으로서 저항성이 생기는 것일까. 인간은 조상, 종교, 역사, 가치관, 습관 또는 제도에 의하여 자기의 정체성을 확인한다. 그런 뒤 문화적인 집단과 일체화한다. 즉 자기의 정체성을 확인하는 작업을 통해 부족, 민족, 종교 등을 기초로 한 공동체 사회를 형성하여 하나의 공동체는 다른 공동체에 대하여 기본적인 생물의 자기 방어 본능으로부터 유래하는 저항성을 나타내며, 공동체의 구성원이란 자각을 드러낸다. 그리고 공동체 내부에서는 내부 규범이 준수되고 공동체는 다른 공동체에 대하여 기본적으로 저항성을 나타내는 것이다.

그런데 최근 면역학이 발달하여 우리들의 장기이식, 알레르기, 에이즈

등의 사회문제까지도 '자기'와 '타자'의 문제로 생각해야 한다는 것을 시사하고 있다.[148] 면역이란 외부로부터 침입해 온 '자기'와는 다른 '타자'에 대하여 '자기'가 저항성을 나타내는 현상이다. 요컨대 '자기'는 자기와 다른 '타자'를 식별하여 자기의 정체성을 결정하는 행위를 세포의 수준에서 행하고 있는 것이다. 즉 '자기'의 정체성의 확립은 '타자'에 대하여 저항성을 낳는 것이다. 이러한 현상은 문화 면에서도 같은 지적이 가능하여 문화도 다른 문화 요소를 받아들이면서 다른 문화에 대하여 저항성을 나타내고, 그렇게 함으로써 자기와 타자를 식별하여 문화의 경계를 획정하여 바로잡는 일을 반복하고 있는 것이다.[149]

제4절 경쟁사회와 우리공동체

한국인의 성향의 하나로 개인적인 자기 네트워크를 매우 중시하는 반면 자기 네트워크에 속하지 않는 사람에 대해서는 배제하고 적대시하는 경향을 보이는 점이 지적되기도 한다. 그 사회구조는 자기를 중심으로 하여 그 주변에 가족, 친족, 친구, 연인, 지연·학연의 친구, 지인을 동심원상으로 형성하는 우리공동체의 세계가 외연적 세계인 '남=타자'라는 형태로 구분된다고 한다.[150] 즉 우리공동체와 '남=타인'과의 사이에는 저항·경쟁관계가 존재하고 있다고 일반적으로 이해되고 있는 것이다. 구체적으로 말하면 우리공동체 내부에서는 유교적인 예절이 준수되는 반면 '남=타인'에 대해서는 유교적 예절을 문제 삼지 않는다는 것인데, 귀속의식을 형성하는 기준으로 유교적 예절을 중시하고 있다는 것을 알 수 있다. 요컨대 우리공동체의 내부에서는 '이理=도덕성'이 엄격히 유지되지만 외부의 존재인 '남=타자'에 대해서는 예절이나 질서의 엄격성 준수가 강요되지 않으며 성립될 필요도 없다고 인식되고 있는 것이다.

물론 한국인의 귀속의식, 되풀이해서 말하면 유교적 예절에 기초한 집안, 즉 우리공동체와 '남=타인'과 구별하는 귀속의식은 중화사상의 영향을 받은 것으로 생각한다. 구체적으로 말하면 중국의 명明이 멸망한 뒤 이민족 국가인 청淸이 성립하면서 조선 왕조는 유교 윤리의 정통성 이론에 의거하여 소중화小中華를 표방한 것에 큰 영향을 받고 있다. 중국 사상에 영향을 받은 우리공동체의 귀속의식은 '이=도덕성'이란 형태로 이어져 공동체 사람들 사이에는 엄격하게 준수해야 할 사상이 유지되었으나 다른 한편 외부의 존재인 '남=타자'에 대해서는 예절이나 질서를 지킬 필요가 없게 되어 우리와는 아무 관계가 없는 존재로 인식된 것이다. 결국 우리공동체는 한국 특유의 귀속의식으로 형성된 독특한 조직체인 것이다.

실제로 한국인은 지연, 혈연, 학연의 네트워크로 형성된 우리공동체의 내부에서 생활하고 있고 우리공동체의 내부에서는 남으로부터의 공격·수탈에 대해 상호부조를 하면서 단결하고 있다. 상호부조 가운데에는 정신적 부분과 물질적 부분이 있다. 우리공동체 안에서는 증여를 주고받아야 한다는 호수성互酬性의 원칙이 있다는 것을 발견할 수 있다. 인간이 증여 행위를 한다는 것은 비단 경제적 이득만 노리는 것이 아니라 다른 사람들과의 사이에 사회적 결합이나 연대를 꾀하여 사회적 교환을 행하고 있는 것이다.[151] 정치철학자 마르셀 모오스는 증여가 권력을 낳는다는 사실을 밝히고 증여로 인해 발생한 지배와 복종의 관계가 크게 기여하고 있는 한국 사회에 있어서는 은고주의가 관철되고 있다고 생각한다. 은고주의의 인간관계에는 상대와 감정적으로 결합하려는 비타산적인 측면과 상대와의 관계로 이익을 얻으려는 타산적인 측면이라는 이율배반적인 요소가 존재하며 이 경우 보호자나 의존자나 모두 이 이율배반의 속박에서 벗어나지 못한다.[152] 한국에 있어서의 은고주의는 전통적 행위로 뒷받침되어 있는 것이다.

조선 시대에 재지 양반층은 읍 단위의 결합체인 향안鄕案 조직을 결성하여 유교적 예절을 배경으로 그 계층의 결합을 시도하였을 뿐 아니라 사적인 혼인관계라든지 학문의 사제관계·동학관계 등을 통하여 계층적 결합을 강화하였다.[153] 사적인 인간관계의 네트워크도 지도자 계층과 민중의 상호작용을 통하여 강화된 것이며 일제 식민지 시대 그리고 권위주의 시대의 정치 체제를 통하여 한층 강화되었다. 지연, 혈연, 학연의 네트워크는 권력에 의한 수탈과 경쟁·대립 속에서 자기의 생활과 안전을 지키면서 자기이익을 실현하고 상승 지향을 위한 기반으로서 기능하였다.[154]

지연, 혈연, 학연을 기반으로 한 우리공동체 내부에서는 공동체성과 친화성을 유지할 수 있으나 우리공동체의 외부에 대해서는 경쟁성이나 분파성을 조장한다. 즉 지연, 혈연, 학연의 네트워크를 초월한 공동체성은 결여되고 있는 것이다. 그러므로 자기 이익 실현이 제도화되어 있지 않는 조건 하에서는 성공자는 공적 차원을 자기 지연, 혈연, 학연의 네트워크의 강화를 위하여 사용하게 되며 우리공동체 구성원의 이익 실현을 위하여 권력 획득 경쟁에 정열을 쏟게 된다. 여기에 부정·부패의 온상이 조성되는 것이다.[155]

이와 같은 한국 특유의 귀속조직인 우리공동체는 자기들의 이익을 획득·유지하는 가운데 태어났고, 이것이 원인이 되어 과도한 경쟁 사회의 구도가 된 것이다. 한국 사회가 극도의 경쟁 사회인 것은 오랜 역사 속에서 형성된 전통에 의해 뒷받침되고 있는 것이며, 전통문화의 일익을 담당하고 있다고들 말한다. 물론 그 원류는 조선 시대부터의 전통이다. 구체적으로 말하면 한국의 역사에서는 짧은 한 시기를 제외하면 문관이 권력을 잡는 문치주의로 일관된 사회였다는 것이 경쟁 사회를 낳은 배경이었다고 할 수 있다. 문치주의 사회에 있어서는 무력으로 정당성을 다투지 않고 이권을 둘러싸고 문관끼리 변론으로 싸워 자기 주장의 정당성을 주장하고 그 변론의 정당성이 인정되면 권력을 획득할 뿐 아니라 경제적 이익까지 얻을 수 있는 것이다.

이와 같은 문사 상호 간의 변론에 의한 권력 획득 경쟁에 승리하고 또한 권력을 유지하기 위해 귀속조직이 형성되고 그것이 우리공동체라는 형태로 조직화되어 온 것이다. 이때 우리공동체라는 전통적인 귀속조직을 형성하는 변론 중심의 권력 획득 구도야말로 주자학적 사상에 의한 우리공동체의 형성 과정이었다고 한국에서 인식되어 있다. 이 인식을 뒷받침하는 형태로 한국의 주자학적 사상에 의거한 우리공동체라는 귀속조직의 형성이라고 경쟁 사회의 구조를 파악한 조사 연구가 있다. 구체적으로 설명하면 다음과 같다.

G. 홉스테드의 IBM 조사 결과에서는 한국이 권력 격차가 큰 집단주의적인 경향의 나라로 분류되며, 권력 격차가 큰 나라의 사람들은 권위주의적인 경향을 띤다고 주장하고 있다.[156] 요컨대 한국 사회는 권력차가 큰 권위주의적인 성향을 가진 사회라고 생각할 수 있다. 한국 사회와 같이 권위, 권력, 부의 일관성을 추구하는 사회에 있어서는 권위주의적 성향과 자기이익 실현을 위한 상향 지향성이 직결된다. 조선 왕조에서는 주자학이 국가

의 정학으로 정해져 있었기 때문에 주자학의 원리주의적 해석이 정당화의 규범이 되어 정당화 규범으로서의 사서오경의 해석은 권력 투쟁과 직결되면서 자의성을 띠게 되지 않을 수 없었다.

따라서 본래의 도덕성과는 괴리된 도덕 지향성을 형성하게 된다고 생각된다. 그리하여 우리공동체라는 형태로 형성된 한국 특유의 귀속의식이 만들어 낸 경쟁성은 오늘의 한국 정치 문화 속에 깊이 내재한다고 말하고 있다. 우리공동체는 자기의 사적 인간관계의 네트워크에 의해 결집되기 때문에 외부의 존재인 '남＝타자'에 대해서는 차별적 행동양식을 취하여 배제하는 경향이 있다.[157] 따라서 이 차별과 배제의 구조는 우리공동체와 '남＝타자'와의 사이에 대치하는 관계를 형성함으로써 타협점을 모색하는 중립적 태도를 어렵게 만든다. 그리고 한국의 정치 문화에서의 파벌의 대립이란 지연, 혈연, 학연의 네트워크가 기초가 되어 형성된 우리공동체와 '남＝타자'와의 사이에 이해관계를 둘러싸고 대립하는 경쟁관계를 형성하여 그것이 사회구조 속에 내재하게 된 것으로 이해된다.

자기가 속한 귀속조직을 결속시키는 정치사상으로서의 주자학의 전통을 가진 한국의 정치 문화는 우리공동체의 이익을 획득 유지하기 위하여 두 개의 성질을 형성하기에 이르렀다. 그것은 상승 지향성과 권위주의적 성향이다. 여기서 말하는 상승 지향성이란 자기가 속한 귀속조직의 이익을 지키기 위하여 항상 현재보다 높은 사회적 지위를 획득하려고 하는 성격이다. 한편 권위주의적 성향이란 옛날에는 지배층에 한정된 성향이었으나 현대에서는 획득한 권력을 유지하기 위한 통치수단·수법으로 정착한 것이다. 또한 민주화운동 과정을 통하여 상승 지향성과 권위주의적 성격은 진보적인 정치이념을 가진 사람들이 새로운 우리공동체를 형성하여 보수주자라는 사람들로 이루어진 기존의 우리공동체와 싸우는 경쟁관계를 만들게 되었던 것이다.

이와 같이 양자는 진보와 보수라는 정치사상은 다르지만 주자학의 전통을 계승한 형태로 변론에 의존하여 정당성을 주장하고 변론에서 승리함으로써 스스로의 귀속조직인 우리공동체의 이권과 권력의 획득과 유지를 도모하고 있다는 사실은 한국 특유의 우리공동체에의 귀속의식의 전통이라 할 수 있고 지금도 계승되고 있는 것이다. 민주화 이후 상승 지향성과 권위주의적 성향은 우리공동체라고 불리는 귀속조직의 구성원 가운데 깊이 침투하고 있는 것으로 보인다.[158]

왜냐하면 우리공동체의 권위주의적 성향은 중앙집권적인 성격이 강한 한국 정치에 있어서 중앙 권력을 획득하기 위한 투쟁이 해마다 격화되어 가고 있기 때문이다. 이미 이 점에 대해는 제1장과 제2장 그리고 제3장에서 선거 결과의 분석을 통해 자세히 설명하였으니 참조해 주기 바란다. 이와 같이 우리공동체의 권위주의적 성향이 강한 것은 분명하다. 그 사실을 뒷받침하는 연구로 그레고리 헨더슨의 연구가 있다.

그레고리 헨더슨은 한국 정치 사회의 특징으로서 강한 중앙 지향성을 가진 '중앙으로 향한 소용돌이'라고 표현하였다.[159] 마이너스 전자가 양극陽極에 흡수되는 것처럼 무엇이든지 흡인하는 것이 권력이다. 권력에 대한 강한 집착이 일반 민중으로까지 침투한 이유는 유교에서는 도덕과 권력과 부富는 본래 삼위일체라고 생각해 왔기 때문이다. 유교적 예절을 준수하여 조금이라도 더 도덕적인 사람이 되는 것은 '부'의 획득에 관계된다고 인식하여 왔다. 한국 사회에서는 금전적으로 유복한 것은 무조건 동경의 대상이었고 전통적으로 '부'는 권력을 낳고 권력은 '부'를 낳는 그런 사회였다.

그래서 지금 한국에서는 수험受驗 지옥이 심각하고 현대의 과거시험이라고 하는 법조계의 등용문인 고시 시험(일본의 사법시험) 수험생의 학습량은 대단하다. 과거시험에 일생을 걸고 공부하는 이유는 현재나 과거나 '과거시험'에 합격하는 것이 모든 것을 손에 넣는 수단이라 인식되기 때문이다. 이 사실은 한국의 후진성을 나타내는 지표의 하나로 평가되는 경향이 있으나 마르셀 모오스가 지적한 은고주의恩顧主義가 침투한 나라라는 평가의 지표로서도 생각하는 것이 가능하다. 즉 은고주의는 우리공동체 의식과 밀접한 관계를 갖고 있는 것이다.

그리고 G. 홉스테드의 연구 결과도 한국 사회의 권위주의적 성향을 뒷받침하고 있다. 그는 권력 격차가 작은 사회와 권력 격차가 큰 사회를 정의하여 기본적인 상이점으로서 관리직의 특권이나 지위를 나타내는 상징을 들어 설명하였다. 이것은 한국 사회에 전형적으로 부합되는 사례라 할 것이다.[160] 권력 격차가 큰 사회에서는 권위주의적 성향을 갖는 것이 당연하다. 이러한 한국 사회에서 관찰되는 권위주의적 성향과 상승 지향적 성향을 보여주는 사례는 일일이 열거하기 어려울 정도이다. 두 사람의 분석으로 미루어 보아도 한국 사회의 권력을 획득하기 위한 귀속조직의 경쟁성은 그 결과로서 우리공동체라고 불리는 사적 네트워크의 결속력을 강화하였고 다른 한편으로는 경쟁성, 대립성, 분파성을 만들어 낸 것으로 이해된다. 그리하여 우리공동체라고 하는 귀속조직이 권력을 획득하는 과정에서 생긴 사회적 성질이야말로 권위주의적 성격과 상승 지향적 성격인 것이다. 이 성격이 오늘 한국 사회의 경쟁성의 기저를 형성하고 있는 것으로 이해된다.

그러면 우리공동체라고 불리는 귀속조직의 표출로서 나타난 지역주의에서는 어떻게 이 경쟁성이 나타나고 있을까. 이 점을 좀 더 자세하게 검토할 필요가 있다고 생각한다. 그러면 우리공동체라고 불리는 한국 특유의 귀속조직이 만들어 낸 경쟁성을 배경으로 나타난 지역 대립의 양상을 필자가 금번 실시한 정치의식 조사 결과를 기초로 검토하기로 한다.

2010년 5월에 실시한 지역주의에 관한 정치의식 조사의 자유 기술 가운데 기록된 내용으로 볼 때, 회답자의 27.4%가 특정 지역이 발전한 원인으로 그 지역 출신자가 중요한 경제 산업을 선행하여 투자하고 발전 환경을 만들어 냈기 때문이라 생각하고, 지연에 의한 우리공동체의 귀속조직이 경제적인 이권을 특정 지역에 배분하고 지역 간 경쟁을 조장한 때문이라 지적하고 있다. 구체적인 지역 발전의 내용으로서는 '도로 정비'와 '공업단지 조성'이 큰 비중을 차지하고 있다.[161]

그리고 그것만 아니라 우리공동체라고 하는 귀속조직의 구성원을 우선하여 등용함으로써 귀속조직 출신의 인맥을 형성하여 인재 등용에 있어서 타자를 차별·배제하는 경향이 현저하였으며, 그 결과 다른 귀속조직인 '남=타자'와 대립한 상황이 발생하였다는 지적도 있다.[162] 대표적인 의견으로서는 "인재 등용에 관하여 특정 지역 출신자를 우대하는 경향이 있었다."는 의견이다. 그리하여 우리공동체라고 하는 귀속조직에 기초한 인재 등용은 위에서 설명한 차별적 지역의 경제 발전이라는 결과를 낳은 원인이 되었다는 것이다. 구체적인 의견을 살펴보면 "힘이 있는 국회의원의 지역이 발전하고 있다." "유력 정치인의 출신지가 발전하고 있다." "여당의 지반인 지역이 발전하고 있다." "특정 지역의 출신자에게 권력이 집중되고 있다." "대통령 출신 지역에 예산이 집중되고 있다." 등의 의견이 많이 나오고 있다.[163] 결국 지역주의의 배후에 있는 우리공동체라는 귀속조직 출신 인재가 그들의 귀속조직의 출신 지역을 지원함으로써 인맥과 지연으로 통합된 보다 확대된 우리공동체를 형성하여 귀속조직 내부의 결속을 다지게 되었다고 이해되는 것이다.

즉 우리공동체라고 하는 귀속조직의 이권을 확보하기 위하여 결속을 도모하는 과정에 나타난 한국인의 사회적 성격으로서의 경쟁성은 단지 일시적으로 이권을 노리고 모인 조직과는 그 성질이 다른 것으로 보인다. 우리공동체가 만들어 낸 경쟁성이 경제 발전의 상황을 좌우하는 현상에서 본다면 한국 사회의 경쟁성은 깊이 정착된 것을 알 수 있다.[164] 기왕의 선행연구 가운데 불균형한 경제 발전이 지역주의의 원인이라는 견해가 있었으나 우리공동체라는 한국 특유의 귀속조직의 이권과 권력을 둘러싼 결속력과 그 속에서 생긴 경쟁 사회의 구조에서 본다면 단순히 경제적 이권을 획득하기 위한 지역주의라고 하는 분석은 표면적인 파악에 지나지 않는 것이 아닌가, 다시 말해 문제의 본질을 깊이 파악하지 못하고 있는 것이 아닌가 의심된다.

결국 한국의 정치 문화적 특성인 우리공동체라는 귀속조직의 특징을 검토해 보면 한국 사회의 지역주의란 표면적으로는 경제적 이권을 둘러싼 지역 대립처럼 보이지만 깊이 살펴보면 한국 사회의 전통적인 권력 획득을 둘러싼 정치사상의 문화를 배경으로 하여 생긴 경쟁 사회 현상이라고 이해되는 것이다.

제6장
한국 정치에서의
지역주의의 특징과 과제

───────

민주화 이전의 대통령 선거나 국회의원 선거에서도 지역 갈등은 존재했다고 생각되지만 눈에 보이지 않을 정도여서 주요 변수가 되지 못했다고 해도 상관이 없을 것이다. 오랜 역사 속에서 양성되어 온 영남지역에 대한 반감은 호남지역 사람들의 심층심리에 잠재하여 피해의식이란 형태로 고정화되어 왔다. 또한 다양한 경험치들 가운데 필요한 사례들을 누적시키는 가운데 호남지역 사람들에 대한 편견과 선입견이 영남지역 사람들의 잠재의식으로 고착화되어 갔다. 호남지역과 영남지역 간의 지역 갈등 원인은 여러 가지 요인이 복잡하게 얽혀 다차원적 모델을 형성하였다.

제6장 한국 정치에서의 지역주의의 특징과 과제

제1절 한국의 지역주의 연구의 언설言說과 과제

1. 지역 간의 경제 격차와 지역주의

민주화 이후 대통령 선거에서 나타난 지역주의의 원인으로 가장 많이 지적된 언설이 지역 간 경제 격차의 문제였다. 이 가설에 의하면 지역 간의 불균형한 사회 경제적 발전, 특히 영남지역과 호남지역 간의 격차가 지역주의를 발생하게 한 주요한 원인이라고 보는 것이다.[165] 그리고 지역 간 경제 격차의 원인은 과거 30년간에 걸친 정부 주도형의 경제 성장 정책의 결과라고 주장한다. 즉 과거에 획득한 기득권을 방위하려고 하는 영남지역 사람들의 걱정과 소외와 후진성에 대한 불만에서 현상을 개선하려고 하는 호남지역 사람들의 바람이 영남지역과 호남지역의 갈등을 낳고, 1987년 이후의 대통령 선거 그리고 국회의원 선거에서 지역주의라는 현상을 나타내게 되었다고 보는 것이다.

1988년에 한국사회학회가 조사한 결과에 따르면 과거의 경제 발전 과정에서 영남지역이 가장 은혜를 많이 받았다고 생각하는 사람(회답자의 41%)이 상당수에 달했으며 호남지역이 가장 은혜를 받지 못했다고 생각하는 사람(회답자의 46%)도 상당수에 달했다. 영남지역과 호남지역의 경제 격차 문제가 정부의 차별적인 정책에 기인한다고 생각하는 사람(회답자의 65%)은 그보다 더 많았다.[166]

구체적이고 실증적인 자료를 통해 본다면, 〈표6-1〉은 1995년의 시점에서의 주요한 사회 경제 지표인데 이것으로 보아 그 내용을 확인할 수 있다. 〈표6-1〉에서 알 수 있는 것은 인구에 있어서 호남지역은 영남지역의 40%에 지나지 않고 지역 생산을 비교해 보아도 약 36%에 지나지 않는다. 또 제1차 산업의 전국 구성비는 영남지역이 10%이며 호남지역이 21%이지만 도

〈표6-1〉 지역별 주요 경제지표(1995년)

(단위 : %)

분야	지역				
	서울·경기	충청	영남	호남	기타
인구	45	10	29	12	4
지역별 총생산	46	10	30	11	4
도시화	93	68	90	66	69
제1차 산업비율	5	17	10	21	17
1인당 소득	103	97	103	92	82
사업체 수	55	6	29	6	2
총 종업원 수	46	8	36	6	1
부가가치	43	10	36	9	2

(주) 인구, 지역별 총생산, 사업체 수, 총 종업원 수, 부가가치는 전국에 대한 지역의 점유 비율
도시화와 1차 산업비율은, 지역내에 있는 도시인구 및 1차 산업이 점유하는 비율
1인당 소득은 전국 평균을 100으로 한 지수
(출처) 이갑윤, 『한국의 선거와 지역주의』, 1998, 44쪽을 이용하여 필자 작성

시화의 비율은 영남지역이 90%이며 호남지역은 66%이다. 즉 영남지역은 호남지역보다 도시화·공업화가 진전되어 있는 것을 알 수 있다. 1인당 소득 수준도 영남지역이 호남지역보다 30%이상 높다. 기타의 부문에서도 영남지역과 호남지역의 지역 격차는 명확히 나타나고 있다.

〈표6-2〉는 1955년의 시점에서의 주요 사회 경제 지표를 정리한 것이다. 〈표6-1〉과〈표6-2〉를 비교 검토해 보면 호남지역의 인구 비율은 24%에서 12%로 감소하고 충청도 지역의 인구비율은 16%에서 10%로 감소하고 있고, 영남지역의 인구비율은 33%에서 29%로 감소하고 있으나 서울·경기지역의 인구비율은 18%에서 45%로 27%나 증가하고 있다는 것을 알 수 있다, 확실히 인구 감소율은 호남지역이 가장 많고 서울·경기도 이외의 모든 지역에서 인구 감소가 일어나고 있는데 인구가 증가하고 있는 곳은 서울·경기도뿐이란 사실이 눈에 띤다. 이처럼 이 이간 동안 인구는 서울과 그 근교

〈표6-2〉 지역별 주요 경제지표(1955년)

(단위 : %)

분야	지역				
	서울·경기	충청	영남	호남	기타
인구	18	16	33	24	16
지역별 총생산	37	12	26	18	7
도시화	50	7	29	14	14
제1차 산업비율	20	53	38	60	40
1인당 소득	220	70	90	80	80
사업체 수	26	18	36	14	14
총 종업원 수	26	13	40	13	6
부가가치	40	7	33	10	10

(주) 인구, 지역별 총생산, 사업체 수, 총 종업원 수, 부가가치는 전국에 대한 지역의 점유 비율
도시화와 1차 산업비율은, 지역내에 있는 도시인구 및 1차 산업이 점유하는 비율
1인당 소득은 전국 평균을 100으로 한 지수
(출처) 이갑윤, 『한국의 선거와 지역주의』, 1998, 44쪽을 이용하여 필자 작성

의 수도권에 집중하고 있다는 것이 현실이다. 그럼에도 영남지역에서의 인구 감소율은 상대적으로 크지 않다는 점에 주목해야 할 것이다.

다음으로 지역별 총생산을 비교하여 볼 때 호남지역은 18%에서 11%로, 충청도 지역은 12%에서 9%로 감소하고 있으나, 영남지역은 26%에서 30%로 증가하고 있고. 서울·경기도지역 또한 37%에서 46%로 증가하고 있다는 것을 알 수 있다. 똑같이 다른 항목에 관해서 검토해 보면 다음과 같은 일반적 사실을 파악할 수 있다. 첫째로 과거 40년간에 가장 발전한 지역은 서울·경기도 지역이었다는 사실과 가장 뒤떨어진 지역은 호남지역이란 사실이다. 둘째로 서울·경기도 지역과 영남지역이 모두 발전하고 있으나 영남지역의 발전 정도와 서울·경기도의 발전 정도에 현저하게 격차가 나 있다는 사실이며, 쇠락하고 있는 지역 가운데 호남지역과 충청도 지역 그리고 기타 지역의 쇠락 정도는 거의 비슷하다는 것이다. 셋째로 서울·경기도 지역과 기타 지역과의 격차는 영남지역과 호남지역 간의 격차와 비교하여 매우 크다는 사실이다.

이상의 결과를 고찰해 보면 가령 지역주의적인 정당 간 대립이 지역 간의 사회 경제적 발전의 격차를 단순히 반영한 것이라고 한다면 영남지역과 호남지역 간의 대립보다는 서울·경기도 지역과 기타 특정 지역 간의 대립이 보다 심각하여야 할 것이며, 기타의 특정 지역과 영남지역과의 대립도 심각하여야 할 것이다. 그러나 실제에 있어서는 1987년 이후의 선거에 있어서 표출된 지역주의는 기본적으로 영남지역과 호남지역의 대립 구도였던 것이다. 영남지역과 호남지역의 대립 구도는 전술한 바와 같이 지역 간의 사회 경제적 발전의 격차를 사동 격으로 반영하고 있지 않다. 다시 말해 경제 격차가 지역주의의 가장 중요한 원인은 아니라는 것이다.

〈표6-3〉~〈표6-6〉은 각각의 지역별 인구 비율, 총생산 비율, 사업장 수의 비율, 부가가치의 비율을 도표화한 것이다. 지역은 서울·경기도 지역, 영남지역과 호남지역, 충청도 지역, 기타로 분류하였다. 〈표6-3〉~〈표6-6〉을 참조하여 파악할 수 있는 것은 산업화 과정에서 지역별 사회 경제적 격차는 분야별·시기별로 차이를 보이고 있다는 사실이다. 예를 들어 지역별 총생산의 비율은 산업화의 속도 차이에 따라 격차가 크게 확대되고 있으나 1인당 생산량은 농촌 인구의 도시 유입, 특히 충청도와 호남지역 사람들의 수도권 유입에서는 그렇게 큰 차이를 보이고 있지 않다.

일반적으로 지역 간 격차는 시기별 격차의 확대, 유지, 감소 등의 변화를 보이고 있으나 1960년대와 1970년대에는 격차가 확대되고 있는 데 반하여 1980년대를 기점으로 하여 격차가 유지 또는 감소하는 경향을 보이고 있다. 특히 1980년대 중반 이후 대도시 지역과 농촌 지역 간 소득 격차는 급속히 감소하고 있다. 지역별 사회 경제적 격차를 논의할 때 유의해야 할 것은 지역 내 도별 또는 도시와 농촌 간에 제법 많은 격차를 보이고 있다는 사실이다. 또한 1인당 평균 소득을 보더라도 영남지역의 평균은 전국 평균을 상회하고 있으나 대구의 평균소득은 1990년대에 들어와서 전국 14개 시도 중 가장 낮은 소득 수준을 보이고 있는 것이다.[167]

이 같은 사회 경제적 격차가 생긴 이유는 정부가 경사적傾斜的 경제 발전 정책을 채택하였기 때문이다. 즉 정부가 경제 발전을 촉진하기 위하여 경사적 경제 발전 정책을 채택하여 특정 산업에 대하여, 다시 말해 금융, 산업, 노동력, 교통, 수도, 전기 등의 분야에 투자를 집중하였을 뿐 아니라 그 투자를 특정 지역에 집중한 결과 직접적인 경제 효과가 나타나고 이것에 따라 민간부문의 투자도 해당 지역에서 주로 촉진되어 지역 간 경제 격차가 더욱 확대되는 결과를 낳았던 것이다.

여기서 가령 선행연구가 지적하였듯이 정부의 경사적 경제 발전 정책이 지역주의의 주요원인이었다고 가정하여 보자. 이 가정에 입각해 본다면 정부의 정책이 효율성을 우선한 것이 아니라 효율성 이외의 이유로 특정 지역을 집중 개발 지역으로 지정하거나 또는 정부 지도자의 출신 지역이나 연고주의 등의 요인으로 자의적으로 특정 지역을 선택한 것이 아닌가 하는 의문이 생긴다.

이 점에 관하여 서울·경기도 지역이 가장 발전한 지역이 된 사실이나 영남지역 가운데 경상북도 지역보다 경상남도 지역이 더 발전하고 있다는 사실은 정부 지도자의 연고주의나 지역 패권주의라고 하기보다도 정책적 합리성으로부터 유도된 경제 발전 정책이 성공한 결과라고 보는 것이 합리적이라고 해석할 수도 있다. 1960년대 후반부터 이루어진 한국 경제의 급속한 발전은 1960년 한일협정의 체결과 베트남 파병으로 외자도입의 전망이 밝아져 제도적으로나 공업화의 조건이 정비된 때문이라 할 수 있다. 경제 발전의 기초적 조건을 갖춘 후 한국 정부는 제2차 5개년 계획에서 수출 지향형의 공업화 방침을 확립하게 되었다. 북한과 대치하는 특수한 정치 상황에서 어떻게 경제성장을 달성하느냐 하는 문제가 가장 중요한 과제였던 시대 배경을 고려하면 연고주의적인 지역 편중 정책을 최우선적인 고려 조건으로 하여 우선 발전 대상 지역을 채택할 여유가 없었을 것이라 생각하는 것이 합리적인 해석일 것이다. 그러나 이러한 정책의 결과로 나타난 지역간 경제 격차에 대한 후진 지역의 상대적 박탈감이 지역주의의 한 요인일 수 있음을 부정하는 것은 아니다. 저자는 그러한 요인이 실제로 지역주의로 현실화하기 위해서는 좀더 근원적인 요인이 작용해야 한다는 점을 강

〈표6-3〉 지역별 인구 비율

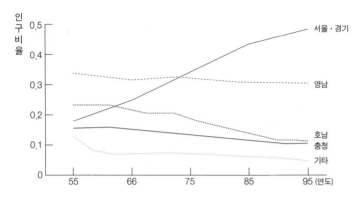

(출처) 이갑윤, 『한국의 선거와 지역주의』, 오름, 1998

〈표6-4〉 지역별 총생산 비율

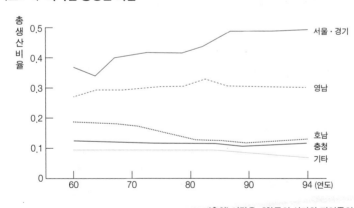

(출처) 이갑윤, 『한국의 선거와 지역주의』, 오름, 1998

〈표6-5〉 지역별 사업소득 비율

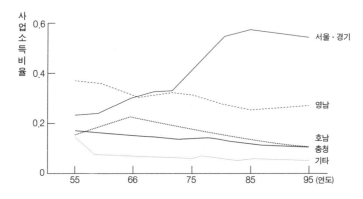

사업소득비율

0.6

0.4

0.2

0

55   66   75   85   95 (연도)

서울 · 경기

영남

호남
충청

기타

(출처) 이갑윤, 『한국의 선거와 지역주의』, 오름, 1998

〈표6-6〉 지역별 부가가치 비율

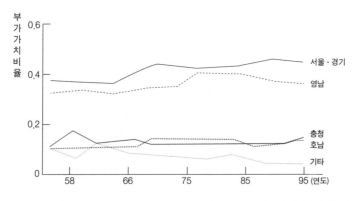

부가가치비율

0.6

0.4

0.2

0

58   66   75   85   95 (연도)

서울 · 경기

영남

충청
호남

기타

(출처) 이갑윤, 『한국의 선거와 지역주의』, 오름, 1998

조하고 있는 것이다.

한편 필자가 독자적으로 실시한 금번의 사회조사의 결과에 있어서 특정 지역이 우대되었다고 생각하는 대다수의 사람들이 경제문제를 거론한 사실은 지역주의의 원인을 편향적인 경제 정책에서 찾는 견해를 뒷받침하는 결과라 할 수 있다. 다만 경제 발전 정책으로 특정 지역이 우대되었거나 차별되지 않았다고 회답한 사례는 약 20%에 달했고 그 중에서 지역별로 균등하게 발전하였다고 회답한 사람이 75.3%를 점하고 있다. 이러한 의견은 지역주의 발생 원인을 경제 격차에서 찾는 의견에 의문을 제기하고 있는 것이다라는 사실도 주목해 보아야 할 것이다.

요컨대 서울·경기도 지역이나 영남지역이 충청도 지역이나 호남지역에 비하여 발전한 이유는 정부의 의도적인 정책의 결과라기보다 당시의 시대적인 환경에 따른 정책의 합리성으로부터 우러나온 결과였다고 생각하는 쪽이 우선은 합리적일 것이다. 양 지역의 경제격차는 식민지 시대부터 비롯되었다는 사실도 특정 지역 출신의 정치 세력에 의한 경사적 경제 정책의 결과로 빚어진 경제 격차에서 지역주의의 발생 원인을 찾는 견해에 의문을 던지는 것이다. 즉 조선총독부의 지역 개발 정책은 지하자원이 풍부한 북한의 광공업을 발전시키는 것이었다.[168] 그리고 인구가 비교적 집중되고 있던 남한의 산업 발전을 위하여 서울, 평양, 대전, 대구, 부산을 5대 거점도시로 하여 집중 개발을 하였다.[169] 그리고 6·25전쟁때 부산, 대구 지역이 전화戰禍를 입지 않은 것과 전쟁 중 부산을 임시수도로 정하여 자본, 노동력, 시장이 이 지역에 집중되었다는 사실도 간과해서는 안 될 것이다.

이상과 같은 논거로 지역 간의 사회 경제적 발전의 격차가 주된 원인이 되어 지역주의가 표출되었다고 생각하는데 대하여 필자는 의문을 제기하는 것이다. 물론 앞에서도 언급했듯이 이러한 의문 제기가 지역 간의 경제적인 격차가 지역 갈등에 잠재적인 작용을 하였을 것이라는 점은 충분히 예견할 수 있다. 그러나 그것이 주된 원인이라고 판단하여 호남지역의 편재화 된 투표 행위를 설명하는 기존의 선행연구는 지역주의에 관한 파악이 지나치게 단편적이라 평하지 않을 수 없다.

지역주의의 주요 원인을 경제 발전의 격차에서 찾는 입장에 다음과 같은 재반론이 있을 수 있다. 그것은 지역주의가 문제되고 있는 것은 영남지역과 호남지역인데 불구하고 기타의 지역의 경제 발전 격차를 언급하는 것은 초점을 딴 데로 돌리는 것이라는 주장이다. 따라서 이러한 논리에 대한 분석도 소홀히 할 수 없을 것이다.

〈표6-3〉~〈표6-6〉은 1995년까지의 통계 자료를 가지고 작성한 것이다. 선행연구의 많은 자료들에서는 1995년 이후의 경제지표에 관한 설명이 충분하지 않다. 그러나 지역주의가 가장 심화된 사례는 1992년, 1997년의 대통령 선거 때였고 2002년, 2007년의 대통령 선거에서도 지역주의는 여전히 표출되고 있다. 그리고 민주화 이후의 국회의원 선거에서도 지역주의의 표출을 확인할 수 있다. 따라서 1995년 이후의 경제지표를 사용하여 이 문제를 검토하는 것은 불가피한 일이라 생각하여 〈표6-7〉~〈표6-11〉를 자료로 준비하였다.

〈표6-7〉~〈표6-11〉은 1995년 이후의 지역별 인구, 총생산, 사업장 수, 종업원 수, 부가가치액을 독자적으로 조사하여 도표로 작성한 것이다. 〈표6-7〉은 지역별 인구 추이를 도표로 작성한 것이지만 자세히 검토해 보면 수도권 일극으로의 집중이 가속화하고 있는 것을 알 수 있다. 1990년 이후에도 수도권의 인구가 급격히 증가하고 있으며 인구가 증가하고 있는 곳은

〈표6-7〉 지역별 인구

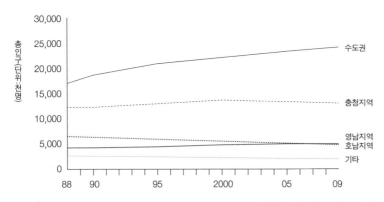

(단위 : 1000 명)

(주) 수도권은 서울, 인천, 경기도의 합계
(출처) 한국통계청경제통계국(http://kostat.go.kr/portal/korea/index.action)

수도권밖에 없고 기타의 지역은 기본적으로 감소 경향을 보이고 있다. 다만 충청도 지역은 수도권에 인접한 지역이므로 수도권의 확대 현상으로 파악할 필요가 있다. 또 근년의 정치 과제가 되고 있는 세종시 문제의 영향도 고려해야 할 것이다. 요컨대 한국의 인구는 1995년 이후 증가 기조를 보이고 있으나 인구 증가분은 모두 수도권의 인구 증가와 직결되어 있다고 해도 큰 오류가 없을 것이다.

〈표6-8〉은 지역별 총생산의 추이를 도표로 나타낸 것이다. 2000년 이후 지역별 총생산은 각 지역에서 증가 경향에 있다는 것을 알 수 있다. 수도권에서는 2000년 이후 2008년까지 약 1.7배나 증가하고 있는데 수도권에 서의 총생산은 연율로 2%를 넘는 경제성장을 보이고 있다. 수도권에 이어 영남지역에서도 성장의 신장률은 현저하며 충청도 지역, 영남지역의 성장률보다 상당 정도 웃돌고 있다. 요컨대 한국 경제의 확대에 따라 전국적인 국

〈표6-8〉 지역별 국내총생산

(단위 : 10억원)

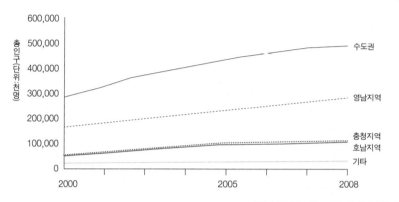

(주) 수도권은 서울, 인천, 경기도의 합계
(출처) 한국통계청경제통계국(http://kostat.go.kr/portal/korea/index.action)

〈표6-9〉 지역별 사업소 수

(단위 : 1000 사)

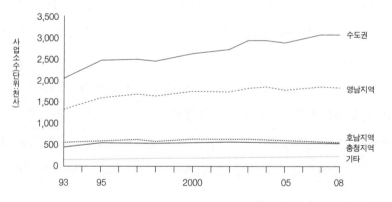

(주) 수도권은 서울, 인천, 경기도의 합계
(출처) 한국통계청경제통계국(http://kostat.go.kr/portal/korea/index.action)

내 생산액은 신장하고 있으나 수도권과 영남지역의 신장률은 기타의 지역보다 높은 수준을 유지하고 있음을 알 수 있다.

〈표6-8〉를 검토해 보면 충청도 지역과 호남지역의 총생산의 절대액도 똑같이 신장하고 있다. 여기서 우선 짚고 갈 것은 경제 격차가 지역주의의 원인이었다면 충청도 지역과 영남지역간에도 영남지역과 호남지역 간에 표출된 것과 같은 득표율의 편재화 현상이 발견되어야 하는 것이 아니냐는 것이다. 국내총생산만으로 판단하는 것은 위험하지만 다른 경제 지표에서도 같은 경향을 발견할 수 있으므로 이러한 문제제기는 타당성이 있다고 할 것이다.

〈표6-9〉는 1993년부터 2008년까지의 자료에 의거하여 지역별 사업장 수의 추이를 도표로 나타낸 것이다. 사업장 수는 경기 순환의 영향을 받아 증감의 파도를 반복하고 있으나 전체적으로는 증가 경향을 유지하고 있다고 판단된다. 1993년부터 15년간에 수도권에서는 약 1.5배로 증가하고 있고 기타 지역에서도 증가 경향을 보이고 있다. 수도권이 최고의 총사업장 수를 보이고 있는 것은 새삼 지적할 일이 아니나 호남지역과 충청도 지역의 총사업장 수는 수적으로 보나 신장률로 보나 거의 같은 경향을 보이고 있다. 그러나 영남지역의 사업장 수는 수적으로나 신장률로 보나 호남지역이나 충청도 지역을 훨씬 웃돌고 있다. 그러므로 호남지역과 충청도 지역 사람들이 영남지역에 대해 불만을 가져도 이상하지 않다 할 것이다.

김대중 정권이 집권한 후 호남지역의 인프라 정비를 중점적으로 행함으로써 이 지역의 산업이 육성되었다고 하는 인식도 있으나 사업장 수를 볼 때 지역 간 격차가 축소되었다고 보기 어렵다. 사업장 수의 증가는 경제의 활성화와 깊은 관계를 가지지만 수도권과 다른 지역과의 격차는 확대 기조

〈표6-10〉 지역별 종업원 수

(단위 : 1000 명)

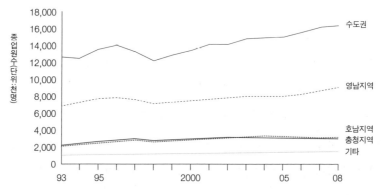

(주) 수도권은 서울, 인천, 경기도의 합계
(출처) 한국통계청경제통계국(http://kostat.go.kr/portal/korea/index.action)

〈표6-11〉 지역별 부가가치액

(단위 : 10억원)

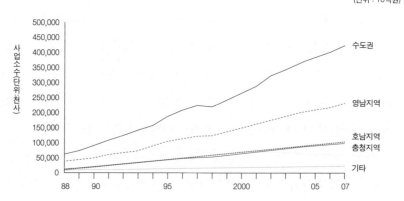

(주) 수도권은 서울, 인천, 경기도의 합계
(출처) 한국통계청경제통계국(http://kostat.go.kr/portal/korea/index.action)

에 있고 영남지역과 수도권과의 격차도 확실히 확대되고 있다. 또한 호남지역과 충청도 지역은 동일한 경향을 보이고 있다. 그런데 여기서 영남지역과 호남지역의 지역주의는 오늘 우리가 보는 것처럼 심각해진 반면 충청도 지역과 영남지역 사이에 지역주의가 심각화하지 않은 사실은 지역주의의 원인으로서 경제 격차 이외의 요소가 개입되었다는 것을 시사하고 있는 것이다.

〈표6-10〉은 지역별 종업원 수의 추이를 도표로 그려 본 것이다. 지역별 종업원 수의 추이도 경기의 영향을 크게 받아 연도마다 변동이 크지만 수도권에서는 2000년 이래 증가로 돌아서서 1999년 이후는 작은 증가이긴 하지만 신장세가 계속되었다고 판단해도 좋을 것이다. 영남지역에서는 1997년의 IMF 위기 이후 증가로 돌아서서 1999년 이후는 작은 증가이지만 신장이 계속되고 있는 것으로 판단된다. 호남지역과 충청도 지역은 종업원 수적인 면으로나 신장률로 보나 평행선을 긋고 있다고 판단된다. 호남지역, 충청도 지역과 영남지역의 격차는 1990년 전반까지의 경향이 변하지 않고 2008년까지 계속되고 있다고 생각해도 좋을 것이다.

〈표6-10〉에서 알 수 있듯이 충청도 지역과 호남지역이 똑같이 저조한 수준을 보이고 있지만 영남지역에서는 미미한 증가 경향, 수도권에서는 현저한 확대 경향을 보이고 있다. 여기서 충청도 지역과 영남지역 간에 극단적인 지역주의가 표출되지 않고 있는 것은 지역별 종업원 수의 자료에서도 볼 수 있듯이 경제적 요인 이외에 어떤 이유가 있다는 것을 시사하고 있다.

〈표6-11〉은 지역별 부가가치액의 추이를 도표로 표시한 것이다. 지역별 부가가치액의 추이를 검토하면 지역 간 경제 격차가 확대되고 있다는 것을 알 수 있다. 한국 경제의 확대에 따라 모든 지역이 확대 기조에 있다는 것

을 알 수 있으나 신장률은 수도권이 최대이며 그다음이 영남지역이라는 것을 알 수 있다. 따라서 지역별 부가가치액에 관해서는 민주화 이후 격차가 확대되고 있다는 양상을 확인할 수 있다.

〈표6-3〉~〈표6-6〉과 〈표6-7〉~〈표6-11〉의 경제 자료를 비교·검토할 때 결론적으로 말할 수 있는 것은 지역 간 경제 격차는 축소되기보다 확대되어 가고 있다고 생각하는 편이 실정에 적합하다 할 것이다. 김대중 정권 이래 충청도 지역, 호남지역의 경제 발전을 촉진하는 정책이 채택되어 효과를 착실히 발휘함으로써 충청도 지역과 호남지역의 경제가 확장되는 모습은 알 수 있지만, 수도권과 영남지역의 경제성장은 그 이상으로 현저하고 결과적으로 경제 격차 해소라는 방향과는 거리가 멀다는 것이 현실이다. 따라서 지역주의 현상에 경제 격차에서 비롯되는 갈등이 어떤 식으로든 영향을 끼쳤으리라고 보는 데는 무리가 없다. 그러나 많은 선행연구가 1995년까지의 자료를 근거로 분석을 시도한 것이기 때문에 지역주의의 실태와 괴리되어 있다는 점에 대한 합리적인 설명이 요구된다.

그러나 경제적 격차만으로 지역주의를 해명할 수 있으려면 이하의 네 가지 점에 대하여 합리적인 설명이 있어야 할 것이다. 첫째로 지역 발전이 호남지역과 똑같은 양상을 보이고 있는 충청도 지역과 영남지역의 지역 대립은 왜 생기지 않았는가. 둘째로 경제 격차가 확대되고 있다고 생각되는데도 불구하고 제15대 대통령 선거, 제16대 대통령 선거, 제17대 대통령 선거에서 대통령 선거 때마다 광주광역시, 전라북도, 전라남도에서의 영남지역 지반의 후보 득표율이 왜 일관되게 저하하고 있는가. 셋째로 만일 호남지역의 경제 발전이 촉진되어 영남지역과의 경제 격차가 좁아진다면 지역주의가 약화될 것인가. 이 같은 의문은 호남지역의 경제 발전이 영남지역이나 기타 지역의 반발을 초래하지 않을까 하는 문제와 관련되기 때문이다. 넷째로 이러한 경제 격차 원인론으로 대통령 선거와 국회의원 선거 결과를 합리적으로 정합성을 가지고 설명하는 것은 과연 가능한가.

2. 역사적인 지역 갈등과 지역주의

호남지역의 사람들과 영남지역 사람들 간에 존재하는 경쟁의식, 호남지역 이외의 지역 사람들이 호남지역 사람들에게 갖고 있는 차별 의식을 설명하기 위해서 지역 갈등이 역사적 산물이라 설명하는 연구가 있다.[170] 지역주의의 원류를 삼국 시대에서 찾는 연구도 있으나 백제의 중심지가 현재의 호남지역이 아니란 이유로 후삼국 시대에서 원류를 찾아 고려 태조의 「훈요십조」 제8항에 아래와 같은 기술이 있다는 것을 중시한다.[171]

「훈요십조」[172]

차현(車峴 : 車嶺) 이남 공주강(公州江 : 錦江) 밖은 산지(山地)의 형세가 모두 거슬리는 방향으로 달리고 있으니, 그곳의 인심도 또한 그러할 것이다. 따라서 그들을 등용하여 권세를 쥐게 하면 혹 반란을 일으킬 수 있다. (본문은 주 127 참조)

차령 이남의 공주 강 밖이란 현재의 금강 이남의 지역으로 전라북도 지역과 충청남도 일부 지역을 가리킨다. 이 지역은 지리적 형세가 배역背逆의 상이므로 인심 또한 같아서 모반을 일으킬 경향이 있고, 이 지역의 사람들이 정치에 참여한다든지 왕후 귀족과 혼인하여 국정에 참여한다든지 하면 국가에 대한 반역을 도모할 것이니 설혹 양민이라도 관리로 등용하지 말라고 기술하고 있는 것이다. 이 문장에는 강한 풍수지리 사상의 영향이 있는데 고려 태조 왕건은 풍수사상을 도선道詵으로부터 배웠다고 한다. 도선은 한국 풍수 사상의 원조라 하며 신라 말기에 전래한 선종禪宗 계통의 승려로 전라남도의 옥룡사에서 선문禪門을 연 인물이었다. 「훈요십조」의 제2항에서 사원 건립에 관하여 도선의 추천에 따라 건립하는 것 이외에는 금지한다고 한 것으로 보아 왕건이 도선을 매우 신임했던 것을 알 수 있다.[173]

「훈요십조」제8항의 문장으로 볼 때 왕건이 호남지역에 대하여 매우 강한 경계심을 가진 것을 알 수 있다. 그러나 이 같은 역사적인 인사 차별은 당시의 정치 엘리트에 관해서만 타당성을 가질 뿐 일반 서민에게는 별천지의 일이었을 것으로 생각된다. 민주주의 국가에서의 투표 행동은 합리성을 가진 일반 대중의 행동이지 역사적으로 형성된 지역 차별 감정이 오늘날까지 직접적으로 영향을 주고 있다고 생각하지 않는다. 따라서 이러한 역사적 자료만으로 지역주의를 설명하는 것은 합리성이 없다. 그러나 이러한 요소들이 지역민의 심층 심리에서 2차적 기억으로서 피차별 의식이 형성되어 온 요인이란 것을 부정할 수 없다.

그리고 「훈요십조」에서는 정치적 의도가 느껴진다는 견해도 있다.[174] 또한 「훈요십조」는 태조가 친수한 것이 아니라 후세에 날조한 것이라는 견해도 있다.[175] 관리 등용상의 차별은 조선 왕조 시대에도 존재하였으나 조선 왕조 시대에 가장 차별을 받은 곳은 함경도, 평안도, 황해도 등 오늘날의 북한 지역이었다는 지적이 있다.[176] 조선 왕조 시대에 보이는 지역적 편견은 호남 사람들의 성격에서 유래한 것이거나 또한 풍속적인 측면에서의 편견이었다. 이와 같은 호남지역 사람들에 대한 부정적인 평가는 조선 왕조 시

대 말기에는 서민 사이에 어느 정도 침투하고 있었다고 생각된다.[177]

또한 통일신라 시대에 영남 세력이 한반도 전역을 지배하였기 때문에 1000년간 계속된 영남 지배 구조에 착목하여 호남지역은 주변세력으로서 항상 지배 대상이었다는 사실을 근거로 지역 편견을 설명하는 견해도 있다.[178] 이 같은 견해에 의하면 지배 지역 중에서도 호남지역의 생산력이 풍부하기 때문에 혹시 반역심이 강하지 않나 하는 경계심이 편견을 유발한 것이라 보기도 한다.

일반적으로 편견이라고 하는 것은 가정환경, 학교, 지인 등을 통해서 사회적으로 습득하는 것이다. 이 같은 편견은 비교적 어린 시절에 형성되어 지속·고정화되는 과정을 거쳐 인간의 심층심리에 편입된다. 호남지역 사람들이 편견의 대상이 되는 특별한 이유가 없는 상황에서 호남 사람들에 대한 호남지역 이외의 사람들의 편견은 조선 왕조 시대 후기부터 계속된 다른 지역 사람들의 고정관념 때문이다. 편견은 근거 없는 비과학적인 미신이 사회화되는 과정에 인간 심층에 축적되어 어떤 계기에 따라 표출되는 것이다. 인간은 심층심리 속에 편견을 내재화하여 가지고 있기 때문에 개성을 갖는 것이다. 자기와 남이 다르다고 생각하는 자아의식은 필연적으로 편견을 내포한다. 따라서 이 견해가 제공하는 시각은 결코 경시되어서는 안 된다. 그러나 지역 간의 편견이나 고정관념을 근거로 극단적인 지역주의의 표출을 설명하는 데는 무리가 따른다.

3. 편재적인 인재 등용과 지역주의

앞에서 설명한 두 견해 다음으로 유력한 주장은 권위주의 정권 하에서 폐쇄적·자의적으로 정치사회 엘리트를 인재로 등용한 결과 지역주의가 표출되었다고 하는 견해이다. 이 견해는 1961년의 5·16군사혁명 이후 경상도 출신자가 정권을 담당하였기 때문에 영남지역 출신자가 우대되는 한편 호남지역 출신자가 냉대 당했다고 지적하고, 단지 정치투쟁에서 오는 인사 구성의 지역적 불균형뿐 아니라 권력을 통하여 사회 경제적인 격차도 초래하였다고 논하고 있는 것이다.[179]

〈표6-12〉는 정치 사회적인 엘리트층을 각 시대별 지역별 비율로 정리한 것이다. 국회의원, 최고재판소 판사, 행정부 고관, 국영기업·언론계·대기업의 경영자 등 사회적 지도자의 출신 지역을 비교하여 보면 지역 간의 격차가 존재한다는 것이 역연하다. 전국구 국회의원의 경우, 영남지역 출신은 호남지역 출신보다 2배나 많다. 인재 등용에서의 영남지역 출신자에 대한 편중은 고급 관료나 중요 각료의 경우 그 격차가 보다 확대된다. 제5공화국 이후는 장관·차관의 40%가, 안전 보장 관련의 중요 포스트(청와대 비서실장, 안기부 부장, 내무부 장관, 검찰총장, 치안본부장 등)의 60%가 영남 출신자였다. 이와 같은 인사의 편중 현상은 유신 체제와 제5공화국을 거쳐 제6공화국에 이르면서 보다 강화되었다.

물론 이러한 자료들을 보수적으로 해석하여 안전 보장 관련 자리의 경우, 나라를 초월하고 시대를 초월하여 어떤 정권이라 하더라도 자기 측근을 임명하는 것이 상식이며 한국만의 특징이 아니라고 할 수 도 있다. 일본의 집권 정당의 경우에도 총리대신과 같은 파벌이 또는 자기의 신뢰할 수 있는 인물 중에서 관방장관이나 비서관을 임명하는 것이 통례이다. 확실히 인구 비율로 보아 장관·차관인사에 있어서 호남지역 출신자는 낮은 수준이지만 다른 지역출신자와 비교하면 특별히 낮다고 할 수 없고 호남지역

〈표6-12〉 정치 사회적 엘리트의 지역별 비율

(단위 : %)

분야		출신지역							합계
		서울·경기	강원	충청	호남	경북	경남	이북	
전국구의원	유신정우회	21.7	5.4	10.4	12.2	17.2	8.6	24.4	99.9
	제11대	22.6	2.2	12.9	14.0	23.7	16.1	8.6	100.1
	제12대	25.0	3.3	12.0	18.5	17.4	20.7	3.3	100.2
	제13대	13.5	4.1	8.1	25.7	21.6	17.6	9.5	100.1
	제14대	14.5	6.5	16.1	21.0	24.2	14.5	3.2	100.0
	제15대	30.4	2.2	10.9	21.7	17.4	8.7	8.7	100.0
행정부 장관·차관	제3공화국	18.5	4.5	14.3	11.3	13.4	14.0	24.1	100.1
	제4공화국	13.4	9.5	14.7	12.9	18.5	16.4	14.7	100.1
	제5공화국	14.6	4.2	8.3	6.3	33.3	22.9	10.4	100.0
	노태우	17.3	4.5	12.4	12.0	24.4	21.4	7.9	99.9
	김영삼	17.6	1.5	18.0	15.1	18.0	22.9	6.8	99.9
안보관계부 서장	제3공화국	15.0	0.0	25.0	10.0	15.0	20.0	15.0	100.0
	제4공화국	12.9	6.5	9.7	6.5	29.0	25.8	9.7	100.1
	제5공화국	14.6	4.2	8.3	6.3	33.3	22.9	10.4	100.0
	노태우	5.4	0.0	21.6	0.0	35.1	27.0	10.8	99.9
	김영삼	9.5	4.8	4.8	0.0	33.3	47.6	0.0	100.0
최고재판사 (대법관)	제3공화국	13.3	0.0	13.3	20.0	0.0	20.0	33.3	99.9
	제4공화국	0.0	0.0	27.3	9.1	18.2	27.3	18.2	100.1
	제5공화국	19.2	0.0	19.2	19.2	23.1	15.4	3.8	99.9
	노태우	18.8	6.3	12.5	25.0	12.5	18.8	6.3	100.2
	김영삼	40.0	0.0	0.0	30.0	20.0	10.0	0.0	100.0
국영기업체 의장	1988	36.8	0.0	13.2	0.0	34.2	13.2	2.6	100.0
	1991	23.2	7.1	17.9	7.1	28.6	10.7	5.4	100.0
	1993	19.7	6.6	23.0	8.2	21.3	21.3	0.0	100.0
	1995	25.4	6.8	13.6	6.8	27.1	18.6	1.7	100.0
재벌의 총수	1970	11.1	0.0	22.2	0.0	33.3	11.1	22.2	99.9
	1980	23.8	4.8	7.9	3.2	12.7	22.2	25.4	100.0
	1988	27.6	3.4	6.9	3.4	20.7	24.1	13.8	99.9
	1994	30.0	6.7	10.0	3.3	10.0	30.0	10.0	100.0

언론사 대표	1968	18.5	0.0	11.1	11.1	22.2	11.1	25.9	99.9
	1978	28.6	4.8	4.8	14.3	9.5	14.3	23.8	100.1
	1988	30.0	0.0	15.0	0.0	15.0	20.0	20.0	100.0
	1995	47.6	9.5	9.5	9.5	9.5	9.5	4.8	99.9

(주) 이북으로 표기한 것은 현재의 북한에 포함된 지역출신자라는 의미
(출처) 이갑윤, 『한국의 선거와 지역주의』, 1988, 56쪽을 필자가 수정하여 사용

출신자가 특별히 소외당했다고 할 수 없다고 볼 수도 있다.

그러나 제6공화국에서 국영기업체 경영자의 경우에서도 호남지역과 영남지역 간에 큰 격차를 보이고 있다. 1995년의 데이터에 의하면 영남지역 출신자가 45.7%나 되는데 비하여 호남지역 출신자는 6.8%에 지나지 않다. 그러나 오오니시(大西裕)는 같은 데이터의 분석을 통하여 권위주의 정권 시대에는 호남지역 출신자가 특별히 냉대 당했다고 할 수 없다고 하면서 영남지역 출신자가 우대되고 있는 정도가 강화되는 것은 제5공화국 이후이며 연고주의적인 인사의 횡행은 민주화 이후의 현상이라고 생각하여야 한다고 설명하기도 한다.[180] 또한 사법 분야에 관해서는 다른 경향이 있다. 〈표6-12〉에 의하면 대법관의 경우 제6공화국 시대의 영남지역 출신자와 호남지역 출신자의 비율이 거의 같은 것이다. 대법관의 경우는 사법고시라는 자격시험을 거쳐야 하기 때문에 정치적 임용과 관련이 희박하다는 특수 사정이 그 이유라 할 수 있다.[181]

권위주의 정권 시대와 민주화 이후의 인사 편중 현상을 확인할 목적으로 역대 정권별로 행정 엘리트의 출신 지역을 조사하여 정리한 것이〈표6-13〉이다. 행정 엘리트의 출신 지역을 비교해 보면 이느 정권에 있어서도 영남지역 출신자가 호남지역 출신자를 능가하고 있다. 또한 충청도 지역 출신

자와 호남지역 출신자는 거의 같은 비율을 보이고 있다. 따라서 인수 상으로는 다른 지역보다 경상도 출신자가 우대받고 있으나, 전라도 출신자가 특별히 냉대 당하고 있다고 할 수 없다는 반론도 가능한 측면이 있다. 그러나 민주화 이후의 노태우 정권, 김영삼 정권 시대에 경상도에 대한 우대가 확실히 심하다고 아니할 수 없다. 그러나 김대중 시대에 들어서면 경상도 우대를 완화되었다고 평가하는 것이 합리적이다.

정치 사회적인 인재 등용에 관한 격차의 원인을 이갑윤李甲允은 다음과 같이 분류하고 있다.[182] 첫째 견해는 지역 간의 불균형한 사회 경제적인 발전에 기인한다고 주장한다. 예를 들면 서울·경기지역과 영남지역은 산업화·도시화·교통·교육 등의 여러 면에서 발전하고 있기 때문에 상대적으로 뒤떨어진 지역과 비교하여 자기 발전의 계기를 획득하기가 쉽다. 그 결과로서 사회적 엘리트의 인사 배치에 차이가 생겼다고 설명한다. 둘째 견해는 권위주의 정권 시대의 지도자층이 자기 지역 출신자를 우대하는 편향적인 인사 정책이 원인이라고 주장한다. 그 이유로서 제4·제5공화국 시대에 있어서 영남지역 출신자의 비율이 다른 지역 출신자의 비율보다 정치사회적 인재 등용에 있어서 급격한 신장을 보이고 있다는 것을 근거로 삼는다. 셋째 견해는 정권의 지역적 성격에 기인하여 지역 편중 현상이 생겼다고 보는 견해이다. 즉 제6공화국 이후 영남지역으로부터 압도적인 지지를 받은 영남지역 중심의 정부였기 때문에 영남지역을 우대했다고 설명한다. 넷째 견해는 사회적인 거리감이 원인이라 주장한다. 그 근거로 인사권을 가지고 있는 개인의 주관적인 판단을 하는 데 있어서 호남지역에 대하여 부정적인 감정이 작용하여 호남지역 이외의 사람과 비교하여 불리한 결과를 낳았다는 것을 지적한다.

이상과 같은 분류 가운데에서 지도층의 연고주의가 원인이라고 하는 제2의 설이 가장 타당성을 갖는다고 생각한다. 그러나 아무리 인사의 지역적 편중이 심하다고 하더라도 이것은 훗날의 통계적 결과로 설명된 것이지 인사의 지역적 편중이 행해졌던 당시에 일반서민이 그런 인사의 편중 사실을 알고 있었는가 하는 사실은 의문점으로 남는다. 호남지역 사람들이 자기들이 소외되고 있었다는 막연한 감각은 가졌어도 이 사실 인식이 일반대중까지 침투하여 그것이 직접적인 원인이 되어 투표 행위로 반영되었다고 생각할 수 없기 때문이다.

또한 〈표6-13〉을 검토해 보면 편재적인 인재 등용을 지역주의의 직접적인 원인이라고 보는 견해는 일정 부분 한계를 가진다는 것을 알 수 있다. 예컨대 행정 엘리트 가운데 전라도 출신자의 숫자와 충청도 출신자의 숫자에 큰 차이가 없다. 만일 영남 출신자가 우대되고 있다는 사실이 알려져서 반발을 사고 있었다면 충청도와 영남지역사이에 지역 대립이 일어났어야 하는데 그렇지 않다. 민주화 이후의 대통령 선거에서 충청도와 경상도 사이에 강한 지역 대립이 검출되어 있지 않다. 즉 편재적인 인재 등용이 사실상 존재하였으나 영남지역과 호남지역 간의 지역 갈등의 주요 원인으로 삼기에는 충분하지 않은 면이 있는 것이다.

다시 말해 인재 등용의 편중이라는 관점으로 광주와 전라도에서 김대중이 95%나 득표한 사실은 설명하기 어려운 것이다. 한 사람도 아닌 여러 사람이 입후보한 상황에서 특정후보가 95% 이상을 득표한다는 것은 표면적으로는 그 이유를 설명하기 어려운 것이다. 상대 후보가 거품 후보이며 특정 후보의 경력이나 인격 등 개인적인 소양이 특별히 우월하다 하더라도 이런 현상이 일어날 수 없는 것이다. 이상과 같은 논거를 가지고 저자는 권

<表6-13> 역대 정권별 행정 엘리트의 출신지역

(단위 : 명)

구분	이승만	박정희	박정희	전두환	노태우	김영삼	김대중	계
서울	59	38	11	29	24	38	13	212
경기도	35	20	6	18	20	23	17	139
강원도	16	9	16	7	11	7	7	73
충청북도	12	12	4	9	12	18	10	77
충청남도	31	25	18	19	22	27	18	171
전라북도	12	16	4	13	13	18	12	88
전라남도	1	22	15	14	17	24	27	120
경상북도	22	41	29	61	52	54	23	284
경상남도	24	48	18	42	57	67	19	275
제주도	1	8	2	0	2	1	2	16
이북	51	92	22	20	19	14	9	227
외국	0	0	0	0	1	1	7	9
소계	264	342	145	232	252	292	164	1691
자료미상	14	4	2	2	0	1	0	23

(주) 행정엘리트는 국무총리, 각 기관장, 행정부장관, 차관급, 국장급의 인원수를 합산한 것
(출처) 연합뉴스 (http://www.yonhapneews.co.kr/), 중앙일보(http://www.joins.com),
동아일보(http://www.donga.com/)의 인물 정보를 사용하여 마크로게이트사 조사

위주의 정권 하의 폐쇄적이고 자의적인 정치사회에서 인재 등용이 지역주의의 원인이었다는 기존의 선행연구들의 주장을 넘어 새로운 접근을 시도하게 된 것이다.

제2절 통치 제도와 지역주의

- 법제도적인 요인 분석의 시점에서

1987년에 실시된 제9차 헌법 개정으로 한국 국민은 대통령 직접선거에

대한 비원을 달성하였다. 이 헌법 개정은 같은 해 6월의 '6·29민주화선언'이 발단이 된 것으로 국민의 오랜 숙원의 결정으로 평가되고 있다. 한국은 일제 식민 통치에서 해방된 후 1948년 7월 17일 공포된 대한민국 정부 수립 이후 40년간에 걸쳐 아홉 차례나 개정을 거듭하였다. 헌법은 국가를 구성하는 국민의 사회계약이며 국가 최고의 규범이기도 하다. 또한 헌법은 국가의 근본 규범이며 가장 높은 법적 안정성이 요구되고 있다. 따라서 헌법 개정에는 일반 법률 개정보다 특별히 높은 장벽을 설치하는 나라가 많은데 이것은 법적 안정성이 주요하다는 것을 의미하고 있는 것이다. 헌법학에서는 헌법에 다른 성문법보다 앞서는 권위를 인정하고 통상의 일반 법률보다 특히 신중한 개정 요건을 정하고 있으니 이것을 경성헌법硬性憲法이라 부른다. 이 정의에 따르면 대한민국의 헌법은 경성헌법이라 평가할 수 있다.[183]

헌법은 국가의 존재 형태, 그리고 운영에 관한 근본 규범이며 동시에 정치적·사회경제적·문화적인 관계에 의해 규정되고 있다. 그러나 정치 사회는 항상 변화하고 있기 때문에 마치 생물과 같이 부단히 변화하며 헌법 자체도 일종의 유기체적인 성질을 갖지 않을 수 없는 것이다. 이 사실은 기본적으로 헌법 법전에 대해서도 타당한 말이다. 헌법 법전은 제정 당시에 있어서의 정치적·사회경제적·문화적 세력 간의 타협과 조정에 의한 결단으로 성립되며, 국정의 존재 형태를 일정한 이상과 가치관에 맞추어 고정화하여 제정하는 것이다. 그러나 헌법 제정 시의 여러 세력 상호간의 관계는 시대의 흐름에 따라 변화하며, 이상과 가치관까지도 변용하는 것이 상례이다. 이와 같은 변화와 변용은 헌법 법전의 존재 형태 자체에 반영되는 것이다.[184]

그러나 아무리 헌법의 변동이 불가피하다 하더라도 한국에서의 헌법 개정의 빈도는 다른 여러 나라와 비교하여 극도로 높다고 비판할 수 없다.[185] 대한민국 헌법의 경우 제3차 헌법 개정과 제8차 헌법 개정 때를 제외하면 그 주요 개정 내용이 통치기구와 선거제도의 변경에 관한 것으로 국민의 기본인권을 확충하기 위한 것이 아니었다. 여러 외국의 사례를 참고로 할 때 한국에서와 같이 통치제도를 그렇게 빈번하게 개정하는 사례가 많지 않다.[186] 한국의 경우는 헌법 개정이 권력자의 자의적인 동기에 의하여 자행된 사례가 많은 것이다. 이 문제와 관련하여 1971년 12월에 제정된 국가보위에 관한 특별조치법은 초 법규적인 국가 권력을 대통령에게 부여하였다는 점에서 위헌이라는 비판이 있었고 특히 이러한 비판을 뒷받침하는 헌법재판소의 결정(1994년 6월 30일)이 있어 주목된다.[187] 이는 근대적인 입헌주의의 관점에서 위헌성을 지적하였다는 점에서 획기적인 사건이었다 할 수 있고, 이 결정은 대한민국이 형식적인 입헌주의로부터 실질적인 입헌주의로 이행하였음을 의미하는 것이었다.

원래 한국에서의 헌법학은 독일의 헌법 이론을 본받아 발전하였다. 그러나 한국이 경험한 역사는 한국 헌법의 새로운 특징을 만들어냈다고 할 수 있다. 그 특징이란 민주주의가 매우 중요한 가치를 갖고 있다는 데 있다. 그 이유는 한국에 있어서 민주주의와 입헌주의는 동시에 성립하였기 때문에 입헌주의 논의가 민주주의의 그늘에 가려져 숨어 버렸기 때문이다. 이러한 특징은 한국에 민주주의에 관한 문헌이 많은 데 반하여 입헌주의에 관한 문헌이 보이지 않는다는 데에서도 추론할 수 있다.[188] 입헌주의에 관하여 헌법학자 김철수는 근대 입헌주의의 내용으로서 기본권 보장주의 원칙·국민주권의 원칙·권력 분립의 원칙·성문헌법의 원칙 그리고 경성헌법의 원칙 다섯 가지를 기본 요소로 들고 있다.[189]

또한 헌법학자 권영성은 근대 입헌주의 헌법은 (1) 국가 의사를 전반적·최종적으로 결정할 수 있는 최고 권력을 국민이 보유하고 있다는 주권재민의 원리 (2) 개인의 자유와 사유재산권을 중심으로 하는 기본권의 보장 (3) 국민의 자유와 권리를 제한하기 위해서는 의회가 제정한 법률에 의하지 않으면 안 되며 집행과 사법도 법률에 의하여 행사되지 않으면 안 된다는 법치주의 (4) 주권자인 국민이 직접 국가 의사와 국가 정책을 결정하는 것이 아니라 대표기관을 선출하여 대의기관으로 하여금 국민을 대신하여 국가 의사를 결정하게 하는 대의제의 원리 (5) 국가 작용을 입법·집행·사법작용으로 분할하여 이들 작용을 각기 분리·독립하여 별개의 기관으로 하여금 담당하게 함으로써 국가기관 상호간에 억제와 균형을 유지케 하는 권력 분립의 원리 (6) 헌법을 성문화하여야 한다는 성문헌법주의 등 기본 원리를 들어 설명하고 있다.[190] 그러나 어느 쪽 이해에 있어서도 입헌주의의 실질적인 기능인 기본적 인권의 존중이라는 관점이 결여하고 있는 것은 문제이다. 즉 전전의 일본이나 독일과 같은 형식적 법치주의의 입장을 벗어나지 못하고 있는 것이다.

제1장에서는 한국 헌법 개정의 역사적 경과를 살펴봄으로써 한국에서의 헌법 개정의 특이성을 지적하였다. 한국에서의 헌법 개정의 역사를 개관하는 데 있어 권력자의 자의적인 의도에 의하여 헌법 개정이 실시된 역사적 사실이 떠올랐다. 권력자의 의도의 실현으로서 통치 기구와 선거제도가 개정된다는 것이 주된 개정 내용이었다는 사실이 명백해진 것이다. 통치 기구는 국민의 기본적 인권을 담보하는 기능을 발휘하여야 하며 통치 기구의 변혁은 국민의 기본적 인권을 보장하는 데 중대한 영향을 미치는 것이므로 국민 각계각층의 의논과 합의가 요구된다.

또한 선거는 국민주권이라는 민주주의의 기본 원리를 실천하는 과정이며 가장 중요한 국민의 정치참여 제도이므로 통치 기구와 선거제도의 변혁을 수반하는 헌법 개정은 국민의 기본권을 저해하지 않도록 최대한의 배려를 해야 하는 것이다. 이러한 관점에서 검토한다면 한국에서의 헌법 개정은 주권자인 국민의 기본적 인권을 확보해야 한다는 본래의 헌법 목적을 일탈한 권력자의 자의적인 동기에 의해 되풀이된 것이라 하지 않을 수 없다. 그러나 제3차 헌법 개정(제2공화국)과 제8차 헌법 개정(제6공화국)은 국민의 권력에 대한 저항의 승리라고 평가할 수 있으며, 이것이 한국인이 사회적 성격으로 가지고 있는 저항성의 표출이라고 생각할 수 있는 것이다.

1948년에 제정된 제헌헌법이었던 제1공화국 헌법 이래 1960년의 4·19 혁명에 의해 성립된 제2공화국의 특정 시기에 의원내각제가 채택된 일을 제외하면 한국 헌법은 통치 형태로서 일관되게 대통령제를 유지하여 왔다. 1987년까지의 약 40년간에 9회나 헌법 개정을 경험하고 9차 헌법 개정인 제6공화국 헌법만이 국민의 의견을 반영한 유일한 헌법이라고 평가된다. 바꾸어 말하면 제6공화국 헌법에 이르러 처음으로 한국 국민은 근대입헌주의적인 의미의 헌법을 획득하였다고 할 수 있는 것이다. 그러나 헌법도 정치사회의 변동에 따라 변화하지 않을 수 없어 헌법 법전 자체도 일종의 유기체적인 성질을 갖지 않을 수 없었던 것이다. 헌법 개정은 국정의 존재 형태를 일정한 이상·가치관 하에 장래를 향하여 고정화하려는 것이므로 한 시점에서의 정치적·사회 경제적·문화적 제 세력 간의 타협의 산물이었다는 측면을 부정할 수 없다. 동시에 제6공화국 헌법은 한국의 헌법사상 처음으로 여·야당의 타협과 국민 협의에 의해 행해진 헌법 개정이라 평가되고 있으나, 여·야당의 타협과 국민적 협의는 헌법이 갖는 숙명의 일 단면에 지나지 않는 것이다.

만일 그렇다면 진정으로 평가받아야 할 것은 권력자의 자의적인 동기를 막아낸 국민의 강력한 의사라 할 것이다. 즉 헌법 개정을 논의하는 데 있어서 중요한 것은 권력자의 자의를 어떻게 막아내고 국민의 기본적인 인권을 확보·확충하는 제도를 어떻게 구축하느냐 하는 문제라 할 것이다. 권력은 항상 남용할 위험성을 내포하고 있기 때문에 권력의 남용을 막는 일이 제대로 작용하는 것이야말로 입헌주의 헌법의 기능의 최후 요건이라 할 수 있는 것이다. 현행 헌법은 1987년의 6·29선언을 이어받아 개정된 것이므로 민주화 세력과 구 정치 세력과의 타협의 산물이며, 과도기적인 헌법이라 할 수 있다. 그러나 한국 국민의 민주화에의 열의가 제6공화국 헌법 탄생의 원동력이었다는 것을 과소평가해서는 안 될 것이다.

현행 헌법은 통치 형태로서 대통령제를 중심으로 하면서 고전적인 대통령제의 초석인 미국형 대통령제에 볼 수 없는 몇 가지 이질적인 제도를 도입하여 독특한 정부 형태를 구성하고 있다.[191] 헌법상의 한국 대통령 제도를 개관하면 대통령은 행정부의 수반으로서의 측면과 국가원수로서의 측면을 갖고 있어서(헌법 제66조 제1항 및 제4항) 매우 강대한 권한을 가지고 있다. 행정부 수반으로서의 기능으로는 국무총리, 국무위원, 행정 각부 장관의 임면권이 그것이다. 한편 국가원수의 측면으로서는 입법부인 국회에 대하여 법안의 부결권이나 대통령의 법률 제정권을 갖고 있다. 사법부에 대해서는 최고재판장인 대법원장의 임명권이나 헌법재판소 재판장의 임명권을 갖고 있다. 현행 헌법은 대통령제와 의원내각제의 융합 형태를 채용한 제도라 볼 수 있으나 대통령의 권한이 매우 강대한 것이 그 특징이다. 대통령에게 권한이 집중되어 있다는 것은 정치 세력이 이극화二極化되어 서로 대립하는 구도라고 집약할 수 있다. 이극화 구도는 영국의 보수당과 노동당의 역사적 대립으로 상징되는 바와 같이 특정 계급이나 이데올로기를 대표하는 양대 정당제를 예정하는 것이다.

그러나 한국 정치는 1987년 민주화 이래로 분열과 이합집산을 거듭하여 건전한 양대 정당제의 구축과 거리가 멀었다는 것이 현실이다. 분열과 이합집산은 권력 투쟁과 표리일체이며 일노삼김一盧三金이라 속칭되는 지도자들의 권력투쟁 이외의 아무것도 아니다. 권력투쟁은 수단과 방법을 가리지 않는다는 것이 현실 정치의 실제이며, 역사적인 '지역 갈등'의 존재를 토대로 하여 대통령제라는 제도적 요인이 대립을 더욱 더 격화시켜 지역주의를 강화시켜 주었다고 생각된다.

한국에서 강력한 권한을 가진 대통령제가 채택되어 온 이유를 남북 대치라는 현실에 찾는 경우가 있고, 국가 위기에 부닥치면 강력한 리더십이 필요하기 때문이라고 설명하기도 한다. 그러나 한국 헌정사를 되돌아보면 또 다른 측면이 떠오르는 것이다. 제헌헌법 제정 과정에서 당초 의원내각제도를 예정하고 있었으나 이승만의 강한 반대로 대통령제가 채택되었다. 그 후에도 독재 체제를 계속하기 위하여 북한 문제를 구실로 하여 대통령제를 유지하여 온 사실은 권력자의 권위주의적 경향을 뒷받침하는 것이었다.

또한 한국의 정당 실태를 보면 거기에서도 지역주의의 원인을 찾을 수 있다. 과거의 정치사 연구에 보더라도 정치인을 육성하는 것, 정부를 조직하는 것, 국민에 대하여 정치교육을 하는 것 등이 지적되어 왔다.[192] 본래 정책을 공유하는 한 집단인 정당이 카리스마가 강한 한 정치지도자의 사적인 정당으로 화하여 지역 정당의 성격을 강하게 가졌다는 것이 지역주의와 무관하다고 할 수 없다. 지역주의는 1970년대의 박정희 정권 시대부터 표출되어 1987년 민주화 이후 강화되었다는 것이 일반적인 평가이다. 6·29 선언 이후 제6공화국에 이르러 다당화 현상이 나타난 이유를 분단 체제의 변용을 수반하는 지역주의의 현재화라고 지적하는 견해가 있다.[193] 그러나 다당화 현상을 분단 체제의 변용이나 가치관의 다양화에 직결하여 생각하는 것은 속단이다. 차라리 정치 지도자의 권력 추구에서 유래하는 정치투쟁의 결과라 이해하는 것이 옳을 것이다.

민주주의의 파괴라고 할 수 있는 권력자의 횡포는 국민의 민주주의에 대한 이해 부족과 무관하지 않았다. 왜냐하면 헌법 개정을 위한 국민투표에서 국민의 과반수가 찬성하여 개정을 실현한 현실에 눈을 돌릴 필요가 있다. 헌법 개정에서의 국민의사를 검증해 보면 한국인이 가진 권위주의적 성향을 찾아볼 수 있는 것이다. 예를 들면 제1차 헌법 개정은 반대파가 다수의석을 차지한 국회에서 간접선거라는 형태로 실시된 대통령 선거라면 이승만이 절대 대통령이 될 수 없는 상황을 타개하기 위하여 실시된 것이었다. 이 헌법 개정은 여·야당이 각각 제출한 헌법 개정안을 절충하여 새로 만들어 낸 것인데 국회의원을 국회에 연금하는 등 국가의 폭력 장치를 이용하여 강권적으로 통과시킨 헌법이었다.

이렇게 폭력으로 통과된 헌법을 가지고 1952년 8월 5일 직접선거를 실시하여 이승만을 대통령으로 국민이 뽑았는데 전체의 73%가 찬성하였다. 왜 그렇게 되었는가 하면 (1) 6·25전쟁이 계속되고 있었다. (2) 현역 대통령으로서 이승만이 유리하였다. (3) 한국 국민의 민주주의에 대한 이해 부족 (4) 선거에 대한 관권의 간섭 등 이유를 들고 있다. 부정선거였다는 측면을 제외한다면 전국민의 대표였던 국회의원의 대다수가 반대하는 상황인데도 이승만이 대통령에 당선된 이유는 이승만의 카리스마 그리고 한국인의 권위주의적 성향에 그 원인이 있었다고 할 수 있을 것이다. 거기에 더해서 국가의 존망이 걸린 6·25전쟁에 대한 위기의식이 한국인의 공동체 의식을 더욱 활성화하여 이승만에 대한 지지를 강화한 것으로 보는 것이다.

　제5차 헌법 개정에서의 국민투표의 결과도 귀중한 분석 재료를 제공한다. 예를 들어 5·16군사 쿠데타로 시작되는 36년간의 군인 혹은 군인 출신자의 지배 체제는 한민족의 전통인 문민통치 원칙을 번복한 것이라 할 수 있다. 한국은 문민통치의 원칙을 민족의 자랑으로 알고 군인 통치를 국가의 수치로 알았다. 따라서 5·16군사 쿠데타는 유학적 사고 회로에 기인하는, '이'(도덕)에 뛰어난 군주가 민중을 계도하여 통치한다.' 는 문민통치의 원칙을 뒤집어 엎은 것이다. 1962년 12월 17일에 실시된 제5차 헌법 개정을 위한 국민투표에서 박정희가 제안한 헌법 개정안을 약 80%의 국민이 찬성한 것은 민정이양을 원하던 국민의 뜻을 반영한 것으로 이해할 수 있을 것이다. 이 경우 군인 신분이던 박정희가 민주공화당의 대통령 후보로 선출되어 민정이양의 공약에 반하는 것이라는 강력한 반대가 일자 옷을 벗고 민간인으로 출마하여야 했다. 즉 '이' 에 반하는 행동에 대해서는 한국인이 강한 저항성을 보인 것이다. 4·19혁명이나 권위주의 정권 시대의 민주화 운동도 한국인의 사회적 성격인 저항성의 표출이었다. 국민 대중이 공동체 의식을 갖고 공통의 적인 권력자 측에 저항한 것은 우리공동체 의식의 반작용이었던 것이다.

　2000년에 실시된 아시아바로미터 조사의 결과는 지역주의의 표출 원인으로 제도적인 측면을 무시할 수 없다는 것을 보여주고 있다.[194] 〈표6-14〉는 아시아바로미터의 조사에서 나타나는 한국시민의 관민 제도에 대한 신뢰도를 정리한 것이다.

〈표6-14〉에서 한국인의 관민 제도에 대한 신뢰도는 58.6%로서 군대를 제외하면 다른 나라에 비해 상대적으로 낮은 수준을 보이고 있다. 특히 국회와 정부에 대한 신뢰도는 10.7%와 22.3%라는 극단적으로 낮은 수준을 보이고 있다.[195] 국민의 대표로 구성된 국회에 대한 신뢰도가 낮다는 것은 민주주의의 정착 과정에 있는 한국으로서 우려할 만한 현상이다. 그러나 민간 부문에 대해서는 공적 제도보다 신뢰도가 높다.

이 사실을 통해 알 수 있듯이 신뢰도가 낮다는 것은 한국 사회 전반에 관한 일반적인 문제가 아니라 정부와 정치제도에 한정된 문제라는 것을 알 수 있다. 또한 군대에 대하여 58.6%, 경찰에 대해 41.4%라는 최대급의 신뢰도를 보인 것은 한국 사회가 계층성이 강한 조직에 대해 신뢰감을 갖고

〈표6-14〉 관민 제도에 대한 한국인의 신뢰도

(단위 : %)

		신뢰도
공적제도	군대	58.6
	법제도	42.6
	경찰	41.4
	지방자치제	25.9
	정부	22.3
	국회	10.7
민간제도	NGO(비정부조직)	58.6
	종교단체	57.9
	매스컴	57.1
	노동조합	46.4
	국내의 대기업	38.3
	국내에서 영업하고 있는 다국적기업	37.5

(출처) 아시아바로미터 조사결과. 저구효타 편저, 『아시아 바로미터(도시부의 가치관과 생활스타일)』, 명석서점, 2005, 67쪽을 사용하여 필자 작성

있다는 경향을 볼 수 있는 것이다. 아시아바로미터의 조사 결과는 가령 국회와 같은 대의민주주의 제도에 대한 신뢰도는 낮고 계층성이 강한 권위주의적인 제도인 대통령제에 신뢰도가 높다는 것을 알 수 있는데, 이것은 권위주의적인 제도에 신뢰를 보이는 한국인의 경향을 반영한 것이라 할 수 있다.[196]

그리고 아시아바로미터의 조사 가운데서 "몇 가지 정치제도의 예를 들어 보겠습니다. 당신은 어느 정치제도가 이 나라를 위해 좋다고 생각합니까. 아니면 나쁘다고 생각합니까."라는 질문이 들어 있다. 그런데 민주적 정치제도에 대해서는 87.7%의 한국인이 "매우 좋다." "그런 대로 좋다."고 응답하고 있어 민주적 정치제도가 정착해 가고 있다는 것을 알 수 있다. 그러나 "국회와 선거에 제약되지 않는 강력한 영도자에 의한 정부가 좋은가?"라는 선택지에 있어서는 63%의 한국인이 "매우 좋다." "그런대로 좋다."고 응답하고 있다. "국회와 선거에 제약되지 않는 강력한 영도자에 의한 정부"란 바로 독재 정부를 의미하는 것이며 한국인의 3분의 2가 독재 정치에 긍정적인 생각을 갖고 있다는 것을 알 수 있다. 또한 군사정권에 의한 정치라는 선택지에서도 31.3%의 한국인이 긍정적인 태도를 보이고 있는 것이다.[197] 이 조사 결과는 한국인의 사회적인 성격인 권위주의적 성향을 강하게 뒷받침하는 것이다. 그러나 이러한 조사 결과에는 군부가 정권을 잡고 있던 시대에 권력을 행사할 수 있었던 사람들의 과거에 대한 동경심도 일부 내포되었을 가능성이 있다.

권력자는 자기 권력의 확대를 위하여 이용할 수 있는 것은 다 이용하려고 하는데 이것은 동서고금을 통하여 권력이 갖는 공통된 속성이라 할 것이다. 따라서 상대와의 권력투쟁에서 이기기 위해 상대와의 상이점을 차별적으로 강조할 필요가 있을 것이다. 그리고 대립점을 의도적으로 만들어내야 한다. 역설적인 이야기지만 1987년 이후 권위주의 시대가 가고 민주화가 승리하였으나 이것은 온 국민이 바라고 바라던 정치 과제, 즉 민주화라는 동경이 소멸하는 것을 의미하였다. 한국의 민주화라는 것은 대통령직선제의 도입과 동의어였다. 그러나 대통령 직선제가 실현됨으로써 새로운 정치적 대립점의 창조가 필요하게 되었다. 권력자의 권력에의 집착은 새로운 과제로서 해묵은 지역주의를 새로운 과제로 내세우는 데 주저할 리 없었다고 할 수 있다. 대통령에게 권력을 집중시켜 준 대통령 중심제는 지역주의를 부상시키는 데 있어 절호의 무대를 제공한 것이다. 대통령에의 권력집중은 선거 승리자에의 권력 집중을 의미하고 승리자 집단인 우리공동체 구성원에게는 크나큰 부와 권력의 보장을 의미한다.

　대통령 후보 진영은 강한 유대감으로 결합된 우리공동체를 형성하여 다른 후보 진영을 '남' 즉 타인이라고 규정하여, 그들을 유교적인 예절 공간으로부터 배제하면서 수단 방법을 가리지 않고 공격하게 되는 것이다. 대통령 선거에서의 패배는 자기가 가진 부와 권력에 대한 위협과 직결된다고 인식된다. 지역주의의 표출 원인으로서 필자가 제도적인 측면을 지적한 것은 이상과 같은 이유 때문이다. 요컨대 대통령제에 내재하는 권력의 집중이 한국의 전통적인 정치 문화와 맞물리며 상승 작용을 일으켜 권력투쟁을 격화시키는 요인이 되고 있는 것이다. 권력투쟁의 격화는 지역감정과 공명共鳴하여 다른 요인에 의한 상승효과까지도 가세하여 지역주의를 극단적인 형태로 표출하게 한다고 생각되는 것이다.

제3절 민주화 투쟁과 지역주의

1987년 6월 항쟁 이후의 민주화 과정은 대통령의 직접선거제와 국회의원 선거에 소선거구제를 도입하는 등 선거제도의 변화를 초래하였다. 그러나 그뿐 아니라 노태우 후보의 '6·29민주화선언'에서 볼 수 있듯이 집권 여당 스스로가 민주화를 적극적으로 추진하였기 때문에 권위주의 시대에 가장 중요한 이슈였던 민주 대 비민주라는 대립 구도가 사라지게 되었다. 게다가 선거제도의 민주화로 인하여 정치투쟁의 공간이 더욱 확대되어 김대중과 김영삼의 정치권력 투쟁이 한층 더 격화되었다.[198]

이와 동시에 두 사람은 종래의 민주 대 비민주의 대립 구도에 대신하는 새로운 대립 구도를 모색하게 되는데 그것이 곧 지역주의였다.[199] 노태우는 6·29민주화선언에서 이런 말을 하였다. 즉 "근거 없는 인신공격이나 대중선동에 의한 적개심을 불러 일으켜 혼란과 무질서가 횡행하여 지역감정을 유발하여 국가의 안정을 해치고 진정한 민주 발전을 저해하는 일이 있어서는 안 될 것이다."고 한 것이다.[200] 이 말은 민주화 선언의 시점에서 이미 지역 갈등이 존재하고 있다는 현실을 노태우가 명확히 인식하고 있었다는 것을 나타낸 것이다.

권력의 극대화를 노리는 정치가의 집합체가 정당인데 정당은 유권자의 지지를 얻기 위해 이미 형성된 사회적 대립을 이용할 뿐 아니라 새로운 사회적 대립점을 적극적으로 창작해 내기도 하는 것이다. 이것은 권력 유지를 위하여 불가피한 과정이라 할 것이다. 이와 같이 하여 민주화 이후 표출되는 지역주의 현상은 민주화 과정에서 그 맹아를 드러내게 되는 것이다.

1987년 6월 항쟁의 결과, 정부 여당은 민주화 조치를 수행하여 여야 간의 정책 차를 없애 버렸다. 이로 인하여 정당의 지지 동원 수단이나 투표자의 정책 선택 기준으로서 지역주의가 주요 변수로 등장하게 된 것이다. 또 대통령직을 둘러싼 실질적인 권력투쟁을 허용하여 김대중과 김영삼 간의 사이가 더욱 벌어져 두 진영 간의 지지 획득 경쟁인 지역주의를 심화시켜 갔던 것이다. 이러한 과정에서 충청도를 대표하는 김종필이 끼어들어 지역주의적인 정당 대립이 더욱 확산되었다. 이와 같이 1987년의 대통령 선거에서 그 모습을 나타낸 지역주의는 1988년의 국회의원 선거에서 더욱 더 뚜렷한 모습을 드러내게 되었다.

일반적으로 대정당大政黨에 유리하다고 하는 소선거구제 하에서 야당이 통합되지 않고 분열된 상태로 싸우는 이유는 전국적으로 보면 야당이 제2위 이하의 정당이지만 특정 지역에서는 그렇지 않고 제1위 정당이 되고 있는 현실을 들 수 있다. 왜냐하면 지역정당으로서 선거전에 나가는 것이므로 의석수를 늘리는 데는 한층 유리한 것이다.

즉 이럴 때는 지역주의가 자기 정당에 유리하게 작용하는 합리적인 전략이 되는 것이다. 제13대 국회의원 선거에서 여소야대의 국회가 형성되었으나 비밀 교섭의 결과 1990년 1월에 3당 통합이 이루어진 사실도 권력 극대화를 추구하는 정치인의 합리적인 선택의 결과라 생각할 수 있다. 즉 3당 통합은 호남지역 지역에서 압도적인 우위를 보이는 김대중에 비해, 그 이외의 지역에서 상대적으로 우세를 보이는 세력이 연대함으로써 전국적으로 다수표를 독점하는 반영구적인 지배 연합을 형성할 수 있는 기회를 잡았기 때문이다.

정치란 정치가와 유권자의 정치 행동의 산물이라고 하는 가설을 보강해주는 유명한 도청사건이 있었다. 이름하여 '초원복집 사건'이 그것인데 이 사건은 1992년에 정부의 주요간부들이 부산 동래의 '초원복집' 이라는 횟집에 모여서 제14대 대통령 선거에 영향을 줄 목적으로 지역감정을 부추기는 음모를 꾸몄던 사건이었다. 그런데 정주영 후보 측이 이 사실을 도청하여 폭로한 것이다.[201] 이에 대하여 김영삼 측은 이 고발 사건을 음모라 반론하였고 주요 매스컴의 논조도 관권선거의 부도덕성을 고발하는 대신에 주택 침입을 범하면서까지 도청 행위를 감행한 것을 비난하는 쪽으로 쏠렸다. 이 때문에 복집에 침입하여 도청 행위를 한 통일국민당 측이 국민의 비난을 받게 되고 김영삼 지지층이 한층 더 단결하는 결과가 되었다. 이 사건의 도움으로 김영삼이 제14대 대통령으로 당선되었다.

　권위주의 정권 시대에 권력자는 자기 권력을 유지하기 위하여 정치제도를 왜곡하였기 때문에 정치제도에 대한 논점은 국민에게 이미 핵심적인 문제가 될 수 없었다. 환언하면 권위주의 정권 시대의 정당 간 대립의 축은 대통령 직선제, 3선 금지 개헌, 의원내각제 등 선거제도가 아니면 정부 형태에 관한 헌법 개정 문제였다. 당시 국민은 권위주의 정권 시대에는 없었던 정책 대립의 결여라는 과제는 민주화만 되면 모두 해결되는 것으로 알았다. 그러나 이 같은 국민의 기대나 추측을 배신하듯이 정당은 정책 논의보다도 지역 대립을 이용함으로써 국민의 지지를 얻으려고 하였다.

　부조리한 존재인 인간이 정치를 하고 있는 한 세계 어느 나라에서도 연고주의적인 지역 편중을 없앨 수 없을 것이다. 지연, 학연, 혈연 등은 세계 어디에서나 볼 수 있는 보편적인 형상이지만 한국에서의 지역주의의 최대 특징은 지역주의가 극단적으로 표출되고 있다는 점이다. 따라서 지역주의 현상을 단일 원인으로 설명하려는 작업에는 근본적인 무리가 있는 것이다. 산업화 과정에서 지역 간 사회 경제적인 격차가 발생한 것이나 전통적으로 계속되고 있는 각 지역 사람들의 고정관념이나 편견에 대한 선행연구가 발굴한 요인은 지역주의 현상 표출의 중요한 전제조건이기는 하였으나 그것이 지역주의의 발생의 근본 요인은 아니었다. 권위주의 정권 시대에서의 폐쇄적이며 자의적인 인재 임용도 부차적이기는 하였으나 전제조건이었다. 그 밖의 모든 정치 문화적인 요인도 전제조건이었다.

그러나 아무리 전제조건이 모두 구비되어 있었다 해도 한국 사회가 보였던 극단적인 지역주의가 일어나는 필요충분조건이 되는 것은 아니다. 따라서 이 같은 복합적인 전제조건이 쌓이고 쌓여서 내재화된 것을 폭발시키는 발화장치가 있어야 하는 것이다.

첫째, 이갑윤이 지적한 바와 같이 집권자 측에는 지역 갈등을 이용하여 권력을 유지하려고 하는 의도가 있고 비집권자 측에서는 지역 갈등을 이용하여 권력 획득 경쟁에서 승리하려는 의도가 있다. 즉 적극적인 인간의 의도야말로 지역주의를 표출하는 발화장치라고 할 수 있다.

둘째, 김대중·김영삼의 민주화 투사로서의 카리스마가 있다. 이 카리스마를 선거에 이용하려고 하는 선거참모의 의도를 무시할 수 없을 것이다. 표면적으로는 나타내지 않는 이러한 속셈도 지역주의를 촉발시킨 발화장치이다.

셋째, 신문, 텔레비전 등 매스컴도 발화장치의 일익을 담당할 것이다. 매스컴에서 지역주의의 문제가 거론될 때마다 반대로 지역주의가 상징화되고 지역주의를 없애려고 하면 할수록 지역주의를 부추기는 결과를 낳게 되는 것이다.

제4절 한국 사회의 지역주의 고정화

- 정치의식 조사를 분석하면서

선행연구의 문제점으로서 지역주의의 원인을 단일적이고 정태적인 요인에서 찾으려고 한 데 무리가 있다는 것을 지적하였다. 이것은 지역주의를 동역학적 모델로 파악하여야 한다는 것을 의미한다. 다시 말해 지역주의를 시스템으로서 이해하기 위해서는 그 중핵이 되는 원리의 존재를 전제로 하여야 한다는 것이다. 이 절에서는 지역주의의 중핵 원리를 이해하기 위하여 금번 실시한 사회조사의 결과 분석을 통하여 실증적 검토를 시도하기로 한다. 사회 문화적인 면에 있어서의 설문 결과에 의거하여 상세한 분석을 실시한다. 영호남 지역에 거주하는 응답자가 상대 지역에 대하여 갖고 있는 호감도, 긍정적 감정의 강도, 사회적 관계에 대한 답 등등을 연령별, 1개월 평균소득별, 학력별로 나누어 검토해 보았다. 〈표6-15〉는 호남지역 사람들이 경상도지역 출신자들에게 품고 있는 호감도를 정리한 것이다. 그다음의 〈표6-16〉은 영남지역 사람들이 전라도 출신자에 대해 품고 있는 우호도를 정리한 것이다.

경상도 지역 출신자들에 대한 호남지역의 응답에는 연령별, 소득별, 학력별로 나누어 보아도 크게 차이가 나지 않는데 반하여 전라도 출신자에 대한 경상도 지역의 응답을 보면 연령별로는 35~39세, 60세 이상에서, 소득별로는 200~299만원에서, 학력별에서는 중졸 이하의 집단에서 비우호적인 성향이 현저히 나타난다. 종합적으로 정리할 때 경상도 출신자에 대한 호남지역의 응답자가 갖는 우호도는 특성에 따라 큰 차이를 보이는가 하면 전라도 출신자에 대해서는 영남지역의 응답자가 갖고 있는 우호도는 연령

〈표6-15〉 경상도 출신자에 대한 우호도(호남지역의 회답)

(단위 : 건, %)

		사례수	매우 우호적	우호적	비우호적	매우 비우호적
전 체		300	91.7	6.3	1.0	1.0
연령	만19~24세	27	100.0	0.0	0.0	0.0
	만25~29세	31	96.8	3.2	0.0	0.0
	만30~34세	21	95.2	4.8	0.0	0.0
	만35~39세	39	87.2	10.3	2.6	0.0
	만40~44세	37	91.9	8.1	0.0	0.0
	만45~49세	29	89.7	6.9	3.4	0.0
	만50~54세	32	93.8	6.3	0.0	0.0
	만55~59세	16	81.3	12.5	0.0	6.3
	만60~64세	40	87.5	7.5	0.0	5.0
	만65세 이상	28	92.9	3.6	3.6	0.0
소득	100만원 이하	25	80.0	16.0	0.0	4.0
	100~199만원	44	88.6	6.8	0.0	4.5
	200~299만원	86	97.7	2.3	0.0	0.0
	300~399만원	66	92.4	4.5	3.0	0.0
	400~499만원	42	90.5	9.5	0.0	0.0
	500만원 이상	37	89.2	8.1	2.7	0.0
학력	중졸 이하	55	94.5	3.6	0.0	1.8
	고졸	107	87.9	8.4	1.9	1.9
	대학 재학	22	100.0	0.0	0.0	0.0
	대졸(대학원) 이상	116	92.2	6.9	0.9	0.0

(출처) 2010년 5월에 실시한 정치의식 조사의 결과에 의거하여 필자 작성

이 올라갈수록, 또 소득이나 학력이 낮으면 낮을수록 비우호적이라는 것이 조사 결과였다. (〈표6-15〉와〈표6-16〉 참조)

긍정적 감정의 강도에 관하여 검토해 보았다. 〈표6-17〉는 호남지역 사람들이 영남지역 출신자들에게 품고 있는 긍정적 감정의 강도를 산출한 것이

〈표6-16〉 전라도 출신자에 대한 우호도(영남지역의 회답)

(단위 : 건, %)

		사례수	매우 우호적	우호적	비우호적	매우 비우호적
전 체		300	77.3	8.0	4.7	10.0
연령	만19~24세	31	80.6	6.5	0.0	12.9
	만25~29세	27	85.2	3.7	0.0	11.1
	만30~34세	21	90.5	9.5	0.0	0.0
	만35~39세	39	71.8	5.1	12.8	10.3
	만40~44세	32	71.9	12.5	3.1	12.5
	만45~49세	34	82.4	8.8	2.9	5.9
	만50~54세	29	89.7	6.9	0.0	3.4
	만55~59세	25	64.0	20.0	0.0	16.0
	만60~64세	40	70.0	7.5	12.5	10.0
	만65세 이상	22	72.7	0.0	9.1	18.2
소득	100만원 이하	14	64.3	21.4	7.1	7.1
	100~199만원	41	78.0	7.3	4.9	9.8
	200~299만원	58	72.4	3.4	5.2	19.0
	300~399만원	96	85.4	8.3	2.1	4.2
	400~499만원	59	71.2	8.5	10.2	10.2
	500만원 이상	32	78.1	9.4	0.0	12.5
학력	중졸 이하	46	63.0	10.9	8.7	17.4
	고졸	125	78.4	8.0	5.6	8.0
	대학 재학	37	81.1	5.4	0.0	13.5
	대졸(대학원) 이상	92	81.5	7.6	3.3	7.6

(출처) 2010년 5월에 실시한 정치의식 조사의 결과에 의거하여 필자 작성

다. 〈표6-18〉은 영남지역 사람들이 호남 출신자에 대해 품고 있는 긍정적 감정의 강도를 산출한 것이다. 연령별, 학력별로 보면 별로 차이를 보이지 않으나 소득별로 보면 고소득자가 되면 될수록 점수가 약간 감소하는 경향을 보인다.

〈표6-17〉 경상도 출신자에 대한 긍정적 감정의 강도(호남지역의 회답)

(단위 : 건, 점)

		사례수	긍정적 감정의 강도			사례수	긍정적 감정의 강도
전체		300	54.26		전체	300	54.26
연령	만19~24세	27	54.75	소득	100만원 이하	25	55.88
	만25~29세	31	56.96		100~199만원	44	53.20
	만30~34세	21	53.72		200~299만원	86	55.96
	만35~39세	39	53.77		300~399만원	66	54.02
	만40~44세	37	56.17		400~499만원	42	52.53
	만45~49세	29	50.97		500만원 이상	37	52.87
	만50~54세	32	54.39	학력	중졸 이하	55	55.40
	만55~59세	16	52.54		고졸	107	53.39
	만60~64세	40	53.20		대학 재학	22	56.11
	만65세 이상	28	55.13		대졸(대학원) 이상	116	54.18

(출처) 2010년 5월에 실시한 정치의식 조사의 결과에 의거하여 필자 작성

〈표6-18〉 전라도 출신자에 대한 긍정적 감정의 강도(영남지역의 회답)

(단위 : 건, 점)

		사례수	긍정적 감정의 강도			사례수	긍정적 감정의 강도
전체		300	53.15		전체	300	53.15
연령	만19~24세	31	50.40	소득	100만원 이하	14	46.65
	만25~29세	27	55.44		100~199만원	41	52.29
	만30~34세	21	56.10		200~299만원	58	52.26
	만35~39세	39	54.25		300~399만원	96	55.86
	만40~44세	32	50.78		400~499만원	59	52.86
	만45~49세	34	55.06		500만원 이상	32	51.07
	만50~54세	29	53.23	학력	중졸 이하	46	48.78
	만55~59세	25	52.88		고졸	125	54.20
	만60~64세	40	50.31		대학 재학	37	50.51
	만65세 이상	22	55.26		대졸(대학원) 이상	92	54.90

(출처) 2010년 5월에 실시한 정치의식 조사의 결과에 의거하여 필자 작성

〈표6-19〉 경상도 출신자에 대한 사회적 관계(호남지역의 회답)

(단위 : 건, 점)

		사례수	긍정적 감정의 강도			사례수	긍정적 감정의 강도
전체		300	74.23		전체	300	74.23
연령	만19~24세	27	72.04	소득	100만원 이하	25	71.20
	만25~29세	31	79.35		100~199만원	44	70.80
	만30~34세	21	81.43		200~299만원	86	75.12
	만35~39세	39	73.21		300~399만원	66	75.68
	만40~44세	37	76.35		400~499만원	42	75.95
	만45~49세	29	72.76		500만원 이상	37	73.78
	만50~54세	32	74.53	학력	중졸 이하	55	74.18
	만55~59세	16	70.63		고졸	107	71.78
	만60~64세	40	71.88		대학 재학	22	73.18
	만65세 이상	28	70.54		대졸(대학원) 이상	116	76.72

(출처) 2010년 5월에 실시한 정치의식 조사의 결과에 의거하여 필자 작성

한편 호남지역 사람들에 대한 영남지역의 응답 점수를 볼 때 학력별로는 이렇다 할 차이를 보이지 않으나 소득별로 보면 고소득자일수록 약간 증가하는 경향을 보인다. 요컨대 영남지역 사람들에 대한 호남지역의 긍정적 감정의 강도는 고소득자일수록 감소하는 경향이 있는 것이다. 이에 대해 호남지역 사람들에 대한 영남지역의 긍정적 감정 강도는 고소득자가 될수록 증가한다는 정반대 경향을 보였다.(〈표6-17〉와〈표6-18〉 참조) 영호남 간의 사회적 관계에서의 점수를 보면 경상도 출신자에 대한 호남지역 출신 응답자는 전반적으로 연령이 높으면 점수가 낮아지고 학력에 있어서는 고졸 집단이 낮은 점수를 보이고 있다.

전라도 출신자에 대한 영남지역의 응답자의 연령별로는 25~29세와 55~59세에서 점수가 낮고 소득별로는 최저소득자인 100만 원 미만과 최고

〈표6-20〉 전라도 출신자에 대한 사회적 관계(영남지역의 회답)

(단위 : 명, 점)

		사례수	긍정적 감정의 강도			사례수	긍정적 감정의 강도
전체		300	68.52		**전체**	300	68.52
연령	만19~24세	31	67.26	소득	100만원 이하	14	63.57
	만25~29세	27	64.44		100~199만원	41	70.00
	만30~34세	21	70.00		200~299만원	58	66.72
	만35~39세	39	70.77		300~399만원	96	71.20
	만40~44세	32	67.03		400~499만원	59	69.41
	만45~49세	34	68.53		500만원 이상	32	62.34
	만50~54세	29	74.14	학력	중졸 이하	46	67.61
	만55~59세	25	63.40		고졸	125	69.16
	만60~64세	40	68.50		대학 재학	37	65.14
	만65세 이상	22	70.45		대졸(대학원) 이상	92	69.46

(출처) 2010년 5월에 실시한 정치의식 조사의 결과에 의거하여 필자 작성

〈표6-21〉 영남지역과 호남지역 간에 존재하는 지역 갈등의 원인

1) 경상도 · 전라도 간의 지역갈등의 원인은 경상도 출신자의 성격때문이다

2) 경상도 · 전라도 간의 지역갈등의 원인은 전라도 출신자의 성격때문이다

3) 경상도 · 전라도 간의 지역갈등의 원인은 불공평한 지역발전 정책 때문이다

4) 경상도 · 전라도 간의 지역갈등의 원인은 정치권의 선동 때문이다

(출처) 2010년 5월에 실시한 정치의식 조사의 결과에 의거하여 필자 작성

〈표6-22〉 지역 대립 감정을 인식시키는 영 · 호남간 갈등의 원인의 영향력

		영향력
독립변수	경상도 · 전라도 간의 갈등의 원인은 경상도 출신자의 성격 때문이다	0.291
	경상도 · 전라도 간의 갈등의 원인은 전라도 출신자의 성격 때문이다	0.184
	경상도 · 전라도 간의 갈등의 원인은 불공평한 지역발전 정책 때문이다	0.319
	경상도 · 전라도 간의 갈등요인은 정치권의 선동 때문이다	0.206
종속변수	지역 대립 감정이나 갈등문제의 존재 유무	

(출) 2010년 5월에 실시한 정치의식 조사의 결과에 의거하여 필자 작성.

소득층인 500만 원 이상의 집단에 있어서 가장 낮은 점수였다.(〈표6-19〉와〈표 6-20〉 참조) 사회적인 관계에서의 응답을 영호남 지역으로 나누어 각각 연령별, 1개월 평균소득별, 학력별로 분석한 결과 호남보다 영남이 더 비우호적이며 소득과 학력이 낮을수록 더 비우호적이라는 것을 알 수 있었다.

경상도와 전라도의 갈등을 조성한 네 가지 원인이 지역 대립 감정이나 갈등에 대한 인식에 어떤 영향을 미치느냐 그 인과관계를 파악하기 위하여 회귀분석(regression analysis)을 실시하였다. 회귀분석을 통하여 산출된 각각의 독립변수에 대한 회귀계수(독립변수가 종속변수에 끼치는 영향력을 말한다. 대체 B라고 한다)를 사용하여 독립변수가 종속변수에 끼치는 전체의 영향력(각각 독립변수의 회귀계수의 합계)을 1로 하여 각각의 독립변수가 종속변수에 미치는 영향력을 비율로 계산하여 어떤 독립변수가 종속변수에 가장 영향을 많이 미치는가를 조사하는 방법을 사용하였다.

〈표6-21〉에 정리한 바와 같이 독립변수로서 다음의 네 가지를 설정하였다. 즉 (1) 경상도·전라도의 갈등 원인은 경상도 출신자의 성격 탓이다. (2) 전라도·경상도의 갈등 원인은 전라도 출신자의 성격 탓이다. (3) 경상도·전라도의 갈등 원인은 불공평한 지역 발전 정책 때문이었다. (4) 경상도·전라도의 갈등 원인은 정치권의 선동 때문이었다. 이때 종속변수는 지역 대립 감정과 갈등 문제의 존재 유무로 하였다.

회귀분석을 통하여 각각의 변수의 영향력을 계산한 결과를 정리한 것이 〈표6-22〉이다. 〈표6-22〉에 의하면 영남지역과 호남지역의 차별적인 지역 발전 정책의 영향력을 나타내는 수치는 0.319이며 지역 갈등에 최대의 영향력을 나타내고 있다. 그러나 경상도와 전라도 출신자의 성격과 같은 사회 문화적인 요인은 상호의 변수를 합산하면 0.475가 되어 경제적인 요인

보다도 영향의 강도가 강한 결과를 얻는다. (〈표6-22〉 참조)

지역 갈등의 원인으로서 첫째, 특정 지역의 출신자끼리 서로 상대 지역 출신자의 성격이나 인격에 대하여 편견을 갖고 있기 때문이다. 둘째, 1960

〈표6-23〉 경상도 · 전라도 간의 지역 갈등의 원인

1) 특정지역의 출신자끼리 서로 상대 지역 출신자의 성격이나 인격에 대하여 편견을 갖고 있기 때문이다

2) 1960년대 이래로 정부가 경제 개발 정책을 추진하는데 있어 호남지역을 차별적으로 소외했기 때문이다

3) 정당이나 정치가가 선거를 할 때마다 지역 대립 감정을 갖게 하였기 때문이다

4) 오래동안 영남지역 출신자가 대통령이 되어 권력을 독점하여 호남지역 출신자를 소외하였기 때문이다

5) 신문이나 방송 등 매스컴이 특정지역에 대해 편파적인 보도를 하여 지역 대립 감정을 갖게 하였기 때문이다

6) 영 · 호남 간의 지역 대립 갈등은 삼국시대, 고려시대, 조선시대부터 역사적으로 대립하였기 때문이다

7) 학교나 사회기관에서 지역 대립 감정을 극복하기 위한 교육적인 노력이 부족하였기 때문이다

(출처) 2010년 5월에 실시한 정치의식 조사의 결과에 의거하여 필자 작성

〈표6-24〉 지역 갈등의 원인이 지역 대립 감정을 인식시킬 영향력

		영향력
독립변수	특정지역 출신자가 서로 상대 지역출신자의 성격이나 인격에 편견을 갖고 있기 때문이다	0.237
	1960년대 이후 정부가 경제개발정책을 추진하는데 있어 호남지역을 차별적으로 소외하였기 때문이다	0.252
	정당이나 정치가가 선거때마다 지역 대립 감정을 조장 이용하였기 때문이다	0.062
	오래동안 영남지역 출신자가 대통령이 되어 권력을 독점하여 호남지역 출신자를 소외하였기 때문이다	0.082
	신문이나 방송 등 매스컴이 특정지역에 대하여 편파적인 보도를 하여 지역 대립 감정을 갖게 하였기 때문이다	0.225
	영 · 호남지역간의 지역 대립 갈등은 삼국시대, 고려시대, 조선시대부터 역사적으로 대립하였기 때문이다	0.022
	학교나 사회기관에서 지역 대립 감정을 극복하기 위한 교육적인 노력이 부족하였기 때문이다	0.121
종속변수	지역 대립 감정이나 갈등문제의 존재 유무	

(출처) 2010년 5월에 실시한 정치의식 조사의 결과에 의거하여 필자 작성

년대 이래로 정부가 경제 개발 정책을 추진하는 데 있어 호남지역을 차별적으로 소외했기 때문이다. 셋째, 정당이나 정치인이 선거 때마다 지역 대립 감정을 갖게 하였기 때문이다. 넷째, 영남지역 출신자인 대통령에 의한 권력 독점에 따라 호남지역 출신자가 소외되었기 때문이다. 다섯째, 신문이나 방송 등 매스컴이 특정 지역에 대하여 편파적인 보도를 하여 지역 대립 감정을 갖게 한 때문이다. 여섯째, 영호남 지역의 지역 대립 감정은 삼국 시대, 고려 시대, 조선 시대부터 역사적으로 계승되어 왔기 때문이다. 일곱째, 학교나 사회기관에서 지역 대립 감정을 극복하기 위한 교육적인 노력이 부족하기 때문이다.

　이상과 같은 일곱 가지 설문을 설정하였다. 지역 갈등의 문제가 존재한다고 하는 인식을 갖는 것이 어느 정도의 영향을 주는가에 대해 회귀분석을 해 보았다. 그 결과 1960년대 이후 정부가 경제 개발 정책을 추진하는 과정에서 호남지역을 차별적으로 소외하였기 때문이라는 변수가 지역 대립 감정의 존재를 인식시키는 데 가장 큰 영향을 주었다는 사실이 밝혀졌다. 또한 특정 지역 출신자들끼리 서로 상대 지역 출신자의 성격이나 인격에 대해 편견을 갖고 있기 때문이라는 변수의 영향도 많았고, 신문·방송 등 매스컴이 특정 지역에 대해 편파적인 보도를 하여 지역 대립 감정을 갖게 했다는 변수의 영향력도 매우 높았던 것으로 나타났다.(〈표6-24〉참조)

　〈표6-21〉에 나타나 있듯이 영남지역과 호남지역 간에 존재하는 지역 갈등 원인이 지역 갈등을 문제를 한층 더 심화시키고 있는데, 그 강도를 조사하기 위하여 회귀분석을 해 보았다. 회귀분석의 결과를 정리한 것이 〈표6-25〉이다. 네 가지 갈등 원인 가운데 전라도 출신자의 성격이 문제라고 하는 지표가 0.417로 나타났다. 그래서 지역 갈등을 심화시키고 있는 원인은

전라도 출신자의 성격이라는 변수가 가장 크다는 것을 알 수 있다. 그다음 이 정치권의 선동과 이용으로 나타났다.(〈표6-25〉참조)

　〈표6-26〉에 제시한 지역 대립 감정이나 갈등의 일곱 가지 요인이 지역

〈표6-25〉 영·호남간 갈등원인이 지역 대립 감정을 심화시키는데 준 영향력

		영향력
독립변수	경상도·전라도간 지역 갈등의 원인은 경상도 출신자의 성격탓이다	0.053
	경상도·전라도간 지역 갈등의 원인은 전라도 출신자의 성격탓이다	0.417
	경상도·전라도간 지역 갈등의 원인은 불공평한 지역 발전 정책탓이다	0.139
	경상도·전라도간 지역 갈등의 원인은 정치권의 선동 탓이다	0.391
종속변수	지역 대립 감정의 심화	

(출처) 2010년 5월에 실시한 정치의식 조사의 결과에 의거하여 필자 작성

〈표6-26〉 지역 갈등을 유발한 원인이 지역 갈등을 심화시킨 영향력

		영향력
독립변수	특정지역의 출신자들이 서로 상대 지역 출신자의 성격이나 인격에 대하여 편견을 갖고 있기 때문이다	0.002
	1960년대 이후 정부가 경제 개발 정책을 추진하는데 있어 호남지역을 차별적으로 소외하였기 때문이다	0.123
	정당이나 정치가가 선거때마다 지역 대립 감정을 조장·이용하였기 때문이다	0.056
	오래동안 영남지역 출신자가 대통령이 되어 권력을 독점하여 호남지역 출신자를 소외하였기 때문이다	0.045
	신문이나 방송 등 매스컴이 특정지역에 대하여 편파적인 보도를 하여 지역 대립 감정을 갖게 한 때문이다	0.217
	영·호남지역간의 지역 대립 갈등은 삼국시대, 고려시대, 조선시대부터 역사적으로 대립하였기 때문이다	0.022
	학교나 사회기관에서 지역 대립 감정을 극복하기 위한 교육적인 노력이 부족하였기 때문이다	0.121
종속변수	지역 대립 감정의 심화	

(출처) 2010년 5월에 실시한 정치의식 조사의 결과에 의거하여 필자 작성

갈등을 심화시키는 데 얼마나 영향을 주고 있는가를 회귀분석을 통해 조사하였다. 그 결과 일곱 가지 항목 중 (7) 학교나 사회기관에서 지역 대립 감정을 극복하기 위한 교육적인 노력이 부족하다. 그리고 (6) 영호남 지역의 지역 대립 감정은 삼국 시대 이래의 역사적 대립의 결과라는 것, 그리고 또 신문 방송의 영향도 컸다는 지적이 나왔다.(〈표6-26〉참조)

또한〈표6-27〉에서 보듯이 불공정한 지역 발전 정책이란 변수 그리고 사회 문화적인 영호남인 성격차라는 변수도 나타나고 있다.(〈표6-27〉참조) 그리고 또 오랫동안 영남 출신 대통령이 정권을 잡아 오면서 특정 지역의 사람들을 인사에서 배제하여 왔다는 요인들이 지역 갈등을 심화시켰다는 변수가 나왔다.(〈표6-27〉참조)

〈표6-28〉에서 보듯이 지역 대립 감정이나 갈등의 요인이 지역 갈등을 심화시키는 데 주는 영향의 강도를 회귀분석으로 조사해 보았다. 그 결과 신문이나 방송 같은 매스컴이 특정 지역에 대하여 편파적으로 보도하여 지역 대립 감정을 더욱 더 갖게 했다는 사회적 측면에 관한 변수, 그리고 오랫동안 영남 출신자가 대통령이 되어 권력을 독점하고 호남지역 사람을 소외시

〈표6-27〉 지역 갈등의 원인이 지역 갈등을 심화하는데 끼친 영향력

		영향력
독립변수	경상도 · 전라도 갈등의 경상도 출신자의 성격탓이다	0.161
	경상도 · 전라도 간 갈등의 원인은 전라도 출신자의 성격탓이다	0.287
	경상도 · 전라도 간 갈등의 원인은 불공평한 지역 발전 정책탓이다	0.372
	경상도 · 전라도 간 갈등의 원인은 정치권의 선동 때문이다	0.180
종속변수	경상도와 전라도 간 갈등의 심화	

(출처) 2010년 5월에 실시한 정치의식 조사의 결과에 의거하여 필자 작성

컸다는 것, 특히 인사문제에 있어 편파적이었다는 것이 영·호남 문제를 심
화시켰다는 변수가 검출되었다.(〈표6-28〉 참조)

이어서 경상도 지역과 전라도 지역 사이에 존재하는 네 개의 갈등 원인(〈

〈표6-28〉 지역 갈등의 원인이 양지역 갈등을 보다 심화하는데 준 영향력

		영향력
독립변수	특정지역의 출신자들이 서로 상대 지역출신자의 성격이나 인격에 대한 편견을 갖고 있기 때문이다	0.122
	1960년대 이후 정부가 경제 개발 정책을 추진하는데 있어 호남지역을 차별적으로 소외하였기 때문이다	0.108
	정당이나 정치가가 선거때마다 지역 대립 감정을 조장 이용하였기 때문이다	0.161
	오래동안 영남지역 출신자가 대통령이 되어 권력을 독점하여 호남지역 출신자를 소외하였기 때문이다	0.201
	신문이나 방송 등 매스컴이 특정지역에 대하여 편파적인 보도를 하여 지역 대립 감정을 갖게 한 때문이다	0.267
	영·호남지역간의 지역 대립 갈등은 삼국시대, 고려시대, 조선시대부터 역사적으로 대립하였기 때문이다	0.016
	학교나 사회기관에서 지역 대립 감정을 극복하기 위한 교육적인 노력이 부족하였기 때문이다.	0.126
종속변수	경상도와 전라도 간 갈등의 심화	

(출처) 2010년 5월에 실시한 정치의식 조사의 결과에 의거하여 필자 작성

〈표6-29〉 지역 갈등의 원인이 지역 갈등의 해소 가능성에 준 영향력

		영향력
독립변수	경상도·전라도 간 갈등의 원인은 경상도 출신자의 성격탓이다	0.203
	경상도·전라도 간 갈등의 원인은 전라도 출신자의 성격탓이다	0.219
	경상도·전라도 간 갈등의 원인은 불공평한 지역 발전 정책 때문이다	0.402
	경상도·전라도 간 갈등의 원인은 정치권의 선동 때문이다	0.177
종속변수	지역갈등 해소의 가능성	

(출처) 2010년 5월에 실시한 정치의식 조사의 결과에 의거하여 필자 작성

표6-21))이 지역 대립 감정이나 갈등 문제를 해소시켜 나갈 가능성에 어느 정도의 영향을 주었는가를 조사하기 위하여 역시 회귀분석을 하여 보았다. 그 결과 불공평한 지역 발전 정책과 영·호남 출신자의 성격의 차이 문제의 영향이 가장 크다는 것이었다. 즉 경상도 지역과 전라도 지역 사이에 불공평한 지역 발전 정책으로 인하여 그렇게 되었다는 인식과 영·호남 출신자의 성격차라는 사회 문화적인 요인이 서로 조화되지 않는 한 갈등의 해소는 어렵다는 것이다.(〈표6-29〉참조)

이어서 〈표6-30〉에 제시한 지역 대립 감정이나 갈등의 일곱 가지 변수가 지역 갈등의 해소에 어느 정도 영향력을 발휘하는가를 조사하기 위해 회귀분석을 해 보았다. 회귀분석의 결과는 사회적인 측면에서 "호남지역 출신

〈표6-30〉 지역 갈등의 원인이 지역 갈등 해소에 주는 영향력

		영향력
독립변수	특정지역 출신자들이 서로 상대 지역 출신자의 성격이나 인격에 편견을 갖고 있기 때문이다	0.105
	1960년대 이후 정부가 경제개발정책을 추진하는데 있어 호남지역을 차별적으로 소외하였기 때문이다	0.065
	정당이나 정치가가 선거때마다 지역대립감정을 조장 이용하였기 때문이다	0.182
	오래 동안 영남지역 출신자가 대통령이 되어 권력을 독점하여 호남지역 출신자를 소외하였기 때문이다	0.263
	신문이나 방송 등 매스컴이 특정지역에 대하여 편파적인 보도를 하여 지역대립감정을 갖게 하였기 때문이다	0.203
	영·호남지역 간의 지역 대립갈등은 삼국시대, 고려시대, 조선시대부터 역사적으로 대립하였기 때문이다	0.046
	학교나 사회기관에서 지역 대립 감정을 극복하기 위한 교육적인 노력이 부족하였기 때문이다	0.135
종속변수	지역갈등의 해소 가능성	

(출처) 2010년 5월에 실시한 정치의식 조사의 결과에 의거하여 필자 작성

자에 대한 편파적인 인사를 철폐하라." "매스컴의 편파적인 보도를 금지하라." "지역 갈등을 조장하는 정치가의 발언을 삼가도록 하라. 그렇게 하지 않는 한 지역 대립감정과 갈등의 해소는 어렵다."라고 하는 결론을 얻었다.(〈표6-30〉참조)

요컨대 이상의 일곱 가지 심화 요인을 개선하는 것이 갈등 해소의 방법이라 할 수 있는데 호남인에 대한 인사의 문을 개방하여 많이 등용하고, 매스컴의 편파적인 보도를 철폐하며, 정치인의 각성을 촉구하는 방안밖에 별도리가 없는 것이다.(〈표6-30〉 참조)

제5절 한국 정치와 지역주의의 구도

정치의식 조사를 통하여 한국 지역주의의 사회 문화적인 요인을 파악해 보면 지역주의의 대립은 우리공동체라는 문화적 특질과 깊이 관련되어 있었다는 사실을 확인할 수 있다. 즉 한국 사회의 기본 구조인 우리공동체는 한국인의 사회적 성격의 특징으로서의 공동체성, 저항성, 경쟁성, 분파성, 권위주의적 성향, 상승 지향성, 도덕 지향성 등의 여러 요소와 관련되어 있는 것이다. 이와 같은 한국 지역주의의 사회 문화적 성격은 한국 사회의 구조 자체가 우리공동체를 골간으로 하여 형성되어 있기 때문에 공동체 내부에 공동체성이 조장되기 마련인 것이다. 그리하여 우리공동체라는 문화적 특질로 인해 자기가 귀속된 공동체를 강화할 뿐만 아니라 다른 한편 그 반작용으로 타자에 대한 저항성을 나타내는 것으로 해석된다.

즉 우리공동체의 귀속의식이 자기가 소속된 공동체의 이해관계와 관련된 과제에 대해서는 저항성과 경쟁성으로 바뀌는 것이다. 경쟁사회에서의 패배는 멸망을 의미하는 것이 되기 때문에 우리공동체의 생존을 위해서는 적대하는 타자와 타협하지 않을 수 없고 확대된 새로운 우리공동체를 형성할 필요가 생기는 것이다. 이와 같은 사회적 성격은 유교사상을 배경으로 하여 오랜 역사 속에서 형성된 민족성이었으며 단기간에 변화될 수 있는 것이 아니다. 따라서 한국인의 사회적 성격은 지역주의의 표출과 강한 관련성이 있는 것으로 생각된다.

대통령 선거나 국회의원 선거에서 지역주의가 표출되는 이유는 공동체 의식을 활성화하는 요인에 그 원인이 있다고 생각한다. 역사적으로 볼 때 호남과 영남은 우리공동체 의식을 공유하는 각각의 우리공동체였다고 생각한다. 다시 말하면 자기 지역에 관한 자랑을 함께 한다는 아이덴티티를 공유하고 있었던 것이다.

우리공동체 내부의 사람들도 본시는 남이었기 때문에 서로 저항성을 갖고 있었다. 그러나 우리공동체는 서로 이해관계를 매개로 연대하며 뭉친 집단이기 때문에 공동체 내부의 이익에 관련한 과제에 대해서는 공동체성이 강하게 나타난다. 그와 반대의 경우에는 반작용으로서의 저항성이 강하게 나타난다. 따라서 경제적 이익을 비롯한 여러 가지 과제로 그것이 공동체의 이해와 관련이 있다고 생각하면 우리공동체 의식이 지역 주민들에게 확산되는 것이다. 대통령 선거나 국회의원 선거와 같은 지역의 이해와 직결되는 과제에 대해서는 우리공동체 의식이 민감하게 반응하여 심각한 지역주의 현상으로 표출되는 것이다. 그러나 지역의 이해와 무관한 과제에 대해서는 저항성이 약화되는 경향이 있는데 이것은 충청도 지역의 투표 행동을 보면 알 수 있다.

한국인의 사회적 성격인 저항성은 어느 정도의 자유로운 언론과 정치 공간에서는 표출되는 경향이 있다. 이것은 민주화 이후의 선거에서 지역주의가 표출되었으나 권위주의 시대에는 표출되지 않은 것을 보아도 알 수 있다. 또한 권위주의적인 성향은 표면적으로 순종적인 행태를 보이는데 권위주의 정권 시대에 공동체 형성이 표출되지 않는 사실을 가지고 유추해 볼 수 있다. 그러나 면종복배面從腹背적인 행동 양식과 저항성이 결합되면 폭발적인 변혁을 일으키는 원동력이 된다. G.홉스테드의 분석에 따르면 권력 격차가 큰 정치 시스템의 변경은 혁명 형식으로 일어난다고 하였다.[202] 이것은 조선 시대 말기부터 민중 반란의 역사가 시작되어 식민지 시대의 항일독립운동에 이르는 한국사를 보면 쉽게 알 수 있다.

요컨대 권위주의 정권 시대에 있어서는 공동체 의식의 강화가 민주 대 반민주 구도로 행해져 그 저항성이 4·19혁명으로 폭발하거나 1987년의 민주화운동이라는 형태로도 표출되었던 것이다.

일부 선행연구에서는 지역주의의 발생을 한국 정부의 차별적인 경제정책에 원인이 있다고 보거나 영남지역 우선적인 인사정책에 기인한 연고주의가 그 원인이라 생각하였다. 그러나 이갑윤이 지역주의의 현상을 정치 현상으로 파악해야 한다고 주장한 이후로는 정치가의 작위가 지역주의를 발생시킨 원인이라 보는 견해가 강해졌다. 지역주의는 선거의 투표 행동으로 보아야 하기 때문에 정치 현상으로 보는 것은 당연하다. 투표 행동은 합리적인 판단력을 가진 인간의 행위이며 여러 가지 요인이 복잡하게 얽혀 표출되는 것이다.

미시건 대학의 캠벨 등 연구팀은 종래의 사회학 모델의 문제점을 극복하기 위하여 사회심리학 방법론을 도입하여 소위 미시건 모델(Michigan model)

을 구축하였다. 미시건 모델에서는 심리학적 요인으로서 정당 귀속 의식 (Party identfication), 유권자가 가진 후보자 이미지(Candidate image), 쟁점 태도 (Issue position) 등 개념을 설정하여 설계되어 있다. 서양 사회와 동양 사회의 차이를 나타내는 문화 차원을 G.홉스테드가 발견한 것처럼 미시건 모델을 참고하여 지역주의 표출 모델을 〈표6-31〉에 제시하였다. 심리학적 요인 중 쟁점 태도만이 한국의 투표 행동에서 타당하기 때문에 이를 채택하고 후보자 이미지는 완전히 타당하지 않다고 보기 때문에 후보자의 특성으로 바꾸었다.

제5장에서 한국의 사회 구조를 다중층多重層 구조로 된 우리공동체 구조라 하였다. 학벌, 규벌, 성관, 계층, 지연 등의 사회학적 변수에 의해 여러 가지 우리공동체가 형성되어 각각의 우리공동체는 대항관계를 유지하고

〈표6-31〉 호남지역의 투표행동 모델

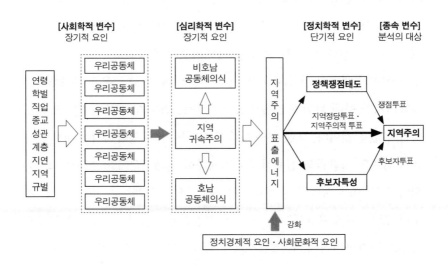

있다. 그리고 우리공동체의 최소단위인 가족의 내부에는 '효'를 중핵으로한 유교적 윤리가 관철되어 있다. 그러나 "사촌이 땅을 사면 배가 아프다."는 격언처럼 가장 가까운 사이인데도 경쟁성이 그 기능을 발휘하고 있는 것이 한국 사회이다. 이것은 한국 사회가 경쟁사회이기 때문에 일어나는 저항성의 표출이며 민주적인 사회경제에서는 평형상태를 유지하면서 여러 가지 우리공동체가 이합집산을 거듭하고 있는 것이다.

이 같은 현상은 어떤 인간사회에 있어서도 이익 추구 집단의 공명혼합체 共鳴混合體(Resoance Hybrid)가 형성되어 움직이고 있는 것이므로 한국 사회에만 특수한 현상이라고 할 수 없다. 그러나 한국 사회의 우리공동체의 특수성은 이해관계와 같은 과제에 대해서는 형태를 바꿀 수 있는 유연한 구조이다. 학벌, 규벌閩閥, 성별姓貫, 계층, 지연 등으로 우리공동체를 구성하고 있으므로 한국의 우리공동체는 다원적인 구성체를 형성하고 있는 것이다. 국정 선거의 경우는 우리공동체 의식이 확대하여 지역 귀속으로까지 승화하여 우리공동체를 형성하고 있는 것이다.

지역주의와 관련해서 생각한다면 지역 귀속 의식은 영호남 각각에 공동체 의식을 양성하여 지역주의 표출 에너지로서 축적되어 갔다. 따라서 민주화 이전의 대통령 선거나 국회의원 선거에서도 지역 갈등은 존재했다고 생각되지만 눈에 보이지 않을 정도여서 주요 변수가 되지 못했다고 해도 상관이 없을 것이다. 오랜 역사 속에서 양성되어 온 영남지역에 대한 반감은 호남지역 사람들의 심층심리에 잠재하여 피해의식이란 형태로 고정화되어 왔다. 또한 다양한 경험치들 가운데 필요한 사례들을 누적시키는 가운데 호남지역 사람들에 대한 편견과 선입견이 영남지역 사람들의 잠재의식으로 고착화되어 갔다. 호남지역과 영남지역 간의 지역 갈등 원인은 여러 가지 요인이 복잡하게 얽혀 다차원적 모델을 형성하였다. 정치의식 조사에서 호남지역 사람들은 지역주의의 원인을 차별적인 경제 정책 때문이라 생각하는 사람이 많으나 이것이 현실적으로 드러나게 되는 데에는 전통적인 호남인들의 피차별 의식이 발화 요인이 되고 있다는 점도 간과해서는 안 된다고 생각한다. 반면에 영남지역에서는 호남지역에 가해진 차별과 그로 인한 피해의식은 애써 무시하고, 그에 따른 투표 행동의 편재화 현상이라는 결과만을 두고 역으로 영남지역에서의 지역주의적인 투표 행동을 정당화하는 논리를 내세운다. 물론 경제 지표상 호남지역이 차별 받은 사실은 분명하지만, 그것이 오직 호남지역에만 집중되었다고 볼 수 없는 측면도 있기 때문이다. 즉 인구 규모가 비슷한 충청도 지역과 호남지역은 국내총생산이나 부가가치액에 있어서도 서로 비슷하다. 그러나 충청도에서는 호남지역에서 볼 수 있는 명확한 지역주의가 발견되지 않는다.

이러한 점들을 종합적으로 고려해 볼 때, 현재 한국사회에서 문제가 되는 지역주의는 현상적으로 호남지역이 영남지역에 대해 갖고 있는 잠재적인 경쟁심의 표출의 결과라 할 수 있다면, 그 이면에서 이러한 경쟁심을 조장한 영남지역에서의 변수가 작용하고 있다고 해석해도 무리가 아닐 것이다.

이를 좀더 세부적으로 살펴볼 수 있다. 극단적인 사회 현상이 일어나기 위해서는 여러 가지 요인으로 형성되는 폭발적인 작용 에너지가 있다고 가정할 수 있다. 따라서 지역주의의 경우에도 그런 에너지가 있다고 생각되는 것이다. 지역주의 표출 에너지를 크게 키우는 데 역할을 담당한 것이 정치적·경제적 요인이었고 사회 문화적 요인이기도 했던 것이다. 그 중에서도 가장 큰 역할을 담당한 것이 경제 발전 정책이 차별적으로 행해졌다는 것이 상식이지만, 본서의 조사 결과에 따르면 여기에는 좀 다르게 볼 여지가 없지 않다. 국가의 경제 발전을 전체적으로 생각할 때, 발전 정책 집행 초기 단계에서 특정 지역을 중점적으로 개발한다는 것은 전략적으로 채택할 수 있는 방법이며 그 결과로써 한국은 성공적으로 경제 발전을 할 수 있었던 것이다. 그 기간 호남지역의 경제 규모도 확실히 확대되어 지역주민의 소득이나 생활 수준이 향상되었다. 그럼에도 불구하고 호남지역 사람들이 지역주의의 원인을 차별적인 경제정책 때문이라 생각하는 경향이 강하다는 것과 영남지역과 호남지역의 경제 발전의 정도가 상대적으로 그 격차가 심해져 왔기 때문이라는 점, 그리고 그 격차에 대한 체감 정도는 실제보다 훨씬 더 크다는 점이 금번 정치의식 조사에서 밝혀진 것이다.

〈표6-32〉는 1인당 총생산액의 전년도 대비 신장률을 정리한 것이다. 호남지역과 영남지역을 비교하면 2002년, 2005년, 2007년, 2008년에 호남지역이 영남지역을 상회하고 있다. 영남지역이 호남지역보다 상회하고 있던 연도를 보더라도 그리 격차가 심하지 않았고 호남지역은 순조롭게 경제 발전을 하고 있다. 특히 2002년, 2005년, 2007년, 2008년에는 1인당 총생산액의 전년도 대비 신장률이 전국에서 가장 높았다.

〈표6-33〉은 지역별 1인당 부가가치액의 전년도 대비 신장률을 나타낸 것이다. 〈표6-32〉에서 보여준 지역별 1인당 총생산의 신장률과 1인당 부가가치액의 전년도 대비 신장률과 같이 1인당 부가가치액의 전년도 대비 신장률에 있어 호남지역이 착실히 경제 발전을 하고 있다.

특히 2002년, 2005년, 2007년에서는 전국 제1위의 신장률을 보이고 있다. 이와 같은 경제 실태에도 불구하고 호남사람들이 지역주의의 원인을 차별적인 경제정책이라 생각하고 있는 것은 초기에 형성된 경제적 격차와 그로부터 누적적으로 만들어진 사회적 격차 그리고 그에 따라 역사적으로

<표6-32> 지역별 1인당 총생산 전년대비 신장률

	수도권	영남지역	호남지역	충청지역	기타
2001년	6.84%	8.05%	6.86%	4.41%	5.30%
2002년	10.74%	9.70%	12.01%	11.14%	10.03%
2003년	4.47%	7.24%	6.67%	9.68%	10.15%
2004년	4.34%	10.08%	9.75%	9.41%	5.52%
2005년	3.80%	4.84%	7.60%	5.01%	3.61%
2006년	5.06%	4.02%	3.23%	5.86%	4.44%
2007년	6.48%	7.99%	9.90%	6.79%	8.12%
2008년	2.23%	7.83%	9.08%	3.99%	2.43%

(출처) 한국통계청경제통계국(http://kostat.go.kr/portal/korea/index.action)

<표6-33> 지역별 1인당 부가가치액의 전년 대비 신장률

	수도권	영남지역	호남지역	충청지역	기타
2001년	7.00%	8.16%	7.11%	4.25%	5.08%
2002년	10.05%	7.87%	10.06%	10.34%	8.96%
2003년	4.23%	8.33%	7.61%	8.53%	10.51%
2004년	5.65%	10.45%	10.37%	8.83%	5.39%
2005년	3.75%	5.66%	8.47%	5.53%	4.90%
2006년	4.83%	4.04%	3.82%	6.41%	4.51%
2007년	6.39%	8.14%	8.81%	7.16%	8.28%

(출처) 한국통계청경제통계국(http://kostat.go.kr/portal/korea/index.action)

형성된 호남지역 사람들의 피해 의식이 여전하기 때문이라고 생각한다. 즉
역사적으로 형성된 경제적 격차보다 그에 따르는 사회적 격차와 그것이 주
요인이 되는 피해의식을 불식하기란 매우 어려운 일이어서 사회 문화적 요
인을 지역주의의 표출 요인에서 완전히 배제하기 어려운 것이다. 지역주의
표출의 에너지가 축적되는 것만으로 지역주의가 표출되는 것이 아니다. 정
치적인 정책 대립은 크게 유권자의 투표 행동을 규제하며 후보자의 성격이

나 외견적인 이미지 등 후보자 개개인의 특성에 기인하는 여건도 투표 행동에 영향을 준다.

예를 들면 김대중의 호남지역에서의 극단적인 득표율은 후보자 특성이 크게 영향을 준 좋은 사례이다. 제16대·제17대 대통령 선거에 있어서 김대중의 득표율을 상회하는 득표율을 보인 후보자나 지역은 없다. 이것을 보더라도 후보자의 특성이 투표 행위에 크게 작용하는 것은 분명한 것이다. 김대중의 민주화 투사로서의 카리스마가 호남지역에서 신화화되어 있고 앞으로도 김대중을 능가하는 후보자가 나타나기는 어려울 것이다. 그러나 개인의 카리스마를 지역주의의 원인이라 생각할 수 없다. 광주광역시의 득표율을 생각해 볼 때 제15대 대통령 선거 때의 김대중의 득표율은 97.3%, 제16대 대통령 선거 때의 노무현의 득표율은 95.2%로서 겨우 2.1%의 격차밖에 없었다. 카리스마라는 관점에서 볼 때 김대중과 노무현은 비교할 수 없는 처지어서 노무현이 김대중의 카리스마 보조역을 한 것을 알 수 있다.

물론 노무현은 김대중의 후계자로서 자리매김되어 호남지역에서 지지를 얻은 것이라고 할 수 있다. 노무현이 영남 출신이기 때문에 호남지역에서의 득표에는 한계가 있었을 것이다. 그러나 노무현의 호남지역에서의 득표율은 김대중보다 불과 얼마 떨어지지 않는 압도적인 지지를 받았다. 즉 제16대 대통령 선거의 호남 지역 유권자의 투표 행동은 지역주의의 해명에 중요한 소재를 제공하고 있는 것이다. 역사적인 측면에서 지역 갈등이 지역주의의 원인이라 한다면 제16대 대통령 선거의 결과에 대한 설명이 어려워진다. 이 사실은 역사적으로 형성된 호남지역과 영남지역의 지역 갈등이 지역주의의 직접적인 원인이 될 수 없고 역사적인 요인은 지역주의 문제의 부차적인 요인이란 사실을 시사하고 있는 것이다. 다만 역사적인 요인을 부차적인 성격이라고 규정하는 것이, 제16대, 17대 대통령 선거가 혁명적 상황을 제외한 선거를 통한 방법으로서는 역사상 최초의 '여야의 정권교체'와 '지역적 정권교체'였다는 중요성과, 그로 인해 비로소 지역주의의 에너지가 약화될 계기가 마련되었다는 중요성을 과소평가하는 것은 아니다.

　제17대 대통령 선거의 결과는 지역주의 문제의 본질이 호남지역과 영남지역 유권자의 투표 행동의 특수성에 있다는 것을 잘 보여주었다. 따라서 양 지역의 투표 행동을 동역학적인 모델로 검토하지 않으면 안 되는 것이다. 즉 지역주의의 원인을 단일 원인에 집약하지 말고 시스템으로 파악하여야 한다는 것을 암시하고 있는 것이다. 〈표6-31〉에 지역주의의 표출 모델을 제시한 것은 이상과 같은 이유 때문이다. 제16대 대통령 선거에서 노무현이 호남지역에서 높은 득표를 하게 된 것은 호남지역 사람들이 노무현을 우리공동체 의식을 공유하는 호남 공동체에 수용하였다는 것을 의미하며, 동시에 노무현은 영남지역 사람들에게 심하게 말해서 배신자로서 낙인이 찍히게 된 것이다.

종 장

————

본서는 한국의 지역주의를 하나의 정치 현상으로 파악하는 것을 전제로 하고, 지역주의가 표출된 원인과 메커니즘을 검증하는 것을 목적으로 집필되었다. 즉 영남지역과 호남지역 간에 존재하는 지역 갈등이 1987년 민주화 이후의 선거에서 보다 극적으로 표출되었는데 그 원인을 설명하는 것이 이 책의 목적이다. 그 때문에 이 책은 선거 결과 속에 나타난 지역주의 현상을 필자가 독자적으로 실시한 정치의식 조사에 의거하여 분석하고 영남지역과 호남지역 간의 지역 갈등의 실태를 정치·경제·사회문화라는 세 측면에서 실증적으로 분석해 보았다.

종 장

1987년 6·29선언 이후 한국 정치사회에서 가장 큰 과제로 떠오른 문제는 지역주의였다. 여러 가지 정치 상황의 변화 속에서 선거 때마다 쟁점이 다르고 또 그 성격도 달라졌으나 국정 선거에 일관되게 표출된 것은 지역주의 현상이었다. 즉 특정 지역을 배타적인 지지 기반으로 하는 정당이 각종 선거에서 당해 지역 출신자의 표를 독점적으로 모아 주는 것이 지역주의인데 이 현상이 모든 국정 선거에서 표출되었던 것이다. 1990년대 이후 여러 분야에서 이러한 지역주의 현상에 대한 논증이 시도되었으나 현재까지 지역주의 현상을 정확히 파악하지 못하고 있는 것이 현실이다.

본서는 한국의 지역주의를 하나의 정치 현상으로 파악하는 것을 전제로 하고, 지역주의가 표출된 원인과 메커니즘을 검증하는 것을 목적으로 집필되었다. 즉 영남지역과 호남지역 간에 존재하는 지역 갈등이 1987년 민주화 이후의 선거에서 보다 극적으로 표출되었는데 그 원인을 설명하는 것이 이 책의 목적이다. 그 때문에 이 책은 선거 결과 속에 나타난 지역주의 현상을 필자가 독자적으로 실시한 정치의식 조사에 의거하여 분석하고 영남지역과 호남지역 간의 지역 갈등의 실태를 정치·경제·사회문화라는 세 측면에서 실증적으로 분석해 보았다.

제1장은 한국이 일제 식민 통치에서 해방된 후 여러 차례 헌법 개정을 통하여 통치 기구와 선거제도를 고치면서 착실히 민주국가로의 길을 밟았다는 점을 간략하게 살펴보았다. 특히 그 60년의 역사를 헌법 개정이라는 측면에서 정리하여 지역 갈등이 지역주의로 성숙하는 과정을 분석한 것이다. 먼저 제1절에서는 해방 후 3년 만에 대한민국 헌법이 제정되어 1987년의 제9차 헌법 개정에 이르기까지 약 40년간 아홉 차례나 헌법 개정을 실시한 역사를 개관하였다. 제2절에서는 대한민국 헌법 제정 과정을 해설하였으며 제3절에서는 혼란기의 문민정권 하에서의 헌법 개정 실태를 살펴보고 권력자의 자의적인 의도로 통치 제도와 선거제도가 변경된 역사를 살펴보았다. 제4절에서는 제2공화국이 붕괴된 후 군사정권 시대의 헌법 개정 과정을 살펴봄으로써 권력자가 권력 유지를 위하여 국민의 직접선거제도를 폐지하여 간접선거제도를 도입한 자초지종을 설명하였다.

제2장은 대통령 선거에 초점을 맞추어 지역주의가 한국 정치에서 어떻게 나타나고 심화되어 왔는가를 시계열적으로 검토하였다. 제1절에서는 권위주의 정권 시대의 대통령 선거 결과를 정리하여 지역주의의 특징을 파악하였다. 독재정권 하의 선거 결과에 의하면 민주화운동이 전개되는 가운데 기존의 지배 정당이 정치적 목적으로 쟁점화한 지역주의가 의도적으로 조장된 사실을 확인할 수 있었다. 제2절에서는 민주화 이후의 선거 결과에 의거하여 지역주의의 심화 실태가 어떠하였는가를 파악하였다.

특히 민주화 이후의 대통령 선거에서는 각 지역별 지배적인 정당의 의도와는 관계없이 유권자의 자발적인 의식 속에 지역주의가 내재하고 있었다는 사실이 여실히 나타나고 있다. 제3절과 제4절에서는 지역주의 문제가 그렇게 많이 거론되지 않았던 제16대 대통령 선거와 제17대 대통령 선거였지만 이에 관하여 따로 절을 설정하면서 상세히 분석하였다. 그 결과로 미루어 볼 때 선거가 거듭될수록 지역주의 현상은 여전히 없어지지 않고 현재화되고 있었다는 것을 확인하였다.

제3장은 국회의원 총선거의 결과를 가지고 지역주의 현상을 검토하였다. 제1절에서는 권위주의 정권 시대의 지역주의 현상을 파악하였다. 이 시기에 대해서는 대도시권에서 민주적 경향이 강한 야당 세력이 우세하고 농촌 지역에서는 보수적인 경향을 가진 여당 세력이 우세하였다는 이른바 여촌야도의 정치 상황을 파악하였다. 제2절에서는 민주화 이후에 실시된 제13대 국회의원 총선거부터 2008년에 실시된 제18대 국회의원 총선거까지의 선거 결과와 그 실태를 파악하였다. 선거 결과의 분석을 통하여 민주화 이후의 모든 국회의원 선거에서 지역주의가 뚜렷이 나타나고 있다는 사실을 파악하였다. 호남지역에서는 전라도를 기반으로 한 지역 정당이 압도적인 강세를 보인데 반하여 영남지역에서는 경상도를 기반으로 한 지역 정당이 압도적인 강세로 의석을 차지하는 경향을 모든 선거에서 파악할 수 있었다.

즉 국회의원 선거에서 극단적인 편재화 현상은 지역주의가 후보자의 카리스마나 개인적인 특성 요인을 초월한 문제라는 것을 의미하였다. 미국에서는 대통령제 하에서 공화당과 민주당의 양대 정당제가 확립되어 있어 정당 귀속의식이 유권자의 투표 행동에 크게 영향을 주는 것으로 알려지고 있다. 그러나 한국의 정당은 선거 전략의 관점에서 이합집산을 되풀이하고 있었다. 그래서 선거가 실시될 때마다 정당 이름을 바꾸고 정당구성원이 정당을 옮기는 것이 다반사였으니 이런 현실에서 볼 때 유권자나 후보의 정당 귀속의식이라는 것은 문제가 되지 않았던 것이다. 즉 한국 정당의 경우에는 특정 지역을 대표하는 지역 정당으로서의 성격이 강하기 때문에 정당 귀속의식이라는 개념이 없고 지역 대표적 정당이라는 성격이 강하다는 사실을 선거 결과를 통해 잘 파악할 수 있었다.

제4장은 필자가 2010년 5월에 실시한 정치의식 조사의 결과를 가지고 실증적인 분석을 시도하였다. 지역주의를 정치적·경제적 측면에서 검토하는 것을 목적으로 하여 설정한 여러 가지 설문에서 나온 답변 결과를 도표로 정리하여 분석하였다. 제1절에서는 주로 지역주의의 경제적 요인을 들어 거론하였다. 금번의 정치의식 조사의 결과 유권자의 80% 이상이 특정 지역에 차별적인 경제 정책이 시행되었다고 생각하고 있었고, 수도권과 영남지역이 특히 우대되었다고 생각하였다. 경제 규모로 보면 수도권이 압도적으로 크고 다음으로는 영남지역이 컸고 그 다음이 호남지역과 충청도인데 인구 경제지표상으로는 같은 수준이었으나 지역주의의 요인으로서의 영향력 면에서는 달랐다. 특징적인 것은 호남지역과 충청도 지역 사람들이 영남지역을 가장 우대받은 지역으로 생각한 점이다.

그러나 유권자의 경제적인 요인에 관한 인식이 지역주의의 원인이라고 한다면 호남지역에서는 지역주의가 극단적인 형태로 표출되었으나 충청도 지역에서는 왜 그것이 표출되지 않았는지 아무도 설명하지 못하고 있었던 점을 주목해 볼 필요가 있다. 따라서 경제적 요인은 지역주의의 보강 요인으로서는 인정할 수 있기만 또 다른 발화 요인의 검토가 필요하다는 것을 시사하고 있는 것이다. 제2절에서는 지역주의에 대한 정치적 측면으로부터의 접근을 시도할 목적으로 정치의식 조사의 정치적 요인 분석을 실시하였다. 그 결과 지역주의의 원인으로 선거에 임하여 정치인들이 지역 대립 감정을 조장하였다고 꼽고 있는 국민이 과반수에 달했다는 것을 확인하였다. 또한 거의 모든 한국인은 지역 대립 감정이 있다고 인식하고 있고 그것이 여러 가지 부수적 요소들과 결합되면서 지역 대립 감정을 유발하는 원인이 되고 있다고 생각한다는 사실을 확인하였다.

제5장은 지역주의의 사회 문화적인 요인에 관하여 분석하였다. 제1절에서는 2010년 5월에 실시한 필자의 정치의식 조사의 결과를 가지고 사회 문화적인 측면에서 지역주의에 관한 실증적인 분석을 시도하였다. 정치의식 조사에서는 지역 갈등에 관한 다양한 설문을 마련하여 다각적인 분석이 가능하도록 했다. 그 결과 한국인은 영남지역 사람들에게 우호적인 감정을 갖고 있다는 사실과 전라도 사람에게는 비우호적인 감정을 갖고 있다는 사실을 확인하였다. 또한 두 지역 사람들이 서로에 대해 갖고 있는 이미지에 대하여 여러 가지 질문을 설정하여 분석해 보았다. 정치의식 조사의 결과를 종합해 볼 때 영남지역 사람들은 호남지역 사람들에게 부정적인 감정을 갖고 있다는 일반적인 경향을 확인하였다.

그리고 지역 갈등이 형성된 원인을 오랫동안 영남지역 출신 대통령이 나와서 권력을 독점하여 호남지역을 소외시킨 탓이라 생각하는 사람이 호남지역 사람 가운데 많다는 사실도 파악하였다. 이러한 결론에 비추어 볼 때 호남지역의 피해의식이 지역 갈등의 한 원인이 되었다는 분석도 가능하다. 다만 그러한 피해의식의 선행 요인에 대한 분석을 결여해서는 안 될 것이라는 점도 지적하였다. 제2절에서는 한국의 사회 공간에 있는 우리공동체라는 한국 특유의 사회 구조가 어떻게 형성되었는가를 정치이론적 틀에서 검토하였다. 제3절에서는 지연, 혈연, 학연 등을 통한 사적인 네트워크가 이해관계와 강하게 결합하여 우리공동체 구조에 어떤 영향을 주는가를 논하였다.

한국인의 사적 인간관계의 네트워크는 지도자 계층과 민중의 상호작용 하에서 역사적으로 형성된 것이며 권력에 의하여 수탈과 대립 경쟁하는 가운데 자기 생활의 안전을 지키면서 자기 이익을 실현한 상승 지향성의 기반으로 기능하였다는 것을 확인하였다. 제4절에서는 한국 특유의 귀속 조직인 우리공동체가 스스로의 권리를 획득하고 유지하는 가운데 생긴 경쟁 사회의 구도에 관하여 설명하였다. 즉 2010년 5월에 실시한 정치의식 조사의 자유 기술 내용 가운데 기재된 내용을 분석한 결과 전통적 문화에 기인한 경쟁성이 한국 사회에 깊이 정착하고 있다는 사실을 확인하였다.

제6장은 한국 지역주의의 특징과 표출 원인을 검토하는 것을 목적으로 하였다. 제1절에서는 선행연구의 문제점을 지적하여 선행연구의 한계를 검토하였다. 지역 간의 경제 격차가 지역주의의 원인이라는 견해에 나름대로의 설득력이 있다는 것은, 금번에 실시한 정치의식 조사를 통하여 많은 사람들의 인식이 그렇다는 것을 확인하였다. 그러나 많은 유권자들이 지역주의의 원인이 양 지역의 경제적 격차 문제 때문이라 대답하였으나 이러한 실질적인 인식과는 별개로, 호남지역과 영남지역에 한정하여 지역주의가 표출된 이유로 경제적 격차를 거론하는 것은, 경제 발전의 지표상으로만 보면 한계가 있다는 점을 지적할 수 있었다. 경제 통계를 참고해 보면 영남지역과 호남지역에만 한정적으로 지역주의가 표출된 데 대하여 설득력이 있는 설명이 이루어지지 않았다는 결함이 발견되는 것이다.

즉 표면적으로는 지역주의가 경제 이익을 둘러싼 지역 대립처럼 보이지만 그 전제로서 역사적인 지역감정이 있었다는 것을 무시하면 안 된다고 생각한다. 또한 전통적으로 축적된 지역 차별의 감정이 지역주의의 한 원인이라는 심리학적 접근이 있는데 최근에는 인지심리학의 성과를 받아들여 분석되고 있다. 그러나 지역주의라는 것이 어디까지나 정치적인 현상이라는 점을 간과하고 있어서 호남지역에서 왜 유권자의 극단적인 투표 행위가 나왔는지를 설명할 수 없는 것이다. 그리고 또 정치 엘리트의 편재적인 인사 배치에 관해서도 단순한 통계 숫자적인 유희만으로는 설명 근거로서 박약하다는 비판을 모면할 수 없다. 이승만 정권부터 김대중 정권 때까지의 행정 엘리트의 통계를 비교해 보면 절대 수로는 영남 우위의 결론을 얻을 수 있으나 인구비를 생각하면 그 격차는 그렇게 결정적인 것이 아니라는 반론이 제기될 소지가 있다.

한국 사회는 연고주의에 강한 나라이므로 정권 담당자의 지역 출신자가 우대되는 것은 부인할 수 없는 실상이라고 할 수 있는 측면이 있다. 다만 그것이 지역주의의 핵심적인 원인이라 생각하는 것은 논리의 비약이다. 영남지역이 인사 면에서 우대되고 있다는 것이 막연한 감각만으로 판단하기 어렵고 또 호남지역의 모든 유권자가 통계적인 수치를 파악하여 분석하여 이 사실을 알고 있다고 생각할 수도 없다. 불공평한 인사 배치는 경제 발전에도 관련이 있기 때문에 지역주의의 표출 요인이 아니라고 단언하기는 어렵지만, 그 영향은 지금까지 막연하게 생각해 오던 것보다는 극히 한정적인 것이거나 다른 변수를 매개로 했을 때만 유의미한 요인으로 작동하는 것으로 보아야만 보다 합리적인 정합성을 갖추게 된다는 말이다. 그러한 조건 하에서 불공평한 인사 배치는 지역주의를 심화시키는 부차적 요인으로 거론될 수 있을 것이다.

제2절에서는 법제적인 요인 분석이라는 관점에서 통치 제도와 지역주의

와의 관련성에 대하여 검토해 보았다. 아시아바로미터의 연구 성과를 이용하여 한국인이 권위주의적인 정권을 지향하는 경향이 있다는 것을 보여주고, 민주주의적인 국민 직접선거라는 제도 자체가 지역주의를 활성화하는 원인의 일부라는 사실을 보여주었다. 제3절에서는 지역주의의 배경 요인에 대해 검토해 보았다. 민주화 이후의 선거에서 지역주의가 표출된 배경을 탐색하고 정태적인 요인을 추출하는 것만으로는 지역주의를 설명하기 어렵다는 사실을 알고 이를 지적하였다.

제4절에서는 금번 실시한 정치의식 조사의 결과를 가지고 회귀분석의 방법으로 지역주의의 원인 분석을 시도하였다. 정치 현상이란 지배와 복종의 관계 속에서 인간의 다양한 신념과 가치관이 만들어 낸 투쟁의 과정이라고 할 수 있다.

따라서 인간의 가치관이나 신념을 형성하는 사회심리학적 측면도 간과할 수 없는 것이다. 이 같은 관점에 사회 문화적인 측면으로부터의 접근이 필요불가결하다고 생각하여 정치의식 조사 결과에 회귀분석 방법을 가미하여 분석해 보았다. 금번 실시한 정치의식 조사의 결과 지역주의 현상을 설명하는 데는 여러 가지 요인이 동역학적으로 작용한 정치 현상이라는 사실을 승인하는 것이 필요하다는 점을 확인할 수 있었다. 그 결과 1) 불균등한 경제 정책, 2) 양 지역 사람들이 갖는 부정적 감정, 3) 정치인의 선동이 지역 갈등의 원인으로서 큰 비중을 차지하고 있다는 사실 등을 알았다.

제5절에서는 지역주의의 표출 메커니즘을 제시하고 지역주의의 표출 메커니즘을 모델화하여 해설해 보았다. 지연, 혈연, 학벌, 성관 등의 여러 가지 사회학적인 변수가 우리공동체를 형성하는 촉매 기능을 담당하고 평형 상태에 있는 다원적인 우리공동체의 다중구조는 특정한 과제 해결을 위한

지역 귀속의식을 환기하는 것이다. 즉 지역 대립이 과제가 되는 경우 지역 귀속의식이 강화되어 지역주의 표출 에너지가 축적된다. 지역주의 표출 에너지가 정책 쟁점 태도에 작용하면 쟁점 투표를 유발하고 후보자 특성에 작용하면 후보자 투표를 유발하는 것이다. 그러나 가장 영향력을 발휘하는 것은 지역주의 표출 에너지가 직접 지역주의적 투표 행동에 작용하는 경우 이다. 이와 같이 지역주의를 정태적으로 파악하는 것이 아니라 동역학적인 시스템으로 이해함으로서만이 지역주의의 본질을 이해할 수 있다는 것을 확인하였다.

책을 마치면서

이 책을 내는 데 있어서 많은 분들의 도움을 받아 무사히 책이 나온 것을 매우 감사하게 생각합니다. 한마디로 말해서 감개무량합니다. 돌이켜 보면 한국어를 기초부터 배워 한국 사회와 한국 정치에 관하여 약간의 지식을 얻어 이 책을 내게 되기까지 20년이란 세월을 보냈습니다. 이전부터 21세기는 아시아의 시대가 된다는 확신을 갖고 여러 아시아의 언어를 배우다가 가장 빨리 한국어를 습득하였다는 단순한 이유 때문에 여러 문헌을 읽고 한국의 역사와 정치에 관하여 소론을 발표하여 왔습니다. 한국 정치에 초점을 맞추어 연구를 진행하다 보니 대통령 선거라든지 국회의원 선거에서 유권자들의 투표 행동에 특이한 점이 있다는 사실을 발견하고 흥미를 느꼈습니다. 현실적으로 나는 일본에서 중의원 선거라든지 참의원 선거 등 여러 선거를 체험하였기 때문에 한국에서 볼 수 있는, 선거 결과가 지역주의에 의해 크게 영향을 받는 현상에 특별히 관심을 갖게 되었고 이것이 이 책을 쓰게 된 단순한 동기가 되었습니다.

이 책의 특징으로서 들 수 있는 것은 전국 규모의 정치의식 조사를 시도하여 지역주의의 문제를 검토하였다는 사실입니다. 공적 기관의 지원 없이 개인의 힘으로 정치의식 조사를 한다는 것은 매우 어려운 일이었으나 여러 방면의 여러 분들이 물심양면으로 도와주셔서 무사히 일을 마치게 되었습니다. 필자의 정치의식 조사가 어느 정도 성공하였는가 하는 것은 금후의 연구자들이 논평하기에 따를 수밖에 없습니다. 정치의식 조사의 결과는 지역주의의 문제가 한국 특유의 정치 문화와 밀접하게 관련되어 있었다는 사실을 시사하여 주었고, 또 선행연구가 보여주었듯이 결코 특정한 요인에만 돌릴 문제가 아니라 다원적으로 연구하여야 할 문제라는 것을 재삼 확인하게 해 주었습니다. 따라서 한국 특유의 정치 문화를 형성하여 온 요인이라 할 한국인의 사회적 성격을 추출하여 필자 나름의 분석을 시도했고 이 점에 이 책의 특징이 있다고 감히 말하고 싶습니다.

특히 우리공동체라는 용어를 제시하여 한국인의 사회적 성격을 논하였다는 점에 큰 특징이 있다고 생각합니다. 한국 문화를 이해하기 위해서는 한국 성리학에 대한 식견이 불가결하며 퇴계 이황이라든지 율곡 이이 그리고 다산 정약용과 같은 대유학자의 언설을 이해하여야 하였습니다. 그러기 위해서는 주자朱子의 『대학장구』大學章句의 숙독이 필요하였습니다. 교토대학京都大學의 오구라기조小倉紀藏 준교수准教授는 한국을 일종의 철학공간哲學空間이라고 지적해 주셨는데 정말 동감이 되는 지적이었습니다. 즉 한국인의 사회적 성격의 형성 과정에 있어서 한국 성리학은 큰 역할을 담당하였던 것입니다.

한국 유권자의 투표 행동으로 표출된 지역주의의 문제를 해명하려고 하는 저의 목적의식이 곧 한국문화론의 문을 두들기는 계기가 되었습니다. 그 나라를 이해하기 위해서는 그 구성원인 국민에 대한 이해가 필수불가결할 것입니다. 따라서 한국문화론을 논하는 한 방법으로서 한국인의 사회적 성격을 분석하고 이해하는 데 일조가 되리라 믿습니다. 최근 들어 급격하게 변모하는 동아시아 국제정세로 보더라도 일본과 한국과의 상호이해는 매우 중요한 일일 것입니다.

이 책에서는 우리공동체 의식이란 용어를 사용하여 한국인의 사회적 성격을 분석하고 있습니다. 그러나 이 부분에 관해서는 그것이 시론적인 성격을 가진 것이므로 금후에 여러 면에서 검토해 나가야 하리라 믿고 있습니다. 특히 한국인의 사회적 성격의 형성 과정에 대해서는 한층 더 깊이 연구하여 글을 써야 할 것입니다.

이 책을 집필하는데 있어 많은 분들에게 감사의 말씀을 드려야 할 것 같습니다. 첫째 와세다대학早稻田大學의 고바야시 히데오小林英夫 교수는 천학비재한 필자에게 장기간에 걸쳐 지도를 아끼지 않으셨습니다. 비단 학문적인 면에서뿐만 아니라 심지어는 문장 표현의 미세한 부분에 대해서까지 자상하게 지도를 해 주셨습니다. 특별히 감사의 말씀을 드리지 않을 수 없습니다. 또한 와세다대학의 고토 겐이치後藤乾一 교수, 무라야마 에이키村嶋英治 교수 도쿄경제대학의 하시야 히도시橋谷弘 교수에 대해서는 마음으로부터 감사의 말씀을 드립니다. 특히 하시야 히도시 교수는 정치의식 조사의 질문사항 작성 때 바쁘신 공무에도 불구하시고 많은 시간을 할애하여 주셨고 많은 귀중한 지적을 해주셨습니다. 정치의식 조사의 성패는 질문사항의 내용에 따라 좌우되는 것은 두말할 나위가 없습니다. 만일 이 책의 정치의식 조사가 일정한 평가를 받게 된다면 오로지 그 공은 하시야 히도시 교수에게 돌아가야 할 것입니다. 물론 조사 결과에 관한 모든 책임은 필자에게 있습니다.

한국에서도 여러분에게 폐를 끼쳤습니다. 서울대학국제대학원의 김현철金顯哲 교수에게는 사회조사에 관하여 귀중한 도움 말씀을 받았으며, 마크로게이트의 최정택 사장을 소개 받았습니다. 또한 김현철 교수의 조수를 맡고 있는 대학원생들이 여러 가지 자료 수집에 협력하도록 허락해 주셨습니다. 거듭 감사드립니다. 한국사 연구로 저명한 한국학중앙연구원의 박성수 명예교수와는 몇 번이고 자리를 같이 하여 귀중한 의견을 청취하였습니다. 자택 가까운 불광동까지 나오셔서 장시간에 걸쳐 선생님의 강의를 들려주시는 것은 행운이었습니다. 또한 선생님의 귀중한 자료를 대여해 주시어 큰 도움을 받았습니다. 또 이 자리에서 성함을 말씀드릴 수 없으나 한국의 많은 분들로부터 도움을 받았습니다. 그 분들의 도움이 없었다면 도저히 이 책이 완성되지 못했을 것입니다. 이 자리를 빌려 감사드립니다.

동학(천도교)에 관한 기술에 있어서는 현재의 천도교 교단의 간부 되시는 많은 분들에게 폐를 끼쳐 드렸습니다. 매일같이 서울 안국동에 있는 천도교중앙총부에 출근하다시피 한 것은 지금 생각하면 좋은 추억거리가 되었습니다. 뒷날 천도교 간부들에게서 들은 이야기인데 빈번하게 찾아오는 필자를 처음에는 일본에서 온 간첩으로 생각했다고 해서 놀랐습니다. 동학사상에서 천도교 교단 내부 사정까지 샅샅이 질문하였으니 교단 간부들로서는 당연한 일이었다고 생각합니다. 그러나 연구의 취지를 이해한 뒤에는 언제 방문하여도 매우 협력적으로 맞아주었습니다. 동학사상에 대한 이해가 깊어지면서 19세기 말에서 20세기 중엽에 걸쳐 동학과 천도교가 해 온 역할이 얼마나 컸는지에 대해 재인식하게 되었습니다. 동학사상에 대한 일본인 연구자는 극히 한정되어 있어서 금후에는 이 분야에 관한 연구가 많이 진전되기를 바랄 뿐입니다. 천도교 관계자 중에서도 특히 정정숙 교화관장에게는 정말 큰 폐를 끼쳤습니다. 또한 현 임운길 교령님, 김동환 전 교령님께서는 필자가 천도교중앙총부에서 연구 및 조사 활동을 할 때 여러 가지 편의를 제공해 주셨습니다.

다음으로 2010년 5월에 실시한 정치의식 조사에 관해 설명드려야 하겠습니다. 정치의식 조사에 성공하기 위해서 금번 조사를 와세다대학早稻田大學 아시아연구기구의 이름으로 실시했는데 여기에는 와세다대학 아시아연구기구의 기관장이신 오구시마 다까야스奧島孝康 선생의 배려가 결정적인 역할을 했습니다. 원래 계획대로라면 서울대학과 와세다대학 공동명의로 하고 싶었으나 개인적인 연구 목적의 사회 조사라 하여 서울대학 측에서 허가하지 않았습니다. 실제 조사는 한국의 유력한 조사회사인 마크로게이트 사에 의뢰하기로 하여 사전 타협을 위하여 여러 차례 한국을 방문하여 질문 사항의 순서와 내용에 관하여 상세한 검토를 거듭한 것이 좋은 기억으로 남아있습니다. 또한 매번 협의하는 데 도움을 주기 위하여 일본에서부터 참가하여 주신 윤경훈尹敬勳 준교수에게 거듭 감사드립니다. 동시에 끈기 있게 필자의 요구사항에 귀를 기울여 주신 최정택 사장에게 감사드립니다. 또한 금번 사회조사는 개인의 경제력으로는 불가능한 일이어서 많은 분으로부터 지원을 받았습니다. 특히 유한회사 리모네의 천견淺見 마유미 사장의 지원에 마음으로부터 감사드립니다.

마지막으로 금번 이 책의 출판을 쾌히 응락해 주신 〈사회평론사〉의 마츠다 겐지松田健二 사장에게 감사드립니다. 이 책이 사회 조사를 기초로 한 것이기 때문에 책에 도표가 많이 들어가서 출판하는 데 경제적으로 어려움이 많은 것을 알면서도 수락해 주신 것에 감사드립니다. 또한 편집을 담당하신 신고이치新孝一 씨에게 특별히 감사드립니다.

이 책에 보고한 사회 조사의 분석 결과가 한국 정치 연구에 작으나마 공헌하기를 바랍니다.

2011년 9월

森康郎 씀

도표 목록

주석

1 森康郎(2009a),「한국의 제17대 대통령 선거에서의 地域主義의 特徵과 그 評價」,『아시아
   太平洋研究科論集』제7호 2009 4월, 123~142쪽; 蘇淳昌,「地方選擧의 地域主義와 政黨支
   持」,『選擧研究』, 제12호 2009년 4월. 231~247쪽; 小林英夫,「韓國의 大統領 選擧와 政治變
   容」,『아시아太平洋討究』제5호, 2003년 3월, 21~33쪽; 大西裕,「地域主義와 그 向方」,『比
   較·政治研究』(新版), 미네르바書房, 2004, 173~220쪽.

2 大西裕, 同上, 175쪽.

3 大西裕, 同上, 177쪽.

4 森山武德,『韓國現代政治』, 東京大學出版會, 1998, 169~192쪽.

5 (원문) 其八日 車峴以南 公州江外 山形地勢 倂趨背逆人心 亦然 彼下州郡人 參與朝廷 與王
   侯國戚婚姻 得秉國政 則或變亂國家 或禦統合之怨 犯蹕生亂 高麗史 太祖世家 25年條. 李
   宣根 編,『大韓國史』第2卷「統一祖國의 形成編」〈훈요십조의 제 8조〉, 新太陽社, 72쪽.

6 武田幸男 編,『朝鮮史』, 山川出版社, 2000, 190쪽.

7 己丑獄死는 1587년 전라도에서 일어난 東人 鄭汝立의 모반 사건을 계기로 西人派가 東人
   派를 숙청한 政變.

8 韓永愚 著, 吉田光男 譯,『韓國社會의 歷史』, 明石書店, 2003, 325쪽.

9 극히 소수의 문벌에서 生員·進士試 합격자가 배출되었다. 조선 시대의 고급관료를 조사
   하면 그 대다수가 주요 문벌의 자제들이었다. 조선 왕조 시대를 통하여 최저 6인의 생원·
   진사시 합격자를 내고 있는 姓貫은 33姓貫이었고 10인 이하의 姓貫은 105姓貫, 10인 이상
   20인 미만의 姓貫은 101姓貫에 달한다. 생원·진사의 합격자를 낸 姓貫은 모두 447가문에
   달하나 최소는 6인부터 최다는 전주 이씨의 2,719명까지 그 격차가 매우 벌어져 있다. 崔
   珍玉,『朝鮮時代 生員進士 硏究』, 集文堂, 1998, 266~291쪽, 필자가 집계하여 정리함.

10 李成茂, 平木實·中村葉子 譯,『韓國의 科擧制度』, 日本評論社, 2008, 266~246쪽.

11 文科의 1차 시험은 시험 과목의 차이로 進士試와 生員試가 있다. 進士試와 生員試는 문
   과를 보기 위한 자격시험이었으니 관리 등용 시험의 성격을 갖지 않았다. 그러나 進士試
   와 生員試에 합격한 사람은 그 지방에서 생원·진사라 하여 존경받았다.

12 東學은 崔濟愚가 創唱한 한국 독자의 종교로서 민족사상의 원천이라 평가되고 있다. 동
   학은 유교·불교·도교의 三敎 合一을 목적으로 하였으나 삼교 이외에도 傳統的 天神信
   仰과 토속적 귀신신앙 그리고 샤머니즘 신앙, 정감록 신앙 등의 영향을 받았으며 사상의

근간을 구성하는 것은 유교사상이었다. 그래서 仁義禮智 三綱五倫을 절대화하고 있다. 趙景達, 『異端의 民衆反亂』, 岩波書店, 1998, 34~35쪽.

13 東學農民革命이 발발한 직후 동학은 운동노선의 상이로 北接과 南接으로 분열하였다. 무장투쟁을 주장한 사람은 全琫準을 비롯한 南接의 지도자들이었다. 역사적으로 북접과 남접의 구별은 조직의 지방성을 근거로 이름 지어진 것이 아니고 당파의 구별로 지어진 것이다.(吳知泳, 『東學史』 참조) 따라서 남접이 주도하였다고 해서 전라도 지역에 항일항쟁이 국한된 것이 아니고 동학의 抱接 조직이 인적 네트워크로 결합된 것이었기 때문에 전국적으로 확산될 수 있는 요소를 내포하고 있었다. 森康郎(2010a), 「동학과 천주실의」, 『아시아태평양연구과논집』 제19집, 2010.5, 233~253쪽; 森康郎, 「3·1독립운동의 재검토」, 『아시아태평양연구과논집』 제20집, 2011.1, 235~262쪽.

14 義兵이란 국가가 위급할 때 義로서 봉기하여 정부의 명령이나 징발을 기다지지 않고 군무에 종사하여 적과 대결한 民軍을 의미한다. 朴殷植 著, 姜德相 譯, 『朝鮮獨立運動의 血史』, 平凡社, 1972, 44쪽. 의병은 삼국시대 이래의 역사적 전통이며 외적의 침입에 대하여 궐기하여 훈공을 세운 역사적 사실이 많이 기록되어 있다. 조선 왕조의 제14대 임금 선조 때 왜구의 침략을 받았을 때도 在地兩班이나 僧侶들이 국왕에 대한 忠義를 내걸고 왜군과 싸웠다. 武田幸男, 앞의 책, 192~193쪽.

15 姜在彦, 『朝鮮의 儒敎와 近代』, 明石書房, 1996, 74쪽.

16 朴成壽, 『獨立運動史研究』, 創作과批評社, 1980, 168~172쪽.

17 森山茂德은 한국의 민족주의를 抵抗民族主義라고 규정하고 해설하고 있다. 森山茂德, 앞의 책, 10~18쪽.

18 大西裕, 앞의 논문, 175쪽.

19 정기선(2005), 「지역감정과 逆 葛藤意識의 변화: 1988년과 2003년 비교」, 『韓國社會學』, 제29권 2호, 2006, 69~99쪽.

20 김욱, 「한국지역주의의 지역별 특성과 변화 가능성-대전 충청도를 중심으로」, 『21世紀 政治學會報』 제14권 1호, 2004, 83~105쪽; 조순제, 「동서갈등과 지역주의 갈등의 극복방안」, 『대한정치학회보』 제12권 제1호, 2004, 191~212쪽; 강원택, 「2002년 대통령 선거와 지역주의」, 『한국 정치학회 2002년도 춘계학술회의 발표논문집』, 2003, 47~67쪽; 강명세, 「지역주의는 언제 시작뇌었는가-역대 대통령 선거를 기반으로」, 『한국과 국제정치』 제17호, 경남대학교 극동문제연구소, 2001, 127~158쪽; 양재인, 「한국의 선거와 투표 행태-지역주의가 표출된 국회의원 선거를 중심으로」, 『한국과 국제정치』 제17호, 경남대학교 극동문제연구소, 2001, 1~33쪽.

21 유의영, 「한국의 지역주의: 사회 각 분야 지도급인사 구성에 나타난 지역편중도」, 김성

국·석현호, 임현진 편,『우리에게 연구는 무엇인가: 한국의 지역주의와 네트워크』, 전통과 현대, 2003, 128~191쪽; 김용학,「엘리트 충원에 있어서의 지역 격차」, 한국사회학회 편,『한국의 지역주의와 지역 갈등』, 성원사, 1990, 265~301쪽; 오수열,「한국사회의 남남 갈등과 그 해소를 통한 국민 통합 방안 - 지역 갈등을 중심으로」,『통일문제연구』제20권 2호, 조선대학교통일문제연구소, 2005, 120쪽.

22 김윤상,「DJ 시대의 영호남」,『광주전남행정학회보』제4호, 1998, 1~16쪽; 리영부,「제16대 국회의원 선거에 나타난 지역감정에 관한 연구」,『한국사회』제4호, 2001, 247~272쪽; 김만흠,「한국의 정치균열에 관한 연구-지역 균열의 정치 과정에 대한 구조적 접근」, 서울대학교 박사논문, 1991, 7~21쪽.

23 문석남,「지역편차와 갈등에 관한 연구-영호남 두 지역을 중심으로」,『한국사회학』, 1984, 184~209쪽; 오수창,「조선시대 지역사 인식의 지역적 성격」,『한국지역주의의 현실과 문화적 맥락』, 민속원, 2004, 52~73쪽; 김기현,「영남 성리학과 기호 성리학의 지역주의적 경합 구도에 대한 현대적 조명」,『한국 지역주의의 현실과 문화적 맥락』, 민속원, 2004, 76~101쪽.

24 이정진,「정당연합과 지역주의」,『한국과 국제정치』제19권 제3호, 2003, 111~138쪽; 이갑윤,「지역주의의 정치적 경향과 태도」,『한국과 국제정치』제18권 제2호, 2002, 155~178쪽.

25 최원규,『경제개발의 격차와 지역감정』, 성균관대학출판부, 1991, 2~25쪽.

26 문석남, 앞의 논문, 184~209쪽.

27 이병휴,「지역 갈등의 역사」,『한국 지역주의의 현실과 문화적 맥락』, 민속원, 2004, 12~49쪽.

28 유의영, 앞의 논문, 128~191쪽; 김용학, 앞의 논문, 265~301쪽.

29 김욱, 앞의 논문, 83~105쪽; 조순제, 앞의 논문, 191~212쪽; 강원택, 앞의 논문, 47~67쪽; 강명세, 앞의 논문, 127~158쪽; 양재인, 앞의 논문, 1~33쪽; 온만금,「역대 대통령 선거에 나타난 지역주의 추이와 양상」,『한국사회학』제31호, 1997, 737~757쪽; 온만금,「한국정당 체제의 형성과 변화에 관한 이론」,『한국사회학』제37권 제3호, 2003, 135~157쪽.

30 김진국(1984),「지역민 간의 편견적 태도연구」,『학생생활연구』제16호, 전남대학교, 1984, 1~27쪽; 김국지(1988),「지역감정의 실상 해소방안」, 한국심리학회편,『심리학에서 본 지역감정』, 성원사, 1988, 123~169쪽; 이진숙,「팔도인의 성격 특성에 대한 선입관념」,『사상계』제12호, 1959, 74~87쪽; 김혜숙,「지역 간 고정관념과 편견의 실상-세대 간 전이가 존재하는가」, 한국심리학회편,『심리학에서 본 지역감정』, 성원사, 1988, 221~253쪽;이

소영·정철희,「전통적 가치와 지역감정」,『한국사회학』제37권 5호, 2003, 31~54쪽; 최준영·김순홍,「지역간 거리감을 통해 본 지역주의의 실상과 문제점」,『사회연구』제1호, 2000, 66~97쪽.

31 김혜숙(1988), 앞의 논문, 221~253쪽; 나간채,「지역간의 사회적 거리감」, 한국사회학회 편,『한국의 지역주의와 지역 갈등』, 성원사, 1999, 79~105쪽; 정기선,「탈북자에 대한 이미지 연구」,『통일문제연구』제11권 제1호, 1999, 173~189쪽; 정기선(2005년), 앞의 논문 69~99쪽; 조경근,「정치사회화의 시각에서 본 영호남 간의 지역 정 실재와 악화 및 그 해소: 광주 및 대구지역의 대학생들에 대한 설문조사를 중심으로」,『제7회 한국 정치학회~재북미한국인정치학자합동학술대회발표논문집』, 1987, 107~126쪽.

32 김혜숙(1988), 앞의 논문, 221~253쪽; 김범준,「사회적 범주화가 지역감정 형성에 미치는 영향」, 한국심리학회편,『사회와 성격』제16권 제1호, 2002, 1~18쪽.

33 김혜숙,「지역 고정관념이 귀인판단과 인상 형성에 미치는 영향」, 한국심리학회 편,『사회』제7권 제1호, 1993, 53~70쪽; 김진국(1988), 앞의 논문, 123~169쪽; 나간채, 앞의 논문, 79~105쪽.

34 김혜숙,「집단범주에 대한 신념과 호감도가 편견적 판단에 미치는 영향 : 미국의 성 편견, 인종 편견과 지역 편견의 비교」, 한국심리학회 편,『사회와 성격』제15권 제1호, 2001, 1~16쪽.

35 송관태,「지각적 특출성과 내외집단 편파가 개인의 착각 상관에 미치는 영향-기억추론과 온라인 추측과정의 비교」, 연세대 박사학위논문, 1992, 4~26쪽.

36 박군석·한덕웅,「영호남인의 사회구조 요인 지각과 사회적 정체성이 상대적 박탈과 집단전략에 미치는 영향」, 한국심리학회 편,『사회와 성격』제17권 제2호, 2003, 59~72쪽.

37 李甲允,『한국의 선거와 지역주의』, 오름, 1998, 165~175쪽. 이갑윤의 논의에 영향을 받은 논문은 많다. 예를 들면 大西裕, 앞의 논문, 175~220쪽; 出水薰(1996),「한국 정치에 있어서의 지역할거현상-제6공화국의 국정선거 결과에 보이는 실태와 변화」,『外務省調査月報』3월호, 1996.3, 1~31쪽; 出水薰(1998),「한국 국정 선거에 있어서의 지역할거현상 재론 - 제15대 대통령 선거를 대상으로」,『정치연구』제45호, 1998.3, 61~85쪽.

38 李甲允, 앞의 논문, 116쪽.

39 하비투스(habitus)는 프랑스의 사회학자인 피에르 부루듀(Pierre Bourdieu)가 창안한 용어이다. 사회적으로 획득한 성향의 총체라는 의미로 사용하고 있다. 인간이 사회화되는 메커니즘을 설명하는 개념으로서는 유용하다.

40 헌법 개정의 빈번성은 1919년 상해에서 성립된 대한민국 임시정부의 헌법사에서도 찾아

볼 수 있다. 즉 임시정부 헌법은 동년 9월에 공포된 이후 1945년의 광복까지 26년 동안에 네 차례나 개정되었다. 이들 개헌의 원인과 목적도 국가권력 기구 구성의 변경에 관한 것이었다. 따라서 임시정부의 정통성은 광복 후의 한국에 압도적인 것이었다. 한국 정부가 제헌헌법을 제정하였을 때, 제헌헌법에 의한 정부가 임시정부의 법적 정통성을 계승하고 있다고 헌법 전문에 전제되어 있었고, 이 구절은 그 후의 모든 개정 헌법에서 계승하고 있다. 대한민국헌법전문 참조(조상원, 『소법전』, 현암사, 2007, 2쪽)

41 森康郎(2009b), 「한국에 있어서의 헌법 개정과정과 문제점」, 『아시아태평양연구논문집』 제18호, 2009.11, 401~430쪽.

42 權寧星(2007a), 『개정판 헌법학원론』, 법문사, 2007, 103~104쪽.

43 森康郎(2009b), 앞의 논문, 401~ 430쪽.

44 金榮秀, 『한국헌법사』, 학문사, 2000, 399~729쪽.

45 김영수, 위의 책, 197~ 200쪽.

46 김영수, 앞의 책, 213~ 352쪽.

47 한국문제에 관한 4항목의 결의서 내용은 다음과 같다. (1) 민주주의의 원칙 아래 독립 국가를 건설하기 위하여 임시정부를 수립한다. (2) 임시정부 수립을 돕기 위하여 미소공동위원회를 설치한다. (3) 미·영·소·중은 한국을 최대한 5년간 공동관리(신탁통치)한다. (4) 2주간 내에 미소사령부의 대표회의를 개최한다.

48 여당계 57석의 내역은 대한국민당 24석, 국민회 12석, 대한청년단 10석, 일민구락부 4석, 대한노동총연맹 2석, 조선민주당 2석, 대한부인회 1석, 애국단체연합회 1석, 중앙불교위원회 1석이었다. 한편 야당계는 민주국민당 23석, 사회당 2석, 민족자주연맹 1석 등 26석이었고, 127석이 야당계 무소속이었다.

49 金哲洙(2007), 『헌법학개론』(제19판), 박영사, 2007, 115쪽.

50 許營, 『韓國憲法論』, 박영사, 2007, 103쪽.

51 高木八尺 외, 『人權宣言集』, 岩波文庫.

52 權寧星은 위헌의 이유로서 (1) 일사부재리의 원칙 위반 (2) 공고 절차를 거치지 않은 개헌안 의결 (3) 토론의 자유가 보장되지 않은 위법 (4) 의결의 강제 등을 지적하고 있다.

53 武田幸男편, 앞의 책, 343~ 346쪽.

54 자유당 측의 해설은 다음과 같은 궤변에 불과한 것이었다. 즉 203에 3분의 2를 계산하면 135.3333……이란 결과를 얻는다. 135.3333……를 四捨五入하면 답은 135가 된다. 즉 135표는 헌법에 규정된 '3분의 2 이상'을 채우는 것이 된다.

55 金哲洙(2007), 앞의 책, 115~116쪽.

56 허영, 앞의 책, 194쪽.

57 권영성(2007b), 앞의 책, 95쪽에서 본문에 든 것 이외의 위헌론이 설명되고 있다. 똑같이 헌법 위반을 주장한 책으로는 정종섭, 앞의 책, 171쪽; 이승우, 앞의 책, 178쪽.

58 洪性邦, 앞의 책, 47쪽.

59 김철수,『한국헌법의 50년』, 경문당, 143~144쪽.

60 韓泰淵,『헌법학』, 법문사, 1983, 363~364쪽.

61 尹世昌, 「의원내각제의 是正点」, 『考試界』, 1961.6, 30쪽.

62 尹世昌, 앞의 글, 『考試界』, 31~33쪽.

63 정만희, 「헌법과 통치구조」, 법문사, 2003, 57~59쪽.

64 이강혁, 「한국에 있어서의 헌법 개정」, 『비교헌법학연구』, 1996.10, 111쪽.

65 無限界說은 헌법 개정권은 헌법 제정권과 같은 것이며 제정된 헌법에는 구속되지 않는다는 것이다. 또한 법은 사회의 변화에 따라 변화하여야 하며 헌법도 그 예외가 아니라고 주장한다. 무한계설을 채택하면 헌법 소정의 개정 수속에 따르는 한 본래의 헌법의 기본 원리도 변경하는 것을 법적으로 인정하는 것이 된다. 한편 限界說을 채택하는 학설은 佐藤幸治,『憲法』(제3판), 청림서원, 1997, 39~40쪽; 芦部信喜,『憲法』(新版), 岩波書店, 1999, 356~358쪽; 清宮四郎,『憲法1』, 有斐閣, 1971, 402~406쪽.

66 芦部信喜, 앞의 책, 358쪽; 初宿正典 편, 『新解說世界憲法集』, 2006, 117쪽.

67 金哲洙(2007) 앞의 책, 117쪽.

68 허영, 앞의 책, 107쪽.

69 혁명공약이란 5·16군사 쿠데타 직후에 발표한 공약이다. 그 내용은 아래와 같다. (1) 지금까지 슬로건으로 그쳤던 반공체제를 재정비·강화한다. (2) 유엔 헌장을 준수하고 국제협약을 성실히 이행하여 미국을 비롯한 자유우방과의 유대를 공고히 한다. (3) 현 정권의 부패를 일소하여 퇴폐한 국민의 도의와 민족정기를 진작한다. (4) 빈곤과 기아 속에 허덕이는 민생고를 해결하고 국가의 자주경제체제를 확립한다. (5) 국민의 숙원인 국토 통일을 위하여 반공 실력을 배양한다. (6) 이러한 과업이 성취되면 새로운 양심적인 정치인에게 정권을 이양하여 우리는 본래의 임무로 돌아갈 것이다. 지명관,『한국 민주화에의 길』, 岩波書店, 1995, 53쪽; 金榮秀, 앞의 책, 503~504쪽 참조.

70 國家再建非常措置法은 4장 24개조 및 부칙을 구성되어 있다. 그 주요 내용은 다음과 같다. (1) 대한민국의 최고통치기관으로 國家再建最高會議는 三權을 통합 관장하고 (2) 국민의 기본권은 혁명 과업 완수에 지장이 없는 한도 내에서 보장하며 (3) 국가재건최고회의는 국회의 권한을 행사하고 내각은 그 최고회의에 대하여 연대책임을 진다. (4) 대법원

장과 대법원 판사는 최고회의 제청에 따라 비상조치법에 저촉하지 않는 범위 내에서 효력을 정지한다. (5) 제2공화국 헌법은 비상조치법에 저촉하지 않는 범위 내에서만 효력을 갖는다. 이강혁, 앞의 논문, 12쪽, 김영수, 동상, 503~504쪽 참조.

71 金哲洙(2007) 앞의 책, 44쪽.

72 앞의 책, 119쪽.

73 앞의 책, 119쪽.

74 李康爀, 앞의 책, 114쪽.

75 앞의 책, 114쪽.

76 김철수(2007), 앞의 책, 119쪽.

77 '10.17비상조치'의 주요 내용은 (1) 국회 해산 (2) 정당 등 정치 활동 정지를 위하여 헌법의 일부 조항의 효력을 정지한다. (3) 비상국무회가 국회 권한을 대행한다. (4) 10월 27일까지 비상국무회의가 헌법 개정안을 공고하여 이를 국민투표에 붙여 확정한다. (5) 헌법 개정안이 확정되면 개정된 헌법 절차에 따라 1972년 말 이전에 헌법 질서를 정상화한다. 김영수, 앞의 책, 557쪽.

78 이강혁은 그의 논문에서, "1994년 6월 30일의 헌법재판소 결정에 있어서 이와 같은 國家保衛에 관한 특별조치법이 超法規的인 국가긴급권을 대통령에게 부여하였다는 점에서 이것은 헌법을 부정하고 파괴하는 反立憲主의, 反法治主義의 위헌 법률이다."라고 명백히 헌법 위반을 지적하고 있다. 이강혁, 앞의 논문, 124쪽.

79 權寧星은 "제7차 헌법 개정은 세간에 維新憲法이라고 부른다."고 하는데 그치고 있다.

80 金哲洙(2007), 앞의 책, 121~122쪽.

81 YH무역 사건 : 경영이 악화된 YH무역의 폐업 문제에 관하여 종업원이 항의할 목적으로 신민당 본부에 농성하였다. 그때 돌입한 경찰대와 난투극이 벌어졌는데 그 과정에서 여자노동자 한명이 추락사한 사건이다.

82 김재규는 온건론자였고 차지철은 강경론자였다.

83 4월 21일에 강원도 사북읍의 탄광 노동자 분규. 3,000명이 궐기하였다. 5월 15일 게엄령 해제를 요구하는 학생시위로 확대되어 10만명이 참여하는 대규모가 되었다.

84 「6.29민주선언」의 일본어 역은 姜尙求, 『민주주의와 통일시대』, 柿の葉會, 1990년 333~399쪽 참조. 또한 이강혁도 논문에서 이 선언은 국민의 민주화운동에 대한 일종의 降伏文書의 성격을 띤 것으로 평가하고 있다. 이강혁, 앞의 논문, 120쪽. 또 白樂晴, 「6월 민주 항쟁의 의의를 생각한다」, 『世界』, 岩波書店, 1997.8, 137~149쪽.

85 중앙선거관리위원회편, 『역대대통령 선거상황』, 중앙선거관리위원회, 1996, 23~45쪽.

86 尹景徹, 『분단 후의 한국 정치』, 목탁사, 1986년, 311쪽.

87 중앙선거관리위원회, 앞의 책, 123~153쪽.

88 윤세철, 앞의 책, 330쪽.

89 尹景徹, 앞의 책, 334쪽.

90 중앙선거관리위원회, 앞의 책, 155~187쪽.

91 大西裕, 앞의 책, 183쪽.

92 中央選擧管理委員會, 앞의 책, 215~240쪽.

93 중앙선거관리위원회, 앞의 책, 241~280쪽.

94 '三金'이란 김대중, 김영삼, 김종필을 말한다.

95 2002년 6월에 실시된 전국 지방선거의 투표율 48.9%과 비교해 볼 때 제16대 대통령 선거의 투표율 70.8%은 20% 상회하는 수치이다. 따라서 대통령 선거는 여전히 상대적으로 높은 투표율을 보이고 있다고 할 수 있다. 물론 정치 상황이나 대통령 선거와 지방선거라는 성격 차가 있으나 전국 지방선거에 있어서 한나라당이 압승한 것으로 보아 20%라는 추가 유입 유권자의 많은 표가 노무현 지지표가 된 것으로 추정된다. 요컨대 이회창은 세대교체의 파도에 밀려 견디지 못한 것이다.

96 小林英夫, 앞의 논문, 2003.3, 32쪽.

97 小林英夫, 앞의 책, 31쪽.

98 李甲允, 앞의 책, 34쪽.

99 玄武岩, 『한국의 디지털·데모크라시』, 集英社新書, 2005, 12~18쪽.

100 重村智計, 『한국의 품격』, 三笠書房, 2008, 150쪽.

101 한국갤럽 편, 『제16대 대통령 선거 투표형태』, 한국 갤럽사, 2003, 12~14쪽.

102 玄武岩, 앞의 책, 88~90쪽.

103 선거일전 6일부터 선거일의 투표종료시까지 여론조사의 결과 발표를 금지한다.(공직선거법 제108조 제1항)

104 讀賣新聞, 2007.12.18.

105 中央選擧管理委員會, 『제17대 대통령 선거 투표 총람』, 중앙선거관리위원회, 2008, 102쪽.

106 단, 1960년 3월 15일에 실시된 제4대 대통령 선거에서 야당 후보가 선거를 공시한 후에 사망하였기 때문에 이승만이 경쟁 상대 후보가 없는 가운데 9,633,376표를 얻어 당선되었다. 이런 사례는 민주주의 제도에서 극히 보기 드문 일이라 할 것이다.

107 윤경철, 앞의 책, 89쪽.

108 金浩鎭 著, 李健雨 譯,『한국 정치의 연구』, 삼일서방, 1993, 235쪽.

109 윤경철, 앞의 책, 143쪽.

110 위의 책, 204~205쪽.

111 김호진 저, 이건우 역, 앞의 책, 236쪽.

112 위의 책, 239쪽.

113 위의 책, 241쪽.

114 木村幹,「한국에 있어서의 민주화와 정부당」,『강좌 동아시아근현대사』4, 청목서점, 2002, 211~248쪽; 若畑省二,「권위주의체제하에 있어서의 농업정책과 농촌사회」,『國家學會雜誌』제114권 제1~4호, 2001, 870~932쪽.

115 大西裕, 앞의 논문, 185쪽.

116 李甲允, 앞의 논문, 34쪽.

117 大西裕, 앞의 논문, 185쪽.

118 앞의 논문, 186쪽. 大西裕는 정부 여당에 의한 動員論이나 개발 정책에 관한 이익의 주장이 성공하고 있다고는 말하기 어렵다고 했다.

119 이갑윤, 앞의 논문, 65~76쪽.

120 大西裕, 앞의 논문, 186쪽.

121 앞의 논문, 185쪽.

122 t-검증은 양 집단의 평균치를 비교할 때 사용되는 검증법이다.

123 분산분석은 세 개 이상의 집단에서 평균치를 비교할 때 사용되는 검증법이다.

124 1975년에 영국 맨체스터 대학에서 박사학위 취득, 미국 보스턴 대학 사회학부 교수. 마음에 관해 생각하는 방법을 사회학적인 에스노메소도로지적 관점에서 재구성하는 것을 목적으로 연구를 계속하고 있다.

125 Coulter J., *The social construction of mind*, London Mcmillan, 1979. pp.81~82.

126 미국의 심리학자. 행동심리학의 창시자. 전통적인 정신 분석을 중심으로 한 실험심리학에 반대하여 객관적으로 관찰 가능한 행동을 대상으로 해야 한다고 주장했다.

127 James W.Kalat, Michelle N. Shiota; 민경환 역,『정서심리학』시그마 플레스, 2007, 266쪽.

128 Miller J. G Culture and the development of everyday social explanation, *Journal of Personality and Social Psychology*, 1961, p.46.

129 佐ヮ木毅,『政治學講義』, 東京大學出版會, 1999, 173~174쪽.

130 佐ヮ木毅, 위의 책, 174쪽.

131 Comphell, Augus. Philip. E. Converse, Warren E. Miller and Donald E, Stokes, *The American voter* , New York Wiley, 1960, p.32.

132 송현주, 「정서와 정치커뮤니케이션 연구」, 『커뮤니케이션이론』제4권 제1호, 2008, 56쪽.

133 Marcus G. Mackuen M. Anxiety, enthusiasm and the vote: emotional underpinning of learning and involvement during presidential compaign, *American Political Science Review* 8. 1993. pp.672~685.

134 송현주, 앞의 논문, 61쪽.

135 森山茂德, 앞의 책, 231쪽.

136 平野健一郎, 『國際文化論』, 東京大學出版會, 7쪽.

137 앞의 책, 10~11쪽.

138 앞의 책, 12쪽.

139 崔在錫, 『韓國人의 社會的 性格』(日譯), 學生祀, 1977, 32~ 33쪽.

140 森山茂德, 앞의 책, 231쪽.

141 宮嶋博史, 『양반』, 中公新書, 1995, 116쪽.

142 마르세르 모스 저, 『贈與論』(新裝版), 勁草書房, 2008, 226쪽.

143 에드워드 홀 저, 『문화를 넘어서』, TBS브리태니커, 1979, 103~133쪽.

144 綾部恒雄 編, 『文化人類學 最新術語 100』, 弘文堂, 2002, 329~320쪽.

145 姜漢永, 「문학으로서의 판소리」, 『판소리』, 평범사, 1988, 319~320쪽.

146 金台俊, 「춘향전의 현대적 해석」, 許南麒 역, 『春香傳』, 岩波書店, 1956, 163쪽.

147 小倉紀藏, 『한국은 일개의 철학이다』, 講談社新書, 1998, 47쪽.

148 多田富雄, 『免疫의 意味論』, 靑土社, 1993, 8쪽.

149 平野健一郎, 앞의 책, 108~109쪽.

150 小針進, 『한국과 한국인』, 평범사, 1999, 165쪽.

151 若田恭二, 『대중과 정치의 심리학』, 勁草書房, 1995, 238~239쪽.

152 若田恭二 동상, 244쪽.

153 宮嶋博史, 앞의 책, 140~141쪽.

154 森山茂德, 앞의 책, 235쪽.

155 앞의 책, 235쪽.

156 G. 홉스테드 저, 岩井紀子 등 역, 『다문화세계』, 有斐閣, 1995, 22~81쪽.

157 森山茂德, 앞의 책, 232쪽.

158 앞의 책, 235쪽.

159 그레고리 핸드슨, 鈴木沙雄 역, 『朝鮮의 政治社會』, 사이마르출판사, 1973, 5쪽.

160 G. 호프스테드, 앞의 역서, 36쪽.

161 森康郎(2010b), 「지역주의에 관한 의식조사」(2010년 5월 실시), 박사학위논문부속자료, 2010, 40~41쪽.

162 앞의 책, 40~41쪽.

163 앞의 책, 40~41쪽.

164 〈표6-3〉~〈표6-6〉를 참조하면 지역 간의 경제 발전에 격차가 있으나 유권자의 대다수가 지역 갈등의 원인을 편중적인 경제 발전과 직결한다고 생각하고 있을 정도로 심각한 것은 아니다. 왜냐하면 가장 발전하고 있는 지역은 서울을 중심으로 한 수도권이기 때문이다. 또한 〈표6-7〉~〈표6-11〉을 참조하여 지역별 국내총생산이나 지역별 부가가치액을 비롯한 경제지표를 검토하여 보면 민주화 이후가 이전보다도 격차가 확대되고 있는 것을 알 수 있다. 이러한 현실을 생각한다면 본래대로라면 지역주의의 확대 경향이 검출되어야 할 터인데도 불구하고 2002년이나 2007년의 대통령 선거에 있어서 지역주의가 약화되고 있는 것이다. 따라서 "사촌이 땅을 사면 배가 아프다"는 격언으로 상징되는 지역의 경쟁성이 기능하고 있다고 생각하여 무방하다고 생각한다.

165 小針進, 앞의 책, 89~104쪽.

166 李甲允, 앞의 책, 44쪽.

167 앞의 책, 43~49쪽.

168 宇桓總督의 취임 후 일본의 대자본의 진출이 촉진되면서 공업화가 본격적으로 추진된다. 공업화를 주도하였던 것은 일본의 재벌이 조선의 북부지역에 대규모의 전력 개발과 화학공장들을 건설하면서부터다. 많은 공장노동자가 필요하게 되어 남부로부터 북부로의 노동자 이동이 일어났다. 武田幸南 編, 앞의 책, 304~305쪽.

169 李甲允, 앞의 책, 49쪽.

170 이병휴, 앞의 책, 12~49쪽.

171 앞의 책, 22쪽.

172 車峴 : 차령산맥 이남과 공주 강 외는 산형과 지세가 배역으로 달리니, 인심도 또한 그러한지라. 저 아랫고을 사람들이 왕정에 참여하여 왕후·국척과 혼인하여 국정을 잡게 되면 혹은 국가를 변란케 하거나 혹은 통합된 원한을 품고 거동하는 길을 범하여 난을 일으킬 것이다. 또 일찍이 관사의 노비와 진역의 잡척에 속하던 무리가 혹은 권세에 붙어 언어를 간교하게 하여 권세를 농간하고 정사를 어지럽힘으로써 재변을 일으키는 자가

반드시 있을 것이니 비록 양민이라 할지라도 마땅히 벼슬자리에 두어 일을 보게 하지 말지어다.

173 崔昌祚 저, 三浦國雄 監譯, 『韓國의 風水地理』, 人文書院, 1997, 49~53쪽.

174 앞의 책, 52쪽.

175 이병휴, 앞의 논문, 23쪽.

176 앞의 논문, 53쪽.

177 앞의 논문, 54쪽.

178 小針進, 앞의 책, 93~94쪽.

179 김만흠, 『한국 정치의 재인식』, 풀빛, 1997, 171~182쪽.

180 大西裕, 앞의 논문, 187쪽.

181 역대 대법원 판사 이상의 사법부의 주요 엘리트 87명을 대상으로 분석한 결과 호남 출신자가 23%를 점하여 영남 출신자의 20.6%보다 많다는 지적도 있다. 金浩鎭 著, 李健雨 역, 앞의 책, 301쪽.

182 李甲允, 앞의 책, 57~58쪽.

183 현행헌법 제130조는 국회의 의결에 관하여 재적의원 3분의 2 이상의 찬성을 필요로 하고 있다.

184 佐藤幸治, 앞의 책, 33쪽.

185 한국 헌법 개정의 특징으로서 개헌의 빈도가 높은 현실을 지적하는 논자가 많다. 권영성(b), 앞의 책, 103~104쪽; 이강혁, 앞의 책, 122쪽.

186 森康郎(2007b), 앞의 논문, 401~430쪽.

187 이강혁, 앞의 논문, 124쪽.

188 國分典子, 「한국헌법에 있어서의 민주주의와 입헌주의」, 『헌법문제』 제11호, 삼성당, 2000, 90~91쪽.

189 김철수(2007), 앞의 책, 8~10쪽.

190 권영성(2007a), 앞의 책, 7~8쪽.

191 김종철, 「한국대통령제의 과제와 전망」, 『법률시보』 제77권 제8호, 2005, 103쪽.

192 伊藤光理 외, 『정치과정론』, 유비각, 2000, 195쪽.

193 森山茂德, 앞의 책, 177쪽.

194 아시아바로미터란 아시아 109개국의 정치와 사회 문화 상황에 관하여 비교 조사한 것을 말한다, 한국의 데이터로부터 3단계 확률적 샘플링에 의하여 800명의 한국인에 대하여 2003년 6월 3일부터 6월 21일에 걸쳐 면접하였다. 회답자는 남성 50.9%, 여성 49.1%

였고 연령분포는 20대 28.2%, 30대 30.1%, 40대 26.1%, 50대 15.6%였다.

195 다른 아시아 여러 나라의 자기 나라 政府에 대한 신뢰도는 일본 18%, 중국 91%, 말레이
시아 50.9%, 타이 86%, 인도 78%, 스리랑카 58%, 우즈베키스탄 54%이었다. 또한 자기
나라 국회에 대한 신뢰도는 일본 18%, 중국 85%, 말래시아 91%, 타이 70%, 인도 70%,
스리랑카 79%, 우즈베키스탄 65%였다. 자기 나라 군대에 대한 신뢰도는 일본 27%, 중
국 91%, 말래시아 89%, 타이 92%, 인도 97%, 스리랑카 79%, 우즈베키스탄 65%였다. 猪
口孝他 編著, 『아시아바로미터: 都市部의 價値觀과 生活 스타일』, 明石書店, 2005,
367~369쪽.

196 猪口孝他 編著, 앞의 책, 68쪽.

197 앞의 책, 79쪽.

198 손오영의 설은 1987년 이후의 김대중과 김영삼의 대립 원인라고 한다. 손오영, 「현대한
국 정치이론과 역사 1945~2003년」, 『사회평론』, 1995, 4~26쪽.

199 出水薰은 "카리스마 順 보내기 설"을 주장하고 있다. 出水薰(1996), 앞의 논문, 24~27쪽;
出水薰(1998), 앞의 논문, 69~71쪽.

200 姜尙求, 앞의 책, 393~399쪽(재인용).

201 이 사건의 개요는 다음과 같다. 1992년 12월 11일 오전7시. 부산의 초원복집이라는 음식
점에 김기준 전 법무장관, 김영환 부산시장, 박일용 부산시부장, 이규삼 안기부 부산지
부장, 김대균 부산기무부대장, 우명수 부산시교육감, 정경식 부산지검소장, 박남수 부
산상공소회장 등이 모여서 민주자유당 후보였던 김영삼을 당선시킬 목적으로 지역감
정을 선동하여 정주영, 김대중 등 야당후보를 비방하는 관권선거 관련 대화를 하는 것
을 정주영 후보 측인 통일국민당 관계자가 도청하고 이 사실을 폭로하였다. 민주당의
치부를 폭로하기 위하여 안기부 전직 직원과 공모하여 도청장치를 비밀리에 설치하여
녹음한 사건이었다.

202 G. 호프스테드 저, 岩井紀子 역, 앞의 책, 42쪽.

参고문헌

_____일본어 서적 (アイウエオア順)

青野正明,『朝鮮農村의 民族宗教』, 社會評論社, 2001年.

阿部吉雄,『日本朱子學과 朝鮮』, 東京大學出版會.

芦部信喜,『憲法』(新版), 岩波書店, 1999年.

綾部恒雄 編,『文化人類學 最新術語 100』, 弘文堂, 2002.

有田伸,『韓國의 敎育과 社會階層』, 東京大學出版會, 2006年.

李成茂 著, 平木實·中村葉子 譯,『韓國의 科擧制度』, 日本評論社 , 2008年.

李成茂 著, 金容權 譯,『朝鮮王朝史』(上)·(下), 日本評論社, 2006年.

李泰鎭 著, 六反田豊 譯,『朝鮮王朝社會와 儒敎』, 法政大學出版局, 2000年.

李助相 著, 宮嶋博史 譯,『朝鮮後期의 鄕吏』, 法政大學出版局, 2007年.

猪口孝他 編著,『아시아바로미터(都市부의 價値觀과 生活스타일)』, 明石書店, 2005년.

石田英一郎,『文化人類學入門』, 講談社學術文庫, 1976年.

市川正明編,『3.1獨立運動』第1卷, 原書房, 1983年.

————,『3.1獨立運動』第2卷, 原書房, 1984年.

————,『3.1獨立運動』第3卷, 原書房, 1984年.

————,『3.1獨立運動』第4卷, 原書房, 1984年.

市來津由彦,『朱熹門人集團形成의 硏究』, 創文社, 2002年.

一然 著, 金思燁 譯『三國遺事』, 明石書店, 1997年.

伊藤光利 外,『政治過程論』, 有斐閣, 2000年.

レイモンドドウイリアム著, 若松繁信 譯『文化와 社會』, ミネルヴァ書房, 1973年.

————————, 小池民夫 譯『文化とは』, ミネルヴァ書房, 1973年.

吳知泳著, 梶村秀樹 譯,『東學史』, 平凡社, 1970年.

大西裕,『韓國經濟의 政治 分析-大統領의 政策選擇』, 有斐閣, 2005年.

小川晴久,『朝鮮實學과 日本』, 花傳社, 1991年.

岡田武彦,『王陽明大傳』(1), 明德出版社, 2002年.

岡田武彦,『王陽明大傳』(2), 明德出版社, 2003年.

————,『朱子의 傳記와 學問』, 明德出版社, 2008年.

小此木政夫·張達重 編,『戰後日韓關係의 展開』, 慶應義塾大學出版會, 2005年.

賈鐘壽,『韓國傳統文化論』, 大學教育出版, 2008年.

桓內景子 外,『朱子語類譯註』, 吸古書院, 2007年.

加藤秀次郎,『政治社會學』, 一藝社, 2004年.

金谷이 譯註,『大學中庸』, 岩波文庫, 1998年.

蒲島郁夫,『政治參加』, 東京大學出版會, 1988年.

브루스 커밍스 저, 橫田安司 譯,『現代朝鮮의 歷史』, 明石書店, 2003年.

河宇鳳,『朝鮮實學者가 본 近世日本』, 페리칸社, 2001年.

河合準雄,『융心理學入門』, 培風館, 1967年.

川瀨貴也,『植民地朝鮮의 宗敎와 學知』, 靑弓社, 2009年.

韓永愚 著, 吉田光男 譯,『韓國社會의 歷史』, 明石書店, 2003年.

韓佑劤 著, 平木實 譯,『韓國通史』, 學生社, 1976年.

韓國기독교歷史硏究所 著,『韓國기독교의 受難과 抵抗』, 新教出版社, 1996年.

韓國기독교歷史硏究所 편,『3·1獨立運動과 提岩里教會事件』, 學生青年센터出版部, 1998年.

姜在彦,『近代朝鮮의 變革思想』, 日本評論社, 1973年.

─────,『朝鮮儒教의 2000年』, 朝日新聞社, 2001年.

─────,『朝鮮의 儒教와 近代』, 明石書店, 1996年.

姜德相,『朝鮮 3·1獨立運動』, 新幹社, 2002年.

─────,『上海臨時政府』, 新幹社, 2005年.

姜尙求,『民主主義와 統一의 時代』, 枾의葉會, 1990年.

姜萬吉 編著,『朝鮮民族解放運動의 歷史』, 法政大學出版局 , 2005年.

北山忍,『自己와 感情』, 共立出版, 1998年.

木村幹,『朝鮮·韓國 내셔널리즘과 小國意識』, 미네르바書房, 2000年.

─────,『民主化의 韓國政治』, 名古屋大學出版會, 2008年.

─────,『韓國에 있어서의 權威主義體制의 成立』, 미네르바書房 , 2000年.

清宮四郎,『憲法1』, 有斐閣, 1971年.

J. 캠벨, B. 모이야스 著,『神話의 力』, 早川書房, 2003年.

金義煥,『近代朝鮮東學農民運動史의 硏究』, 和泉書院 1986年.

金敎斌 著, 金明順 譯,『人物로 본 韓國哲學의 系譜』, 日本評論社, 2008年.

金九,『白凡逸志』, 平凡社, 1973年.

金潤根,『朴正熙軍事政權의 誕生』, 彩流社, 1996年.

김철수, 『한국헌법의 50년』, 敬文社, 1998年.

金浩鎭, 『韓國政治의 硏究』, 三一書房, 1993年.

窪德忠, 『道敎史』, 山川出版社, 1977年.

國立國會圖書館調査 및 立法考査局 編, 『外國의 立法』, 第235~2號. 2008年.

小島武司・韓相範, 『韓國法의 現在』(上)・(下), 中央大學出版部, 1993年.

小島毅, 『宋學의 形成과 展開』, 創文社, 1999年.

―――, 『近代日本의 陽明學』, 講談社, 2006年.

小針進, 『韓國과 韓國人』, 平凡社, 1999年.

小林良彰, 『選擧・投票行動』, 東京大學出版會, 2000年.

孔星鎭, 『韓國의 政治』, 早稻田大學出版部, 1997年.

佐ワ木毅, 『政治學講義』, 東京大學出版會, 1999年.

佐藤幸治, 『憲法』(第3版), 靑林書院, 1997年.

澤正彦, 『朝鮮基督敎史』, 日本基督敎團出版局, 1991年.

嶋陸奧彦, 『韓國社會의 歷史人類學』, 風響社, 2010年.

島田虎次, 『大學 中庸』(上)・(下), 朝日新聞社, 1978年.

申在孝, 『판소리』, 平凡社, 1982年.

愼斗範, 『韓國政治의 現在』, 有斐閣, 1993年.

宋讚燮, 『韓國의 歷史 明石書店』, 2004年.

多田富雄, 『免役의 意味論』, 靑土社, 1993年.

R.A. 다아르 저, 『現代政治分析』, 岩波書店, 1999年.

龍澤秀樹, 『韓國의 經濟發展과 社會構造』, 御茶の水書房, 1992年.

武田康裕, 『民主化의 比較政治』, ミネルヴァ書房, 2001年.

武田幸男, 『朝鮮史』, 山川出版社, 2000年.

田中謙二, 『朱子語類外任編譯註』, 吸古書店, 1994年.

田中誠一, 『韓國官僚制의 硏究』, 大阪經濟法科大學出版部, 1997年.

池明觀, 『韓國文化史』, 高麗書林, 1979年.

―――, 『韓國近現代史』, 明石書店, 2010年.

崔吉城, 『恨의 人類學』, 平河出版社, 1994年.

崔昌祚, 『韓國의 風水思想』, 人文書院, 1997年.

崔在錫, 『韓國人의 社會的 性格』, 學生社, 1977年.

崔昌集, 『現代韓國의 政治變動』, 木鐸社, 1997年.

崔昌集, 『韓國現代政治의 條件』, 法政大學出版局, 1999年.

趙景達, 『異端의 民衆反亂』, 岩波書店, 1998年.

──────, 『植民地期 朝鮮의 知識人과 民衆』, 有志社, 2008年.

趙淳, 『韓國經濟發展의 다이내미즘』, 法政大學出版局, 2005年.

朝鮮總督府編, 『朝鮮의 風水』, 圖書刊行會, 1972.

戶川芳郎, 『儒敎史』, 山川出版社, 1987年.

土田健次郎, 『道學의 形成』, 創文社, 2002年.

土屋昌明, 『東아시아社會에 있어서의 儒敎의 變容』, 專修大學出版局, 2007年.

名生正昭, 『日本과 韓國의 官僚制度』, 南雲堂, 2004年.

中村菊男, 『政治文化論』, 講談社學術文庫, 1985年.

長田彰文, 『테오도르 루즈벨트와 韓國』, 未來社, 1992年.

西尾陽太郎, 『李容九小傳』, 葦書房, 1977年.

野崎充彦, 『韓國의 風水師들』, 人文書房, 1994年.

服部民夫, 『韓國-네트워크와 政治文化』, 東京大學出版會, 1992年.

──────, 『韓國工業化發展의 構圖』, 아시아經濟研究所, 1987年.

朴殷植, 『韓國獨立運動의 血史』(1)·(2), 平凡社, 1972年.

朴慶植, 『3·1獨立運動』, 平凡社, 1976年.

朴倍暎, 『儒敎와 近代國家』, 講談社, 2006年.

사뮤엘 헌팅턴, 『文明의 衝突』, 集英社, 1998年.

──────, 『第3의 波濤』, 三嶺書房, 1995年.

平野健一, 『國際文化論』, 東京大學出版會, 2000年.

閔庚培, 『韓國基督敎 敎會史』, 新敎出版社, 1981年.

오펠 펠드만, 『政治心理學』, 미네르바書房, 2006年.

그레고리 핸드슨, 『朝鮮의 政治社會』, 사이말出版會, 1973年.

裵宗鎬, 『朝鮮儒學史』, 和泉書館, 2007年.

許南麒 譯, 『春香傳』, 岩波文庫, 1956年.

G. 호프스테드, 『多文化世界』, 有斐閣, 1995年.

──────, 『經營文化의 國際比較-多國籍企業 中의 國民性』, 産業能率大學出版部, 1984年.

에드워드호올, 『文化를 넘어서서』, TBS 브리타니카, 1979年.

──────, 『沈默의 말』, 南雲堂, 1966年.

愼蒼宇, 『植民地 朝鮮의 警察과 民衆世界』, 有志社, 2008年.

松下圭一, 『現代政治-發喪과 回想』, 法政大學出版局, 2006年.

F.A. 맥켄지, 『義兵鬪爭으로부터 3·1運動』, 大平出版社, 1972年.

三浦國雄 『朱子語類 抄』, 講談社學術文庫, 2008年.

三宅一郎, 『政治參加와 投票行動』, 미네르바書房, 1990年.

宮嶋博史, 『兩班』, 中公新書, 1995年.

─────, 『近代交流史와 相互認識』(1)·(2), 慶應義塾大學出版會, 2001年.

森山茂德, 『韓國現代政治』, 東京大學出版會, 1998年.

마르세르 모오스, 『贈與論』(新裝版), 勁草書房, 2008年.

山口勤 編, 『社會心理學』, 東京大學出版會, 2003年.

山口裕幸, 『多數派結成行動의 社會心理學』, 메카니시아出版, 1998年.

尹景轍, 『分斷後의 韓國政治』, 木鐸社, 1989年.

吉田光男, 『韓國朝鮮의 歷史와 社會』, 放送大學敎育振興會, 2004年.

마테오 리치, 『天主實義』, 平凡社, 2004年.

월터 리프만, 『幻의 公衆』, 栢書房, 2007年.

若田恭二, 『大衆과 政治의 心理學』, 勁草書房, 1995年.

渡邊欽雄, 『風水氣의 景勝地理學』, 人文書院, 1994年.

─────日本語 論文

李慶喜, 「韓國政黨政策의 平家와 展望」, 『政經研究』 제35 제2호, 1998.3, 35~65쪽.

李康燮, 「韓國에 있어서의 憲法改正」, 『比較憲法學研究』 제8호, 1996.10, 106~125쪽.

出水薰, 「韓國政治에 있어서의 地域割據現象-第6共和國의 國政選擧結果에서 보는 그 實態
　　　와 變化」, 『外務省調査月報』 3月號, 1996.3, 1~31쪽.

─────, 「韓國國政選擧에 있어서의 地域割據現象再論-제15대 대통령 선거를 대상으로 하
　　　여」, 『政治研究』 제45호, 1998.3, 61~85쪽.

─────, 「韓國의 國會議員選擧와 政治變動-그 因果關係에 관한 一考察」, 『九州法學』 제76호,
　　　1998년, 314~348쪽.

大西裕, 「落選運動은 왜 成功하였는가: 한국에 있어서의 壓力團體와 매스미디어」, 『行政管
　　　理研究』 제91호, 2000.9, 53~67쪽.

─────, 「地域主義와 그 行方」, 『(新版)-比較·選擧 政治』, 미네르바書房, 2004, 173~220쪽.

韓相範, 「韓國法制 40年의 問題와 課題」, 『言語文化研究』 제7호, 1986, 129~136쪽.

韓泰淵, 『韓國憲法의 30年 現代韓國의 憲法理論』, 成文堂, 1984, 129~172쪽.

姜漢永, 「文學으로서의 판소리」, 『판소리』, 平凡社, 1982, 303~326쪽.

木村幹, 「한국에 있어서의 民主化와 政府黨」, 『講座 東아시아近現代史 4』, 靑木書店, 2002, 211~248쪽.

金道昶, 「韓國 第2共和國憲法에 대한 解說과 批判」, 『言語文化研究』 제8호, 1987, 112~147 쪽.

金鐘鐵, 「韓國大統領制의 課題와 展望」, 『法律時報』 제77권 8호, 99~105쪽.

倉田秀也, 「三黨合同體制 崩壞 後의 韓國政治」, 『國際問題』 제433호, 1996.4, 99~105쪽.

小林英夫, 「韓國의 大統領選擧와 政治變容」, 『아시아太平洋研究』 제5호, 2003.3, 21~33쪽.

金哲洙, 「韓國憲法의 制定과 改正경과小考」, 『創大아시아研究』 제5호, 1984.3, 143~278쪽.

國分典子, 「韓國에 있어서의 民主主義와 立憲主義」, 『憲法問題』 제11호, 삼성당, 2000, 90 ~102쪽.

蘇淳昌, 「韓國地方選擧의 地域主義와 政黨支持」, 『選擧研究』 제12호, 1997.3, 231~247쪽.

孫熙斗, 「韓國의 選擧管理, 그 制度와 實際」, 『選擧研究』 제12호, 1997.3, 216~230쪽.

武田康裕, 「政治的民主化의 決定과 構造」, 『아시아研究』 제42권 4호, 1996.6, 1~32쪽.

西野純也, 「韓國 새로운 對立 軸은 무엇인가」, 『아스티온』, 제71호, 2009, 92~106쪽.

新田隆信, 「韓國憲法變遷史」(1), 『釜山大學日本海經濟研究所研究年報』 제3호, 1977, 1~21 쪽.

————, 「韓國憲法變遷史」(2), 『釜山大學日本海經濟研究所研究年報』 제4호 1978, 1~59쪽.

朴贊郁, 「韓國에 있어서의 제15대 國會議員選擧의 實證研究」, 『選擧研究』 제12호 1997, 196~215쪽.

村瀨洋一, 「政治意識과 社會構造의 國際 比較: 韓國과 日本에 있어서의 政治的 有效性 感覺 의 規定因」, 『應用社會學研究』 제50호, 2008.3, 53~70쪽.

森康郎, 「韓國의 第17代 大統領選擧에 있어서의 地域主義의 特徵과 그 評價」, 『아시아太平 洋研究科論集』 제17호, 2009.4, 123~142쪽.

————, 「韓國에 있어서의 憲法改正過程과 問題點」, 『아시아太平洋研究科論集』 제18호, 2009.11, 401~430쪽.

————, 「東學과 天主實義」, 『아시아太平洋研究科論集』 제19호, 2010.5, 233~253쪽.

————, 「3,1 獨立運動의 再檢討」, 『아시아太平洋研究科論集』 제20호, 2011.1, 235~262쪽.

山田紀浩, 「韓國에 있어서의 地域對立構造에 관하여 - 解放 後의 政治變遷으로부터」, 『東日 本大學經濟學部研究所紀要』 제63호, 2002, 87~103쪽.

柳根鎬,「韓日政治倫理의 比較 -儒教倫理의 受容과 變容過程을 中心으로」,『東京女子大學比較文化研究所紀要』제63호, 2002, 87~103쪽.

尹敬勳,「韓國政治에 있어서의 地域主義研究의 論證的 考察」,『流通經濟大學論集』제44권 제3호, 2009.11, 45~54쪽.

尹龍澤,「韓國憲政30年과 政府形態의 變遷」,『創大아시아研究』제4호, 1983.3, 299~319쪽.

───,「韓國 第1共和國憲法의 制定前史에 관한 一考察」,『言語文化研究』제9호, 1987, 88~113쪽.

尹龍澤 譯,「韓國憲法學會編: 憲法改正研究(要約版)」(上),『創價法學』제36권 제36권 3호, 2007.3, 63~89쪽.

────,「韓國憲法學會編: 憲法改正研究(要約版)」(下),『創價法學』제37권 제1호, 2007.9, 291~323쪽.

若畑省二,「權威主義體制 下에 있어서의 農業政策과 農村社會」,『國家學會雜誌』제114권 제1~4호, 2001, 870~932쪽.

渡邊利夫,「韓國 經濟發展과 權威主義의 溶解」,『아시아研究』제36권 제3호, 1990.7, 15~24쪽.

─────**韓國語 書籍**

고성훈,『民亂의 時代』, 가람기획, 2000.

───,『자료로 엮은 한국인의 지역감정』, 성원사, 1989.

國史編纂委員會編,『한국사』제9권, 탐구당, 2003.

──────────,『한국사』제47권, 탐구당, 2001.

權寧星,『개정판 헌법원론』, 법문사, 2007.

권영성,『한국헌법론』, 박영사, 2007.

김강녕,『한국 정치와 민족정신』, 신지서원, 2008.

金大權,『동학천도교 용어사전 1』, 세종출판사, 2000.

───,『동학천도교 용어사전 2』세종출판사, 2000.

김만흠,『한국사회의 지역 갈등 연구: 영호남 지역을 중심으로』, 현대사회연구소, 1987.

───,「韓國의 政治龜裂에 관한 研究: 地域龜裂의 政治過程에 대한 構造的 接近」, 서울대학교박사논문, 1991.

김만흠,『한국 정치의 재인식』, 풀빛, 1997.

김영수, 『한국헌법사』, 학문사, 2000.

김용호, 『17대 총선거 현장보고』, 푸른길, 1995.

김은정 외, 『동학농민혁명 100년』, 나남출판, 1995.

김철수, 『헌법학개론』 제19판, 박영사, 2007.

김현우, 『韓國政黨統合運動史』, 을유문화사, 2000.

노용필, 『동학사와 집강소 연구』, 국학자료원, 2001.

민경환, 『情緒心理學』, 시그마플레스, 2007.

朴成壽, 『독립운동사 연구』, 창작과 비평, 1980.

박성수, 『조선시대 왕과 신하들』, 삼영사, 2009.

――――, 『부패의 역사』, 모시는사람들, 2009.

손호철, 『轉換期의 韓國政治』, 창작과 비평사, 1993.

송관재, 「지각적 특출성과 내외집단 편파가 개인의 착각 상관에 주는 영향-기억추론과 온라
인 추측과정의 비교」, 연세대학박사학위논문, 1992.

신용하, 『동학과 갑오농민전쟁연구』, 일조각, 1993.

양창윤, 『政治文化와 選擧』, 한국학술정보, 2007.

어수영, 『한국의 선거 5』, 오름, 2006.

유재일 외 편, 『18대 총선 현장리포트』, 푸른길, 2009.

윤석산, 『천도교 약사』, 천도교중앙총부출판부, 2006.

――――, 『천도교』, 천도교중앙총부출판부, 2008.

――――, 『동학경전』, 동학사, 2009.

윤종빈, 『한국의 선거와 민주주의』, 집문당, 2007.

의암손병희선생기념사업회 편, 『의암 손병희 선생 전기』, 개벽사, 1967.

이갑윤, 『한국의 선거와 지역주의』, 오름, 1998.

이광규, 『한국문화의 심리인류학』, 집문당, 1997.

이기백, 『민족과 역사』, 1977.

――――, 『한국사 강좌』 고대편, 일조각, 1990.

――――, 『한국사신론』, 일조각, 1990.

이병도, 『고려시대사연구』, 을유문화사, 1948.

이선근, 『대한국사』 제2권, 신태양사, 1973.

이승우, 『헌법학』, 두남, 2009.

이이화, 『한국의 파벌』, 어문각, 1983.

이준한 외 편, 『제4회 지방선거 현장리포트』, 푸른길, 2007.

이진희, 『조선시대 통신사』, 국립중앙박물관, 1986.

정만희, 『헌법과 통치구조』, 법문사, 2003.

정종섭, 『헌법학원론』(제2편), 박영사, 2006.

조기주 편저, 『동학의 원류』, 보성사, 1979.

천도교중앙총부, 『천도교 경전』, 천도교중앙총부출판부, 2006.

─────────, 『천도교 경전 해월신사법설』, 천도교중앙총부출판부, 2006.

최원규, 『경제 발전의 격차와 지역감정』, 학민사, 1991.

최장집, 『한국 민주주의의 이론』, 한길사, 1993.

최진옥, 『조선시대생원진사연구』, 집문당, 1998.

한국갤럽편, 『제16대 대통령 선거 투표형태』, 한국갤럽사, 2003.

한태연, 『헌법학』, 법문사, 1983.

한흥수, 『한국 정치동태론』, 오름, 1996.

허영, 『한국헌법론』, 박영사, 2007.

홍성방, 『헌법학』, 현암사, 2007.

호남대학교편, 『호남문화』, 학문사, 2002.

─────韓國語 論文

강경태, 「17대 총선과 지역주의; 영남권을 중심으로」, 『大韓政治學會報』12권 1호, 2004, 86~104쪽.

강명세, 「한국선거의 주요쟁점 ; 지역주의는 언제 시작되었는가: 대통령 선거를 기반으로」, 『한국과 국제정치』제17호, 慶南大學校 極東問題研究所, 2001, 127~158쪽.

강원택, 「지역주의 투표와 합리적 선택; 비판적 고찰」, 『한국 정치학회보』, 2000, 51~67쪽.

─────, 「2002년 대통령 선거와 지역주의」, 『한국정치학회 2002년도 춘계학술회의 발표논문집』, 한국정치학회, 2003, 47~67쪽.

권오철, 「중앙지방 간 갈등에 대한공무원의 의식조사 연구」, 『지방행전연구』제11권 제2호, 1996, 123~142쪽.

김기현, 「영남 성리학과 기호성학의 지역주의적 경합 구도에 대한 현대적 조명」, 『한국 지역주의의 현실과 문화적 맥락』, 민속원, 2004.

김만흠, 「한국의 정치균열에 관한 연구-지역 균열의 정치과정에 대한 구조적 접근」, 서울대

　　　학교 박사논문, 1991.

김상태, 「한국지역주의의 현실과 문화적 맥락: 근현대 지역 갈등의 양상과 그 추이」, 『인문학
　　　연구』 제10호, 2003, 75~94쪽.

김범준, 「사회적 범주화가 지역감정 형성에 미치는 영향」, 한국심리학회 편, 『사회와 성격』
　　　제16권 1호, 2002, 1~18쪽.

김용학, 「엘리트 채용에 있어서의 지역격차」, 한국사회학회편, 『한국의 지역주의와 지역 갈
　　　등』, 성원사, 1990, 265~301쪽.

김욱, 「한국지역주의의 지역별 특성과 변화 가능성: 대전충남지역을 중심으로」, 『21세기정
　　　치학회보』 제14권 제1호, 2004, 123~169쪽.

김윤상, 「DJ 시대의 영호남」, 『광주전남행정학회보』 제4호, 1998.

김진국, 「지역민 간의 편견적 태도 연구」, 『학생생활연구』 제16호, 전남대학교, 1984, 1~27
　　　쪽.

───, 「지역감정의 실정과 해소방안」, 『한국심리학회 편 심리학에서 본 지역감정』, 1988,
　　　123~169쪽.

김혜숙, 「지역 간 고정관념과 편견의 실상-세대 간 전이가 존재하는가」, 한국심리학회 편,
　　　『심리학에서 본 지역감정』, 성원사, 1988, 221~253쪽.

───, 「지역고정관념이 귀인판단과 인상형성에 미치는 영향」, 한국심리학회 편, 『사회』 제
　　　7권 제1호, 1993.

───, 「집단범주에 대한 신념과 호감도가 편견적 판단에 미치는 영향 :미국의 성 편견, 인
　　　종 편견과 지역 편견의 비교」, 한국심리학회 편, 『사회와 성격』 제15권 제1호, 2001,
　　　1~16쪽

나간채, 「지역 간의 사회적 거리감」, 한국심리학회 편, 『한국의 지역주의와 지역 갈등』, 성원
　　　사, 1990, 79~105쪽.

森康郎, 「한국영호남지역의 전통문화에 숨은 정치의식과 정치이념에 관한 비교연구」, 『한국
　　　사회기업연구』 제1호, 2010.6, 27~58쪽.

문석남, 「지역 편차와 갈등에 관한 연구-영호남 두 지역을 중심으로」, 『한국사회학』 제18호,
　　　1984, 184~209쪽.

박군석 · 한덕웅, 「영호남인의 사회구조요인 지각과 사회적 정체성이 상대적 박탈과 집단전
　　　략에 미치는 영향」, 한국심리학회 편, 『사회와 성격』 제17권 제2호, 2003, 59~72쪽.

박재규, 「민주화세력의 분열과 지역주의적 선거」, 『사회과학연구』 제25호, 1999, 59~77쪽.

안철현, 「지역주의 정치와 16대 대선 21세기」, 『정치학회보』 제13권 제2호, 2003, 177~197쪽.

양재인, 「한국의 선거와 투표 행동 ; 지역주의가 표출한 국회의원 선거를 중심으로」, 『한국과 국제정치』 제17호, 경남대학교극동문제연구소, 2001, 1~33쪽.

오수열, 「한국사회의 남남갈등과 그 해소를 통한 국민 통합 방안-지역 갈등을 중심으로」, 『통일문제연구』 제20권 2호, 조선대학교통일문제연구소, 2005, 1~20쪽.

온만금, 「역대대통령 선거에 나타난 지역주의 추이와 양상」, 『한국사회학』 제31호, 1997, 35~757쪽.

――――, 「한국의 지역주의-사회 각 분야의 지도자구성에 표출된 지역 편중도」, 김성국 외편, 『우리에게 연구는 무엇인가: 한국의 집단주의와 네트워크 전통과 현대』, 2003, 128~191쪽.

유재임, 「지역주의 정치지형의 동태와 과제-대전지역을 중심으로」, 『정치정보연구』 제7권 제2호, 2004, 135~159쪽.

이갑윤, 「지역주의의 정치적 정황과 태도」, 『한국과 국제정치』 제18권 제2호., 2002, 155~178쪽.

이병휴, 「지역 갈등의 역사」, 『한국지역주의의 현실과 문화적 맥락』, 민속원, 2004, 12~49쪽.

이소영·정철희, 「전통적 가치와 지역감정」, 『한국사회학』 제37권 5호, 2003, 31~54쪽.

이정진, 「정당연합과 지역주의」, 『한국과 국제정치』 제19권 제3호., 2003, 111~138쪽.

이진숙, 「8도인의 성격 특성에 대한 선입관념」, 『사상계』 제12호, 1959, 74~87쪽.

정기선, 「탈북자에 대한 이미지 연구」, 『통일문제연구』, 1999, 173~189쪽.

――――, 「지역감정과 지역 갈등인식의 변화 1988년과 2003년 비교」, 『한국사회학』 제39권 제2호, 2005, 69~99쪽.

조경근, 「정치사회화의 시각에서 본 영호남 간의 지역감정 실재와 악화 및 그 해소: 광주 및 대구지역의 대학생들에 대한 설문조사를 중심으로」, 『제7회 한국 정치학회~재북미 한국인정치학자합동학술대회발표논문집』, 1987, 107~126쪽.

조순제, 「동서갈등과 지역주의 극복방안」, 『대한정치학보』 제12권 제1호, 2004, 191~212쪽.

조중빈, 「16대 대통령 선거와 세대」, 『한국 정치학회 2003년도 춘계학술회의발표논문집』, 71~93쪽.

최준영·김순홍, 「지역 간 거리감을 통해 본 지역주의의 실상과 문제점」, 『사회연구』 제1호, 2000, 65~95쪽.

_____정부간행물

中央選擧管理委員會編, 『歷代大統領選擧狀況』, 중앙선거관리위원회, 1996년.
_____, 『歷代大統領選擧狀況』, 중앙선거관리위원회, 1988년.
_____, 『歷代大統領選擧狀況』, 중앙선거관리위원회, 1993년.
_____, 『歷代大統領選擧狀況』, 중앙선거관리위원회, 1998년.
_____, 『歷代大統領選擧狀況』, 중앙선거관리위원회, 2003년.
_____, 『歷代大統領選擧狀況』, 중앙선거관리위원회, 2008년.

_____홈페이지

한국통계청 경제 통계국 http://kostat.go.kr/korea/index.action/
연합뉴스 http://www.yonhapnews.co.kr
중앙일보 http://www.joins.com
동아일보 http://www.donga.com
조선일보 http://www.chosun.com

_____英語文獻

Comphell, Augus. Philip. E. Converse, Warren E. Miller and Donald E, Stokes, *The American votjer*, Newyork Wiley. 1960 p, 32.

Coulter.J., *The social construction of mind*, London macmillan, 1979.

De Mooij, M.K., *Global marketing and advertising: understanding Cultiral Paradoxes*, Sage publications, 1998.

Gudykunst, W.B.S.M.Yang and T.Nishida, Cultural Differences in Self-Consciousness and Self-Mortering, *Commuication Reserch* 14, 1987.

Marcus G. Mackuen M., Anxiety, enthusiasm and the vote: emotional underpinning of learning and Involvement during presidential compaign, *American Political Science Review* 8, 1993.

Miller J.G., Culture and the development of everyday social explanation, *Journal of Personality and Social Psychology*, 1961, p.46.

찾아보기

[ㄱ]

한국 정치와 지역주의

등 록 1994.7.1 제1-1071
1쇄 발행 2012년 3월 13일

지은이 모리 야스로 森康郎
옮긴이 박성수
펴낸이 박길수
편집인 소경희
편 집 김문선
마케팅 양유경
디자인 이주향
펴낸곳 도서출판 모시는사람들
　　　 110-775 서울시 종로구 경운동 88번지 수운회관 1207호
전 화 02-735-7173, 02-737-7173 / 팩스 02-730-7173

출 력 삼영그래픽스(02-2277-1694)
인 쇄 (주)상지사P&B(031-955-3636)
배 본 문화유통북스(031-937-6100)
홈페이지 http://blog.daum.net/donghak21

값은 뒤표지에 있습니다.
ISBN 978-89-97472-02-4　93340

이 도서의 국립중앙도서관 출판시도서목록(CIP)은 e-CIP 홈페이지
(http://www.nl.go.kr/ecip)에서 이용하실 수 있습니다.
(CIP제어번호: 2012001181)